JOHANNES BÖKMANN (HRSG.)

BEFREIUNG VOM OBJEKTIV GUTEN?

Niemand kann die Liebe wirken, wenn nicht in der Wahrheit. Dieses Prinzip gilt für das Leben einer jeden Familie nicht weniger als für das Leben und das Werk der Oberhirten, welche wirklich der Familie dienen wollen.

Papst Johannes Paul II. in seiner Ansprache zum Abschluß der 5. Vollversammlung der Bischofssynode in der Sixtinischen Kapelle am 25. Oktober 1980, (Nr. 12)

Meinen verstorbenen Eltern gewidmet
in Achtung und dankbarer Liebe.

JOHANNES BÖKMANN (HRSG.)

BEFREIUNG VOM OBJEKTIV GUTEN?

Vom verleugneten Desaster der Antikonzeption zum befreienden Ethos

Zum Kampf um die christliche Wahrheit und Berufung ehelicher Liebe

mit Beiträgen von:

Prof. Dr. J. Bökmann
Prof. DDDr. G. Ermecke
Prof. P. Dr. A. Günthör OSB
Prof. Dr. G. Martelet SJ
Prof. Dr. N. und R. Martin
Dr. es med. E. und U. Meier-Vismara
Dr. W. Poltawska
Dr. E. E. Risdon
Dozent Dr. G. Roth
Prof. DDr. H. Schauf
Prof. DDr. G. Siegmund
Prof. Dr. J. Stöhr
Prof. Dr. D. Tettamanzi
Dr. J. Vilar
Dr. J. C. Willke
Dr. E. Wojcik

PATRIS VERLAG · VALLENDAR-SCHÖNSTATT

CIP-Kurztitelaufnahme der Deutschen Bibliothek

Befreiung vom objektiv Guten?: Vom verleugneten Desaster d. Antikonzeption zum befreienden Ethos; zum Kampf um d. christl. Wahrheit u. Berufung ehel. Liebe/ Johannes Bökmann (Hrg.). Mit Beitr. von: J. Bökmann ... – Valendar-Schönstatt: Patris-Verlag, 1982.

ISBN 3-87620-077-6
NE: Bökmann, Johannes (Hrsg.)

Gesamtherstellung: Buchdruckerei Josef Kral, Abensberg.

ISBN 3-87620-077-6

INHALTSVERZEICHNIS

III Nur „Ideal“? Lähmung durch „pastorale“ Relativierung. Berufend-weckende statt beschwichtigende Pastoral

IV Ein Weg zur Verhärtung der Gewissen: „Freiraum“ auf Kosten gültigen Anspruchs

V Vom Desaster der Kontrazeption: Befund und ärztliches Ethos

VORWORT

Die Römische Bischofssynode brachte eine unerwartet eindeutige Bestätigung von seiten des Weltepiskopats für die immerwährende Lehre der Kirche über die Ehe, insbesondere für die von Paul VI. auf Veranlassung des Konzils näherhin herausgestellten Normen in „Humanae vitae". Sie tat dies auf ganz aktuellem Hintergrund: Verhütungsrevolution und -export, Bevölkerungsentwicklung, Aufkommen und Bewährung der Natürlichen Familien-Planung, kapitalistisches und manipulatives Interesse am Kleinhalten der Familien als besonders perfide betriebene Version von gewinninteressiertem Neokolonialismus. Sie tat es auch angesichts des Aufbruchs freier spiritueller Kräfte im Schoß der Kirche: Ehe als Sakrament zu leben, ihre Aufgaben gleichsam mit den Augen Gottes zu sehen.

Für manche öffentlichkeitsbestimmenden Kräfte in der deutschen Kirche waren dies alles völlig neue Dinge. Man hatte sich so richtig – mit dem Alibi der permissiv ausgelegten und entsprechend praktizierten „Königsteiner Erklärung" – im faktischen Dissens zu Rom eingerichtet; hoffte auf die Macht der Tatsachen; spielte auf beschwichtigendes Schweigen und im übrigen auf Verdrängen der Probleme. So wirkte die Bischofssynode wie ein unsanfter Wecker. Die Berichterstattung war dann abwehrend, herunterspielend, teils in skandalöser Weise desinformierend. Manche Kreise der deutschen Kirche reagierten kühl, distanziert, ressentimentbestimmt. Es blieb nur noch die „Hoffnung" auf das zusammenfassende Dokument des Papstes. Als dies – durch das Attentat etwas verzögert – die erwartete volle, tiefbegründete, lebhaft und originell argumentierende Bestätigung brachte und auch keine „Gewissens"- oder „pastorale" Offenhalteklausel bot, andererseits das Pulver leidenschaftlicher öffentlicher Kontestation seit vielen Jahren verschossen war, blieb nur noch die relativierende Vereinnahmung in ein „Freiraum"-Verständnis von Ethos, das den Widerspruch im Raum der Kirche etablieren will.

Dieser Hintergrund bot den allgemeinen Impuls, in einer Schrift den zähen Widerstand und den Nebel der Verweigerung argumentativ zu durchstoßen: Wahrheit und Wirklichkeit, in Auseinandersetzung, zum Leuchten zu bringen.

Zwei Anlässe kamen hinzu: Die natürliche Familienplanung, in

Deutschland kaum bekannt, unwillig und degoutiert allenfalls am Rande vermerkt, teilweise gar faktisch boykottiert oder – nicht ohne Informationsmanipulation – diffamiert, verunsicherte das inzwischen eingespielte Arrangement der „Gewissen"-Eheleute-Moraltheologen-Bildungssprecher. Es gab eine konkrete Alternative. Die Fragen der konkreten Ethik kamen deshalb wieder drängend auf. Man hatte aber nur die Ausweichantworten der alten Polemik. Neueren Datums waren indes die generalisierten Theorien einer autonomen Güterabwägungsmoral und die strikte Leugnung der Verbindlichkeit von „Humanae vitae" bei gleichzeitiger, fast drohender, Einschärfung der irreversiblen Gültigkeit der „Königsteiner Erklärung" sowie gewisser Papiere der „Würzburger Synode".

Dagegen haben wir in unserer Schrift „Nicht unfehlbar?" Stellung genommen (Kral/Abensberg 1981). Wir sind diesbezüglich durch die entsprechenden Passagen von „Familiaris Consortio" bestätigt worden.

Eine Auffassung nun, die über die „Königsteiner Erklärung" noch hinausgeht, war der zweite und entscheidende Anlaß, dies Buch zusammenzustellen und zu schreiben. Wir setzen uns mit ihr näher im Abschnitt IV auseinander.

Diese Vorgeschichte hat aber auch dazu geführt, daß die heilsame und befreiende Wahrheit, die wir in diesen Fragen mit der Kirche vertreten, *positiv* herausgestellt werden konnte und sollte: als prophetische Botschaft, als Spiritualität gelebten Christseins.

Zweierlei erscheint mir dabei bemerkenswert: die Wahrheit erwies ihre Geschichtsmächtigkeit gerade in Konfrontation zu brennenden Zeitproblemen (Bevölkerungsentwicklung – Verhütungs-/Abtreibungsexplosion – Krise ärztlichen Ethos); und: sie wurde für uns – z. T. bis in Einzelheiten und Formulierungen – im lehramtlich qualifizierten Dokument bestätigt, denn alle Beiträge dieses Buches, mit Ausnahme der „Einleitung", wurden *vor* Veröffentlichung von „Familiaris Consortio" geschrieben und sind dort voll aufgehoben und gedeckt.

Schließlich erfüllt es uns mit Genugtuung, falsche Positionen und Argumente widerlegen, neue Gesichtspunkte, Informationen und v. a. Einsichten in die Lehre in aktuellem Zusammenhang vortragen zu können. Die von den kontestierenden deutschen Moraltheologen schon am 26. September 1968 angekündigte „ausführliche Stellungnahme zu den von der Enzyklika aufgeworfenen Fragen" ist dagegen bisher nicht gekommen. Es fehlen die positiven Argumente. Wir waren und sind ganz überzeugt: sie stehen aufseiten der Glaubenseinsicht, der immerwährenden Lehre der Kirche, der Praxis der Heiligen, des Ethos des wirklich auf Gott und seine Kirche hörenden Gottesvolkes.

Den beteiligten Kollegen und Mitarbeitern habe ich sehr für ihre Bereitwilligkeit und kurzfristig geleistete Arbeit zu danken. Es sei gestattet, Herrn Kollegen Prof. P. Dr. Anselm Günthör OSB besonders zu nennen, der durch vier wichtige Beiträge zu Brennpunkten der Diskussion Stellung genommen und damit das Profil unserer Gemeinschaftsarbeit besonders geprägt hat.

Die Situation, auf die hin unser Buch konzipiert wurde, hat treffend Kardinal Ratzinger umrissen:

„Die Bischofssynode vom Herbst 1980 hat in der Öffentlichkeit der westlichen Welt ein ziemlich negatives Echo gefunden. Man hatte sich von vorneherein darauf festgelegt, sie an ihrer Stellungnahme zu einigen Standardfragen theologischer Publizistik zu messen, vor allem der Frage der „Pille" und der Kommunionzulassung wiederverheirateter Geschiedener. Diese Verengung der Perspektive ist insofern aufschlußreich, als sie die geistige Lage blitzartig beleuchtet, in der die Bischöfe über das Thema Familie zu beraten hatten: Danach sieht es ja so aus, als ob die technische Perfektion in der Empfängnisverhütung und die allmähliche Beseitigung der Unauflöslichkeit der Ehe die zentralen moralischen Postulate unserer Zeit seien und als ob das Erreichen dieser Ziele zugleich der entscheidende Beitrag wäre, um die Krise der Familie und der Menschheit überhaupt zu überwinden. An solchen Einstellungen gemessen konnte die Synode nur mit „Ungenügen" abschneiden. Denn wer aus dem Ansatz christlichen Glaubens her denkt, muß solche Art von Moralität eher als Ursache denn als Therapie unserer Krankheit ansehen."

(Aus dem Geleitwort zu dem Buch unserer Mitautoren Renate und Norbert Martin *: Brenn-Punkt Ehe und Familie, über die Römische Bischofssynode 1980, Patris Verlag, Vallendar-Schönstatt 1981).*

Demgegenüber identifizieren wir uns mit dem, was der Hl. Vater am 7. Dezember 1981 vor den Teilnehmern zweier Familienkongresse in Rom sagte:

„Die Kirche ist sich bewußt, mit der Verteidigung der Lehre der Enzyklika ‚Humanae vitae' der ehelichen Gemeinschaft einen wertvollen Dienst zu erweisen, ja dem Menschen als solchem: seiner Wahrheit und seiner Würde. Diese Lehre muß treu weitergegeben werden in der katechetischen Unterweisung sowohl der Eheleute als auch derjenigen, die sich auf die Ehe vorbereiten."

(DT. vom 15. 12. und 28. 12. 81)

Johannes Bökmann

Prof. Dr. Johannes Bökmann

Mangelnde Bereitschaft zu Umkehr und Einsatz

„Familiaris Consortio" wird relativiert

Kein Zweifel: Das Apostolische Schreiben „Über die Aufgaben der christlichen Familie in der Welt von heute – Familiaris Consortio" gehört zu den großen Lehrdokumenten der Kirche. Theologische und anthropologische Qualität wie auch differenzierte Darstellung und erfahrungsbezogene wie sprirituelle Durchdringung ihrer die Pastoral betreffenden Partien belegen dies vielfältig. Hinzu kommt eine ungewöhnliche Aktualität, die eine weltweite Krisendramatik betreffend die Stellung der Familie und die sittliche Ordnung der Ehe voll in den Blick nimmt und einbezieht.

*

Umso schmerzlicher mußte man feststellen, daß weite und z. T. auch maßgebliche Kreise in Deutschland, von mächtigen publizistischen Mitteln unterstützt, die zentralen sittlich-religiösen Aussagen nach wie vor nicht anzunehmen bereit sind. War diese Reaktion schon im Anschluß an die Römische Bischofssynode 1980 das typische Signum der Meinungsmacher in der deutschen Kirche („Theologisches" hat über Verschweigen, Unterdrücken und Manipulation bei der Berichterstattung ausführlich durch das Ehepaar Prof. Martin, die Auditoren waren, berichtet), so muß man jetzt eine noch verfeinerte Technik des Nichtannehmens, Herunterspielens, Relativierens, Abblockens feststellen.

Zwei Pflöcke werden immer wieder zwecks Eindämmens der klaren Lehre eingerammt:

1. Sie ist ja nicht unfehlbar; also kann man anderer Meinung sein.

2. Wir haben ja die „Königsteiner Erklärung" und die Würzburger Synode; also kann man Abweichendes praktizieren.

Daß beides sicher widerlegbar falsch ist, haben seriöse und anerkannte Autoren längst gezeigt (Verf. hat zu 1 eine Schrift herausgegeben: „Nicht unfehlbar?", Kral/Abensberg 1981; zu 2 äußern wir uns in diesem Buch). Man verweigert aber weithin damit die Auseinandersetzung und versucht stattdessen, durch blitzschnelles Weichenstellen in der Öffentlichkeit den Anspruch der gesunden Lehre beschwichtigend „einzuordnen“, den Dissens offenzuhalten, kurz: alles beim alten zu belassen.

*

„Familiaris Consortio“ hat aber eine klare, schwer überbietbare Bestätigung von „Humanae vitae“ (HV) gebracht. Dies zunächst in der entsprechenden Aussage selbst (Nr. 29), in ihrer gesamtsittlichen Tragweite („Anspruch auf Radikalität und Vollkommenheit“ Nr. 33); v. a. auch in ihrer Gültigkeitsqualität: „Im Gehorsam gegen die Wahrheit, die Christus ist“ (Nr. 33). Hier erscheint höchst bedeutsam, daß der Papst die vorgetragene Lehre bewußt in die immerwährende Kontinuität gestellt hat, von dort her theologisch gewichtet sieht (29). Nach den in Lumen gentium Nr. 25 aufgestellten Kriterien handelt es sich also um eine irreversible Lehre des ordentlichen Lehramtes, der – eben nach der klaren Konzilslehre – Unfehlbarkeitscharakter zukommt (wir haben dies in unserer Schrift „Nicht unfehlbar?“ – zusammen mit Ford/Grisez – dargestellt und begründet).

Ebenso wichtig, ja für die Deutsche Kirche vielleicht noch folgenreicher ist die völlig eindeutige, hintertürfreie, dabei behutsam-klug differenzierende Aussage zur Pastoral. „Gradualität“ ohne auch nur zeitweilige Relativierung, Aussetzung, Verschiebung der Norm (33). Der Papst fordert auf, „die Lehre der Enzyklika HV als normativ klar anzuerkennen“ (34). Er fordert die „einheitliche sittliche und pastorale Beurteilung vonseiten der Priester“ (34). Ein auch nur situatives Abschieben auf einen „personalen anderen Gewissensentscheid“ findet keine Erwähnung, geschweige denn eine Stütze. Vielmehr wird mit Schärfe kritisiert, daß an der Wurzel mancher Kontestation „sich oft eine Zersetzung von Begriff und Erfahrung der Freiheit findet als autonome Kraft der Selbstbehauptung – für das eigene, egoistisch verstandene Wohlergehen“ (6).

Bei der Begründung (32) geht Fam. Cons. in anthropologischer Kraft und theologischer Vertiefung noch über HV hinaus und kommt zu überaus deutlichen, ja scharfen Aussagen: „... wird zu einer objektiv widersprüchlichen Gebärde, zu einem Sich-nicht-ganz-schenken ... eine Verfälschung der inneren Wahrheit ehelicher Liebe“ (32).

Das Echo hat bisher nicht, wie erwartet, zu vielen Diskussionen geführt. Es blieb ziemlich „ruhig." Aber um welche Ruhe handelt es sich?

• Es fiel schon auf, daß in der *Pressemitteilung* des Pressedienstes der Deutschen Bischofskonferenz vom 15. 12. 81, trotz einer 6-seitigen Darstellung des Apostolischen Schreibens, die o. a. starke Bekräftigung einer Lehre, auf die doch so viele – wenn auch mit unterschiedlichen Erwartungen – gespannt waren, überhaupt nicht erwähnt wurde.

• Der noch am Tage des Bekanntwerdens in Bonn sofort voll informierte *Prof. Böckle* hat dann mit seinem gleich Einordnungsweichen stellenden Aufsatz sofort für die nun schon so lange bekannte Taktik der „interpretierenden" Relativierung gesorgt. Das Schreiben sei ein „Bekenntnis zur Familie" („Aachener Volkszeitung" vom 16. 12. 81); sei „Bekenntnis der Würde des Menschen" (der gleichlautende Beitrag in „kirche und leben", Münster, 3. 1. 82 und in „Die christliche Familie" Nr. 2 Jan. 82). Dabei verpackt er die Relativierung in eine scheinbar positive Kennzeichnung: des Papstes Schreiben habe „unverkennbaren Zeugnischarakter". Er „verfaßt keine Lehrschreiben herkömmlichen Stils; seine Briefe sind *Bekenntnisschriften"* (Aussagespitze: *Nur persönliches* Zeugnis; *nicht allgemein* verbindliche Lehre). Den Dissens zur konkreten Lehre bekräftigt Böckle dann ausdrücklich und stellt auf: „Diese Kultur der Liebe hat die Methode zu bestimmen. Darum muß den Eheleuten jener *Entscheidungsfreiraum belassen* bleiben, wie ihn die Würzburger Synode festgelegt hat."

Also: Würzburg muß bleiben und steht in dubio *über* der feierlichen Lehre der Kirche:
Man vergleiche den Aufruf an die Theologen in Fam. Cons. Nr. 31: „einmütiges Zusammenwirken der Theologen in überzeugter Anlehnung an das Lehramt".

• *Prof. Wilhelm Breuning* behauptet ebenfalls (Rhein. Merkur Nr. 51 vom 18. 12., S. 23), daß die Königsteiner Erklärung weiter Bestand habe (von ihr ist im Schreiben weder selbst noch im Duktus der Argumentation irgendeine Rede), „weil seine Lehre nicht als Diktat vorgetragen wird, sondern als ein Werben um einen einsichtigen Gehorsam ..."
Also auch hier die seltsame Umkehrung der Gültigkeitsgewichte: vor

allem Königstein muß bleiben, auch wenn die Bischofssynode und jetzt der Papst erneut und ausdrücklich anderes lehren (übrigens steht eine derartige Auffassung schon im Gegensatz zur allein möglichen Auslegung der Königsteiner Erklärung selbst).

• *Prof. Ludwig Bertsch* SJ argumentiert in der „Kirchenzeitung für das Bistum Aachen“ Nr. 1 v. 3. 1. 82 ähnlich. Es gelte auch bei diesem Schreiben des Papstes, daß jeder Katholik „die Äußerung des authentischen (nicht unfehlbaren) Lehramtes des Papstes als Richtschnur für sein Leben zu sehen und mit Ernsthaftigkeit zu wägen hat, um von daher die Gründe, die dagegen sprechen, die ihn zu einem *anderen Handeln* und seiner Situation führen, zu bedenken, und so zu einer verantworteten Entscheidung für sein Handeln zu kommen.“ Ohne Verklausulierung: Ich kann und muß selber entscheiden, durchaus auch anders als das oberste (übrigens keineswegs „nicht unfehlbare“) Lehramt.

• Einen fast ans Verächtliche streifenden Kommentar brachte *„Christ in der Gegenwart“* vom 10. 1. 82. „Die bekannten Thesen des römischen Lehramts“ würden wiederholt; manche Teile seien „recht konventionell und hausbacken“. Enttäuschung habe „die Tatsache ausgelöst, daß die Lehren der Enzyklika ‚Humanae vitae‘ ohne erkennbare Weiterentwicklung der lehramtlichen Position wiederholt werden“. Auch hier das den Verfassern wichtige Fazit: die ihnen so teure – weil die Praxis faktisch, entgegen der Lehre, freigebende – „Königsteiner Erklärung“ sei ja nicht widerrufen. – Was sollte denn wohl die von dem Verfasser gewünschte „Weiterentwicklung“ sein? Müßte man auch enttäuscht sein, daß der Dekalog seit 3000 Jahren nicht „weiterentwikkelt“ wurde?
Ein törichter und peinlicher Kommentar.

• Kaum weniger unerfreulich sind Ausführungen von *Prof. Dietrich Simon* in „Stimme der Familie“ vom Januar 1982. Immerhin ist er Maßgeblicher für den Familienbund und belegt unsere Diagnose zusätzlich.

Die wenigen Stimmen sind aber nur ein Indiz für eine seit vielen Jahren wohletablierte Kontestation in den selbst hohen Rängen der Kirche. Z. B. die für die Eheberatungen und Beratungen im Zusammenhang mit § 218 zuständige Referentin im Caritasverband Freiburg, Frau Dr. E. Buschmann (Vgl. ihr Interview in der Herder-Korrespondenz Dez. 1980); oder – in einem längeren Beitrag – Herr Generalvikar Dr. R. Schlund/Freiburg (Die „Königsteiner Erklärung" der Deutschen Bischofskonferenz vom 30. 8. 1968 – heute, in: Erzbistum Freiburg, Informationen Berichte Kommentare Anregungen, Sept/Okt 1981, S. 146 ff.). Ich habe deshalb mit anderen Kollegen dieses Buch vorbereitet, das auf die Ansichten und Argumente eingeht und ihre sachliche Unhaltbarkeit aufweist. Zum Beitrag von Herrn GV Dr. Schlund ist eine Stellungnahme von Herrn Prof. P. Dr. Anselm Günthör aufgenommen. Zu demselben Beitrag gibt es auch einen Beitrag von Prof. Ermecke, den wir ebenfalls berücksichtigen.

*

Schon am 7. 12. 81 hat der Hl. Vater vor Teilnehmern zweier Familienkongresse bekräftigt: „Mit der Berufung zur Liebe ist unlösbar die Berufung verbunden, Leben zu schenken ... Keine der beiden Wirklichkeiten, also Liebe und Leben, wäre authentisch, wenn sie von der anderen getrennt würde." Und dann: *„Schweigen, Unsicherheit und Doppeldeutigkeit* in dieser Hinsicht *haben zur Folge, daß die menschliche und christliche Wahrheit über die eheliche Liebe verdunkelt wird." (a. a. O.)*

Gerade die dergestalt offen angesprochene „Unsicherheit und Doppeldeutigkeit" aber liegt allein in der Tatsache beschlossen, daß ausgerechnet Prof. Böckle, seit Jahrzehnten ein leidenschaftlicher, notorischer und öffentlicher Kämpfer gegen die Lehre der Kirche, die Herder-Ausgabe von „Familiaris Consortio" kommentiert. „Positiv kritisch", wie es in der Ankündigung heißt: eine offiziöse wohletablierte Kontestation. Die Kirche hierzulande „integriert" (wie man das heute nennt) die „Doppeldeutigkeit".

Danken wir Gott, daß dies epochale Lehrschreiben – auf dem Konsens der Bischöfe der Weltkirche ruhend und in voller Kontinuität mit der immerwährenden Tradition – in den Zukunftsregionen der aufwachenden Kulturen ein fruchtbares und wirksames Echo findet.

I. Die Botschaft und der Widerspruch: Die Verdrängung der religiös-ethischen Dimension

Prof. Dr. Gustave Martelet S. J.

Die prophetische Botschaft von „Humanae vitae" im Widerspruch

ÜBERSICHT:

1. Der Widerspruch
2. Eine falsche Interpretation
3. Schöpfung und Fortpflanzung
4. Zweiheit der Sinngehalte: untrennbar in welchem Sinn?
5. Offenbarung und geistige Analyse der Liebe
6. Antikonzeptionelle Einstellung und die Botschaft der Kirche
7. Die Botschaft der Kirche und die Situation des Menschen
8. Christliche Existenz und Prophetie

1. Der Widerspruch

Selten ist ein Eingreifen des apostolischen Lehramtes Petri und seiner Nachfolger auf so heftigen Widerspruch gestoßen wie das Pauls VI. in „Humanae vitae". Bald hat man die „geistige Katastrophe", für die man dieses Rundschreiben hält, bedauert, bald sich darüber gefreut. Nachdem sich das päpstliche Lehramt dermaßen diskreditiert habe, sei sein Anspruch auf Unfehlbarkeit offensichtlich widerlegt und das christliche Gewissen wieder sich selbst zurückgegeben. In gewissen Ländern gibt man „Humanae vitae" die Schuld an der sehr bedenklichen massiven Abwendung von der Autorität der Kirche. Fast überall haben viele Ehepaare gedacht, der Papst verstehe sie nicht. Sie sagten sich: Er lebt geistig noch vor dem Konzil; er führt uns wieder in diese verwünschte Welt des Legalismus und der sexuellen Schuldgefühle zurück.

Kurz, die Enzyklika hat eine so reservierte Aufnahme gefunden, daß einige sagen, ihre Lehre sei an und für sich veraltet und werde demnächst von hoher Stelle aus für obsolet erklärt werden.

*

Und doch hat, ohne ihren Sinn je zu übersteigern, die apostolische Autorität Roms und der Bischöfe diese Enzyklika *nicht zurückgenommen.* Ist dies vielleicht institutioneller Starrsinn, den man zum Nachgeben veranlassen sollte? Oder liegt der Grund nicht vielmehr darin, daß diese Enzyklika, wenn sie richtig verstanden wird, *keineswegs zurücknehmbar* ist? Ich selbst habe schon 1968 den Gedanken geäußert: „Hätte der Kommandant der Titanic den Eisberg, auf den sein Schiff auflief, rechtzeitig erblicken können, so würde er den Maschinenmeistern ‚Mit Volldampf rückwärts' zugeschrieen haben, was die Mannschaften vielleicht erschreckt, das Schiff aber gerettet hätte. Die Enzyklika ‚Humanae vitae' ist ein solcher Schrei." Sie ist das, was zu ihrer Zeit auf einem anderen Gebiet „Rerum novarum" war. Obschon sie nicht aus der gleichen Zeit stammen und nicht die gleichen Themen behandeln, haben diese beiden Dokumente einen didaktischen Aspekt, der das Wagnis eingeht, daß ihre Tragweite falsch verstanden wird. Sie beide sind nämlich *Warntexte,* um nicht zu sagen *Alarmtexte.* An die Christen und über sie an die Welt gerichtet, handeln sie von lebenswichtigen Dingen, die aber von vielen Adressaten noch nicht begriffen werden. Und doch hat die Kirche so wenig wie die Propheten die Gewohnheit oder die Sendung, angesichts der Welt Wehrufe auszustoßen, die sie nicht rechtfertigen könnte. Allerdings können in ihrem Fall die Rechtfertigungen, die sie vorbringt, nicht auch schon die gleiche Tiefe haben wie die Einsichten, von denen sie sich leiten läßt. Paul VI. hat dies in „Humanae vitae" ganz deutlich gesagt, doch hat man dies allzuoft vergessen.

Wir wollen hier nicht aufzählen, was die Art und Weise, wie die Kirche sich zu Fragen der Sexualität äußert, in wenigen Jahrzehnten um 200 Jahre veraltet erscheinen ließ. Tatsache ist, daß *gewisse Grundlagen, vor allem die philosophischen,* auf die sich das ordentliche Lehramt der Kirche in diesem Bereich stützt, *in ihrer Tragfähigkeit bestritten* werden. Ich denke vor allem an das viel diskutierte „Naturgesetz", das man in den von Rom ausgehenden Dokumenten für gewöhnlich auf dem Posten stehend findet. Es hält an den Grenzen der Sexualordnung

Wacht wie einst an den Grenzen der Sozialordnung. Obwohl auf seine Art nützlich, hat dieser Begriff mehr Erklärungen nötig als er zunächst Licht bringt. Man muß unablässig daran erinnern, daß die „Natur" oder das „Naturgesetz", wovon das römische Lehramt gern spricht, *nichts mit einem mehr oder weniger stoischen Weltbild zu tun* hat, worin sämtliche Ebenen ineinander übergehen und worin vor allem der Wille Gottes, von dem sich die Menschen leiten lassen sollen, sich in der Natur wie gleichsam in den Linien der Hand ablesen ließe. Zweifellos wäre ein schlichter direkter Appell an die Rechte und Pflichten der menschlichen Person, wie der jetzige Papst ihn machen zu wollen scheint, angebrachter; er würde eher gehört und ließe sich auch viel unmittelbarer in das christliche Mysterium integrieren als ein hartnäkkiger Verweis auf die Natur allein, die heute von den meisten Köpfen in naturalistischem und somit untermenschlichem Sinn verstanden wird. Sicherlich zu Unrecht, aber warum soll man diesem weit verbreiteten Mißverständnis nicht Rechnung tragen?

Wenn man die Reihe der päpstlichen Verlautbarungen über die soziale Frage liest – von „Rerum novarum" im Jahre 1889 bis zum Brief Pauls VI. vom Jahre 1971 an Kardinal Roy –, so entdeckt man unter der gleichbleibenden Intuition eine Entwicklung, die nicht bloß den Ausdruck betrifft. Warum sollte bei den Fragen der Ehe-Ethik nicht das gleiche der Fall sein? Wir haben ja keine Gewähr dafür, daß man gleich auf den ersten Anhieb zu solchen überaus heiklen Problemen die richtige Sprache findet oder daß selbst das Denken oder die „Belege", die vom römischen Lehramt hinzugezogen werden, den christlichen Intuitionen, die den Wert der beabsichtigten Botschaft ausmachen, am meisten entsprechen. Wie in vielen anderen Bereichen, so geht auch in diesem das christliche Empfinden dem kulturbedingten Ausdruck, der ihm seine Ausstrahlung ermöglicht, um vieles voraus. Die Enzyklika „Humanae vitae" stellt nicht die christliche Botschaft über die Liebe thematisch dar; sie bringt, wenn man so sagen darf, deren Ne umquam contra zum Ausdruck, will sagen, die tiefe Berufung, der gegenüber die Kirche sich nicht anders einstellen kann. Alles läßt sich vertiefen, besser situieren, so daß die gleiche Lehre daraus hervorgeht, wenn nicht völlig neu, so doch wahrhaft erneuert.

Es wäre somit ein schwerer Irrtum, wollte man die Widerstände, auf die „Humanae vitae" stieß, auf bloße Ausdrucksfragen zurückführen.

Diese Widerstände betreffen den Grund der Dinge oder die konkrete Praxis, die sich daraus ergeben soll. Dem Grund der Dinge aber ist die *Anthropologie* verpflichtet. Gibt es *„Gesetze, die in der Natur des Mannes und der Frau selbst eingeschrieben sind"*, wie „Humanae vitae" (12) sagt, und die die eigentliche Indentität oder, wie die Enzyklika sich ausdrückt, ihre „Natur" bestimmen? Oder nach der Sprechweise des Konzils in „Gaudium et spes" (51), die in diesem Punkt der Sprache gleicht, deren sich die Enzyklika bedient: Gibt es *„objektive Kriterien, die sich aus dem Wesen der menschlichen Person und ihrer Akte ergeben* und die sowohl den vollen Sinn gegenseitiger Hingabe als auch den einer wirklich humanen Zeugung in wirklicher Liebe wahren?" Das Grundproblem liegt hier, einzig hier. Von der Praxis in den christlichen Kreisen her sieht alles so aus, als ob die Kirche, die sonst mit der menschlichen Schwäche äußerste Geduld hat, sich gegenüber einer sehr entschuldbaren Schwäche auf einmal unnachgiebig zeigen würde. Was soll man denn tun, fragt man, wenn jedes als erlaubt erachtete Mittel, um eine absolut abzuratende Schwangerschaft zu vermeiden, sich nicht anwenden läßt und ein im Vollsinn ehelicher Ausdruck ihrer Liebe den Gatten unersetzlich erscheint? Die Enzyklika läßt, so macht es den Eindruck, für Grenzsituationen keinerlei Raum, alles kommt einem darin von vornherein geregelt vor durch ein Gesetz, das vom Gewissen nur entweder ganz eingehalten oder ganz verletzt werden kann; das Gewissen macht sich schwerer Sünde schuldig, wenn es sich nicht zu heiliger Heldenhaftigkeit aufzuschwingen vermag. Die Grenzfälle, die in Wirklichkeit Legion sind, um die sich aber das Gesetz nicht zu kümmern scheint, werden für das Gewissen zum Anlaß, sich jeder inneren Evidenz entgegen für objektiv schuldig zu erklären. Gewiß ist jedes Gewissen im Grunde genommen sündig, aber ist es dies automatisch, durch eine negative Abstempelung an den Schaltern des Gesetzes? Kann es nicht über die Umstände befinden, in die es verwickelt ist und die das Urteil darüber, ob es sittlich gut oder sittlich schlecht handelt – ein Urteil, das es fällt und fällen muß –, beträchtlich ändern können? Läuft in den Augen der Christen, deren Klage ich wiederzugeben suche, die Annahme der Enzyklika nicht auf eine Unterdrückung des eigenen Gewissens hinaus, weil dieses Rundschreiben, wie man behauptet, nur das Gesetz kennt, und die Rolle des Gewissens zu mißachten scheint, außer daß dieses Reue darüber empfinden soll, daß es das Gesetz verletzt hat?

Angesichts einer solchen Verkennung der Rechte und Pflichten des Gewissens, die man in diesem Fall der Autorität der Kirche als Schuld anlastet, bleibt kein anderer Ausweg als die Revolte. Öffentlich zum Ausdruck gebracht oder geheim vollzogen, führt diese zu einer oder fußt sie auf einer laut aufbegehrenden oder verhaltenen Abwendung von einer Kirche, deren Unmenschlichkeit man für einen Skandal hält. Ist der Umstand, daß diese Entfremdung um so größer ist, in je höherem Rang das Gewissen in Ehren steht, nicht ein Anzeichen dafür, daß man den Sinn der Botschaft, die man angeblich verstanden hat, verkennt?

2. Eine falsche Interpretation

Man hat behauptet, die Enzyklika wolle jeden ehelichen Akt im Leben der Ehegatten reglementieren und diesen Akt einzig auf die Weitergabe des Lebens einengen. Diese Meinung ist falsch. Zwar spricht die Enzyklika beständig vom „ehelichen Akt", dessen Sinn sie in seiner Totalität zu erhellen wünscht. Damit kann und will sie sich aber nicht an die Stelle der Ehegatten setzen, die in ihrer Seele und ihrem Gewissen für das Verhalten in ihrer Liebe die vor Gott einzig Verantwortlichen sind. Die Enzyklika richtet sich also an das Gewissen, nicht um es zu ersetzen oder abzuschaffen, sondern um es eben in seiner Freiheit zu erhellen und zu unterstützen. In diesem Licht kann die zentrale Aussage des römischen Dokuments ihren rechten Sinn haben.

Nach der Bemerkung, daß die Akte, worin sich Mann und Frau vereinen, „auch nicht ihre Berechtigung verlieren, wenn sie infolge von Ursachen, die vom Willen der Ehegatten unabhängig sind, voraussichtlich unfruchtbar sein werden, da sie auf die Bekundung und Festigung ihrer Liebe hingeordnet bleiben" – vergessen wir diesen entscheidenden Punkt nicht! –, erinnert die Enzyklika an die „stets gleich bleibende Lehre" der Kirche, „daß jeder eheliche Akt an sich auf die Weitergabe des Lebens ausgerichtet bleiben muß" (11). Dann fährt der Text fort: „Diese Lehre, die vom kirchlichen Lehramt oft dargelegt wurde, beruht auf der unlöslichen Verbindung der zweifachen Bedeutung des ehelichen Aktes, die von Gott gewollt ist und die der Mensch nicht eigenmächtig aufheben kann, nämlich die liebende Vereinigung und die Fortpflanzung. Während der eheliche Akt die Gatten aufs innigste vereint, macht er sie gemäß seiner innersten Struktur zur Zeugung neuen Lebens fähig entsprechend den Gesetzen, die in das Sein des Mannes und der Frau selbst eingeschrieben sind. Durch die Bewahrung dieser beiden wesentlichen Gesichtspunkte, nämlich der liebenden Vereinigung und der Fortpflanzung, behält der eheliche Akt voll und ganz den Sinngehalt gegenseitiger und wahrer Liebe sowie seine Hinordnung auf die hohe Berufung des Menschen zur Elternschaft.“ Und Paul VI. fügt hinzu: „Wir sind der Ansicht, daß vor allem die Menschen unserer Tage in der Lage sind, den zutiefst vernunftgemäßen Charakter dieser Lehre zu erfassen“ (12).

Die Enzyklika sagt *nicht:* Jeder eheliche Akt muß von der *Absicht,* das Leben weiterzugeben, bestimmt sein. Dies anzunehmen wäre offensichtlich falsch, denn sie selbst räumt ein: „Tatsächlich zeigt die Erfahrung, daß nicht durch jede eheliche Begegnung neues Leben entsteht“, und sie führt die Gegebenheit, daß „natürliche Gesetze und Zeiten für die Fruchtbarkeit grundgelegt“ sind, „die schon aus sich heraus Abstände in der Aufeinanderfolge der Geburten schaffen“ (11), nicht auf eine Laune der Natur, sondern auf die Weisheit Gottes zurück. Wieso kann sie dann behaupten, daß „jeder eheliche Akt an sich“ mit der Weitergabe des Lebens verbunden ist oder verbunden sein muß, obschon doch zwischenzeitlich dies an sich unmöglich ist? Aber die Enzyklika sagt nicht das. Wenn sie erklärt, daß jeder eheliche Akt an sich für die Weitergabe des Lebens offen sein muß, verlangt sie nicht, daß jeder eheliche Akt positiv vom Willen zur Weitergabe des Lebens befohlen sein muß, sondern sie verlangt, daß er auf diese Hingabe hin offen bleibe, d. h. daß die Fähigkeit zur Zeugung neuen Lebens, die der liebenden Vereinigung an sich innewohnt, nicht zerstört werde. Sie identifiziert somit die liebende Vereinigung und Fortpflanzung nicht, sondern erklärt sogar, sie seien auf jeden Fall zwei verschiedene Dinge, aber sie verlangt, daß man, falls sie miteinander verbunden sind, diese Verbindung nicht aufhebt. Damit wird die Empfängnisverhütung abgelehnt, die in der ehelichen Vereinigung die gegebene Fortpflanzungsfähigkeit beseitigt.

3. Schöpfung und Fortpflanzung

Diese Ablehnung bleibt so lange unverständlich, als man nicht einsieht, – und heute sieht man dies im allgemeinen nicht mehr ein –, daß die Zeugungsfähigkeit, über die das Ehepaar verfügt, nicht gänzlich seinem Gutdünken überlassen ist. *Diese Fähigkeit hängt mit dem Mysterium Gottes zusammen, der durch die Liebe der beiden Gatten Menschen erschafft,* – mit dem Mysterium Gottes, das übrigens bestimmt, was der Mensch in Wahrheit ist. Die Fortpflanzung des Menschen schließt ja nicht nur die physiologischen Fortpflanzungsvorgänge in sich, sonst wäre der Mensch nur ein natürliches Produkt der Entwicklung des Lebens und der Sexualfunktionen, die der Menschheit eigen sind. Die Zeugung des Menschen ließe sich dann schließlich wie irgendein natürliches Phänomen behandeln und würde bloß vom Fortpflanzungstrieb abhängig erscheinen, weil die Empfängnis eines Menschen letzten Endes dann einzig ein biologischer Vorgang wäre. Alles in uns empört sich gegen eine solche Auffassung vom Werden des Menschen, die allenfalls eine genetische Technologie vielleicht nicht verurteilte.

Aber das Biologische ist noch nicht alles, denn die Zeugung eines Menschen geht selbst über die Liebe der Ehegatten hinaus, obwohl diese für sie wesentlich ist. Sie bringt, ohne daß man sich vorstellen kann, wie das vor sich geht, die schöpferische Liebe Gottes, seine Vaterschaft ins Spiel, so daß jeder Mensch von Gott, dem er seine eigene Personalität verdankt, persönlich geliebt wird.

Obwohl diese Verbindung der Ehegatten mit dem schöpferischen Mysterium Gottes von solcher Bedeutung ist, ist sie ihnen für gewöhnlich nicht bewußt und braucht es auch nicht zu sein. Die Absicht, sie sich bewußt zu machen, könnte sogar zu abwegigen Vorstellungen führen und den natürlichen, menschlichen Charakter der ehelichen Vereinigung mindern. Es ist also nicht einfach nur eine Idee, die in diesem Fall die Willfährigkeit des Ehepaares gegenüber der Schöpfermacht Gottes zum Ausdruck zu bringen vermag. Schon im Gebrauch, den man von den Gütern der Welt macht, verhält es sich so.

Die Ehrfurcht vor Gott im Gebrauchen der Welt besteht nicht einfach darin, sich vor Augen zu halten, daß Gott sie erschaffen hat, sondern *auch darin, daß man von Gott erschaffene Dinge nicht für sich und die andern mißbraucht.* Die Anerkennung Gottes liegt somit nicht schon im Daran-denken, daß Gott erschafft, sondern erst darin, daß man sich im Gebrauchen der Welt nicht dem Plan Gottes *widersetzt,* den Gott ihr eingeschrieben hat, indem er sie für uns erschafft. Genau so sind ungerechte Aneignung der Reichtümer dieser Welt und schamlose Verschwendung, die dadurch, daß sie die einen scheinbar glücklich machen, die andern ins Elend stürzen, nicht nur eine krasse soziale Ungerechtigkeit, sondern auch eine Beleidigung Gottes. Gott erschafft die Welt gewiß nicht dazu, daß man auf ihr solche Verirrungen ausübt. Die Anerkennung des Schöpfungsmysteriums im freien Gebrauchmachen von der Welt wird uns abgefordert, wenn wir uns gerecht verhalten wollen.

Das Bekenntnis zu Gott nimmt hier in einer bestimmten Eigenschaft des Handelns und nicht im Aufsagen von Formeln Gestalt an. Es wird in Taten und nicht in Worten ausgesprochen, es wird mehr gelebt als deklamiert, es liegt mehr im Sein als im Reden. Aus gleichem Grunde übrigens wird der Mensch mehr nach seinen Taten als nach seinen Worten gerichtet werden. Und so verhält es sich auch, wenn es darum geht, die Schöpfermacht Gottes in der menschlichen Zeugungskraft anzuerkennen.

Denn so wie Gott seine Schöpfermacht nicht aufgibt, wenn er die Welt unserer Freiheit anvertraut, so verzichtet er, wenn er die Liebe der beiden Gatten mit der Aufgabe betraut, Menschen das Leben zu schenken, nicht auf seine Vater-Rolle, ohne deren Aktion keiner als Mensch in das Leben eintreten kann. Aber auch wieder so, wie wir die Schöpfermacht Gottes über die Welt durch die Tat anerkennen, indem wir uns versagen, die Welt, die er uns gibt, zu mißbrauchen, *genau so erkennen die beiden Ehegatten die ebenfalls unfaßliche und doch wesentliche Rolle an, welche die göttliche Vaterschaft in der Herzmitte ihrer Vereinigung spielt, wenn sie nichts gegen ihre Fortpflanzungsfähigkeit unternehmen.* Durch diese Fähigkeit nämlich, die in der Äußerung ihrer Liebe eingebettet liegt, wirkt die Schöpfermacht Gottes und bestimmt die grundlegende Personalität des Menschen. Man ersieht somit klar, warum die Enzyklika hier von Sinngehalten spricht.

4. Zweiheit der Sinngehalte: untrennbar in welchem Sinn?

Damit sind wir auf den eigentlichen, allzu oft verdeckten Grund gestoßen, weshalb die Enzyklika die Empfängnisverhütung ablehnt. Dieser Ablehnung geht es nicht um die materielle Respektierung einer Art Fortpflanzungsmechanik, sondern sie hat wesentlich das Mysterium im Auge, das in der Zeugung des Menschen liegt, die Gott der Liebe der Gatten anvertraut hat. Deren Rolle hebt auch hier nicht seine Rolle auf. Wie seine Rolle wahrhaft souverän und allein schöpferisch im strengsten Sinn dieses Wortes ist, d. h. fähig, dem Menschen seinen absoluten Wert – den einer um seiner selbst willen von Gott geliebten Person – zu geben, so muß das Ehepaar seine schöpferische Abhängigkeit gerade in *dem* Akt anerkennen können, *in dem es Mitarbeiter des Schöpfers sein darf.* Es bringt diese Abhängigkeit nicht durch bloße Worte zum Ausdruck, sondern durch die Respektierung seiner Zeugungsfähigkeit.

Gott, der der ehelichen Liebe diese Fähigkeit mitteilt, gibt somit seine eigene Schöpfermacht nicht auf. Er verläßt sich nicht auf das Gutdünken des Ehepaares, sondern auf dessen Freiheit. Nun aber gehört zu dieser Freiheit auch die Willfährigkeit gegenüber dem, der den Menschen diese Fähigkeit geben kann. Die Ehegatten dürfen somit die Zeugungsfähigkeit, die ihrer Liebe geschenkt wird, nicht so behandeln, als ob sie nur von ihnen selbst stamme, während sie in Wirklichkeit durch ihre Liebe hindurch auf ein Geschenk Gottes zurückgeht. Noch einmal: sie brauchen, um sich miteinander zu vereinen, nicht die *Absicht* zu haben, das Leben weiterzugeben, noch die *Gewißheit,* daß sie dazu imstande sind – sich vereinen ist nun einmal sich vereinen! Sich im wahren, d. h. *vollen* Sinn vereinen, verbietet aber, wenn man um die wahre Größe der Sexualität, die sich zu vereinen ermöglicht, weiß, der sozusagen übermenschlichen Fähigkeit, das Leben weiterzugeben, sowohl bei sich wie beim Partner Gewalt antun zu wollen.

Die Unlösbarkeit der Sinngehalte bei „jedem Vollzug der Ehe" beruht somit nicht in erster Linie auf einer biologischen Struktur, die sie im Gegenteil zeitweilig trennt, sondern auf einer *Entscheidung:* auf dem Entschluß, dem ehelichen Akt „den Sinngehalt gegenseitiger und wahrer Liebe sowie seine Hinordnung auf die hohe Berufung des Menschen zur Elternschaft" (12) zu erhalten. Alles entscheidet sich somit in der Tiefe der *geistigen Ebene der Sinngehalte,* und diese selbst liegt innerhalb einer Berufung, welche die Liebe qualifiziert. Übrigens liegt der Ausdruck „in nexu indissolubili" (Untrennbarkeit, Unauflöslichkeit), der hier verwendet wird, in der gleichen Richtung.

In der Natur, in der alles sich wandelt und alles vorbeigeht, gibt es ja nichts wirklich Untrennbares. Der Begriff „Unauflöslichkeit" betrifft die *Personen;* er tritt in der Offenbarung nur da auf, wo es sich um einen Bund handelt. Ohne daß das Wort „unauflöslich – untrennbar" ausgesprochen wird, wird die Sache selbst schon beim ersten Auftreten des Mannes und der Frau zu verstehen gegeben: „Was Gott verbunden hat, soll der Mensch nicht trennen." Gott ist allen voran in der Liebe treu und kündigt seinen Bund nie auf. Dies erklärt die Unauflöslichkeit der Ehe, den typischsten Fall von Untrennbarkeit. Nicht also eine Struktur des Fleisches allein – denn so viele vollzogene Ehen sind zerbrochen –, sondern die *Freiheit* der beiden Partner *engagiert sich unwiderruflich,* gestützt auf die *Treue und Gnade Gottes,* ohne die, wie die Schrift sagt, „das Fleisch nichts nützt". Da es dies noch nicht begriffen hatte, tolerierte das auserwählte Volk eine Ehescheidungsklausel, bis Christus diese abschaffte. Christus hat nicht kraft einer Gewalt, die vom Fleische herkäme, die Ehe in ihrer ursprünglichen Unauflöslichkeit wiederhergestellt, sondern aus *Treue zum Schöpfungsplan Gottes,* der in seinem menschgewordenen Sohne eine Liebesweise offenbarte, welche die unauflösliche Vereinigung der beiden Gatten möglich und notwendig macht.

Wenn also das Rundschreiben den Zusammenhang zwischen den Sinngehalten im ehelichen Akt damit qualifiziert, daß es ihn als unauflöslich bezeichnet, dann nicht deswegen, weil er dies kraft des Fleisches oder biologischer Gegebenheiten wäre, sondern *die Sinngehalte lassen sich deshalb nicht voneinander trennen, weil das, was der eheliche Akt seiner geistigen Bedeutung nach ist, erheischt, daß bei seinem Vollzug die Liebe nicht der Fruchtbarkeit Gewalt antut.* Untrennbarkeit der Sinngehalte will also nicht besagen, daß die liebende Vereinigung immer an die Zeugung gebunden ist oder gebunden sein sollte, sondern einfach, daß man sie, wenn sie miteinander gegeben sind, nicht voneinander trennen darf, indem man bei sich selbst oder beim Partner gegen die dem Akt innewohnende Zeugungsmöglichkeit direkt vorgeht. In einer solchen Trennung der Sinngehalte durch die *positive Unterdrückung* des zweiten besteht eben das Ordnungswidrige der Empfängnisverhütung. Wieso soll diese Ordnungswidrigkeit, die sich an dem vergreift, was die Liebe zutiefst ist, nicht auf ihre Weise der Welt der Sünde angehörten, da sie doch die Ehegatten in Widerspruch zu Gott bringt, dessen Abbilder und Diener sie in ihrer Liebe sein sollten? Gewiß ist dies nicht die schlimmste Sünde. In der Liebe das Herz vom Fleisch zu trennen, sich von seinem Partner zu trennen, ist etwas noch Schlimmeres als, sehr oft nur aus Schwäche, die liebende Vereinigung von der Zeugung zu trennen. Dennoch bleibt wahr, daß *die Empfängnisverhütung* (in dem Sinn, wie die Kirche das Wort versteht), in ihrer ganzen Tiefe erfaßt, die vor allem heute oft übersehen wird, *die eheliche Liebe gegen das Schöpfungsmysterium Gottes aufbegehren macht,* gegen das Mysterium, aus dem die schöpferische Verantwortung der Ehegatten ihren Ursprung hat.

5. Offenbarung und geistige Analyse der Liebe

Diese Unterordnung wird allerdings erst im Licht der Offenbarung deutlich sichtbar. Da die Zweiheit der im ehelichen Akt liegenden Sinngehalte vom Mysterium Gottes abhängt, in dem die Liebe nie im Gegensatz zum Leben tritt und *durch* den das Leben nie ohne Liebe geschenkt wird, wurzelt auch ihre Untrennbarkeit in diesem Mysterium. Die volle Wahrheit der ehelichen Liebe schließt somit aus, daß man einen der beiden Sinngehalte, die in ihrer Verbindung erst dem ehelichen Akt seine zugleich göttliche und menschliche Tiefe verleihen, willentlich opfern dürfte. Ist es übrigens so sicher, daß die Untrennbarkeit der Sinngehalte, von der die Enzyklika spricht, nicht in erster Linie eine natürliche Gegebenheit, ein Faktum der Natur ist, sondern eine eigentlich geistige Aufgabe, die zu erfüllen ganz der Freiheit der Ehegatten anvertraut ist – wie die Unauflöslichkeit ihrer Ehe selbst?

Zwar gab es eine Zeit, da man der Ansicht war, schon allein die Fortpflanzung mache den ganzen Sinn der Ehe aus. Wenigstens gab man die Fortpflanzung für das primäre Element aus, während man die liebende Vereinigung als den sekundären Sinn bezeichnete. Damit konnte man die volle Wahrheit der ehelichen Liebe verkennen, *weil Gott selbst, der hierin das höchste Urbild der Ehegatten ist, niemals der Schöpfer ist, ohne dies aus Liebe zu sein.* Sicherlich ist für das Ehepaar und für die Menschheit die Fortpflanzung von grundlegender Bedeutung. Was würde aus der Menschheit, wenn sie das Dasein nicht mehr weitergäbe oder wenn sie es nicht mehr aus Liebe übermitteln würde? Aber der Sinngehalt der Fortpflanzung darf, so wesentlich er auch ist, nicht den unvergleichlichen Wert der Vereinigung verdunkeln.

Zwar verlangt die geistige Analyse des ehelichen Aktes, daß man sich, wie die Enzyklika dies tut, daran erinnert, daß der Ausdruck der ehelichen Liebe von der Organanlage abhängt, die zur Zeugung notwendig ist. Die Enzyklika sagt jedoch nie, daß die Fortpflanzung, wie sehr sie auch mit der Vereinigung verbunden ist, im ehelichen Akt stets zum Erfolg führen muß, damit diese seine volle Wahrheit besitzt: Die liebende Vereinigung ist authentisch („vere et omnino recti amoris testimonium") (16), auch wenn sie nicht zur Weitergabe des Lebens imstande ist. Und doch ist die volle Wahrheit der Vereinigung nur dann vorhanden, wenn die Ehegatten ihre wunderbare Fähigkeit, ein neues Menschenwesen hervorzubringen, nicht in sich zerstören. Aber eine solche Respektierung der Sinngehalte ist in den Augen der Ehegatten nur dann ein Wert, wenn sie sich bewußt sind, daß diese Respektierung die totale Wahrheit des Aktes, worin sie ihre Liebe zum Ausdruck bringen, voraussetzt und erfordert. Eine solch bewußte Haltung ist allerdings schwierig. Sie wird heute so scharf angegriffen, daß Paul VI. es als seine Pflicht und sein Recht erkannte, im Namen der ganzen Kirche von neuem von ihren geistigen Quellen und ihrer humanisierenden Wirkung auf die Ehegatten und ihre Liebe zu sprechen.

Wer könnte leugnen, daß eine solche geistige Schau unmittelbare Auswirkungen auf das Verhalten in der Ehe hat und haben will? Die Enzyklika kann jedoch das geistige Resultat, das sie anstrebt, nur auf dem Weg über die freie Einsicht erreichen, welche die Harmonie der im ehelichen Akt liegenden Sinngehalte entdeckt. Paul VI. freilich scheint überzeugt, daß diese Entdeckung wie von selbst erfolgt und daß man bloß deren Inhalt auszudrücken braucht, damit „die Menschen unserer Tage, ... den zutiefst vernunftsgemäßen und menschlichen Charakter dieser Lehre erfassen". Die Reaktion der öffentlichen Meinung des Westens wird ihn zu seinem Schmerz eines anderen belehrt haben, und ihre Einstellung hat sich im Laufe der Zeit nicht merklich zum Besseren gewandt.

6. *Antikonzeptionelle Einstellung und die Botschaft der Kirche*

Die vermehrte Kenntnis der biologischen Mechanismen verstärkt das sichere Empfinden, daß die Weitergabe des Lebens unter Kontrolle durch die Technik zu geschehen habe. Wieso sollte das, was die Geburt des Menschen bestimmt, nicht vom Menschen gemeistert werden, da dies doch wissenschaftlich möglich ist? Übrigens sind alle Hoffnungen erlaubt; man hat ja schließlich auch den Fuß auf den Mond gesetzt! Obschon die genetische Manipulation im Hinblick auf ihre Resultate beängstigend bleibt, und obschon man sich sträubt, unter den Bleimantel einer sich immer weiter aufdrängenden „Techno-Natur" zu geraten, wird hingegen die Empfängnisverhütung sogar und vor allem von staatlichen Behörden stets als einer der schönsten Siege des Mannes und der Frau über den anscheinend verhängnisvollen Charakter der Fruchtbarkeit hingestellt. Wieso sollte man sich über diese Auffassung verwundern in einer Welt, in der eine immer mehr überhandnehmende Verweltlichung, die auf einem praktischen Atheismus beruht, sich vor allem im Westen von überallher aufdrängt? Man sieht in der Empfängnisverhütung nur noch eine ganz normale Annehmlichkeit. Daß das eine oder andere Gewissen noch Probleme mit ihr hat, gehört ins Dossier respektabler, doch sinnloser, rückständiger Geisteshaltungen, die eine veraltete religiöse Einstellung ihren Opfern auferlegt, wodurch sie diese hindert, der Segnungen der modernen Kultur teilhaftig zu werden.

So entwickelt sich, ja hat sich bereits entwickelt – wenigstens in der öffentlichen Meinung des Westens – eine Mentalität, von der sich nur ganz wenige freihalten. Muß man nicht von einem Universum der Antikonzeption sprechen, so wie man auch von einem Konzentrationslageruniversum sprechen konnte? Auf jeden Fall ist *das Imperium* – die befreiende Herrschaft, wird man sagen – *der antikonzeptionellen Geisteshaltung* (um sie, um sie allein geht es hier) so mächtig, daß es das immer größere Gefolge der erwiesenen Anomalien unbeachtet läßt.

Diese betreffen bei den Erwachsenen und den Jungen *die „Liebe", die Gesundheit, die Ehe und das Leben.* Durch eine sonderbare Umwertung der Werte ist für die antikonzeptionelle Geisteshaltung die Vereinigung oder vielmehr, da die Ehescheidung als selbstverständlich gilt, die mit der Vereinigung verbundene *Lust zum ersten Wert* geworden, der für sich allein schon genügt, während die Fortpflanzung, die erst an zweiter Stelle kommt, wenn sie nicht gar als ganz nebensächlich gilt, wie dies die schon beträchtliche Anzahl – 80 Millionen sagen die Fachleute – derer beweist, die sich freiwillig um die Fortpflanzungsfähigkeit bringen ließen.

In dieser antikonzeptionellen Zivilisation gibt es auch Christen. Es macht den Anschein, daß sie – wenigstens ein Teil von ihnen, den die Massenmedien in den Vordergrund zu rücken versteht –, sobald sie auf etwas Sexuelles stoßen, das noch nie dagewesen oder wenigstens ungewohnt ist, darin gleich auch schon einen bisher noch nicht bekannten menschlichen Wert entdecken. Verhaltensweisen und Ideen, welche die christliche Auffassung über die Liebe rundweg zerstören, werden in ihren Augen ohne weiteres zu „Werten", die zu retten sind. Unter dem Vorwand der Aufgeschlossenheit, der Respektierung der Meinung anderer, aus Nachsicht oder auch einfach aus Angst, als Christen allein dazustehen, ist inbezug auf das Kind, die Familie, die Ehe, die Liebe, zugunsten der Ehescheidung, der Abtreibung und vor allem der Empfängnisverhütung, inbezug auf die vorehelichen und außerehelichen Beziehungen, die Masturbation und die Homophilie aller Art von solchen, die selber Christen sind, manchmal *mit vollen Händen Unkraut in das Gewissen der Christen gesät* worden. Man kann somit den Optimismus Pauls VI. gar nicht teilen, der als sicher annahm, daß seine Lehre über die Empfängnisverhütung bei den Christen ein günstiges Echo finden werde.

Dieser Situation gegenüber kann es nicht Aufgabe der Kirche sein, einfach zu wiederholen, daß es ein betreffendes Gesetz gibt, sondern sie hat auch und vor allem *die Herzen für den totalen Sinngehalt der Liebe aufzuschließen.* Es genügt nicht, wie „Humanae vitae" dies tut und tun mußte, die Objektivität einer Ordnungswidrigkeit wieder deutlich zu machen. Wie schwierig es auch für die Kirche sein mag, die richtige Sprache für solche Themen zu finden, so ist auch ein ungeschicktes Wort in diesem Fall noch *besser als ein scheinbares kluges Schweigen, das man als Billigung auffaßt.* Im sittlichen Bereich beschränkt sich das Prophetenamt der Kirche oft auf den Protest. Vielleicht vermag sie nur solche zu überzeugen, die von vornherein überzeugt sind. Man kann also über die Durchschlagskraft einer Intervention der Kirche lächeln. Und doch ist durch eine solche etwas gewonnen: Die Durchbrechung des Schweigens verhindert, daß eine Verjährung, d. h. eine prinzipielle Billigung aufgrund eines faktischen Sich-Ausschweigens eintritt.

Indem die apostolische Autorität der Kirche sich öffentlich von der herrschenden Meinung distanziert, die sie als schwer im Irrtum befangen beurteilt, bietet sie den Gewissen, die so wieder zu sich kommen können, einen objektiven Anhaltspunkt. Der Polarstern ist es, der die Richtung nach Norden weist, der Leuchtturm ist es, der auf die Klippe aufmerksam macht, und die Boje, die vor dem Schiffbruch rettet. Würde jemand diesen Dienst unterschätzen, so bewiese er, daß er nicht weiß oder nicht zu wissen vorgibt, wie sehr in der Nacht, in der die Werte zu versinken drohen, die Geister verwirrt sind. Man muß jedoch in dem bestimmten Bereich, den die Enzyklika betrifft, um jeden Preis ein schwerwiegendes Mißverständnis überwinden.

Nunmehr ebenso offen abgelehnt wie die Unauflöslichkeit der Ehe, ist die Untrennbarkeit der Sinngehalte im ehelichen Akt in dem tiefen Sinn, wie die Kirche sie versteht, *ein geistiges Programm geworden*, das schwierig zu erfassen und noch schwieriger einzuhalten ist. Die herrschende Meinung rechtfertigt mit den Ausweglosigkeiten des Lebens die antikonzeptionelle Geisteshaltung, die ihrerseits neue Ausweglosigkeiten schafft; sie lähmt Zustimmungen, die allzu schüchtern sind, als daß sie sich durchsetzen könnten, die aber doch, vor allem bei der Frau, allzu tief sind, als daß man sie verschweigen könnte.

Obschon so sehr verleugnet, daß man sie für verschwunden hält, sind viele innere Widerstände gegenüber einem antikonzeptionellen Universum einfach neutralisiert worden. Einzig die Liebe, in deren Namen die antikonzeptionelle Einstellung sie zu vernichten gedenkt, kann sie wieder zum Vorschein bringen und ihnen wieder eine Stimme geben. Deshalb wäre es ein schrecklicher Irrtum, wollte man sich damit begnügen, an eine Norm zu erinnern, welche die eheliche Liebe betrifft, ohne auch die Liebe selbst stärker hervorzubringen, die allein imstande ist, in dieser Norm ein für sie geltendes Gesetz zu erblicken. Die Kirche gäbe sich so den Anschein, sie kümmere sich nicht um tragische Notlagen, und würde die katholische Morallehre der Gefahr aussetzen, angeprangert zu werden, die Menschen zu terrorisieren und ihre Freiheit zu mißachten.

Die ganze Welt muß also wissen und wissen können, daß weder in diesem wie in jedem anderen Bereich, ja in diesem Bereich erst recht nicht, die Kirche – ich spreche hier von ihrem authentischen Lehramt – irgendeine moralische Herrschaft, die nicht zu rechtfertigen ist und im übrigen illusorisch wäre, über das private Leben der Ehegatten anstrebt. Hier ist ihnen ihr Gewissen Wegweiser und Licht. Die Aufgabe der Kirche ist es, ihnen behilflich zu sein, klarer zu sehen, aber ihre persönliche Verantwortung ist eine ganzheitliche; sie ist die Verantwortung für eine Liebe, deren Wachsen die Kirche bejaht, deren Vorhandensein sie stets voraussetzt und deren rechte Einstellung sie zu stützen wünscht. Kurz, bei all dem geht es für sie um die Sache Christi im Dienst am Menschen.

7. *Die Botschaft der Kirche und die Situation des Menschen*

Zu allen Völkern gesandt, um bis zur Wiederkunft Christi zu verkünden, daß die Menschheit in keinem andern Namen als in dem Namen Jesu wirklich erlöst ist, hat die Kirche die Aufgabe, die Menschen als solche aufzusuchen und für sie da zu sein. Scheinbar liegt dem Mysterium Christi das Problem der Empfängnisverhütung völlig fern, da es sich, wie man gern sagen möchte, bloß um menschlich befreiende Techniken handele. In Wirklichkeit aber geht es dabei um die (personale) Identität des Mannes und der Frau, *um die totale Wahrheit ihrer Liebe*. Darum ist die Lehre der Kirche über die Empfängnisverhütung, wie verwunderlich sie auch zunächst erscheinen mag, nicht einfach die Meinung einer Sekte: über die Christen hinaus richtet sie sich, wie Paul VI. gesagt hat, an „die Menschen unserer Tage" (12). Trotz dieses Anspruchs, allgemeinmenschliche Geltung zu haben, ist es nicht bloß menschliches Licht, das der Kirche verhilft, solche Tiefen der Liebe zu erhellen.

Deshalb ist eine wirklich gründliche Evangelisation nötig, die in den Herzen wieder einen echten Sinn für Gott schafft. Dies ist eine um so schwierigere, aber auch um so dringlichere Aufgabe, als wir in einer Zeit des Atheismus leben, wo in vielen Gewissen der ehrfürchtige Sinn für den lebendigen Gott zerstört ist. Dies führt in der Tiefe zu einer *unbewußten, schlimmen Denaturierung der ehelichen Liebe und ihrer wahren Verantwortlichkeit*. Darum ist es ein unmögliches Unterfangen, beispielsweise die geistige Ethik der Untrennbarkeit der Sinngehalte in das Mysterium Christi integrieren zu wollen, wie man dies tun muß, ohne daß man zuvor den gläubigen Sinn für den wahren Gott und seine liebende Sorge für alles Menschliche wiederherstellt. Damit würde man Christus vor den Menschen hinstellen ohne seine eigentliche Tiefe. Man würde sich auf Ihn zugunsten einer „Sache" berufen, die in keinem grundlegenden Bezug zum Mysterium Gottes im Menschen stünde und darum eigentlich auch nichts mit der Person Christi zu tun hätte, die uns in unserer Ganzheit mit Gott verbindet. Nicht daß Christus an die Stelle eines jeden und aller zu treten hätte, aber *in Seiner Gegenwart in uns, in seinem Licht und Seiner Gnade für die gänzliche Humanisierung der Liebe ist er von Geburt her Glied unserer Menschheit* und nicht ein Eindringling. Aus diesem Grund erfaßt er uns in der Tiefe, um uns dadurch, daß er uns die wahren Tiefen Gottes offenbart, zu uns selbst zurückzuführen.

Nun aber ist Christus hierin nicht von seiner Kirche getrennt, noch läßt er sich von ihr trennen. Und da in Christus Gott dem Menschen inkorporiert ist und die Menschen in Christus Gott inkorporiert sind, wie hätte dann die Kirche trotz aller gegenteiligen Eindrücke, nicht gewissermaßen einen sechsten Sinn für alles, was die Größe der Liebe und deren Beziehung zum Leib betrifft? Heute droht nämlich die Gefahr – und sie ist kein Hirngespinst –, daß man den menschlichen Leib als ein *Objekt* von Produkten und Reproduktion, von Genuß und Wollust behandelt und dabei vergißt, daß er selbst in seiner Stellung und im Universum der Dinge als *menschlicher* Leib einen Wert besitzt, der ihn in die Welt der *Subjekte* stellt. Die rein wissenschaftliche Erkenntnis des menschlichen Leibes und noch weniger seine technische Abrichtung sind darum nicht der einzige Schlüssel zu seiner Wesensdeutung noch das einzige Verhalten, die unserer Würde entsprechen. Wir müssen über die allzu simplifizierenden Auffassungen, welche die Einsichten, die die Biologie uns vermittelt, noch nicht zur Kenntnis nehmen, hinausgehen und *auf dem Wege einer erleuchteten Achtung des Leibes wieder zu einer geistigen Ethik des Menschen zurückfinden.* Die Welt des Lebens ist den faszinierenden Weg einer ständig wachsenden Organisation gegangen, der das Erwachen des Geistes, was noch erstaunlicher ist: des Wesens Mensch selbst ermöglicht hat. Der Mensch erscheint nicht als ein Zufall oder ein Chaos, sondern als ein auf dem Weg der Evolution vollbrachtes Wunder. In seinem Leib gipfeln somit Formen und Funktionen, worin integrierte Strukturgefüge sich zu einer Einheit zusammenschließen und sich selbst regulieren. Die Wissenschaft entdeckt sie, der Mensch macht sie sich zunutze, er muß sie respektieren, sonst zerstört er sie, aber er muß sie sich auch aneignen. Die menschliche Ethik steht somit in der Mitte zwischen zwei extremen Haltungen, die beide schädlich sind. Die eine wäre die der archaisierenden Voreingenommenheit, die in einer besseren Meisterung der Physiologie des Menschen, zumal der sexuellen, nur einen ungehörigen Eingriff und eine Destrukturierung erblicken würde; die zweite besteht in einer ungezügelten Manipulation im Gen-, aber auch im Genitalbereich, die im Leib und erst recht im Geschlechtlichen nur eine „Sache" sehen möchte, über die man nach Belieben verfügen könnte. Damit man diese beiden Klippen meidet, muß die Kirche vom Menschen als ganzem, Leib und Sexualität inbegriffen, eine aufgeschlossene, ausgewogene und befreiende Deutung geben können.

Sie muß die geleisteten Dienste wahrzunehmen vermögen, um sie vorbehaltlos zu billigen, dabei aber hellsichtig darauf achten, daß das „Naturgemäße“, für das sie in der Lehre eintritt und dessen der moderne Mensch bedarf, wirklich *als belebende Norm und nicht als Tabu* erscheint.

Zudem darf man im Fall der Empfängnisverhütung nicht das Prinzip übersehen, das der hl. Thomas von Aquin angeführt hat, daß nämlich der Mensch, um tugendhaft leben zu können, eines minimalen Wohlstandes bedarf. Es gibt Schwellen, jenseits derer die menschliche Ethik unvollziehbar wird. Dies ist nicht ein Grund, um heute in bezug auf die Geburtenregelung bei den ärmsten Völkern alles für erlaubt zu halten. Gewisse öffentliche oder private „Gewalten“ möchten gern Empfängnisverhütungs-, Sterilisations- und Abtreibungsmethoden propagieren, denen sich die Kirche absolut widersetzt, da sie nicht damit einverstanden ist, daß zur sozialen Notlage noch sexuelle oder genitale Verstümmelungen hinzukommen. Doch lassen die untermenschlichen Existenzbedingungen es nicht ratsam erscheinen, die Lehre der Kirche über die Empfängnisverhütung als wirklich dringlich vorzulegen. Gewiß kann das Evangelium selbst in schlimmster Lage eine geistige Hebung der Liebe inspirieren und untersützen, aber es verlangt nicht, daß die Kirche in einem solchen Fall ihre vordringliche Pflicht vergißt. Diese besteht zunächst nicht darin, irgendeinen Punkt der Ehemoral einzuhämmern, sondern dafür zu kämpfen, daß Menschen ihren in jeder Hinsicht unmenschlichen Lebensbedingungen entrissen werden. Diese Bemerkung ist in diesem Bereich für einen Großteil der Dritten Welt von Wichtigkeit, gilt aber auch für mehr Menschen und Ehepaare, als man zunächst meinen möchte, in den Ländern des Westens.

8. Christliche Existenz und Prophetie

In dieser ganzheitlichen Bildung des menschlichen Empfindens im Licht der Offenbarung kann auch der Christ den Sinn für die Botschaft der Kirche über die eheliche Liebe finden oder wiederfinden, falls er ihn verloren hat. Da diese Liebe an und für sich Bild und Dienst Gottes ist, erreicht sie ihren vollen Sinngehalt in Christus, ohne daß ihr menschlicher Charakter dadurch irgendwie Schaden litte. Die Lehre der Kirche über die Empfängnisverhütung muß beim Christen wieder in die Gesamtheit der Fragen hineingestellt werden, welche die Echtheit der Liebe betreffen. Christsein in diesen Bereichen besteht weder darin, daß man sich von der Frage der Empfängnisverhütung ganz in Beschlag nehmen läßt, noch darin, daß man sich weigert, sie als ein echtes Problem anzusehen, wobei man allerdings nie vergessen darf, daß das Gewissen von noch ganz anderen Fragen nicht weniger beansprucht wird. Ein ständiges Kreisen um diesen Punkt ist ebenso schädlich wie ein leichtfertiges Darüber-Hinweggehen. Aber weil es die Liebe ist, die hier zum Problem wird, kann einzig die Liebe, wahre Liebe, richtige Antworten ausfindig machen. Im Konflikt zwischen den Sinngehalten, um den die eheliche Liebe selten herumkommt, bleibt die Vereinigung der Gatten, konkret gesprochen, der grundlegende Sinngehalt des Ehepaares, weil jede wirklich menschliche Weitergabe des Lebens einzig mit dieser Vereinigung gegeben ist. Die Konflikte, die sich aus der Zweiheit der Sinngehalte ergeben, zu entdramatisieren, ist eine gebieterische Pflicht des christlichen Gewissens. Dies will nicht heißen, daß man so unklug ist, zu bestreiten, daß in die Verhaltensweisen der Liebe, welche die Tiefen Gottes streifen, nicht auch Sünde eindringen könnte.

Die Untrennbarkeit der Sinngehalte, welche die geistige Norm des ehelichen Aktes bleibt, wirft auf die Liebe ein so scharfes Licht, daß das Gewissen vorziehen kann, sich ihm zu entziehen. Eine berechtigte Angst oder eine faktische Unmöglichkeit kann dann zu einer prinzipiellen Weigerung werden, die das Gewissen auf einen falschen Weg bringt, so daß es nicht mehr mit Gott im Einklang steht. Doch selbst die Einsicht, daß man wirklich gesündigt hat, indem man sich den tiefsten Forderungen der Liebe entzog, darf nie das Herz mit Argwohn und neuen Ängsten gegenüber sich, dem Partner, der Kirche, Christus und Gott verfinstern. Alles muß im Licht des Evangeliums gelebt werden, für das die sittliche Heiligkeit des Gottesreiches sich nicht von der Überfülle der gewährten und verheißenen Verzeihungen trennen läßt.

*

Eine solche Existenzweise zerstört keineswegs das Ideal, auch wenn eine allgemeine Schwäche sie hinter ihm zurückbleiben läßt. Sie wird so sehr schnell zu einer zeugnishaften Existenz, die auf andere das Licht ausstrahlen kann, das zunächst sie durchdrungen hat. Dieses von der Vergebung angereicherte Licht wirft auf die wahre Größe der Botschaft keinerlei Schatten, sondern beglaubigt sie. Es verjagt bloß pharisäische Selbstgefälligkeit und unmenschliche Härte gegenüber anderen. Es gibt hingegen die Transparenz, die dem Gottesgeist zu leuchten ermöglicht. So ist die Voraussetzung geschaffen zu einer Prophetie der Heiligkeit, *deren die Welt,* was den Christen sooft nicht bewußt ist, *auf dem Feld der Liebe wie in allen anderen Bereichen so sehr bedarf,* auch wenn sie sich gegen sie sträubt, sie lächerlich macht oder gar leugnet. Es ist an den Christen, sich durch voraussehbare Widerstände nicht niederschmettern zu lassen, sondern mit einsichtsvollen Bemühungen an sich selbst fortzufahren, um in unerschrockener Demut den anderen Menschen und der Liebe noch besser zu dienen.

+

Aus dem Französischen übersetzt von Dr. theol. August Berz. Redigiert von Johannes Bökmann und Gerhard Fittkau.

Veröffentlicht mit Erlaubnis der De-Rancé-Foundation in Milwaukee, Wis., USA.

Prof. Dr. Dionigi Tettamanzi

Die Eheleute im Dienste des göttlichen Heilsplans

Zur verdrängten theologischen Perspektive der kirchlichen Ethik der Geburtenregelung

ÜBERSICHT

1) *Auf der Suche nach dem Plan Gottes*
2) *Das kirchliche Lehramt als autoritativer Dienst am Glauben des Volkes Gottes*
3) *Im Dienst des „homo humanus"*
4) *Ein Weg in die Freiheit*
5) *Der Dienst der Liebe und des Lebens*

1) *Auf der Suche nach dem Plan Gottes*

Welches ist der Sinn einer „theologischen" Reflexion über das Thema der Geburtenregelung?

Die Antwort kann man in folgenden Worten des Konzils finden: „Im Glauben daran, daß es vom Geiste des Herrn geführt wird, der den Erdkreis erfüllt, bemüht sich das Volk Gottes, in den Ereignissen, Bedürfnissen und Wünschen, die es zusammen mit den übrigen Menschen unserer Zeit teilt, zu unterscheiden, was darin wahre Zeichen der Gegenwart oder der Absicht Gottes sind. Der Glaube erhellt nämlich alles mit einem neuen Licht, enthüllt den göttlichen Ratschluß hinsichtlich der integralen Berufung des Menschen und orientiert daher den Geist auf wirklich humane Lösungen hin" (Gaudium et Spes, II).

Zu den aktuellen, oft so schwierigen und akuten Problemen der Menschheit gehören die der Geburtenregelung. Die spezifische Aufgabe der Theologie ist die Erforschung des „göttlichen Plans", die Erkenntnis der „Absichten Gottes" mit dem Menschen und seinen Problemen. Dieser Plan ist *im Menschen* selbst „eingeprägt", der nach dem Bilde Gottes geschaffen ist, in seiner Grundstruktur und in seiner tief innern Dynamik, ein Plan, der durch das Licht des Glaubens und der menschlichen Vernunft „ausgedrückt“, das heißt, offenbart wird. Somit vollzieht sich die „Erkenntnis“ des göttlichen Plans und der göttlichen Absichten mit dem Menschen „im Lichte des Evangeliums und der menschlichen Erfahrung“ (GS, 46).

Die theologische Reflexion beruft sich also auf das „neue Licht“ des christlichen Glaubens, d. h. auf das geschriebenene Wort Gottes, das in der Gemeinschaft der Gläubigen weitergegeben und gelebt und authentisch „allein vom lebendigen Lehramt der Kirche“ (DV, 10) interpretiert wird. So gelangt sie zur „letzten Wahrheit“ über den Menschen und seine Probleme: „Gott allein, der den Menschen nach seinem Bild geschaffen und von der Sünde erlöst hat, gibt auf diese Fragen die erschöpfende Antwort in seiner Offenbarung, die ihre Erfüllung in Christus, Seinem göttlichen Sohn, der Mensch geworden ist, gefunden hat. Wer Christus, dem vollkommenen Menschen, folgt, wird auch selbst mehr Mensch“ (GS, 41).

In diesem Sinn kann und muß die theologische Reflexion eine „menschliche“ Reflexion bleiben. Sie bezieht sich in einer zweiten für die Theologie wesentlichen Phase auch auf das Licht der menschlichen Erfahrung, nämlich auf jene Erkenntnis der menschlichen Werte und Bedürfnisse, die durch die rechte Vernunft und Weisheit getätigt wird.

Auf dieser Ebene muß die Theologie auch gegenüber dem besonderen Problem der Geburtenregelung die *Lebenszeugnisse* so vieler Eheleute beachten, die in aller Aufrichtigkeit und redlichem Ernst versuchen, die fruchtbare und verantwortliche Liebe zu praktizieren und zu interpretieren. Niemand kann bestreiten, daß es zahlreiche Eheleute gibt, die der christlichen Verkündigung über die Sexualität Glauben schenken und sie in ihr tägliches Leben übersetzen. Solche Eheleute haben eine tiefe Einsicht in den einzigartigen Dienst, den die Enzyklika Humanae vitae Paul's VI. für die Förderung menschlicher Authentizität und der menschlichen Vollendung ihrer ehelichen Liebe geleistet hat und weiter leistet.

Paul VI. gab der Hoffnung Ausdruck, die ihn bei der „mühsamen Redaktion“ der Enzyklika begleitete, der Hoffnung insbesondere, die er auf die christlichen Eheleute setzte: „… und schließlich die Hoffnung, daß die christlichen Eheleute verstehen werden, daß Unser Wort, so streng und schwer es klingen mag, *die Authentizität ihrer Liebe interpretieren will,* einer Liebe, *die berufen ist, sich selbst in die Liebe Christi zu Seiner mystischen Braut, der Kirche, zu verwandeln"* (Ansprache vom 31. 7. 1968).

*

Mit zunehmendem Abstand vom Datum der Veröffentlichung der Enzyklika zeitigt diese Hoffnung allmählich ihre Früchte: Viele Ehepaare, die die tiefsten Bedürfnisse, die in ihrer gegenseitigen Ganzhingabe wurzeln, zu lesen gelernt haben, „bekennen", daß ihr „wahres" Wollen nicht auf die „Kontrazeption" gerichtet ist, sondern der Logik der „Natur" folgen möchte. Andere Ehepaare „empfinden intuitiv", daß die eheliche Liebe, wenn sie im *ganzen* Reichtum ihrer Sinngehalte gesucht wird, nicht in verschiedenen und gegensätzlichen Formen sexuellen Verhaltens zum Ausdruck gebracht werden kann. Kann die *wahre* Liebe nicht durch Handlungen geradezu verfälscht werden, die sie einiger ihrer Wesensgehalte berauben?

Andere Ehepaare gibt es, die mehr denn je davon überzeugt sind, daß die menschliche Kontrolle über die Welt der Dinge und selbst über den eigenen Körper „Grenzen" haben muß, wenn man nicht den Gegenschlag antiökologischer Situationen hinnehmen will: dies auf dem Gebiet der künstlichen Empfängnisverhütung. So haben sich manche Eheleute, die sich auch der sozialen Dimension der Probleme bewußt sind, *von der neurotischen Furcht eines unaufhaltsamen Bevölkerungswachstums „entgiften" lassen.* Sie entdecken wieder den Wert einer größeren Familie. Es regt sich auch immer klarer das Bewußtsein für die Tatsache: Die Tür für die Kontrazeption öffnen, heißt, realistisch gesehen, auch die Tür öffnen für noch schwerwiegendere Formen moralischer Unordnung. *Der Zusammenhang zwischen der Empfängnisverhütung und der Abtreibung kann nicht mehr verschwiegen oder unterschätzt werden.*

Abgesehen von den oben angeführten Gründen kann man die zunehmende Orientierung zahlreicher Ehepaare auf die natürliche Familienplanung hin auch mit parallelen Entwicklungen erklären, denen die Wissenschaft in diesem Bereich immer größere Aufmerksamkeit schenkt.

Die theologische Reflexion kann nicht umhin, diese Daten der Humanwissenschaften nicht nur deshalb zu beachten, weil sie auf ihre Weise einige Züge des göttlichen Schöpfungs- und Heilsplans für den

Menschen aufdecken können, sondern weil ihre Ergebnisse, woran die Kirche erinnert, auch bezeugen können, „daß es keinen wahren Widerspruch zwischen den göttlichen Gesetzen der Weitergabe des Lebens und dem, was die echte eheliche Liebe fördert, geben kann“ (GS, 51; HV, 24). Eben in diesem Sinne konnte Paul VI. am 10. Jahrestag der Veröffentlichung der Enzyklika Humanae Vitae erklären:

> „Uns scheint das verflossene Jahrzehnt seit der Promulgation ein hinreichend langer Zeitraum zu sein, um, nach den Bestätigungen durch die strengste Wissenschaft, die Bedeutsamkeit unserer damals „coram Deo“ getroffenen Entscheidung besser zu ermessen ...“ (Ansprache an das Kardinalskollegium am 23. 6. 1978).

Die theologische Reflexion bekundet jedoch ihre Originalität erst, wenn sie an die *Wurzel* der menschlichen Probleme geht. Die Aufgabe der Theologie ist es, auf das „Geheimnis des Menschen“ und seiner höchsten Berufung von seinem Ausgangs- und Bezugspunkt, nämlich vom „Mysterium des fleischgewordenen WORTES“ her Licht zu werfen (Vgl. GS, 22). Dies gilt für jedes menschliche Problem, auch für das besondere Problem der ehelichen Liebe und der verantwortlichen Elternschaft. Die Konzilsaussage am Schluß der Ausführungen über die fruchtbare, verantwortliche Liebe zeigt das Problem in seiner ganzen Tiefe auf:

> „Alle seien sich klar darüber: Das menschliche Leben und die Aufgabe, es weiterzugeben, sind nicht auf diese Zeit beschränkt und können deshalb auch nicht allein von dieser Welt bemessen und verstanden werden, sondern sind auf die ewige Bestimmung des Menschen zu beziehen“ (GS, 51).

2) Das kirchliche Lehramt als autoritativer Dienst am Glauben des Volkes Gottes

Ein wesentliches Element der theologischen Reflexion ist ihre Bezugnahme auf das Lehramt der Kirche. Dies gilt auch für das Problem der Geburtenregelung, über das die Kirche bekanntlich eine „ständige und sichere“ (constante e ferma) Lehre vertritt, die neuerlich nicht nur im II. Vatikanischen Konzil, sondern in einer vollständigeren und organischen Form und „mit einer genaueren Formulierung“ in der Enzyklika Humanae Vitae vom 25. 7. 1968 dargelegt worden ist.

Für den Katholiken gibt es *keinen Zweifel an der Rechtmäßigkeit der Äußerung des Lehramtes in diesem Bereich:*

„Kein gläubiger Christ wird bestreiten wollen, daß es Aufgabe des kirchlichen Lehramtes ist, (auch) das natürliche Sittengesetz auszulegen. Es ist, wie Unsere Vorgänger wiederholt erklärt haben, unanfechtbare Tatsache, daß Christus Jesus, als Er Petrus und den übrigen Aposteln Teilhabe an Seiner göttlichen Gewalt verlieh und sie aussandte, alle Völker nach seinen Geboten zu lehren, sie selbst zu verläßlichen Hütern und Auslegern des gesamten Sittengesetzes bestellt hat, das heißt, nicht nur des Gesetzes des Evangeliums, sondern auch des natürlichen Sittengesetzes, das ebenfalls Ausdruck des göttlichen Willens und dessen treue Befolgung für die Menschen zum Heile notwendig ist" (HV, 4; vgl. Mt 7, 21).

Wer die tiefe Bedeutung des Lehramtes der Kirche erfassen will, muß es in spezifisch *theologischer* Perspektive interpretieren. Allein diese Sicht erschließt die unverwechselbare Originalität des Lehramtes im Vergleich zu den andern menschlichen Formen der Lehre und Autorität und ermöglicht, die begrenzten und (oder) entstellten Interpretationen soziologischer, juridischer oder psychologischer Prägung zu überschreiten. Nur im Rahmen des „Mysteriums der Kirche", die im Heiligen Geist an der „prophetischen" Mission Jesu Christi teilhat, kann die wahre Natur des Lehramtes verstanden werden als ein autoritativer Dienst am Glauben des Volkes Gottes.

Das Lehramt ist ein Dienst im Sinne eines *Dienstamtes,* das der Hl. Geist der Kirche anvertraut. Es drückt sich aus in der Verantwortung, allen das Evangelium der Erlösung zu verkünden – und somit den Glauben zu verbreiten und zu verteidigen – und damit *Jesus Christus und in Ihm dem Menschen selbst zu dienen,* indem er ihn zur Erkenntnis seiner Berufung erleuchtet und ihn bei der Erfüllung Seiner Sendung geleitet. Dieser Dienst jedoch ist nicht irgendein oder ein ganz allgemein gearteter Dienst am Glauben der Kirche: Sein spezifischer Zug ist, daß er *„ex auctoritate Christi"* kommt und daß er „im Namen des Herrn" aktualisiert wird, das heißt, er hat in besonderer Weise an der Autorität und Mission Jesu, des „großen Propheten" (Lk 7, 6), teil.

*

Das Lehramt ist ein autoritativer Dienst am Glauben, genauer, am

Glauben in all dem Dynamismus seiner wirksamen Entfaltung, dem „Glauben, der wirksam wird in der Liebe“ (Gal 5, 6), einem „Glauben, der zu glauben und auf das praktische Leben anzuwenden ist“ (LG, 25). In diesem Sinne gibt es nicht nur ein dogmatisches Lehramt, es gibt in der Kirche auch ein *spezifisches Lehramt der Moral,* das dazu bestimmt ist, den Gläubigen zu einem Leben „nach dem Gesetz des Geistes in Christus Jesus“ (Rm 8, 2), *auch durch die Vorlage von Normen in Bezug auf die verschiedenen Lebensbereiche einschließlich der Ehe* und ihrer Werte und Pflichten zu verhelfen.

In seinem auf die Moral bezogenen Dienst manifestiert das kirchliche Lehramt deutlicher seinen zweifachen und untrennbaren Dienst für das Wohl des Menschen und für sein Wachstum im Christus: *den Dienst* an der rein und unverkürzt verkündeten *Wahrheit* und den *Dienst an der Person,* in diesem Fall der Gatten, um ihnen zu helfen, nach der Wahrheit zu leben. In diesem Sinne schreibt Paul VI.:

> „Diese unsere Worte wären nicht der angemessene Ausdruck unserer Gedanken und der Hirtensorge der Kirche, der Mutter und Lehrmeisterin aller Völker, wenn sie den Menschen, die sie zuvor zur treuen Befolgung von Gottes Gebot in der Ehe aufgefordert hat, nicht auch bei der sittlich geordneten Regelung ihrer Kinderzahl unter den schwierigen Lebensbedingungen, unter denen heute Familien und Völker leiden, eine Hilfe und Stütze böten. Die Kirche kann sich ja zu den Menschen nicht anders verhalten als unser göttlicher Erlöser: sie kennt ihre Schwachheit, sie hat Erbarmen mit den Volksscharen, nimmt sich der Sünde an; sie kann aber dabei niemals darauf verzichten, jenes Gesetz zu verkünden, das in Wirklichkeit das Gesetz des Lebens ist, das auf seine ursprüngliche Wahrheit zurückgeführt, vom Geiste Gottes bewegt wird“ (HV, 19).

Die beiden angezeigten Aufgaben sind für das Tun der Kirche gleich wesentlich. Sie leiten sich für die Kirche als Möglichkeit und Verantwortung von ihrer wesensbestimmten Verbindung mit Jesus Christus her, der „zwar unerbittlich streng gegen die Sünden, aber voller Geduld und Erbarmen gegenüber den Sündern“ war (HV, 29). Wie ferner die Wahrheit das höchste Gut ist, zu dem die menschliche Person berufen ist, so findet die Person die wahre Würde erst, wenn sie den Weg zur Wahrheit beschreitet.

Im besonderen Bereich der Empfängnisregelung folgten auf die Enzyklika Humanae vitae im Geiste der „Kollegialität“ und auf ausdrückliche Einladung von Paul VI. eine Reihe von Erklärungen, Noten, Kommentare, die die verschiedenen *Bischofskonferenzen* der Welt an ihre Kirchen richteten. In ihrem Gefolge ergaben sich viele Fragen und lebhafte Diskussionen über die Auslegung der bischöflichen Dokumente in sich selbst und in ihrer Beziehung zu einander (über ihren Lehrwert und ihren genauen Inhalt), wie auch zur Enzyklika und über die theologische Qualifikation der Lehre von Humanae Vitae (Vgl. den Beitrag von M. Zalba, S. J. in: Johannes Bökmann (Hrsg.), Nicht unfehlbar? Verlag Kral, Abensberg, 1981, S. 17–32: Unabänderliche unfehlbare Lehre).

Was redlicherweise nicht in Zweifel gezogen werden kann, ist einerseits, was Paul VI. empfunden und kundgetan hat:

> „Nie haben wir die Last unseres Amtes so sehr gespürt wie bei dieser Gelegenheit … Wir waren dessen gewahr, wie unzureichend unsere arme Person war, um der furchtbaren, apostolischen Pflicht nachzukommen, zu dieser Sache eine Entscheidung abzugeben … und wir haben keinen Zweifel über unsere Pflicht gehabt, unser Urteil in der Weise zu formulieren, wie es in der vorliegenden Enzyklika geschehen ist … Wir haben uns bemüht, das Thema der Enzyklika zu studieren und es mit der Wahrheit und Liebe darzulegen, die ein solches Thema von unserm Lehramt und unserm Dienstamt verlangt …“ (Ansprache in Castel Gandolfo am 31. 7. 1968).

Andererseits kann die *schwere moralische Pflicht aller, der Priester wie der Gläubigen,* nicht bezweifelt werden,

> „das Beispiel eines innern und äußern loyalen Gehorsams gegenüber dem Lehramt der Kirche zu geben …, eines Gehorsams, der *nicht nur wegen der angeführten Beweisgründe verpflichtet,* sondern *vielmehr wegen des Lichtes des Heiligen Geistes,* das in besonderer Weise den Hirten der Kirche zur klaren Darlegung der Wahrheit verliehen wird“ (HV, 28, LG 25).

3) Im Dienst des „homo humanus“

Die Position der Kirche zur Ehemoral im allgemeinen und zur Regelung der Fruchtbarkeit im besonderen ist wohlbekannt – oder sollte es sein: „Im Licht des Evangeliums und der menschlichen Erfahrung“, so lehrt das Magisterium, „muß jeder eheliche Akt in sich (per se) für die Weitergabe des Lebens offen bleiben“ (HV, 11) und folglich schließt sie die künstliche Empfängnisverhütung als moralische Unordnung aus und erklärt: „Es ist nach kirchlicher Lehre erlaubt, sich für den Gebrauch der Ehe in den unfruchtbaren Perioden an die natürliche, den Zeugungsfunktionen innewohnende Gesetzmäßigkeit zu halten“ (HV, 16).

Die Kirche ist davon überzeugt, sich auf diese Weise *in den Dienst des Menschen* zu stellen:

> „Bei der Verteidigung der Ehemoral in ihrer unverkürzten Gesamtheit ist sich die Kirche bewußt, zur Wiederherstellung einer wahrhaft menschlichen Kultur beizutragen“ (HV, 18).

Diese Überzeugung entspringt und entfaltet sich aus dem Wissen der Kirche um *das sehr enge Band zwischen der Sexualität und der menschlichen Person.* Wir berühren hier einen entscheidenden Punkt: Nur im Zusammenhang einer tiefen und genauen Auffassung vom Menschen kann man die moralische Position der Kirche über die verantwortliche fruchtbare eheliche Liebe verstehen: Die *Anthropologie fordert die Ethik,* wenn die letztere in der Weise personaler „Verantwortung“ die objektiven „Sinngehalte“, die dem Sein des Menschen selbst eingeprägt sind, übersetzt.

Dies war und bleibt der entscheidende Ausgangspunkt für die Stellungnahmen der Kirche. Paul VI. beginnt die Darlegung der „Prinzipien der kirchlichen Lehre“ der Ehemoral mit den folgenden Worten:

> „Das Geburtenproblem ist wie jedes andere Problem des menschlichen Lebens *jenseits* demographischer oder soziologischer Natur, im Lichte einer *ganzheitlichen* Schau des Menschen und seiner Berufung, seiner natürlichen und irdischen, aber auch seiner übernatürlichen und ewigen Berufung zu sehen“ (HV, 7).

*

Eine genaue Lektüre dieses dichten zusammenfassenden Textes erschließt insbesondere drei grundlegende Dimensionen der Anthropologie, welche die Kirche vertritt: Man kann sie als *integrale, vokationale* und *existentielle* bezeichnen. Diese Anthropologie liefert die Koordinaten für die Rechtfertigung und die Forderung der christlichen moralischen Antwort auf das Problem der Empfängnisregelung in der

Weise, wie sie die Enzyklika ausspricht.

Die Kirche vertritt vor allem eine *integrale* Anthropologie: In ihrer Sicht ist der Mensch in seiner konstitutiven Struktur ein einheitliches Ganzes, eine *ganzheitliche Einheit* von Leib und Geist. Hier ist der Ort der Rede von der geschlechtlich bestimmten Leiblichkeit des Menschen: eben weil die Geschlechtlichkeit *zum Menschen gehört,* ist sie nicht nur auf den Leib, oder bloß auf die Geschlechtsorgane zu reduzieren; aber auch wenn sie den Leib mit einbezieht, so bezieht sie ihn als einen *menschlichen Leib* ein, das heißt, *als die menschliche Person in ihrer Selbsthingabe.* Deshalb ist die „menschliche" Sexualität niemals ein „Objekt" oder eine „Sache", die der Mensch „gebrauchen" oder „manipulieren" darf. Es ist vielmehr der Mensch selbst, als „Subjekt", der seine Geschlechtlichkeit verantwortlich annehmen und leben muß.

Nun können wir das Kriterium für die objektive Unterscheidung und den Gegensatz der *künstlichen* Empfängnisverhütung zur *natürlichen* Empfängnisregelung erfassen: Das Dilemma besteht zwischen der „dinglichen" und der „personalistischen" Auffassung des menschlichen Leibes, das heißt, zwischen dem Leib als „Objekt" im ersten Fall und dem Leib als „Subjekt" im zweiten Fall.

In der Sicht der ganzheitlichen Anthropologie ergibt sich als eine erste Mitaussage über die geschlechtliche eheliche Erfahrung: Das *opus conjugale* ist nicht einfach ein *opus naturale* im Sinne eines bloßen biophysischen Aktes, sondern ein *„opus personale„*, das heißt ein Ausdruck und eine Verwirklichung des Menschen in seiner ganzheitlichen Einheit von Leib und Geist (Vgl. den Beitrag von Carlo Caffarra: Die Unmoral der Empfängnisverhütung, in: Theologisches Nr. 433 (Mai 1981) Sp. 4078–4088).

•

Aber was ist der „Sinngehalt des *opus personale?* Die Antwort gibt eine andere grundlegende Dimension der Anthropologie: die *vokationale Dimension,* durch die der Mensch von seinem Ursprung her *von Gott berufen, befähigt und verpflichtet* ist, *Ihm zu antworten.* In Wirklichkeit erreicht der „Plan Gottes" den Menschen nicht von außen her, er ist lebendig in das Sein des Menschen selbst, in seine Struktur, eingeprägt, in seine Dynamismen eingelassen: es sind die „Sinngehalte", mit denen der Schöpfer das Werk Seiner Hände erfüllt. Insoweit aber dieser göttliche Plan den Menschen als ein vernunftbegabtes und freies Wesen erreicht, nimmt er die Gestalt einer „Berufung“, eines Rufes an, der sich an den Menschen richtet, diesen *Plan bewußt und verantwortlich anzunehmen.* Die inneren „Sinnhaftigkeiten“ werden zu „Aufgaben“, die zu bewußter und verantwortlicher Verwirklichung dem Menschen übertragen worden sind, der im Hinblick auf Gott zu einem „Minister“ wird, der befähigt und verpflichtet ist, Gottes Plan zu „seinem eigenen“ zu machen. Diese Wahrheit erhält eine außerordentliche Tiefe und einen reichen Ausdruck in der „Identität“ des Menschen als „Bild und Gleichnis Gottes“ (Vgl. Gen 1, 27).

Die den Aspekt der Berufung berücksichtigende Anthropologie wirkt sich unmittelbar auf die Ehemoral aus. Der grundlegende Sinn der Geschlechtlichkeit des Mannes und der Frau ist *die Liebe,* genauer *die* Liebe, *die ihren Quellgrund und ihr Ziel und eben deshalb auch ihre Norm in Gott findet:* Da die Liebe Gottes untrennbar mit dem Geschenk des Lebens verbunden ist, ist auch die menschliche Sexualität dazu bestimmt, ein Dienst der Liebe zu sein, der aus den Zweien „ein Fleisch“ macht (Vgl. Gen 2, 24), und sie so für das Geschenk eines neuen Lebens öffnet:

> „Gott hat die Ehegatten Seiner Liebe teilhaftig machen wollen, der personalen Liebe, die Er für jeden von beiden hat und durch die Er sie beruft, einander zu helfen und sich einander zu schenken, um die Fülle ihres personalen Lebens zu erreichen; teilhaftig auch der Liebe, die Er für die Menschheit und für alle Seine Kinder hegt, und durch die Er danach verlangt, die Menschenkinder zu mehren, um sie zu Teilhabern Seines Lebens und Seiner ewigen Seligkeit zu machen. Geboren aus der schöpferischen und väterlichen Liebe Gottes, findet die Ehe in der menschlichen Liebe, die dem Plan und Willen Gottes entspricht, das Grundgesetz ihres sittlichen Wertes“ (Paul VI., Ansprache an die „Italien. Familien-Kommission“ vom 12. 2. 1966).

Nunmehr kann man den letzten Sinn des ehelichen Aktes erkennen: Er ist ein spezifisches opus personale, insofern er ein *opus procreationis* oder – wenn man sich so ausdrücken darf – ein opus *con-creationis* ist, in dem und durch den die Ehegatten „mit der Liebe des Schöpfers und Erlösers mitwirken, der durch sie ständig Seine Familie mehrt und bereichert“ (GS, 50).

Dieser innere Sinn des ehelichen Aktes fordert von den Ehegatten, „Beauftragte“ Gottes zu sein, daß heißt, sich Seinen Plan zu eigen zu machen und ihm gerecht zu werden, ihn „getreu zu interpretieren“. Dieses abhängige Angewiesensein besteht in der „Respektierung“ der Schöpfung Gottes, das heißt, der Struktur und der Dynamismen der menschlichen Sexualität. Mit anderen Worten, eine solche Abhängigkeit von Gott kommt zustande, wenn Mann und Frau sich als „Bilder Gottes“ verwirklichen, das heißt, wenn sie sich gegenseitig lieben, wenn sie andern Personen Leben schenken und *nicht willkürlich die Liebe und das Geschenk des Lebens trennen, weil Gott Liebe ist, die das Leben schenkt und zwar Leben, das nie ohne Liebe geschenkt ist.*

Erneut wird der wesentliche Unterschied, ja, der Gegensatz zwischen der künstlichen Geburtenkontrolle und der natürlichen Regelung der Fruchtbarkeit sichtbar: Im ersten Fall spielt sich der Mensch zum „Herrn“der Schöpfung auf, indem er die beiden untrennbaren Sinngehalte des ehelichen Akts, den der Vereinigung und den der Zeugung, trennt und die Fähigkeit zur Weitergabe des Lebens ausschließt; im andern Fall versteht sich der Mensch als „Diener“ der Schöpfung, indem er sie in ihren Sinngehalten respektiert (Vgl. den Beitrag von G. Martelet). Die Anthropologie der Berufung macht einsichtig, warum

> „ein Akt gegenseitiger Liebe, der sich über die Bereitschaft zur Weitergabe des Lebens, die der Schöpfergott gemäß besonderer Gesetze in ihn hineingelegt hat, hinwegsetzt, in Widerspruch zu der Wesenserfassung der Ehe und zum Willen des ersten Urhebers des menschlichen Lebens steht“ …

und warum

> „jemand, der sich dieses göttlichen Geschenkes bedient, dabei aber, wenn auch nur teilweise, dessen Sinngehalt und Zielsetzung aufhebt, sich in Widerspruch zur Natur des Mannes wie der Frau sowie ihrem innigsten Verlangen und damit auch zum göttlichen Schöpfungsplan und Seinem Willen setzt. Wer jedoch von dem Geschenk der ehelichen Liebe Gebrauch macht und dabei die Gesetze des Zeugungsablaufes respektiert, gibt sich nicht als Herrn über den Ursprung des Lebens aus, sondern versteht sich vielmehr als Diener des vom Schöpfer grundgelegten Planes“ (HV, 13).

Wenn wir uns auf Paul VI. berufen, der „von der nicht nur natürlichen und irdischen, sondern auch von der übernatürlichen und ewigen Berufung des Menschen“ spricht, stellen wir auch die *existentielle Dimension* der Anthropologie heraus, welche die Kirche vertritt. Mit andern Worten, wir wollen von dem Menschen sprechen, der *in die Geschichte gestellt* ist, genauer, in eine Geschichte, die sich nach der dreifachen Phase der „guten“ Schöpfung von Seiten Gottes, der Konfliktsituation infolge der Sünde des Menschen, und der Erlösung und des Heils, das Jesus Christus und der Hl. Geist geschenkt haben, darstellt. Auch die Sexualität ist wie die andern Werte und Aufgaben der Person tief in diese Geschichte der Schöpfung, der Sünde und der Gnade „mitverflochten“. So erklären sich das ursprüngliche und unzerstörbare Gut-sein der Geschlechtlichkeit des Mannes und der Frau, die Zwiespältigkeit eines „Geschenkes der Liebe“, das von Egoismus und der „Herzenshärte“ bedroht ist, wie auch die „Neuheit“, welche das Heil in Christus der menschlichen Sexualität anbietet.

Von daher stammen sowohl der „Realismus“ wie die „Hoffnung“, mit denen die Kirche die Sexualmoral verkündet. Konkret und in Beziehung zur Ehemoral erhalten nun die an die Eheleute gerichteten Worte Pauls VI. ihren bedeutungsvollen Sinn:

> „Während die Kirche die unaufhebbaren Forderungen des göttlichen Gesetzes weitergibt, verkündet sie das Heil und erschließt durch die Sakramente die Wege der Gnade, die aus dem Menschen ein neues Geschöpf macht, das imstande ist, dem Plan seines Schöpfers in Liebe und Freiheit zu entsprechen und das Joch Christi auch als milde zu empfinden“ (HV, 25).

Aus dem oben Gesagten ergibt sich, daß die Anthropologie von Bedeutung nicht nur für die Probleme der Ehemoral in ihren Grundwerten der Liebe und Fruchtbarkeit ist, sondern auch im besondern Bereich des „Wie“ der Geburtenregelung, d. h. im Bereich der Wege und Mittel der Geburtenregelung (Vgl. den einschlägigen Beitrag von D. Tettamanzi, Die verantwortliche Elternschaft in ihrem Vollzug: Zum Problem der Mittel, Wege, Methoden, in: Theologisches Nr. 128, Dez. 1980, Sp. 3915–3919. Vgl. auch J. Bökmann, Bloß „sekundäre Methodenfrage“? Ebda. Sp. 3912–15)). Dies in einer Weise, daß sich die Qualifikation der Kontrazeption als „innerwesentliche Unordnung“ als berechtigt erweist, als etwas, das

„der menschlichen Person unwürdig“ ist (HV, 14) und das „im Gegensatz zum wahren Wohl des Menschen“ (HV, 18) steht. Diese Einschätzung ist die notwendige Konsequenz der Auffassung, welche die Kirche von der Sexualität und ihrer wesentlichen Beziehung zur menschlichen Person hat.

4) Ein Weg in die Freiheit

Wie bereits gesagt, ist es die Aufgabe der Kirche, nicht nur das Ideal und die Norm des moralischen Lebens zu verkünden. Sie muß dem Menschen konkret helfen, das Ideal zu erreichen und die Norm zu beachten.

Wir betreten damit den subjektiven Bereich der Existenz der Eheleute im *Ringen um die Verwirklichung des normativen Ideals* einer verantwortlichen fruchtbaren Liebe. Auch auf diesem Feld weisen wir auf die „Pädagogik der Kirche“ und ihre Eigentümlichkeit hin, deren charakteristische Züge wir in den Worten Pauls VI. an die Priester aufgezeigt sehen:

> „Keine Abstriche an der heilsamen Lehre Christi zu machen, ist eine hervorragende Form der Liebe zu den Seelen. Dies muß jedoch stets von der Geduld und Liebe begleitet sein, für die der Herr selbst in seinem Umgang mit den Menschen das Vorbild gegeben hat. Gekommen, nicht um zu richten, sondern um zu retten, war er gewiß unerbittlich streng gegen die Sünden, aber geduldig und barmherzig gegen die einzelnen Personen. In ihren Schwierigkeiten sollten die Eheleute immer im Wort und im Herzen des Priesters den Widerhall der Stimme und der Liebe des Erlösers finden“ (HV, 29)

• Die erste pastorale Grundregel der Kirche ist die, daß die Eheleute „in der Wahrheit wandeln“ (1 Joh 1, 7) sollten, d. h. sie sollten *die Demut und den Mut haben, die Dinge bei ihrem richtigen Namen zu nennen:* Ordnung als Ordnung, Unordnung als Unordnung zu bezeichnen. Nur unter dieser Voraussetzung wird man zum Diener der Wahrheit, die frei macht, nicht zu ihrem Herrn. Das besagt, daß der erste Schritt moralischer Redlichkeit der Eheleute in der Anerkennung besteht, daß objektiv die Kontrazeption „moralische Unordnung“ ist und sich nicht in den Dienst der wahren und vollen ehelichen Liebe stellt und stellen kann. Eben dies ist der Sinn der Enzyklika Paul VI. in ihrer historischen Bedeutung: „Da die Kontrazeption in der Kirche als ein wahres Recht der Liebe oder wenigsten als ein in sich indifferentes Verhalten dargestellt wurde, mußte die Enzyklika ein solches Denken als unbegründet zurückweisen“ (G. Martelet).

Mit dem Licht dieser Wahrheit muß das Gewissen erleuchtet werden: Gewiß, in seinem Gewissen „findet sich der Mensch allein vor Gott“ (GS, 16) mit einer so persönlichen Verantwortung, daß sie nie von andern aufgenötigt oder an andere delegiert werden kann. Aber es ist eine Verantwortung, die nicht davon absehen kann, die Wahrheit zu suchen und ihr anzuhängen im Hinhören auf das Wort Gottes in der Gemeinschaft der Brüder im Glauben, in der Gelehrigkeit gegenüber dem Lehramt der Kirche. Die (relative) „Autonomie“ des Gewissens ist gegründet in und getragen von der „Theonomie“.

- Aber die Wahrheit, in deren Dienst sich das Ehepaar stellt, ist eine *Wahrheit, die getan werden muß.* So wird die Verpflichtung, die Dinge bei ihrem eigenen Namen zu nennen, nur dann und in dem Maße ehrlich erfüllt, wie die Eheleute *„unterwegs* (zur Wahrheit) *bleiben“*. Der Mensch ist ein geschichtliches Wesen, das Tag für Tag in einer Vielfalt von Aufgaben und Bemühungen sich aufbaut. Auch das Eheleben ist ein Weg, der von Rhythmen des Wachstums gezeichnet ist. Auf einem solchen Weg *dürfen die Eheleute das normative Ideal nicht auf das Maß ihres eigenen Willens reduzieren,* sie müssen sich selbst auf die Höhe des ihnen gesetzten Zieles erheben. Wir können auf die moralische Norm der fruchtbaren ehelichen Liebe anwenden, was Johannes Paul II. den Familien in Kinshasa am 3. 5. 1980 über die Ehe im allgemeinen gesagt hat:

> „Wenn die christliche Ehe mit einem sehr hohen Berg verglichen werden kann, der die Eheleute in die unmittelbare Nachbarschaft zu Gott stellt, muß man erkennen, daß seine Besteigung viel Zeit und viel Vertrauen erfordert. Sollte das aber ein Grund sein, einen solchen Gipfel zu entfernen oder abzutragen?“

Es geht darum, immer von neuem zu beginnen in einem *Prozeß fortschreitender Bekehrung und Befreiung:*

> „Wer weiß es nicht: nur Schritt für Schritt gelingt es dem menschlichen Wesen, unter seinen vielfältigen Strebungen die rechte Hierarchie durchzusetzen und sie so zu integrieren, daß sie ihre *harmonische*

Ordnung in jener *Tugend der ehelichen Keuschheit* finden, in der das Ehepaar seine volle menschliche und christliche Verwirklichung findet ... Sich bewußt werden, daß man noch nicht die eigene innere Freiheit erobert hat, daß man noch den Impulsen der eigenen Leidenschaften unterworfen ist, entdecken, daß man nahezu unfähig ist, im Moment das moralische Gesetz in einem so grundlegenden Bereich zu beachten, löst natürlich eine Reaktion der Niedergeschlagenheit aus. Aber es ist der entscheidende Augenblick, wo der Christ in seiner Unordnung, anstatt sich der unfruchtbaren und zerstörerischen Revolte zu überlassen, in Demut zur erschütternden Entdeckung des Menschen vor Gott, eines Sünders im Angesicht der Liebe Christi, des Erlösers, voranschreitet ...

... Inmitten der großen Kirche erkennt diese kleine Kirche sich als das, was sie in Wahrheit ist: eine schwache und manchmal sündige und büßende, aber Vergebung findende Gemeinschaft auf dem Weg zur Heiligkeit, im Frieden Gottes, der alles Begreifen übersteigt" (Paul VI. an die „Equipes Notre Dame", 4. 5. 1970).

• Um auf dem Wege zu bleiben, muß das Ehepaar *einige Bedingungen* erfüllen. Keine Blume kann keimen und aufblühen, es sei denn, sie hat einen geeigneten Erdboden. So ist es auch mit dem moralischen Leben der Eheleute. Bei den Bedingungen ist insbesondere an die *Tugend der ehelichen Keuschheit* zu erinnern. Das Konzil schärft dies autoritativ ein, wenn es, nach dem Hinweis, daß die Eheleute „in einem Kontext echten Liebe den Vollsinn der gegenseitigen Hingabe und einer wirklichen humanen Zeugung wahren müssen", abschließend erklärt:

„Das wird nicht möglich sein ohne den aufrichtigen Willen zur Pflege der Tugend ehelicher Keuschheit" (GS, 51).

Diese besteht nicht nur in Enthaltsamkeit, sie ist vielmehr Garantie und Bedingung wahrer Liebe.

Zu den Bedingungen oder vielmehr zu den motivierenden Prinzipien des moralischen Lebens der Eheleute ist immer an die *Gnade des Ehesakramentes* zu denken. Sie ist die „Gabe" des Geistes Christi, die in sakramentaler Feier gespendet, zum Lebens-„Gebot" der Eheleute wird. Es ist ein „neues Gebot", es gibt die innere Kraft für die sohneshafte Erfüllung des Willens des Vaters in der Teilhabe am liebenden Gehorsam Christi:

„Das Sakrament der Ehe wird durch die Ausgießung der Gabe des Geistes, welche die eheliche Liebe umgestaltet, zum neuen Gesetz der christlichen Eheleute ..."
Die christliche Ehemoral bleibt auf diese Weise nicht eine von außen auferlegte Norm, sondern wird eine Forderung des Lebens der Gnade, eine Frucht des Geistes, der im Herzen der Ehegatten wirkt und sie hinführt zur Freiheit der Kinder Gottes" (Die Italienische Bischofskonferenz in der Erklärung „Evangelisation und Ehesakrament" vom 20. 6. 1975, Nr. 49).

So findet die Ehemoral ihren Quellgrund in der sakramentalen Gabe Christi und seines Geistes: dies ist der Grund ihrer „Neuheit" und ihrer „Originalität".

5) Der Dienst der Liebe und des Lebens

Wir haben von den Eheleuten als den Dienern des göttlichen Planes gesprochen. Dies ist ein Schlüsselgedanke der ganzen Enzyklika „Humanae Vitae", eine Idee, die ihren prägnantesten Ausdruck in den Worten Pauls VI. an die Eheleute findet:

„Die christlichen Eheleute mögen auf die Stimme Christi hören und sich daran erinnern, daß ihre christliche Berufung, die in der Taufe gründet, durch das Sakrament der Ehe eine weitere Bestimmung und Stärkung erfahren hat. Durch dies Sakrament werden die Ehegatten gestärkt und gleichsam geweiht für die treue Erfüllung ihrer besonderen Pflichten für die Verwirklichung ihrer eigenen Berufung bis hin zur Vollkommenheit und für das ihnen aufgegebene eigene Zeugnis vor der Welt" (HV, 25).

In diesem Licht kann man den tiefen Sinngehalt der ehelichen Sexualmoral erfassen, die die Kirche im Dienste des Menschen verkündet. Das soeben angeführte Zitat weist auf grundlegende, miteinander verbundene Wirklichkeiten hin: den *„Dienst"* der Ehegatten (ihre „Pflicht", ihre „Verantwortung", ihre „Aufgabe"), das *„Mysterium"* der christlichen Eheleute (die „Gnade", die ihnen durch das Sakrament verliehen wird), das *„Zeugnis"*, das sie der Welt geben müssen. Es ist ein vielfaches und unterschiedliches Zeugnis. Aber in einer sozialen und kulturellen Umgebung, die dazu neigt, die Sexualität als ein „Konsumgut" im Dienst einer angeblich vom Wert des Lebens „dissoziierten" Liebe zu leben, erscheint die Aufgabe, die Paul VI. den Ehegatten stellt, *von äußerster Aktualität und Dringlichkeit:*

„Ihnen vertraut der Herr die Aufgabe an, die Heiligkeit und Milde jenes Gesetzes den Menschen sichtbar zu machen, das die gegenseitige Liebe der Ehegatten und ihr Zusammenwirken mit der Liebe Gottes, des Urhebers des menschlichen Lebens, vereint" (HV, 25).

* *

In einem gewissen Sinn ist die wirkliche Enzyklika über die rechte Geburtenregelung nicht jene, die Paul VI. an die Kirche und an die Welt am 21. Juli 1968 gerichtet hat, sondern jene, welche die Eheleute Tag für Tag mit ihrem gelebten Leben ständig „schreiben" und „verkünden": mit einem Leben, das zur „Prophetie" wird, welche „die Welt der Sünde anklagt und alle erleuchtet, welche die Wahrheit suchen" (LG, 25), ein Leben, das durch die Gabe des Geistes erneuert wird. In dieser Perspektive kann die Kirche für ihre Gläubigen und für die Menschen von heute wiederholen, was der Apostel Paulus an die Korinther schrieb:

„Unser Empfehlungsschreiben seid ihr; es ist eingeschrieben in unsere Herzen, alle Menschen können es lesen und verstehen. Unverkennbar seid ihr ein Brief Christi, ausgefertigt durch unsern Dienst, geschrieben nicht mit Tinte, sondern mit dem Geist des lebendigen Gottes, nicht auf Tafeln von Stein, sondern – wie auf Tafeln – in Herzen von Fleisch" (2 Kor, 2–3).

+

Aus dem Italienischen übersetzt von Gerhard Fittkau

Veröffentlicht mit Erlaubnis der De-Rancé-Foundation in Milwaukee, Wis. USA.

Zur Person des Autors:

Prof. Dr. Dionigi Tettamanzi doziert Moraltheologie am Priesterseminar und am Lombardischen Regionalen Pastoralinstitut in Mailand. Außer einer großen Zahl einschlägiger Beiträge zu theologischen und pastoralen Zeitschriften hat er u. a. folgende Werke veröffentlicht:

Humanae Vitae. Commento all'enciclica sulla regolazione delle nascite (Mailand 1968);
La Risposta dei vescovi alle Humanae Vitae (Mailand 1969);

Temi di morale fondamentale (Mailand 1975);
La communità cristiana e l'aborto (Bari 1975);
Il ministero coniugale (Rom 1978);
La Chiesa domestica. Per una pastorale familiare oggi (Neapel 1979);
Il matrimonio cristiano. Studio storico e teologico (Mailand 1980).

Er nahm als offizieller Berater der römischen Bischofssynode 1980 über „Die Familie in der Welt von heute" teil.

Prof. DDr. Heribert Schauf

Autonome Herrschaft über den eigenen Körper?

Um den kontrazeptiven Eingriff als „Vernichtungshandlung"

In grundlegenden Artikeln hat *J. M. Reuss* in den letzten Jahren zu dem Problem der ehelichen Hingabe und der Zeugung von Nachkommenschaft Stellung genommen.[1]) Die von *Reuss* vorgetragenen Gedankengänge fanden von verschiedenen Seiten entschiedenen Widerspruch.[2]) Ein neuester Beitrag des Mainzer Weihbischofs wendet sich unter Ausklammerung anderer Fragen gegen die These seiner Gegner, daß jede Aktuierung der menschlichen Geschlechtsanlage auf den finis procreativus ausgerichtet sei,[3]) und versucht von hierher, die Erlaubtheit verschiedener kontrazeptiver Maßnahmen einsichtig zu machen. Man könnte nun gewiß die zwischen *Reuss* und seinen Gegnern geführte Kontroverse in Position und Gegenposition überprüfen und in begründeter Stellungnahme zu klären versuchen. Doch dieser Weg soll hier nicht beschritten werden. Ein anderer bietet sich an.

*

In den dreißiger Jahren wies *W. Rauch* in seiner Schrift „Probleme der Eugenik im Lichte der christlichen Ethik" (Freiburg 1933) darauf hin, daß in der Konsequenz einer aus eugenischen Gründen als erlaubt hingestellten Sterilisierung, sofern sie als Vernichtungshandlung begriffen werden muß, weiter notwendig sich ergebende Folgerungen stünden. *Rauch* schrieb: „Nun ist der innere Eigengehalt dieser Sterilisierung *unzweifelhaft Vernichtung der Zeugungsfähigkeit, auch in der oben gezeichneten modernen Form.* Sie wäre es, solange die Wirkung andauert, selbst wenn sie durch eine spätere neue Operation in ihrer Wirkung rückgängig gemacht werden könnte. *Der Gehalt der Sterilisierung, aktiv betrachtet, ist Vernichtung der Zeugungsfähigkeit.* Das liegt in der Tat als solcher, das ist, wie die alte Schule sich ausgedrückt hat, *finis operis*, das ist der Endpunkt der Handlung selbst, der in unserem Fall ja auch bewußt und eigens erstrebt wird. Man wirkt und will ja gerade die Unfruchtbarkeit eventuellen geschlechtlichen Verkehrs. In *jeder* Vernichtungshandlung aber liegt eine absolute Überordnung des Vernichtenden über das zu vernichtende Ding ausgedrückt. *Denn der Vernichtende setzt eine Handlung, kraft deren das Ding aufhört, dieses Ding zu sein;* die Handlung geht bis zur Negation des Objektes. In der Vernichtungshandlung ist enthalten: durch meine Tat und aus meinem Entschluß und meinem Willen hörst du auf zu sein. Das braucht in dieser Form nicht ausdrücklich gedacht zu werden, es braucht auch nicht so als Herrschaftsübung beabsichtigt zu sein. *Die Herrschaftsübung liegt in der Tat als solcher.* Und zwar eine Herrschaft bis zum Letzten, bis zur Seinsaufhebung des vernichteten Dinges. Wir können wohl treffend sagen: das ist der objektive Geist der Tat, das ist der metaphysische Gehalt der Vernichtungshandlung, von ihr gar nicht zu trennen. Und wer überhaupt weiß, was er tut und was vernichten heißt, setzt jene Überordnung auch irgendwie bewußt. So liegt in der Vernichtung der Keimanlagen eine *absolute Herrschaft über den eigenen Körper mit seinen Anlagen und Vermögen* eingeschlossen, diese Herrschaftsübung ist von ihr gar nicht zu trennen, sie liegt im Werke selbst, sie ist ihr Gehalt und objektiver Geist. Ist es nun richtig, daß unsere einzelnen Vermögen so unserer Herrschaft unterstehen? *Wird dadurch nicht ein Stück von uns selbst, – das ist doch jede derartige Anlage –, behandelt wie eine von uns verschiedene Sache?*

Liegt darin nicht die, freilich durch unseren Sprachgebrauch nahegelegte, aber sachlich doch ganz verkehrte Behauptung: *wir haben dieses Vermögen wie einen äußeren Besitz, während es doch heißen müßte, wir sind persönlich so, daß wir kraft unserer Fähigkeiten und Anlagen diese oder jene Handlung setzen können.* Das ist ein Teil von mir und gehört zu meinem persönlichen Bestand. Wenn die philosophische Anthropologie im Menschen die drei voneinander wesenhaft verschiedenen Sphären aufweist: *Sein, Tun, Haben,* und wenn dieses Vernichten gerade der Ausdruck für das äußere ‚Haben' ist, für das, *was äußerlich zum fertig konstituierten Menschen hinzukommt,* worüber man darum auch nach vernünftiger Berechnung verfügen kann, dann liegt hier eine Vertauschung der dritten und der ersten Sphäre vor. *Das persönliche Sein ist in einem Teil behandelt wie eine von ihm verschiedene, zu ihm nur äußerlich gehörige Sache. Ein Teil des Seinsbestandes wird wie eine Sache behandelt,* die man selbstgesetzten Zielen unterordnet, die eben dazu da ist, zu dienen und selbst keinen Anspruch auf Existenz zu erheben hat, deren Sinn es eben ist, gehabt zu sein, gebraucht und verbraucht zu werden, für Erwünschtes eingetauscht zu werden.

In der Sterilisierung wird dieses Verhältnis tatsächlich verwirklicht. Und wenn Sterilisierung für sittlich möglich gilt, dann ist als gültig in die Welt hineingestellt: *Das Zeugungsvermögen ist u. U. wie eine Sache der Berechnung des Menschen sogar in seinem Bestand freigegeben, der Mensch hat ein Recht darüber bis auf dessen Existenz*" (a. a. O., 24–26). Wie mir scheint, wollen diese Gedanken des bedeutenden Moraltheologen und späteren Erzbischofs von Freiburg, der ohne Zweifel zu den besten Ethikern und Moraltheologen der Neuzeit zählt, im Hinblick auf unsere Frage ernstlich bedacht sein. Sind alle oder wenigstens verschiedene kontrazeptive Eingriffe der von *Rauch* beschriebenen Vernichtungshandlung gleichzusetzen? Aber hören wir zunächst, welche Folgerungen *Rauch* gegeben sieht!

Rauch schreibt:

„Wenn dem Menschen eine solche Herrschaft über sein Zeugungsvermögen zustehen kann und aus eugenischen Gründen tatsächlich zusteht, dann steht ihm in logischer Folgerichtigkeit auch das Recht zu, dieses Vermögen ganz nach eigener Berechnung und eigener Zielsetzung zu gebrauchen. M. a. W.: *dann ist nicht mehr die Möglichkeit gegeben zu sagen, er dürfe den sexuellen Akt nicht anders bilden, denn als Zeugungsakt. Man kann nicht die Natur des Vermögens und dessen innere Artung zur Norm des Gebrauches machen, wenn der Mensch je das Recht haben könnte, dieses Vermögen sogar zu vernichten. Wenn der Mensch eine Herrschaft selbst über den Bestand der Anlage hätte, dann könnte er nicht im Gebrauch derselben unter dem Diktat ihrer inneren Struktur stehen.* Mit der ethischen Möglichkeit, diese Fähigkeit bewußt eines Zweckes wegen zu zerstören, ist – ob man das will oder nicht – die absolute Herrschaft nach eigenem Willen auch im Bereich der sexuellen Tätigkeit mitbejaht. Es würde sicher nicht lange dauern, bis sich unter der treibenden Kraft des wirklichen Lebens der Schluß durchsetzen würde, nicht etwa durch mißbräuchliche Erweiterung, nein, durch logische Anwendung durchsetzen würde: *wenn ich sogar die Anlage zerstören darf, dann kann ich auch im Gebrauch nicht durch das Wesen der Anlage gebunden sein;* ich stehe dann ganz und gar darüber ... Ein falscher Grundsatz an einer Stelle in dieses Ganze eingefügt, zersetzt von innen heraus das Ganze ... *Wenn aber die sexuelle Handlung nicht mehr aktiv auf alle Fälle als Zeugungshandlung gesetzt werden muß, wenn die Handlung die Naturrichtung auf das Kind nicht mehr notwendig in sich hat, wird man auch die Ehe nicht mehr als absolute Voraussetzung für den sittlich einwandfreien Verkehr festhalten können. Denn gerade die Tendenz auf das neue Leben ist der erste und hauptsächlichste Grund, warum sich die Gatten für den Akt und über ihn hinaus aneinander binden müssen"* (a. a. O., 26–28).

•

Als *W. Rauch*, der hier ausführlich zu Wort gekommen ist, die zweite Auflage seines Werkes „Das Gesetz Gottes in der Ehe" (Als Manuskript gedruckt, Mainz 1934) vorbereitete, sandte er 1933 die Druckfahnen an den damaligen Rektor des Collegium Germanicum, *C. Noppel*, mit der Bitte, sie einem Studenten, den er dafür geeignet hielt, zu geben und ihn zu bitten, den Inhalt der Druckbogen sorgfältig mit der an der Gregoriana durch *A. Vermeersch* vertretenen Doktrin zu vergleichen. *C. Noppel* gab mir die Druckbogen. Ich verglich und machte Anmerkungen. In der Folgezeit lernte ich *W. Rauch* persönlich kennen und habe verschiedene Male mit ihm lange, nie ohne großen Nutzen, über Fragen der Ethik und Moral gesprochen. Als mir um dieselbe Zeit die obengenannte Schrift über „Probleme der Eugenik im Lichte der christlichen Ethik" zu Gesicht kam, schrieb ich auch dazu Bemerkungen, bzw. einen Artikel, der sich in einer in wenigen Exemplaren und in Schreibmaschinenschrift herausgegebenen internen Zeitschrift des Germanicum findet. Auf diesen Beitrag antwortete *W. Rauch* wie folgt: „Ich glaube aber, daß meine Ausdeutung der Tragweite des beanspruchten Sterilisationsrechtes doch richtig ist. In Ihrer Kritik ist vorausgesetzt, die Sterilisation hebe nur die ‚Existenz', den Bestand der Zeugungsanlage auf, lasse die ‚Essenz', das Wesen unberührt. Dann folgern Sie, das sei ein Übergang von einer Ordnung in eine andere. Es könne auch bei vollem Verfügungsrecht über den Bestand die Bindung an das Wesen bleiben. Nun meine ich, *wer eine Sache ‚vernichtet', greift nicht nur die Existenz an, sondern vernichtet ein Wesen, ein konkretes Wesen. Es ist nach der Handlung wesenhaft nicht mehr, was es vorher war, ist nicht nur akzidentell verändert.* Sie zitieren den Gedankengang für die ethische Beurteilung des Selbstmordes. Dafür habe ich mir seiner Zeit im Staatslexikon der Görresgesellschaft III[5]) unter ‚Lebensrecht' auch den Weg gebahnt durch den Hinweis, daß ‚Vernichtung des Lebens' nicht Vernichtung im buchstäblichen Sinne ist, wohl aber Wesensveränderung (ich glaube wenigstens, daß dieser Abschnitt nicht den notwendigen Streichungen zum Opfer fiel). Darum würde ich meinen, in diesen Ausführungen liegt nicht der unlogische Übergang von einer

Ordnung in eine andere, sondern innerhalb derselben Seinsordnung (Eingriff in das Wesen einer Sache) der logische Schluß a maiori ad minus *(wer das Wesen einer Sache aus eigener Berechnung vernichten darf, darf diese Sache auch ganz nach eigener Zielsetzung gebrauchen)*. Bindungen im Gebrauch einer Sache, über der ich so stehe, daß ich sie unter anderem vernichten darf, können wohl noch da sein, *aber nicht aus dem Wesen der Sache,* das ich ja in concreto aufheben darf, das also keine Schranke sein kann. Ich kenne keinen Fall, wo man eine Sache vernichten dürfte und in der Art des Gebrauches durch die Struktur der Sache gebunden wäre. Beispiel Vivisektion. Es sind nur andere Rücksichten, die sie unethisch machen können, nie das Wesensverhälttnis von Mensch und Tier. Ebenso der Gebrauch der materiellen Güter. Umgekehrt: *Wo aus dem Wesen Bindung für den Gebrauch, bzw. Behandlung kommt, nirgends und um so weniger Vernichtungsrecht.* Wenn dieser mein Gedanke, daß die Vernichtung eines Dinges der stärkste Eingriff in ein Wesen und seine Struktur ist, und darum nur dort ethisch einwandfrei sein kann, wo das gottgegebene Wesensverhältnis absoluter Unterodnung des einen unter das Vernichtende ist, nicht stimmt und diese Frage nicht löst, will ich näher auf die vorgebrachte Argumentation eingehen. Wir würden aber aneinander vorbeireden, wenn schon diese meine Voraussetzung falsch wäre. Mein Gedanke ist ganz: radikaler und absoluter Eingriff in das Konkrete in der Vernichtung, kleinerer und einzelner im Gebrauch. Nicht: Hie Eingriff in die Existenz, dort in das Wesen. Eingriff in die Existenz, in den Bestand, kommt nur in Frage als größere Herrschaft über das Einzelwesen, der die kleinere in der Gebrauchsart logisch folgt."

•

Wie aus meiner damals an *W. Rauch* gerichteten Antwort erhellt, lag ein Mißverständnis vor, auf das hier nicht eingegangen zu werden braucht. An dieser Stelle kommt es ganz auf die Gedankenführung *Rauchs* an, der ich glaube beipflichten zu müssen und die mir in der vorliegenden Kontroverse von nicht zu übersehender Bedeutung zu sein scheint. Es stellen sich folgende Fragen:

A. – Stellt der kontrazeptive Eingriff einer *Ovulationshemmung,* wenn er vorsätzlich im Hinblick auf den beabsichtigten Verkehr vorgenommen wird, *eine „Vernichtungshandlung"* dar, bzw. ist er einer solchen Handlung gleichzusetzen? Ist, wenn man mit Ja antworten muß, diese

Handlungsweise, weil und insofern sie eine dem Menschen nicht zustehende Vernichtungshandlung ist, unerlaubt?

B. – Kann in der Konsequenz und in der Anwendung der von Rauch angeführten Grundsätze sexuelle Betätigung *überhaupt noch an feststehende innere Normen und an Ehe gebunden* sein, wenn dem Menschen das Recht zusteht, formelle kontrazeptive Handlungen zu tätigen?

C. – Kann die These *Reuss,* ihre Richtigkeit einmal unterstellt, ähnliche Folgerungen vermeiden, wenn *das Element der personalen Hingabe verselbständigt* und von der Finalität der procreatio prolis abgehoben wird?

* *

I. – Zur Lösung der Frage können vielleicht einige scharfsinnige Begriffsbestimmungen *Fr. Hürths,* eines andern hochverdienten Altmeisters der katholischen Moraltheologie, den Weg bahnen.[4]) In einer Stellungnahme zur Frage nach der Erlaubtheit einer Ovulationsverschiebung durch Einnahme von Pillen im Falle der drohenden Vergewaltigung legte *Hürth* den Begriff der Sterilisation dar und schrieb[5]): Sterilisierung bezeichnet bei vorhandener natürlicher Fähigkeit zum Geschlechtsverkehr die Beraubung (privazione) der Fähigkeit, ein neues Leben mittels des natürlichen Geschlechtsverkehrs zu zeugen. Eine solche „Beraubung" kann unmittelbar den Akt des natürlichen Geschlechtsverkehrs, das Subjekt, das den Geschlechtsakt vollzieht, oder den Akt und das Subjekt zugleich betreffen. Die Sterilisierung nennt man eine *direkte,* wenn die „Beraubung" der Fähigkeit, ein neues Leben zu zeugen, *intendiert* ist, sei es als Ziel, sei es als Mittel, oder wenn sie das einzige unmittelbare Resultat eines natürlichen, freigewollten und getätigten Geschlechtsverkehrs ist. Man nennt die Sterilisierung eine *indirekte,* wenn diese Beraubung der Fähigkeit, neues Leben zu zeugen, nur *permittiert* ist in dem Sinne, *daß sie sich nicht aus dem freien Willen des Handelnden in einer der angeführten Weisen herleitet: weder als Ziel, noch als Mittel* (selbst wenn sie sich naturnotwendig aus einer freien Handlung als verursachte Wirkung ergibt und so vorhergesehen wird). Weiter, so *Hürth,* kann man von der Sterilisierung in einem absoluten und in einem relativen Sinn sprechen. Unter Sterilisierung im absoluten Verständnis fällt jede Handlung, die als Ursache im Subjekt Sterilität bewirkt. Sterilisierung im relativen Verständnis bezieht sich auf den Akt, der als Ursache der Sterilität in einem Subjekt bewirkt, *das frei und freiwillig den Geschlechtsverkehr will oder zuläßt und zugleich mit freiem Willen seinen Geschlechtsakt der Zeugungsfähigkeit beraubt, indem es den Nexus, der von der Natur her zwischen der sexuellen Vereinigung und ihrer Fähigkeit und Bestimmung zur Zeugung neuen Lebens besteht, zerstört* (distruggendo cosí il nesso ...).

Die sittliche Unordnung der Sterilisierung besteht darin, daß man frei und freiwillig den Sexualakt ausüben will und zu gleicher Zeit in freier Willensentscheidung den bestehenden Nexus des Sexualaktes auf sein Ziel, Leben zu zeugen, ausschließt, wie er von der Natur und vom Schöpfer zum Schutze des Zieles der Natur intendiert ist.

Wenn wir uns nach diesen Vorüberlegungen unserer Frage zuwenden, dürfte feststehen, daß die Sterilisierung, wie sie *W. Rauch* in seinem Werk „Das Gesetz Gottes in der Ehe" und in seiner Schrift „Probleme der Eugenik im Lichte der christlichen Ethik" vor Augen hatte, unter den Begriff einer echten und unerlaubten Vernichtungshandlung fällt.[6]) Dabei weiß *Rauch* sehr wohl um eine „Sterilisierung als Heilhandlung". Er schreibt: „*Anders* ist es, wenn die Keimanlagen selbst Träger einer Krankheit wären und so den ganzen Körper gefährden würden. Dann ist die bewußte Entfernung derselben und die damit gegebene Zerstörung des Zeugungsvermögens nicht gegen die Ordnung der Natur. Denn jedes Glied eines körperlichen Organismus hat seinen Sinn unmittelbar im Ganzen dieses Organismus; es ist für diesen Gesamtorganismus da und hat seinen eigenen Sinn nur durch das Ganze. Wenn nun die Anlage vernichtet oder deren krankhafte Funktion unterbunden wird, weil sie ihrerseits das Ganze gefährden, dann ist das nicht gegen die Naturordnung und nicht gegen die Gedanken Gottes, der das einzelne Glied denkt und sieht in der Hinordnung auf den ganzen Körper, an dem es physisch ein Glied ist. Das heißt: als Heilhandlung ist dieser Eingriff erlaubt, wie jede andere Verstümmelung auch" (Das Gesetz Gottes in der Ehe, 124 f.). Die Frage ist also die, ob auch *andere,* und zwar mindere als die von *Rauch* gezeichneten Formen der Sterilisierung, wie etwa eine Ovulationshemmung, unter den Begriff einer echten und unerlaubten Vernichtungshandlung fallen können, bzw. einer solchen Handlung gleichzusetzen sind. Ohne Zweifel ist es hier so, daß weder der Akt der geschlechtlichen Vereinigung, noch der übermittelte Samen, noch die Anlage selber „zerstört" werden. Auch wird nicht bestritten, daß die in Frage stehende Handlung in der *Anwendung des Totalitätsprinzips*, nach dem ein Teil für das Ganze und diesem untergeordnet da ist, erlaubt sein kann. Die relative und direkte Sterilisierung braucht nicht immer gegeben zu sein. Damit ist gesagt, daß nicht notwendig eine unerlaubte Vernichtungshandlung gegeben sein muß. Aber damit ist nicht alles entschieden. Die Frage ist doch die, ob z. B. eine herbeigeführte Ovulationshemmung die Wirklichkeit der relativen und direkten Sterilisierung und der unerlaubten Vernichtungshandlung verwirklichen *kann.* Das aber scheint der Fall zu sein.

Wie die materiell gleiche Amputation eines kranken Gliedes zur Rettung des Ganzen in der Anwendung des Totalitätsprinzips zu sein vermag und damit in keiner Weise unerlaubte Vernichtungshandlung besagt, obwohl die materiell gleiche Handlung in anderer Zielsetzung und anders objektiviert und außerhalb des Anwendungsbereiches des Totalitätsprinzips vernichtende unerlaubte Verstümmelung sein kann, so kann auch die materiell gleiche Ovulationshemmung in Anwendung des Totalitätsprinzips und durch Zielsetzung und Objektivierung Raum für eine erlaubte Handlungsweise lassen, aber auch eine unerlaubte Vernichtungshandlung darstellen, wenn weder eine Anwendung des Totalitätsprinzips noch die Anwendung des Prinzips vom duplex effectus (vom „doppelten Effekt") möglich ist. Der vorhandene oder auch nur befürchtete Nexus zwischen dem zeugungsfähigen Subjekt und der Aktuierung des Geschlechtlichen soll in anderer Zielsetzung und Objektivierung gestört und zerstört werden und wird, wenigstens im Sinne des dolus eventualis, gestört und zerstört. Die Handlung richtet sich außerhalb des Anwendungsgebietes der genannten Prinzipien mit dolus eventualis direkt gegen einen konkreten und als existent angenommenen Nexus zwischen dem als zeugungsfähig angenommenen Subjekt und dem geschlechtlichen Tun. *Dieser Nexus wird* in einer echten Bedeutung des Wortes *aktiv ausgeschlossen und zerstört.* Es liegt, wie mir scheint, wenn auch nicht in der krassen Weise der früher diskutierten Fälle, aber doch in konsequenter Linienführung eine Handlungsweise vor, deren innerer Gehalt „Vernichtung" ist. Man steht vor einer echten Zielberaubung aufeinander geordneter Gegebenheiten, die der Mensch nicht „hat", sondern „ist".[7])

Der konkrete intendierte Verkehr ist direkt verursacht unfruchtbar. Im Sinne der juridischen Kausalität wird eine Bedingung gesetzt, die, wenn sie nicht gesetzt würde, einem andern Effekt Raum ließe oder lassen könnte, aber, einmal gesetzt, die Verwirklichung dieses bestimmten Effektes ausschließen soll, ja, wenn er nicht schon ausgeschlossen ist, aktiv ausschließt. In dieser so intendierten zerstörenden Handlung liegt ein Verfügungsanspruch über das Verfügte ausgesprochen, und zwar in der Weise, daß es eben nicht das Ganze, der Mensch, ist, der im Interesse der Erhaltung seines physischen Selbst über einen (seinen) Teil verfügt. *Man verfügt in absoluter Weise über sich,* indem man direkt in die natürlichen Abläufe *des eigenen Selbst* eingreift und zwar aus keinem anderen Grund und mit keiner anderen Zielsetzung als der Sprengung eines existenten oder als existent angenommenen Zusammenhangs.

Von der Anwendung des Totalitätsprinzips kann keine Rede sein. Es geht auch nicht etwa um eine ovulationshemmende Handlung, die durch eine andere Zielsetzung oder Objektivierung als gerade diese determiniert wäre. Dieser aufgezeigte Sachverhalt scheint aber zu einer echten und unerlaubten Vernichtungshandlung zu genügen.

Wenn man jedoch einwendet, in dem einen Fall greife der Mensch vernichtend in seine physische und metaphysische Struktur ein, während er in dem andern nur eine mögliche Verhaltensweise seiner eigenen Kräfte manipuliere, so sieht dieser Einwand daran vorbei, daß *diese Verhaltensweisen nicht als etwas Fremdes „gehabt" werden, sondern die menschliche Natur „sind"*. Sie müssen als zum physischen Bestand des Menschen gehörend betrachtet werden. Sie lassen sich nicht als manipulierbare Zuordnungen begreifen, wie sie zwischen Menschen und Sachen, ja zwischen Menschen und Menschen bestehen. Sie sind innerhalb einer ontischen Einheit echte und aufeinander gewiesene Teile.

Doch wenden wir uns nun den Folgerungen zu!

Wenn man den hier dargelegten Gedanken zustimmt, ist, ganz im Sinne der Argumentation *Rauchs*, nicht mehr einzusehen, wie das, was zerstört werden kann, überhaupt noch normierende Kraft auszuüben imstande ist.[8]) Das ungeheure Gewicht der tiefen Überlegungen *Rauchs* enfaltet seine ganze Kraft. Das Sexualvermögen hat keine normierende Funktion mehr, *denn wo aus dem Wesen Bindung für den*

Gebrauch, dort nirgends Vernichtungsrecht; wer das Wesen einer Sache, ein konkretes Wesen, vernichten darf, darf diese Sache auch ganz nach eigener Zielsetzung gebrauchen. M. a. W.: Wenn es für die Sexualanlagen und ihre Aktuierung eine aus dem Sexuellen selbst kommende Norm gibt, dann ist diese Anlage und ihre Aktuierung jedem Eingriff entzogen, der, ausgenommen bei der Konstellation des physischen Ganzen zu seinem Teil, vernichtenden Charakter trägt und aus seiner Objektivierung und nächsten Finalität nichts als Vernichtungshandlung ist. Damit wäre eine Antwort auf die beiden ersten Fragen gefunden. Wie steht es mit der dritten Frage?

* *

II. – Für *Reuss* – und wohl für jeden – steht fest, daß auf Grund der biologischen Daten bei einem vollendeten natürlichen Verkehr nicht nur die effektive Zeugung von Nachkommenschaft, sondern auch die Möglichkeit einer solchen nur sehr begrenzt gegeben ist. Aus dieser Tatsache glaubt *Reuss* folgern zu können, daß der eheliche Verkehr nicht ausschließlich von der Offenheit hin auf Zeugung von Nachkommenschaft und auch nicht von der Finalität bestimmt sei, die als Teil-sein-Können zu diesem objektiven Zweck begriffen werden müsse. Auf diese Weise kann *Reuss* sagen, jeder Geschlechtsverkehr sei personale Begegnung und diene dem Wachsen der Gemeinschaft zwischen den Gatten, aber nicht jeder Verkehr sei vom finis procreativus her zu begreifen, da dieser ja nicht immer verwirklicht werde. Für *Reuss* ergibt sich aus diesem Befund, daß die personale Finalität das der Betätigung der Geschlechtsanlage immer Zukommende sein muß, während dies von der prokreativen Finalität nicht gesagt werden kann, da letztere in der biologischen Ebene nicht in einem notwendigen Verband zu geschlechtlichem Tun steht. Welche Konsequenzen liegen in dieser Aussage, ihre Richtigkeit einmal unterstellt, verborgen?

•

Wenn der Gebrauch der Geschlechtsanlage nicht notwendig dem „finis procreativus" zugeordnet ist, sondern primär dem „finis personalis" verhaftet ist, dem „finis procreativus" also bloß in einer besonderen Weise beigegeben erscheint, (bzw. nur eine *besondere Weise* seiner Verwirklichung ist), von ihm abgehoben werden kann und sich somit als eigener und hinzukommender erweist, dann kann das sexuelle Tun nur in besonderen biologischen Konstellationen vom „finis procreativus“ bestimmt sein. Das aber bedeutet, daß es außerhalb dieser Konstellationen zwar eine bestimmte Weise personaler Hingabe ist, aber als solches nichts mit der „procreatio prolis“ zu tun hat. Geschlechtliches Tun muß dann in einer ausschließlichen Unterordnung unter den „finis“ der allgemeinen personalen Hingabe begriffen werden. Aber warum muß diese Hingabe außerhalb der prokreativen Konstellationen a) in der Ehe, b) in einem natürlichen und nicht perversen Verkehr und c) zwischen geschlechtsverschiedenen Personen geschehen? Kann das konkrete Tun überhaupt noch als Tun der Geschlechter und als Geschlechtsgemeinschaft und im Hinblick auf das Geschlecht begriffen werden? Wird es nicht notwendig einer allgemeinen Personengemeinschaft von Menschen, die sich in *jedweden* leiblichen Liebeserweisen bezeigen mag, zugeordnet, Erweisen, die man gar nicht mehr *als* sexuelle bezeichnen kann, sondern die höchstens sexuelle sind und auch diese im Grunde nur im Sinne einer Äquivokation? Sexuelles Tun erscheint in jeder Hinsicht in die Verfügung der Partner gestellt, wenn diese sich außerhalb bestimmter biologischer Konstellationen befinden! *Der „finis personalis“* wird nicht mehr als im „finis procreativus“ enthaltene objektive Innenseite verstanden, sondern *verselbständigt und aus dem objektiven Zusammenhang gelöst.*[9]) Er erhält eine eigene normative Kraft, die mit einer Hinordnung auf Ehe und „generatio prolis“ und einem von dort her normierten Tun nichts mehr zu schaffen hat. Ich sehe nicht, wie man diesen Konsequenzen entgehen kann.

•

Und weiter: Kann man nicht mit denselben Gründen, mit denen *Reuss* geschlechtliches Tun vom „finis procreativus“ abhebt, die Aktuierung des Geschlechtlichen auch von der Betätigung personaler Liebe und vom „finis personalis“ abheben? Könnte man nicht auf Grund einer Tatsache wie der „pollutio nocturna“ zu dem Schluß kommen, daß sexuelle Tätigkeit keinesfalls ausschließlich personaler Gemeinschaft zugeordnet sei und auch nicht ausschließlich in ihr betätigt werden dürfe? Wenn es, so könnte jemand sagen, überhaupt eine Aktuierung des Geschlechtlichen abgehoben von personaler Begegnung gibt, so ist nicht einzusehen, warum jede bewußte und gewollte Betätigung des Sexuellen, etwa als Entspannungshandlung sexueller Spannung oder zur Überwindung unlustbetonter, die Leistung einschränkender Situationen, nur an personale Begegnung gebunden sein soll.

Kurzum, wenn sexuelles Tun nicht mehr eine besondere personale Hingabe im Gesamt eines „Teil-sein-Könnens" hin zur „procreatio prolis" ist und als solche begriffen wird, *ist der normative Charakter einer eigenen Sexualethik in völliges Dunkel gehüllt, ja scheint in jeder Hinsicht gesprengt und unmöglichen Konsequenzen ausgeliefert.*[10])

Anmerkungen

1) *J. M. Reuss,* Eheliche Hingabe und Zeugung, Ein Diskussionsbeitrag zu einem differenzierten Problem, in: Tübinger Theol. Quartalschrift 143 (1963) 454–476; *ders.,* Nochmals zum Thema „Eheliche Hingabe und Zeugung", ebda 144 (1964) 445–476.

2) *J. Kraus,* Inkonsequenz der seitherigen kirchlichen Ehemoral? Kritischer Beitrag zur Diskussion um „Eheliche Hingabe und Zeugung", in: Freiburger Zeitschrift für Philosophie und Theologie 12 (1965) 96–119; *A. Günthör,* Zum derzeitigen Stand moraltheologischer Diskussionen über Ehefragen, in: Seminarium 17 (1965) 347–363; *K. Demmer,* Eheliche Hingabe und Zeugung, in: Scholastik 39 (1964) 528–557.

3) *J. Reuss,* Zeugungsziel und eheliche Vereinigung, in: Der Seelsorger 4 (1966) 249–259.

4) In diesem Zusammenhang sei auch auf das den Arbeiten der „Vorbereitenden Theologischen Kommission" vorliegende *Votum der Gregoriana* hingewiesen, das in den Partien, die die Ehemoral betreffen, ohne Zweifel als ein Vermächtnis dieses großen Moraltheologen anzusehen ist. – In den „Schemata Constitutionum et Decretorum, Series Prima", Rom 1962, hieß es in dem von der „Vorbereitenden Theologischen Kommission" *gebilligten* Text: „Habet insuper matrimonium *in se,* independenter scilicet ab intentione contrahentium, *suos fines obiectivos divinitus statutos.* Inter quos, si attente considerentur divina ipsius matrimonii institutio nec non ipsa natura et Ecclesiae magisterium, *finis primarius unice est prolis procreatio atque educatio,* etiamsi matrimonium particulare fecundum non sit..." (pag. 116 s.). Und Pag. 128: „Similiter omnes modi vel artes, quibus in usu coniugii directe, de industria humana, impeditur procreatio prolis, ut *intrinsece et graviter mala* haberi debent." – Von einigem Interesse dürfte die Mitteilung sein, daß auch P. Häring seiner Zeit diesem Text seine Zustimmung gegeben hat. An dieser Stelle sei auch auf die Kapitel des Schemas „De ordine morali christiano" hingewiesen, die sich mit dem Fundament der sittlichen Ordnung, dem christlichen Gewissen, mit dem ethischen Subjektivismus und Relativismus und der Sünde, aber auch mit der natürlichen und übernatürlichen Würde der menschlichen Person befassen (Loc. cit. pp. 73–96). Daß diese Fragen und ihre Behandlung durch die Pastoralkonstitution „Gaudium et Spes" verdrängt wurden, ist eine Tatsache, die von vielen bedauert wurde. Die Zukunft wird erweisen, ob man richtig oder falsch gehandelt hat. Oder kann dieses Urteil schon heute gefällt werden?

5) In den „Studi Cattolici" 5 (1961) erschien unter dem Titel „Una donna domanda: Come negarsi alla violenza?" ein Beitrag, in dem *P. Palazzini, F. Hürth* und *F. Lam-*

bruschini zu dieser Frage Stellung nahmen. Die Ausführungen *Hürths* finden sich in dem mir vorliegenden „Estratto" auf den Seiten 6–9.

6) Vgl. *W. Rauch,* Probleme der Eugenik im Lichte der christlichen Ethik, Freiburg 1933, 21 ff.; *ders.*, Das Gesetz Gottes in der Ehe, Mainz 1934, 121 ff. Allerdings taucht hier die Frage auf, ob *Rauch* auch den in dem letztgenannten Werk S. 82 ff gezeichneten Präventivverkehr in allen oder verschiedenen Formen als Vernichtungshandlungen kennzeichnen würde. Tatsächlich hat er es nicht getan. *Rauch* operiert hier mit dem Begriff der Umbiegung des Gebrauchs der Anlage. Der Mensch drängt sich „in das Werk oder noch beser in das Wirken Gottes" ein. „Gott gibt dem sexuellen Akt die immanente Richtung auf das Kind und der Mensch ‚kommt dem zuvor' in derselben Handlung, in der er die Anlage in Wirksamkeit setzt." Aber ist nicht auch hier eine vernichtende Handlungsweise gegeben? Vgl. auch *W. Rauch,* Revolutionierung der Ehe, in: Abhandlungen aus Ethik und Moraltheologie, Freiburg 1956, 244–282, bes. 254 ff.; *ders.*, Gegenwart und Moral: Fragen der Ehemoral und der öffentlichen Sittlichkeit, ebda, 283–315, bes. 288 ff., 302 ff.

7) *Fr. Hürth,* Blätter zu den moraltheologischen Vorlesungen (Als Ms vorliegend, ohne Angabe des Jahres), schreibt auf S. 65 in diesem Sinne: „Es liegt ferner dieser ganzen Auffassung die unbewiesene und unrichtige Auffassung zugrunde, die niederen Kräfte der Menschennatur seien den höheren Kräften und Zwecken *in derselben Weise* untergeordnet, wie die niederen Lebewesen (Pflanzen und Tiere) dem Menschen, der über ihre Substanz wie über ihre einzelnen Fähigkeiten und Organe zur Verwirklichung seiner höheren Zwecke verfügen kann, und dies auch mit Hintansetzung des inneren Zweckes, den diese Lebewesen in ihrer eigenen Entfaltung und Vollendung haben. Dieser ihr innerer Zweck kann in der Tat zugunsten höherer äußerer Zwecke vom Menschen beiseite geschoben werden. Aber das Verhältnis der höheren Fähigkeiten und Ziele des Menschen zu den niederen Fähigkeiten seiner Natur und deren naturgegebenen Zweckbestimmung ist *ein wesentlich anderes* als das Verhältnis des Menschen zu anderen niederen Lebewesen, die von ihm verschieden und ihrem ganzen Sein nach für ihn da sind. *Die Fähigkeiten, die ein Stück des Menschen selbst sind,* haben vom Schöpfer der Natur ihren Zweck und Platz erhalten, *und sind von ihm zu einem harmonischen Ganzen zusammengeordnet.* Der Mensch darf dieses Ganze innerhalb und gemäß der naturgegebenen Zweck- und Rangordnung *nutzen,* aber nicht gegen dieselbe, *weil er eben nicht unbedingter Herr ist, sondern Nutznießer.*" Leuchtet nicht in diesen letzten Worten der Gedanke auf, daß andernfalls der Mensch ein Recht auch auf vernichtende Handlungen haben müsse?

8) *B. Häring*, Um die Ehefrage, eine mögliche Lösung?, in: Theologie der Gegenwart 2 (1966) 77–78: „Für den Fall, daß nach einem klaren, vernünftigen Urteil des Gewissens eine Ehe hier und jetzt nicht fruchtbar sein soll, ist es dann gegen die Natur der menschlichen Person, dem ehelichen Akt (immer unter Wahrung seiner Würde als Ausdruck ehelicher Liebeshingabe) *seine eventuell mögliche Fruchtbarkeit zu nehmen?*... Die Fruchtbarkeit ist von der Natur der menschlichen Person her zu beurteilen. Wenn eine Ehe nach der Vernunft jetzt und hier nicht in einer neuen Schwangerschaft fruchtbar werden soll, hat auch der einzelne Akt keine vernunft-

gemäße Fruchtbarkeit. Man *zerstört* folglich durch den Eingriff in den natürlichen Vorgang nicht eine von der Natur geforderte Fruchtbarkeit; sie ist ja unter unserer Voraussetzung unvernünftig; man ordnet eine biologisch mögliche Fruchtbarkeit einer vernünftigen Regelung der Fruchtbarkeit unter." Diese Ausführungen, für die man dankbar sein muß, weil sie überaus klar jenen *personalistischen* Standpunkt herausstellen, *dem nicht wenige mit dem größten Vorbehalt begegnen,* erscheinen aus nicht nur *einem* Grund als *überaus anfechtbar.* Wird nicht *die Person,* und folglich auch menschliche Person, *als einsame und naturlose Spitze* begriffen, die über ihre Natur wie über eine „gehabte" Sache absolut und frei verfügt? Wird nicht übersehen, daß menschliche Person immer Person dieser bestimmten, d. h. einer menschlichen Natur ist und nur in ihr existiert? Ja ist nicht diese individuelle menschliche Natur selber Person? Übersieht man nicht vielleicht auch, daß man sich hier außerhalb des Anwendungsbereiches des Totalitätsprinzips befindet? Wird nicht das, was außerhalb der menschlichen Natur (in ihrer physischen und metaphysischen Wesenheit) liegt und *zu ihr als schon einer konstituierten hinzukommt,* begriffen wie das, was diese Natur in ihrem harmonischen Ganzen ist und darstellt? Und schließlich: Wie kann *Häring* dieses „immer unter Wahrung seiner Würde als Ausdruck ehelicher Hingabe" überhaupt schützen, wenn der Mensch über sich, seine Kräfte und Fähigkeiten in der angegebenen Weise verfügen könnte? Ich sehe nicht, wie man hier über eine vage „decentia" hinauskommt. Werden nicht letzten Endes *reine Subjektivität oder variierende Ästhetik zur Norm der Sittlichkeit* gemacht?

9) Vgl. *H. Schauf,* Personale Hingabe und der Hauptzweck der Ehe, in: Die Pfarrgemeinde 2 (1947) 14 f. Vgl. dazu und zum Ganzen meinen Beitrag „Personale Hingabe und Hauptzweck der Ehe. Ein Briefwechsel mit Herbert Doms und einige Anmerkungen", in: „Theologisches" Nr. 124 (Aug. 1980) Sp. 3733–3746. Ich schrieb damals in diesen „Werkblättern des Seelsorgeamtes für die Diözese Aachen": „Auch der *objektive* Hauptzweck der Ehe ... schließt die personale Hingabe bzw. die Annahme dieser Hingabe nicht aus, sondern ein. Die Ehe ist eine Natur- und Personengemeinschaft. Die Personen begegnen sich in der Betätigung geschlechtlicher personaler Hingabe und sind so zeugendes Prinzip. Die Herstellung des *einen* Zeugungsprinzips beinhaltet personale Hingabe, ist betätigende Erfüllung ehelicher Gemeinschaft. Die Geschlechtsgemeinschaft weist auf ihre Betätigung, auf die una caro, als auf ihr Ziel hin. Das bedeutet aber, daß *die personale Hingabe zum Zeugungsakt objektiver Zweck der ehelichen Gemeinschaft ist* ... Die *bewußte* Erfüllung der personalen Geschlechtsgemeinschaft, *ihre bejahte Erfahrung,* ist ebenso wie die bewußte und erlebte Erfüllung der geschlechtlichen Hingabe in der zeugenden Tätigkeit, im objektiven Ehezweck also, sicherlich sittliche Forderung. Aber sie bedeutet mehr. Sie ist für die Ehe und den objektiven Ehezweck keine Informatio durch ein fremdes Höheres. Sie stellt die jeweils von der ehelichen Gemeinschaft und von der Betätigung dieser Gemeinschaft bei der Herstellung des Zeugungsprinzips verlangte, von dem objektiven Geist der personalen Hingabe erstrebte *Innenseite* dar. Sie ist keineswegs Mittel zum Zweck oder umgekehrt, Zweck der personalen Hingabe. *Sie ist der in der Ehegemeinschaft und im objektiven Zweck der Ehe aufleuchtende erlebte eheliche Wille in Wort und Werk.* Diese erlebte

Erfahrung der personalen Hingabe darf also nicht als *selbständiger* nächster objektiver Ehezweck begriffen werden. Sie ist die Innenseite des objektiven Ehezweckes, der ehelichen Hingabe zum Zeugungsakt ... Fassen wir zusammen: Die personale geschlechtliche Hingabe der Gatten in der Ehe und beim zeugenden Tun und die Innenseite dieser Hingabe, die entsprechende bejahte Erfahrung, gehören zum Wesen und objektiven Zweck ehelicher Gemeinschaft. Wenn der Mensch allerdings die erlebnismäßige eheliche Hingabe verselbständigt und in seinen Dienst nimmt, wird ein subjektiver Ehezweck angerufen ..." (a. a. O. 14).

10) Es bliebe noch zu sagen, daß dieser hier abgedruckte Artikel vor dem Erscheinen von ‚Humanae vitae' geschrieben wurde. Er ist bisher nicht veröffentlicht worden. Wohl wurde er einigen Bischöfen und Theologen zugesandt. – Inzwischen hat J. M. Reuss die Schrift „Familienplanung und Empfängnisverhütung, Überlegungen im Anschluß an die Synodenvorlage ‚Christlich gelebte Ehe und Familie' sowie an die Enzyklika ‚Humanae vitae' " (Mainz 1975) veröffentlicht.

Prof. Dr. Johannes Bökmann

Moraltheologen in Kontestation

Prüfung eines exemplarischen Vorgangs

Es würde eine umfangreiche Studie erforderlich machen, Vorgeschichte, Verlauf, beteiligte Personen, Anlässe, Motive und tatsächliche bzw. vorgebliche Gründe darzustellen, die zum Aufbau einer Kontestationsfront gegen die noch bei Beginn des Konzils – wie Prof. H. Schauf* nachgewiesen hat – einhellig festgehaltene immerwährende authentische Lehre der Kirche über die Ehe und die religiös-ethischen Normen, die ihr christliches Ethos umfassen, geführt haben. Prof. Hitchcock hat dies für die Verhältnisse in den Vereinigten Staaten getan (in „homiletic & pastoral review" Jg. 80, Nr. 10 / Juli 1980, S. 10–24). Eine derartige Untersuchung wäre auch für Deutschland und Westeuropa von hohem Interesse.

Hier soll nur exemplarisch beleuchtet werden, welche Art von Kritik, Veröffentlichungsweise und Vorgehensstil dabei vonseiten einflußreicher Moraltheologen praktiziert wird.

Es handelt sich dabei um eine Äußerung von 16 Moraltheologen, die wir zunächst im Wortlaut wiedergeben.

Stellungnahme deutscher Moraltheologen zur Erklärung der Glaubenskongregation vom 29. 12. 1975

Das am 29. 12. 1975 herausgegebene Dokument der Hl. Kongregation für die Glaubenslehre „Erklärung zu einigen Fragen der Sexualethik" hat innerkirchlich wie außerkirchlich zu sehr unterschiedlichen Reaktionen geführt.

Diese Tatsache veranlaßt uns, den Bischöfen der Bundesrepublik Deutschland folgende Stellungnahme zu unterbreiten:

1. Es besteht kein Zweifel daran, daß menschliches Handeln auf Sinnstrukturen verwiesen ist, die nicht ohne Schaden für das Gelingen

---

*(Zur Textgeschichte der Aussagen über den Ehemißbrauch in dem von der Vorbereitenden Theologischen Kommission des Zweiten Vatikanischen Konzils erarbeiten „Schema Constitutionis Dogmaticae De Castitate, Matrimonio, Familia, Virginitate" in: Annuarium Historiae Conciliorum – Internationale Zeitschrift für Konzilsgeschichtsforschung 8/1976, S. 576–611).

menschlichen Lebens und Zusammenlebens mißachtet werden dürfen. Dies gilt auch für den Bereich der Geschlechtlichkeit.

2. Wir betonen ausdrücklich, daß es Aufgabe des kirchlichen Lehr- und Hirtenamtes ist, den Gläubigen auch hierin Orientierungshilfen für ein sittlich verantwortliches Handeln zu geben, dies gilt umso mehr, als heute in der Öffentlichkeit gerade in Fragen der Sexualmoral eine Vielzahl einander widersprechender Meinungen mit dem Anspruch auf normatiive Geltung vertreten wird.

3. Um der Glaubwürdigkeit der Verkündigung willen erscheint es heute dringend notwendig, die vorgelegten Normen von ihrem Sinnverständnis her überzeugend einsichtig zu machen, damit sie in Freiheit angenommen werden können.

4. Diesem Anspruch wird die vorliegende römische Erklärung nicht gerecht:

a) Die entscheidende Begründung für die vorgelegten konkreten sexualethischen Normen wird aus einem statischen Naturverständnis gewonnen, das der klassischen moraltheologischen Tradition des Hochmittelalters wie auch einer geschichtlich ansetzenden Anthropologie nicht entspricht.
b) Die Art und Weise, wie mit biblischen Texten argumentiert wird, widerspricht den hermeneutischen Regeln heutiger biblischer Theologie.

c) Ebenso methodisch undifferenziert erscheint der Umgang mit der eigenen Tradition: ohne Rücksicht auf den jeweiligen historischen Kontext werden konkrete Normierungen als unveränderliche Lehre ausgegeben.
d) Wesentliche human- und sozialwissenschaftliche Einsichten in die Komplexität menschlicher Geschlechtlichkeit kommen in ihrer sittlichen Relevanz nicht angemessen zur Geltung.

5. Demgegenüber begrüßen wir die differenziertere sachgerechte Argumentation, wie sie im Hirtenbrief der Deutschen Bischöfe zu Fragen der menschlichen Geschlechtlichkeit (15. 3. 1973) und besonders in den *Texten* der Gemeinsamen Synode der Bistümer in der Bundesrepublik Deutschland („Christlich gelebte Ehe und Familie" und „Arbeitspapier zu Sinn und Gestaltung menschlicher Sexualität") vorliegt. Für die Verkündigung und die religionspädagogische Arbeit bie-

ten diese Dokumente eine *weitaus bessere und überzeugendere Hilfe.*

Die vorliegende Stellungnahme wurde im April 1968 von folgenden Universitäts- und *Hochschul*professoren unterzeichnet:

Augsburg:	Franz Scholz	*München:*	Johannes Gründel
Bamberg:	Volker Eid		Richard Egenter
Bochum:	Hans Kramer	*Münster:*	Bruno Schüller
Bonn:	Franz Böckle		Wilhelm Heinen
	Werner Schöllgen	*Paderborn:*	Bernhard Fraling
Eichstätt:	Antonellus Elsässer	*Tübingen:*	Alfons Auer
Freiburg:	Bernhard Stoeckle		Wilhelm Korff
	Rudolf Hofmann	*Würzburg:*	Georg Teichtweier

*

Stellungnahme dazu:

I. Formales

1. Bedenkt man frühere *öffentliche* kritische Äußerungen aus ähnlichen Kreisen, kann die hier praktizierte diskretere Form als Fortschritt betrachtet werden. Dazu gehört auch, daß nicht mehr – wie noch bei der letzten Verlautbarung derselben Initianten – behauptet wird, die oder sämtliche Moraltheologen Deutschlands stünden dahinter.

Man muß allerdings diese relative Positivität wieder einschränken, weil die zunächst behauptete Diskretion („an eine Veröffentlichung in der Presse ist von unserer Seite aus nicht gedacht") dann doch nicht eingehalten wurde. Prof. Johannes Gründel, ein Initiator, hat sie veröffentlicht (zusammen mit den anderen Erklärungen von Moraltheologen seit 1968) in seinem Büchlein „Die Zukunft der christlichen Ehe", München 1978, S. 168 f. Bezeichnenderweise ohne die ausführliche und differenzierte Stellungnahme des Vorsitzenden der Deutschen Bischofskonferenz dazu fairerweise ebenfalls abzudrucken. Ein wenig überzeugender Kommunikations- und Dialog-Stil.

2. Die Stellungnahme (St.) *enttäuscht* aber schon deshalb *sehr,* als sie zu zentralen und grundsätzlichen Aussagen der declaratio (D.) schweigt, ganz ohne Argumentation bleibt und keinerlei Angebot oder auch nur Ansatz für ein Gespräch enthält.

3. Eine *Meinungsäußerung* einer großen Zahl von aktiven und emeritierten Lehrstuhlinhabern der Moraltheologie, wenn auch mit 1 1/2

Schreibmaschinen-Seiten recht dürftig geraten, ist sicher – insofern – angemessen zu beachten.

Sie bezieht sich auf eine lehramtliche Erklärung, die von der zuständigen Autorität im Auftrag und mit ausdrücklicher Billigung des Papstes herausgegeben wurde. Diese widerum antwortet auf eine tiefe, auch innerkirchliche, Verwirrung und Unklarheit in sexualethischen Fragen.

Interessanterweise geht die St. darauf nicht ein; gibt vielmehr als Anlaß nur die Tatsache an, daß *die D.* „innerkirchlich wie außerkirchlich zu sehr unterschiedlichen Reaktionen geführt" habe.

Diese Tatsache wird aber nicht näher gedeutet, geschweige in eine selbstkritische Analyse überführt. Kann man denn solche „sehr unterschiedlichen Reaktionen" nennen, ohne sich zu erinnern, daß Prof. Böckle und Prof. Gründel, die sicher zu den Initianten der St. gehören, die D. einer öffentlichen, schnellen und für Breitenwirkung ausgesuchten Weise gescholten haben? (Prof. Böckle am 18.1.76 im ZDF-Fernsehen „Tagebuch"; Prof. Gründel, zusammen mit Böckle, im „Weltbild"). Wenn der Innsbrucker Moraltheologe Hans Rotter SJ in der österreichischen Wochenzeitung „präsent" schreibt; er hoffe, daß die Vatikanerklärung „nicht nur Ablehnung hervorruft und dann wieder in Vergessenheit gerät, sondern daß sie mindestens als Herausforderung zur Überprüfung des eigenen Standpunktes und zum Weiterdenken betrachtet wird", stünde das gerade auch den beteiligten Moraltheologen gut an.

4. Die St. kritisiert die römische D. mehrfach fundamental. Die entsprechenden Urteile haben dabei ausnahmslos den *Charakter der Behauptung. Keine* einzige *Aussage wird* – etwa anhand von Textbelegen oder durch irgendwelche Ansätze von Erörterung oder Reflexion – *begründet.*

Die St. tut also genau das, was sie – übrigens offenbar fälschlich – der D. glaubt (unter 3) vorwerfen zu können (nicht „überzeugend einsichtig" zu machen).

5. Da mit der Forderung, „die vorgelegten Normen von ihrem Sinnverständnis her überzeugend einsichtig zu machen" (3), die als Kriterium für die Beurteilung gemeinte „Glaubwürdigkeit" nach Meinung der Moraltheologen steht und fällt, muß sich auch die St. diesen Maß-

stab gefallen lassen. Nun sind aber die im Gewand von „Feststellungen" geschehenden Urteile der St. *undifferenziert und pauschal* (siehe weiter unter); jedenfalls weder belegt noch argumentativ abgestützt.

Der 1 1/2 Schreibmaschinenseiten-St. steht aber eine ausführlich darlegende, eingehend begründende, gut belegte und sorgfältig erarbeitete, recht umfangreiche D. gegenüber. Darüberhinaus kann die reich informierende, den geschichtlichen wie humanwissenschaftlichen Bezug erweiternde, die ethischen und theologischen Grundfragen argumentativ reflektierende Artikelreihe „Zum Dokument über die Sexualethik" („Kirche konkret") im deutschen Osservatore (seit 6. 2. 76) herangezogen werden. Hingewiesen sei hier nur auf den ersten Beitrag von Kardinal H. Volk „Die sittliche Ordnung ist unentbehrlich" (ebda. S. 4 f.); sowie auf den Artikel des Sekretärs der Internationalen Theologen-Kommission beim Hl. Stuhl Philippe Delhaye (ebda. Nr. 11 v. 12. 3. 76, S. 8 ff). In einem drastischen, geradezu befremdlichen Maße bleibt also die St. hinter ihrem selbstformulierten Anspruch zurück. Sie ist danach unglaubwürdig.

6. Betr. die 16 angegebenen Namen ist folgendes anzumerken:

   a) Es hat *keine* Konferenz und *gemeinsame Erarbeitung* der St. gegeben. In ziemlich guter Kenntnis der Denkweise und Motive mehrerer Unterzeichner kann versichert werden, daß die einzelnen sehr unterschiedlich in diesen Dingen denken. Vielleicht ist dies ein Grund für manche vage Formulierung und – vor allem – für die Ausblendung der Grundsatzfragen (z. B. Frage nach Todsünden; Quellen der Moral; Verbindlichkeit u. a.). Mit einem derartigen Kurzpapier kann man mit einigem Geschick schon Zustimmungen erreichen. Das geschah – in überlegter Reihenfolge – z. T. telefonisch.

   b) W. Korff (Tübingen) hatte *keinen moraltheologischen* Lehrstuhl (den hatte dort A. Auer).

   Folgende *Universitäten und Hochschulen* mit moraltheologischen Fachvertretern *fehlen* bei den Unterzeichnern:

   Frankfurt/M., Fulda, Mainz, Regensburg, Trier. Folgende ausgewiesene, wenngleich nicht einen entspr. Lehrstuhl innehabende Moraltheologen fehlen darüberhinaus bei den Unterzeichnern: Bökmann, Ermecke, P. Günthör, Hauser (Heidelberg) Klomps, Molinski, P. Ruf.

Auch von hierher ist das *Gewicht* der St. *dem Anschein nach* größer als bei näherem Zusehen.
Vier der Unterzeichner waren damals bereits im Ruhestand; einer (R. Egenter) ist inzwischen verstorben; heute sind schon sechs der Unterzeichner im Ruhestand.

II. Anmerkungen zu einzelnen Formulierungen und Auffassungen

Zu 1) „... kein Zweifel, daß menschliches Handeln auf Sinnstrukturen verwiesen ist, die nicht ohne Schaden für das Gelingen menschlichen Lebens und Zusammenlebens mißachtet werden dürfen..."

Fragen: Warum spricht man nicht – nach klassischem moraltheologischem Sprachgebrauch – von „Schöpfungsordnung", menschlicher „Wesensnatur", dem Zielsinn (der „Natur") der Sache?

Will man dieser klassischen und – vom Lehramt vielfach betonten – *theologischen Unverzichtbarkeit* der Normenquelle christlicher Sittlichkeit – dem natürlichen Sittengesetz – mit der o. a. Formulierung nun zustimmen oder, nur scheinbar und in Gestalt ähnlich klingender Begriffe, eine abschwächende Relativierung (Öffnung) mit ziemlich weittragenden Folgen ausdrücken? Warum z. B. „verwiesen" und nicht etwa „verpflichtet"? Warum „Gelingen menschlichen Lebens" statt „sittliche Ordnung menschlichen Lebens"?

Gerade eine solche mehrdeutige, sehr unterschiedlich auslegbare, die Verbindlichkeiten lockernde Sprachlichkeit hat zu der beklagenswerten Verwirrung in sexualethischen Fragen beigetragen. Was gilt nun? Was verpflichtet?

Solche Fragen blieben oft *unbeantwortet durch unklare Begriffe.*

Zu 2) Ähnliches geschieht mit der Aussage: „Wir betonen ausdrücklich, daß es Aufgabe des kirchlichen Lehr-und Hirtenamtes ist, den Gläubigen auch hierin Orientierungshilfen ... zu geben".

Frage: Warum nicht verbindliche Weisung, klare Normen, Aufweis des christlich Unverträglichen? *„Orientierungshilfen"* sind doch etwas ganz anderes. *Distanzierung in Form von Zustimmung!*

Zu diesem Satz: „Dies gilt umso mehr, als heute in der Öffentlichkeit gerade in Frage der Sexualmoral eine Vielzahl einander widersprechender Meinungen mit dem Anspruch auf normative Geltung vertreten wird" wäre zu erinnern:

Ist dieser, nun offenbar auch von Moraltheologen – trotz des häufig aus ihrem Mund zu hörenden, seltsam undifferenzierten Lobes auf den „theologischen Pluralismus" – beklagte Zustand nicht z. T. von ihnen selbst verursacht? Dabei sei nicht nur an die heftigen öffentlichen Kampagnen und Polemiken anläßlich Humanae vitae gedacht. Auch Fragen der *Abtreibung* wurden, und zwar in einer für die öffentliche Diskussion mitentscheidenden Weise, in einer mit der klaren Lehre der Kirche und des Konzils nicht zu vereinbarenden Weise dargestellt. Z. B. Prof. Böckle und P. Hirschmann auf dem Hamburger Chirurgenkongreß mit ihrer Meinung, bis zur Nidation sei Individuierung noch nicht gegeben, da Mehrlingsbildung noch möglich sei, also würde bis dann noch kein Individuum vorliegen. Eine Auffassung, die, schon logisch irrig, biologisch als schlechthin falsch nachgewiesen wurde; die aber damals als Art Dammbruch bei den Medizinern, die diese Thesen in ihre Resolution aufnahmen, *gewirkt* hat. Aber auch der Aufsatz von Prof. Gründel „Der Arzt nach der Fristenlösung" in StdZ August 75 enthält mit der sicheren Lehre der Kirche und Moraltheologie unverträgliche Auffassungen; und dies noch v o r dem dann groteskerweise die Fristenlösung als grundgesetzwidrig feststellenden Urteils des BVG!

Ähnliche Belege und Vorgänge könnten beigezogen werden zu den Themen: Euthanasie, Homosexualität, Wesen der Todsünde, Normenbegründung, Priesterweihe und Zölibat, Unauflöslichkeit der Ehe, Lehre vom Gewissen, ethische Fundierung des Strafrechts und Beurteilung der sogenannten Reformen u. v. a. m. In letzter Zeit wäre hinzuweisen auf die Kontroverse betr. „Autonome Moral" (A. Auer und in seinem Gefolge andere, z. B. Küng) mit B. Stoeckle („Grenzen autonomer Moral", München/Kösel 1974; sowie im „Wörterbuch christlicher Ethik", Herdertaschenbuch Nr. 533/1975); und teleologische „Güterabwägungsmoral" (v. a. Böckle).

Kann also die Begründung der St. für die Zuerkennung der Aufgabe des kirchlichen Lehramts, „Orientierungshilfen" zu geben, nämlich „eine Vielzahl einander widersprechender Meinungen", *angesichts des bedeutenden Beitrags von sehr öffentlichkeitswirksam auftretenden Moraltheologen zu dem „Wirrwarr so* vieler, weitverbreiteter Meinungen, welche von der Kirche empfangenen Lehren entgegenstehen ..." (D. 1) sehr glaubwürdig vorgebracht werden?

Zu deutlich tragen ja solche Meinungsäußerungen oft den Charakter einer Meinungsbeeinflussung gegen „amtskirchliche Weltfremdheit"; nicht so sehr den Stil innertheologischer Diskussion.

Zu 3) Wieder geht es um die „Glaubwürdigkeit der Verkündigung" sowie um die Forderung „die vorgelegten Normen von ihrem Sinnverständnis her überzeugend einsichtig zu machen". Dem ist aber gegenüberzustellen, daß die D. nicht mit einem moraltheologischen Traktat verwechselt werden darf; auch nicht die Aufgaben der „Verkündigung" im engeren Sinn übernehmen will und kann. *Man beachte Nr. 6 der D. fairerweise!*

Zu 4) Zu a) Die Behauptung, „die entscheidende Begründung für die vorgelegten konkreten sexualethischen Normen wird aus einem statischen Naturverständnis gewonnen …" ist weder belegt noch trifft sie zu. Vielmehr liegt – völlig angemessen und für eine derartige D. konsequenterweise – der Nachdruck in der „Erkenntnis des Gesetzes Gottes und der menschlichen Natur" (D. 5), so, wie sie die Kirche „im ganzen Verlauf ihrer Geschichte immer" (D. 4) gelehrt; bestimmten Prinzipien, Normen und Regeln „eine absolute und unveränderliche Geltung zuerkannt (hat) und in deren Übertretung einen Widerspruch zur *Lehre und zum Geist des Evangeliums* gesehen" (D. 4) hat.

Dabei beruft sich die D. des weiteren auf klare und entsprechende *Aussagen des II. Vaticanums* (in den Anm. 1, 2, 3, 5, 7, 8, 9, 10, 11, 20, 44, 45).

Die Vorstellung einer ausschließlich „statischen" Natur wird vielmehr in der D. Nr. 3 ausdrücklich abgewiesen („Gewiß haben sich in der Geschichte der Zivilisation…"). Eine „geschichtlich ansetzende Anthropologie" wird also keineswegs ausgeschlossen; nur ihre Einfügung in die aufweisbaren und offenbarungsgemäßen „unveränderlichen Prinzipien", „konstitutive Elemente und wesentlichen Beziehungen der menschlichen Person", die „die veränderlichen geschichtlichen Umstände" **übersteigen,** gefordert (ebda Nr. 3). Unter 4a wird also ein nicht belegbarer, konstruierter Popanz, **nicht** die Argumentation der D., kritisiert.

Zu 4 b) Der Widerspruch zu „den hermeneutischen Regeln heutiger Biblischer Theologie", der hier ohne jede Begründung, durch keinen einzigen Beleg, behauptet wird, meint offenbar (wie unter a) und c)) einen generellen „geschichtlichen" Vorbehalt. Es mag genügen, diesem pauschalen und ganz undifferenzierten, geschweige zutreffenden Vorwurf die einschlägigen Arbeiten von H. Schürmann entgegenzuhalten (in: J. Ratzinger/ Hrg.: Prinzipien christlicher Moral, Einsiedeln 1975, S. 9–39; Vgl. auch den ebenfalls in unserem Zusammenhang sehr bedeutsamen Beitrag von J. Ratzinger, Kirchliches Lehramt – Glaube – Moral, ebda S. 41–66). So wie es bezeichnend ist, daß diese Grundsatzklärungen von Nicht-Moraltheologen erfolgen mußten, sowenig können sie im Sinne eines pauschalen „hermeneutisch"-relativierenden Vorbehalts in Anspruch genommen werden; sprechen im Gegenteil für eine Argumentation aus der klaren Zentralaussage der neutestamentlichen Botschaft gerade auch in den Fragen, die die D. behandelt.

Zu 4 c) Dasselbe Verfahren, durch die Forderung, beim „Umgang mit der eigenen Tradition" den „jeweiligen historischen Kontext" zu beachten, eine die Gültigkeit relativierende Abschwächung zu erzielen! Wenn etwa in der D. unter der Anm. 17 Belege für die immerwährende Lehre der Kirche angeführt werden, so sind sie zu verstehen als einige, lehramtlich faßbare Zeugnisse einer die Fülle der Lebens- und Lehrtradition ausmachenden gleichbleibenden authentischen Grundüberzeugung im Sinne des verbindlichen christlichen Ethos. Übrigens: inwiefern können „konkrete Normierungen" **nicht** zur „unveränderlichen Lehre" gehören? (Vgl. Schürmann a. a. O. 31–34).

Zu 4 d) Diese Kritik hängt erneut mit der unverzeihlichen Nichtbeachtung der Eigenart der D. zusammen. Dennoch trifft sie auch in sich nicht ganz zu. Argumenten aus den Bereichen der menschlichen Erfahrung und den anthropologischen Wissenschaften zeigt sich die D. faktisch wie vom Grundsatz her offen (Vgl. Nr. 7 oder – ausdrücklich – Nr. 13: die überlieferte Lehre soll „behutsam auch das mitbeachten, was an Wahrem und Nützlichem über Sinn, Bedeutung und Macht der menschlichen Sexualität gesagt werden kann"; ähnlich grundsätzlich in Nr. 3 Anfang). Es wäre bei dieser Forderung der St. notwendig gewesen, die außerordentliche methodische wie sachliche Schwierigkeit zu würdigen, die in einer ethisch angemessenen, sauberen Argumentation mit Hilfe der Beobachtungen und Ergebnisse sowie des empirischen Materials der sogen. „Humanwissenschaften" erfolgen könnte.

Eine – auch bei Moraltheologen vorkommende – verhängnisvoll

unbedachte Inanspruchnahme gewisser sozialwissenschaftlich-empirischer Umfrageergebnisse zu einer Art „Normenfindung von unten“ (Böckle) wird in der D. ausdrücklich erwähnt und gut kritisiert (Nr. 9). Ebda wird übrigens „die moderne Psychologie“ positiv erwähnt und zu beachten empfohlen.

Die Kritik ist also **unangemessen und im Grundsatz falsch.** Es wäre noch zu fragen, ob die große Bedeutung, die man hier den „human- und sozialwissenschaftlichen Einsichten“ geben will, nicht **eine Art Ersatz** für die vorher relativierten, aber klassischen Quellen des sittlichen Naturgesetzes, der Offenbarung in theologischer Tradition und in Zeugnis der Hl. Schrift, werden sollen. Tendenzen in dieser Richtung sind unschwer festzustellen. Die Ergebnisse sind sehr unterschiedlich; jedenfalls kaum geeignet, die für die Normierung der Gewissen und des christlichen Ethos erforderliche zuverlässige Klarheit zu vermitteln (man denke z. B. an die äußerst gegenteiligen Folgerungen, die Ethiker aus den Beobachtungen der Verhaltensforschung glauben ziehen zu können).

Zu 5) Das pauschale Lob der 3 sehr unterschiedlich legitimierten und unterschiedlich zustandegekommenen Papiere berührt aus mehreren Gründen seltsam.

a) Das Synodenpapier „Christlich gelebte Ehe und Familie“ ist mit der geringstmöglichen, hauchdünnen Mehrheit von **einer** Stimme nach heftigsten Auseinandersetzungen verabschiedet worden. Man täte gut, sich nicht allzu undifferenziert darauf zu berufen. Denn: der Vorsitzende der Deutschen Bischofskonferenz hat in einer Stellungnahme zur D. vom 15. 1. 76 erklärt: „Zu diesen Fragen haben die deutschen Bischöfe 1973 in ihrem Hirtenbrief ‚Zu Fragen der menschlichen Geschlechtlichkeit‘, die Gemeinsame Synode in ihrem Beschluß ‚Christlich gelebte Ehe und Familie‘ und ihrem Arbeitspapier ‚Sinn und Gestaltung menschlicher Sexualität‘ bereits klare Stellung bezogen, **die in der ‚Erklärung‘ ihre Bestätigung findet“.**

Andererseits hat der Vorsitzende der Synodenkommission und Hauptinitiant des Ehepapiers, Prof. Böckle, im offensichtlichen Gegensatz zur Auffassung von Kardinal Döpfner, erklärt, die D. sei in ihrer Begründung „theologisch völlig unbefriedigend“, laufe auf „einen naturrechtlichen Positivismus hinaus“, sei „nicht eben besonders logisch klar und einleuchtend“; in Bezug auf die schwere Sünde würde „die These aufgefrischt, daß jede Verletzung der Sexualordnung objektiv schwerwiegend sei. Eine These, die mich noch nie zu überzeugen vermochte, und die **von unseren Bischöfen in ihrem Hirtenwort auch nicht mehr aufrecht erhalten** wird. Was an praktischen Regeln zu sagen ist, haben die Bischöfe und Synoden bereits **und differenzierter** gesagt. Für eine fruchtbare theologische Diskussion mit der Glaubenskongregation bietet das Lehrschreiben leider wenig Hoffnung“ (so im Fernsehen und in „Weltbild“ a. a. O.).

Wer hat nun Recht? „Bestätigung“ **oder** „theologisch völlig unbefriedigend“, „nicht logisch klar und einleuchtend“, „von unseren Bischöfen nicht aufrechterhalten“?

Eines ergibt diese **befremdlich unterschiedliche Bewertung des Verhältnisses von D. zu den 3 Verlautbarungen:** Sicherlich erreichen diese letzteren Erklärungen **nicht** die Klarheit, bieten n i c h t die verbindliche Sicherheit, beheben gerade n i c h t jenen „Wirrwarr so vieler, weitverbreiteter Meinungen, welche der von der Kirche empfangenen Lehre entgegenstehen“, sodaß sich viele heute fragen, „was sie eigentlich noch für wahr halten müssen“ (D. 1). Insofern kommt der D. eine sehr bedeutsame Funktion zu. Es rächt sich jetzt, daß man – z. B. auch mit einseitiger Besetzung der Synodenkommission – an der klassischen und klaren Lehre der Kirche z. T. vorbei, gegen erheblichen Widerstand der Bischöfe und eines gewichtigen Teils der Synode, Papiere verabschieden wollte, die weder einen breiten Konsens fanden, noch die angestrebte innerkirchliche Befriedigung in diesen Fragen brachten noch – wegen ihrer inneren Zwiespältigkeit – bringen können.

Es sei noch erinnert, daß das „Arbeitspapier“ „Sinn und Gestaltung menschlicher Sexualität„ lediglich aufgrund einer (umstrittenen) Maßnahme des Präsidiums der Synode (nicht einmal also der Zentralkommission) zur Veröffentlichung freigegeben wurde, es hat privaten Charakter. Jedenfalls hat es **nicht die geringste synodale-demokratische Legitimation** und kann in keiner Weise mit dem Wort der Deutschen Bischöfe oder gar in der D. der Glaubenskongregation auf eine Stufe gestellt werden. Darüberhinaus ist es – gerade in Bezug auf gewisse „humanwissenschaftliche“ Meinungen – **äußerst umstritten** (Vgl. Fachgutachten Bökmann/Neumann/Tünte, in dem Fachvertreter die Unhaltbarkeit best. Behauptungen belegt haben).

III. Schlußbemerkung

Die Verfasser der St. haben einem an sich wünschenswerten Dialog mit den Bischöfen mit diesem pauschalen und argumentationsfreien Papier, das in vielfacher Hinsicht sehr enttäuscht, einen Bärendienst erwiesen. Als hilfreiche und glaubwürdige Gesprächspartner haben sie sich durch Form und Inhalt dieser überraschend oberflächlichen St., die streckenweise einer abqualifizierenden Zensurierung gleichkommt, nicht empfohlen.

Um der kirchenöffentlichen Bedeutung der Sache willen, müßte Bereitschaft in einem wirklich geeigneten, weiterführenden Gespräch vorliegen. Die St. biete dazu allerdings **keinen Ansatz.** Fairerweise müßten die nicht unbedeutenden Moraltheologen die diese St. bewußt nicht unterzeichnet haben, in einen allerseits ernsthaft offenen und kirchlich-loyalen Diskurs ggf. eingeschaltet haben.

Abschließend sei festgehalten, daß gerade dies in wachsendem Maße **nicht** geschieht. Gerade jene, die nicht nur unentwegt „Dialog" und „Kommunikation" von anderen fordern, um ihre Meinungen ins Spiel zu bringen, sondern die zugleich den Weg vertiefter Wahrheitserkenntnis durch Studium, Nachdenken und Gebet abgelöst haben durch ein dauerndes sich-Stichworte-geben und diskursives Konsensmachen, gerade diese praktizieren mit Fleiß Kommunikations- und Dialogverweigerung denjenigen gegenüber, die das Mitmachen am Aufbau der Verweigerungsfront verweigern. Der heftig von anderen geforderte „herrschaftsfreie Diskurs" verkümmert zum Binnenritual von Gleichgesinnten. Andere werden, durchaus in Ausübung von sozialer Herrschaft, „exkommuniziert".

In der Sache ist zu beachten: die Kontestation beschränkt sich längst nicht mehr auf die Inanspruchnahme des klassischen Gewissensvorbehalts (unüberwindlich irriges, subjektiv lauteres Gewissen); auch stützt sie sich keineswegs nur auf die verbreitete, von den Kontestatoren aufgebaute und sorgfältig gehütete, **Meinung,** die Sache sei kontrovers, die Lehre nicht unfehlbar, das Gewissen könne also ggf. frei sein ... Nein, dies alles wird strikt als zu kurz greifend abgelehnt. Man will eine öffentlich vertretene, lehrmäßig wie lebenspraktisch mindestens faktisch **legitimierte, generell andere,** zur authentischen Lehre konkurrierende **Auffassung in der Kirche installieren.** Die Irr-lehre soll in der Kirche personell, sozial und auf möglichst hoher Ebene etabliert werden, gleichsam Heimatrecht durchsetzen.

II Befreiung vom objektiv Guten: Inflation und Verschleiß der Gewissen

Prof. Dr. Johannes Stöhr

Totale Gewissensautonomie?

Befreiung der Freiheitsideen als Aufgabe der Theologie

Einige zusammenfassende Thesen:

1. Wirkliche Freiheit ist von der *Wahrheit* untrennbar. Somit kann auch das Gewissen nicht gegen das Dogma ausgespielt werden.

2. Geschöpfliche Freiheit ist nur ein endlicher Wert; sie ist *Mittel* und nicht selber letztes Ziel.

3. Nicht die Freiheit des Sündigenkönnens macht das Wesen der Freiheit aus, sondern Freiheit ist Ermöglichung der *personalen* Liebe, letztlich zum höchsten und allumfassenden Gut.

4. „Autonome" Freiheit des Menschen entartet zu Willkür und Despotismus.

5. Freiheit und *Gesetz* Gottes, das in das Wesen der Dinge und in das Herz des Menschen eingeschrieben ist, gehören zusammen.
Der Mensch, der seine Freiheit recht versteht, bejaht also die *Geschöpflichkeit* seiner Freiheit und setzt nicht das Bewußtsein absolut.

6. Christliche Freiheit heißt darüber hinaus *Jasagenkönnen* zum menschgewordenen *Erlöser,* zu seiner Sichtbarkeit, die uns das Unsichtbare Gottes deutlich gemacht hat, heißt auch Ja zur konkreten Kirche, in der Christus weiterlebt und durch seinen Hl. Geist wirkt.

7. Christliche Freiheit bedeutet Absage an alle Formen des pelagianischen Freiheitsverständnisses, bedeutet Ja zur *übernatürlichen* Ordnung nach dem Vorbild des Fiat der Gottesmutter.

8. Christliche Freiheit *ermöglicht* also das *Erfassen des persönlichen Heilswillens Gottes und Jasagenkönnen zur persönlichen Berufung und ihrem endgültigen Charakter.*

9. Christliches Freiheitsverständnis *unterscheidet verschiedene Weisen* der Freiheit und sieht ihre dynamische Entfaltung: Freiheit der Natur, der Gnade, der Glorie.

*

Wenige Begriffe werden heute so oft verwendet wie der Begriff Freiheit. Wenige sind aber auch in einer Zeit der „Umwortung aller Worte“ so sehr dem Mißverständnis, dem Mißbrauch und der Manipulation ausgesetzt. Im Namen der Freiheit fordert man die widersprüchlichsten Dinge. Die tägliche Erfahrung – in der Politik wie im privaten Leben – zeigt, daß die *Euphorie eines neuen Freiheitsgefühls und die Illusion neuer Selbstmächtigkeit* oft nur ein kurzer Rausch sind, der Enttäuschung und neue Zwänge zurückläßt. Trügerische und gefährliche Freiheitsbegriffe sind aber nicht erst in der Neuzeit aufgetaucht, nicht erst bei den Freimaurern und auch nicht erst bei den pelagianischen Irrlehrern des christlichen Altertums, welche die natürlichen Möglichkeiten des Menschen maßlos überschätzt und die Gnade Gottes in ihrer Wirksamkeit unterschätzt hatten. Schon die Versuchung der Stammeltern durch den Bösen bestand in der Verheißung neuer Freiheit und Selbstmächtigkeit: Ihr werdet sein wie Gott, selber entscheidend bestimmen, was Gut und Böse ist (vgl. Gen. 3, 4). Auch die Juden, die Christus zuhören wollten, verstanden nicht, was wahre Freiheit bedeutet: „Da sagte Jesus zu den Juden, die an ihn glaubten: Wenn ihr in meinem Wort bleibt, seid ihr wirklich meine Jünger. Dann werdet ihr die Wahrheit erkennen, und die Wahrheit wird euch frei machen. Sie antworteten: Wir sind Abrahams Nachkommen und sind noch nie jemandem versklavt gewesen. Wie kannst du sagen: Ihr werdet frei werden? Jesus antwortet ihnen: Wahrlich, wahrlich, ich sage euch: Wer die Sünde tut, ist Sklave der Sünde. Der Sklave aber bleibt nicht für immer im Haus, nur der Sohn bleibt für immer im Haus. Wenn euch also der Sohn frei macht, werdet ihr wirklich frei sein“ (Joh 8, 31–36).

1. Aus diesem Text geht klar hervor: **Wahrheit** und Freiheit hängen sehr eng miteinander zusammen. Sie stehen im Verhältnis von Ursache und Wirkung. Erst die Wahrheit kann nämlich die menschliche Freiheit frei machen. Denn, wenn auch die Willensfreiheit nicht mit Gewalt von außen aufgehoben werden kann, so ist der Mensch

doch ein kontingentes Wesen, das Gefahr läuft, sich selbst zu versklaven und sich zum Tyrannen seines eigenen Ich zu machen.[1]) Die ganze menschliche Gesellschaft ist in dieser Gefahr, gerade dann, wenn sie mit Gewalt die Freiheit sucht. Deshalb ist *das mangelnde Interesse für die Wahrheit, die Unfähigkeit, mit liebendem Wollen die Wirklichkeit der Dinge zu erfassen, eine der Grundlagen des heutigen Atheismus,* den das Vaticanum II als Phänomen der Ermüdung und Vergreisung charakterisiert hat.[2]) Unwissenheit und Irrtum des Erkennens beeinträchtigen auch die Freiheit des Willens.

„Jesus Christus geht dem Menschen jeder Epoche, auch der unseren, mit den gleichen Worten entgegen: ‚Ihr werdet die Wahrheit erkennen, und die Wahrheit wird euch frei machen'. Diese Worte schließen eine wesentliche Forderung und zugleich eine Ermahnung ein: die Forderung eines ehrlichen Verhältnisses zur Wahrheit als Bedingung einer authentischen Freiheit; und auch die Ermahnung, daß jede nur scheinbare Freiheit, jede oberflächliche und einseitige Freiheit und jede Freiheit, die nicht von der ganzen Wahrheit über den Menschen und die Welt geprägt ist, vermieden werde. Auch heute, nach 2000 Jahren erscheint uns Christus als der, der dem Menschen die Freiheit bringt, die auf der Wahrheit begründet ist, als der, der den Menschen befreit von allem, was diese Freiheit in der Seele des Menschen, in seinem Herzen und in seinem Gewissen beschränkt, schmälert und gleichsam von den Ursprüngen selbst trennt. Welche wundervolle Bestätigung haben dafür diejenigen gegeben und geben sie noch immer, die durch Christus und in Christus zur wahren Freiheit gelangt sind und sie sogar unter Bedingungen äußerer Nötigung bekundet haben?" (Papst Johannes Paul II).[3])

Im existentiellen Bereich, der auf das Tun des Menschen bezogen ist, also dort, wo es um die Formung des Ich und der Person geht, wird alles zuerst vom Willen her bestimmt, dessen Zentrum die Freiheit ist. Dieser Wille darf aber nicht blind sein. Modernes Denken hat nun aber vielfach *aus der Freiheit das einzige Konstitutiv des Menschen machen wollen, so als ob er sich selber begründe.* Freiheit hat man dann g l e i c h g e s e t z t m i t S p o n t a n e i t ä t des Erkennens, des Fühlens und des Machtwillens. Die Freiheit hat sich selber zum Gegenstand und Selbstzweck gemacht und ihr transzendentes Fundament verloren. Dadurch verwandelte sie sich in eine leere Freiheit, in ein Gesetz für sich selbst.

Mit der Verachtung des ontologischen Fundamentes, mit der Verwerfung der Metaphysik ist aber auch die Moral ihres Sinnes entleert worden, denn Moral verlangt Unterscheiden zwischen Gut und Böse, zwischen Wahrem und Falschem. Voraussetzung für eine solche Unterscheidung ist aber ein Wahr- und ein Gutsein im absoluten Sinn, das letztlich nichts anderes ist als das absolute Sein Gottes selber.[4])

*

2. Die menschliche Seele hat zwar in einigen Dingen Herrschaft über sich selbst, so erklärt Thomas von Aquin[5]), doch hat sie diese nicht in absolutem Sinne. Weithin ist sie vorherbestimmt durch ihre **Natur.** Von daher empfängt sie das *Licht der ersten Prinzipien,* das wohl verdunkelt, aber nie verändert werden kann. Von ihrer Natur her strebt die Seele zum letzten Ziel oder dem absoluten Guten, das zu wollen sie nicht aufhören kann, obwohl sie es in seiner objektiven Wirklichkeit verwechseln kann. Wenn die Seele sich frei bewegt, dann deshalb, weil sie von etwas anderem bewegt ist, was ihr Licht zur Erkenntnis gibt und Hinneigung, mit der sie ihr Glück erstreben kann. Unsere Selbstmächtigkeit ist notwendig beschränkt; die höchste Vollkommenheit des Lebens und der Willensmacht hat nur derjenige, dessen Natur zugleich sein Erkennen ist, und bei dem nichts, was er besitzt, durch ein anderes bestimmt ist. Allein Gott ist in diesem vollkommenen Sinne Leben und Selbstmächtigkeit: Vita perfectissima et sempiterna (Aristoteles).[6])

Kreatürliche Freiheit ist also kein absoluter Anfang, denn es gibt nichts Absolutes in der Kreatur. Sondern „jede Bewegung des Willens ist begründet in der voluntas primoprima, d. h. dem göttlichen Willen“ (Thomas)[6a]). Der Unterschied zwischen vernunftlosen und vernünftigen Geschöpfen besteht nicht darin, daß die einen von Gott bewegt werden und die andern nicht, sondern darin, daß die einen passiv zu ihrem Ziel geführt werden, während die anderen durch sich selbst zum Ziel gelangen können. Die einen wie die anderen sind von Gott bewegt, aber die freie Schöpfung kann sich mit Herrschaft über die eigenen Akte als Mitursache auf das Ziel hinbewegen. Menschliche Freiheit schließt also eine große Vollkommenheit der ‚energia operativa‘, eine potentia activa ein. Aber es handelt sich nicht um eine absolute Herrschaft und nicht um eine originäre Wirkkraft, denn allein Gott ist unmittelbarer, absoluter Ursprung und völlig von allen Bedingungen unabhängige allmächtige Wirkkraft. Menschliche Freiheit ist immer mit Abhängigkeit vermischt.

Menschliche Freiheit *kann nicht radikale Selbstbestimmung als totale Setzung des eigenen Aktes sein.* Wirkliche Begründung der Freiheit muß zurückgehen auf die Begründung des Seins.[7]) Diese Begründung ruht im absoluten Sein, im Schöpfer, in Gott, dem in jeder Hinsicht vollkommenen Gut. *Von daher ist unsere Freiheit immmer positiv orientiert, nicht leere Beliebigkeit.*

Die Freiheit ist also ein Mittel, nicht selber letztes Ziel. Sie ist dem Menschen nicht um ihrer selbst willen gegeben, sondern damit er den eigentlichen Sinn seiner Existenz bzw. sein Wesen verwirklichen kann. Menschliche Freiheit ist ein endlicher und begrenzter Wert. Allein bei Gott gibt es ‚Freiheit' in eminenter Weise, d. h. unverlierbar ‚notwendigen', rein aktuellen, unendlich vollkommenen Selbstbesitz des trinitarischen Lebens (Wahlfreiheit nur in bezug auf Geschaffenes!). Bei der Kreatur jedoch gibt es nur eine begrenzte Fähigkeit zur Selbstdetermination und es gibt keinerlei Auto-Nomie, d. h. es fehlt ihr die Kraft, sich selber Norm und Wesen zu geben. Die Freiheit ist der Kreatur gegeben, um durch ihr eigenes Wollen ihr Wesen zu verwirklichen, das ihr durch den Blick Gottes auf sie deutlich wird. Die vernunftbegabte Kreatur kann ihr Wesen, Geschöpf zu sein, freiwillentlich bejahen, d. h. ihre Gottähnlichkeit, ihre totale Abhängigkeit und Hinordnung auf Gott. Der einzelne kann dem im persönlichen Ruf Gottes ausgesprochenen individuellen Heilsplan Gottes frei Folge leisten. *Sündigen bedeutet* dann, *die Situation des Kreaturseins zu leugnen und sich der Freiheit in einer Weise zu bedienen, als ob man sich selber Gesetz sein könnte.* Grundsätzlich aber gilt immer: Vis creativa est incommunicabilis, eigentliche schöpferische Macht kommt nur Gott zu.[8]) **Auch das Gewissen macht nicht das Licht oder den Sinn, es „kreiert" keine Normen;** es ist vielmehr dem Auge oder einem inneren Wahrnehmungsorgan ähnlich.

„Es gibt Menschen, die ihre Freiheit als Barrikaden errichten: ‚Meine Freiheit, meine Freiheit!' Sie besitzen die Freiheit, aber sie machen keinen Gebrauch von ihr. Sie bestaunen sie mit ihrem beschränkten Verstand und handhaben sie wie ein Götzenbild. Das soll Freiheit sein?

Was haben sie von diesem Reichtum ohne ernsthafte Bindung, die ihrem Leben seine Richtung gibt? Ein solches Verhalten widerspricht der eigentlichen Würde der menschlichen Person; denn es fehlt der gerade Weg, der ihrem Gang Grund und Richtung gibt. Diese Menschen – ihr seid ihnen schon ebenso begegnet wie ich – werden sich leicht von kindischer Eitelkeit, von egoistischer Einbildung oder von Sinnlichkeit mitreißen lassen. Ihre Freiheit erweist sich als unfruchtbar oder sie bringt, schon rein menschlich gesehen, nur kümmerliche Früchte hervor."[8a])

Wo unserem Willen das summum bonum evident entgegentritt, kann er sich nicht davon abwenden; er liebt es unfehlbar. Nur gegenüber Teilgütern kann unser Wille frei wählen, da er innerlich notwendig auf das Unendliche gerichtet ist und seine Dynamik letztlich nur durch den Besitz des höchsten Gutes erfüllt werden kann. Geschöpfliche Freiheit hat ihre Wurzel darin, daß die Vernunft ein Gut nur als Teilgut präsentiert, u. U. auch das höchste Gut in nur analoger Erkenntnis, und daß der Wille, der sein endgültiges Ziel noch nicht erreicht hat, dieses Gut nur als *einen* Wert bejaht und nicht als *das* Wertvolle schlechthin.

Von Natur her möchte der Wille ein Gut umgreifen, das all sein Wünschen umfaßt. Ohne jede Bedingung, bevor er überhaupt weiß, ob er es erreichen kann, strebt er zum absoluten Glück. Die Freiheit ist dieser Notwendigkeit nachgeordnet. Denn weil der Wille seiner Natur nach innerlich notwendig auf das absolute Glück gerichtet ist, ist er frei in Bezug auf Teilgüter, die das ihn ganz erfüllende Glück nicht umfassen.

Um nicht in eine allgemeine Konfusion der Begriffe oder jansenistische Unklarheiten zu geraten, ist es notwendig, mit dem hl. Thomas[9]) zu *unterscheiden* zwischen dem *voluntarium,* dem Willentlichen – gegenüber dem Glück – und dem *liberum arbitrium,* der freien Wahlmöglichkeit – gegenüber den einzelnen Teilgütern. Sonst würde man den Begriff menschliche Freiheit völlig abtrennen von Verantwortlichkeit und Verdienstlichkeit. Geschöpfliche Freiheit schließt also Potentialität und Indifferenz ein. Sie ist ein Verfügenkönnen, eine Potenz zur Überwindung des noch bestehenden Abstandes vom Objekt; sie setzt ein Wollen voraus, das seine Richtung noch nicht voll und unwiderruflich festgelegt hat, das sich in der Begegnung mit Gott noch verwirklichen und erfüllen lassen kann, das noch Mittel zum

Ziele wählen kann, weil es sie noch nicht ergriffen hat, und dem auch ein gewisser Selbstüberstieg möglich ist.

Wahlfreiheit gegenüber dem höchsten Gut als solchem bedeutet also innerlich notwendig auch Unvollkommenheit des Verstandes und Willens; sie tendiert dahin, in der vollkommenen Gottesliebe aufgehoben zu werden. Das Höhere ist die unverlierbare Bindung an das unendliche Gut. Der aktuelle Besitz der beatitudo läßt keinen unausgefüllten Raum mehr; etwas „außerdem" zu wünschen ist innerlich unmöglich.

*

3. Freiheit ist nicht einfach nur die Fähigkeit, zwischen Gut und Böse zu wählen, welche den Menschen in entgegengesetzte Richtungen ziehen. Das Gegenteil würde bedeuten, daß Gott nicht frei ist und daß der Mensch in dem Augenblick, wo er seine Freiheit ausübt, auch aufhört frei zu sein. Die Fähigkeit zwischen Gut und Böse zu wählen ist kein Wesensbestandteil unserer Freiheit überhaupt[10]), wenn sie auch manchmal ein Zeichen für das Vorhandensein von Freiheit ist, so wie auch Krankheit ein Zeichen für das Leben sein kann. Es wäre absurd anzunehmen, daß die Freiheit, wenn sie sich auf das Gute hinbewegt, als Freiheit verlorengeht. Diese Vorstellung stammt aus einem *Begriff der Freiheit als Indifferenz, welcher manche verhängnisvollen Folgen gehabt hat.*[10]) Erkennen und Wollen ist immer auf das vorgegebene Wahre und Gute zu beziehen. Gott als höchstes Gut ist nicht „indifferent" für den Willen; der menschliche Wille ist nicht grundsätzlich neutral, gleich stark vom Guten und Bösen angezogen wie der Esel des Buridan von zwei Futterhaufen, indifferent in bezug auf alles, was nicht er selbst ist. Freiheit muß als Freiheit zur Qualitätsentfaltung verstanden werden (liberté de qualité)[12]), **aktive Hinordnung auf das Gute.**

Die Freiheit, auch sündigen zu können, ist nur eine unvollkommene Form der Freiheit. Die Möglichkeit der Sünde gründet ja darin, daß dem Willen ein *Scheingut* als wahres Gut erscheint; ein *Teilgut* als höchstes Gut, oder umgekehrt auch das höchste Gut nur als Teilgut erscheint. Verlangen nach dem Bösen schließt immer auch Unwahrsein der praktischen Erkenntnis mit ein.[12a]) So bedeutet **Sünde Mißbrauch der Freiheit und nicht ihre volle Betätigung.**

Schon Augustinus[13]) hebt immer wieder hervor, daß die Freiheit der gefallenen Natur zwar nicht verloren, aber beeinträchtigt ist; er erläutert dies im Anschluß an die biblischen Gedanken von der Knechtschaft durch die Sünde. Diejenige Freiheit jedoch, welche Beeinträchtigungen und Beengungen durch Versuchungen und ungeordnete Abhängigkeiten überwinden kann, entfaltet sich nicht ohne die übernatürliche Gnade Gottes; denn auf Gottes Willen geht es zurück, daß „alle Menschen gerettet werden und zur Erkenntnis der Wahrheit gelangen" können (vgl. 1 Tim 2, 4).

„Wer gegen Gott sündigt, bewahrt die Freiheit, insofern sie Freiheit von Zwang bedeutet, aber er hat sie verloren, insoweit sie Freiheit ist von Schuld" (Thomas von Aquin).
„Er wird vielleicht sagen können, er sei seinen Neigungen gefolgt, doch von wahrer Freiheit kann nicht die Rede sein. Denn er ist zum Sklaven seiner Entscheidung geworden, der schlimmsten aller Entscheidungen: Sich von Gott zu entfernen; doch das ist keine Freiheit."[13a])

Im Zustand der Sünde ist der Mensch wie ein Kriegsgefangener anzusehen (vgl. Röm 7, 23). Seine Erkenntnis fixiert sich auf den Irrtum, sein Wille auf das Böse, seine Wahl auf Egoismus und Selbstsucht; er wird zum Sklaven (vgl. Joh 8, 34). Gregor von Nyssa[13b]) vergleicht diesen Zustand der beeinträchtigten Freiheit mit der Bewegungsunfähigkeit eines schildkrötenhaften Daseins oder einer Paralyse. Nach Bernhard von Clairvaux[13c]) fesselt der Wille seine Freiheit selbst durch die verderbte Liebe zur Sünde.

„Nur die Kenntnis der Wahrheit über die Person ermöglicht es, die Freiheit ihr gegenüber zu engagieren. Liebe besteht im Engagement der Freiheit: sie ist Selbsthingabe, und ‚sich geben' bedeutet eben ‚seine Freiheit zugunsten eines anderen einschränken'. Die Freiheitsbeschränkung könnte an und für sich etwas Negatives, Unerfreuliches sein, doch die Liebe bewirkt, daß sie im Gegenteil als positiv, freudvoll und schöpferisch empfunden wird. Die Freiheit ist für die Liebe da. Wenn sie nicht durch sie verwendet und ausgebeutet wird, so wird sie eben zu etwas Negativem, gibt sie dem Menschen das Gefühl der Leere. *Liebe engagiert die Freiheit und beglückt sie mit dem, was von Natur aus den Willen anzieht: dem Guten.* Der Wille strebt nach dem Guten, und die Freiheit ist eine Eigenschaft des Willens. Deshalb sagten wir, die

Freiheit sei für die Liebe da; dank ihr vor allem hat der Mensch am Guten teil." (Karol Wojtyla)[14])

„In unserer Zeit ist man mitunter der irrtümlichen Meinung, daß die Freiheit Selbstzweck sei, daß jeder Mensch dann frei sei, wenn er die Freiheit gebraucht, wie er will, und daß man im Leben der einzelnen und der Gesellschaft nach einer solchen Freiheit streben solle. Die Freiheit ist jedoch nur dann ein großes Geschenk, wenn wir es verstehen, sie bewußt für all das einzusetzen, was das wahre Gute ist. Christus lehrt uns, daß der beste Gebrauch der Freiheit die Liebe ist, die sich in der Hingabe und im Dienst verwirklicht. Zu solcher Freiheit ‚hat Christus uns befreit' und befreit er uns ständig. Die Kirche schöpft daraus unaufhörlich ihre Anregungen, die Einladung und den Anstoß zu ihrer Sendung und zu ihrem Dienst unter allen Menschen. Die volle Wahrheit über die menschliche Freiheit ist im Geheimnis der Erlösung tief verwurzelt."

*

4. Von der *hegelschen Philosophie* und den folgenden materialistischen Systemen her gesehen ist alles vorherbestimmt und determiniert in einem notwendigen Prozeß der Entfaltung des absoluten Geistes. Unser Schöpfungsglaube dagegen besagt, daß viele Weltordnungen möglich wären, daß *die Welt in ihrem Charakter optional* ist. Nur die Materie ist völlig determiniert. Es gibt zwar notwendige Beziehungen in unserem Gottesverhältnis; vieles jedoch ist frei. Wenn man sich dagegen Gott zu sehr immanent in eine Weltordnung integriert vorstellt, wird er schließlich zu einer bloßen Quintessenz des Menschen. Dem gegenüber ist daran festzuhalten, daß Gott der eigentlich Wirkende ist; der Mensch kann nur mitwirken, als untergeordnete Teilursache – seine Freiheit ist geschöpfliche und begrenzte Freiheit.

Feuerbach bezeichnete den Menschen selbst als Gott für den Menschen[15]); seine Nachfolger schließlich zeichnen dann ganz deutlich diesen Gott als Willkürgott, als widersprüchlich und grausam. Die Vorstellung eines Willkürgottes hat aber schon *Luther* in Angst und Schrecken versetzt. Diese Gottesauffassung, die Luther in seinem Buch De servo arbitrio niedergelegt hat – natürlich handelt es sich nicht um eine Erfindung Luthers – hat bereits Thomas von Aquin als blasphemisch charakterisiert[16]). Denn schon ein vernünftiges Allgemeinverständnis, schon das vorwissenschaftliche Begreifen des gesunden Menschenverstandes ist sich bewußt: Eine Freiheit, die nicht übereinstimmt mit den inneren Seinsgesetzen und nicht übereinstimmt mit der Vernunft, ist *nichts anderes als sinnlos-hysterische und unvernünftige Willkür.*

Löst man nämlich menschliche Freiheit von ihrer Wurzel, d. h. trennt man sie von der Erkenntnis mit deren Fähigkeit, Gott als letztes Ziel zu erkennen, dann ist Freiheit einfach despotische Willkürherrschaft: Ius utendi, faciendi, omittendi pro libero arbitrio (Luther)[17]). Vom Erkennen getrennt wird freier Wille reine Spontaneität, brutale Gewalt. Eine solche Vorstellung ist geprägt von einem tiefgehenden Pessimismus. Weil man vergessen hat, daß menschliche Freiheit von Gott geschaffen ist und deshalb gut ist. Der Pessimismus besteht darin, zu meinen, der Wille sei indifferent gegenüber dem Guten oder dem Bösen, er könne das Böse sogar unter dem Anschein des Bösen wählen, er habe Macht sich selbst zu vervollkommnen, völlig unabhängig vom Gutsein oder Bösesein des erwählten Gegenstandes. Es bleibt dann nur *eine monströse Freiheit, die anarchisch und ziellos ist.* In der Enzyklika Redemptor hominis hat sich Papst Johannes Paul II. dagegen gewandt und uns hingewiesen auf die neue Freiheit, zu der uns Christus befreit hat (Gal 5, 1)[18]).

Wenn man Freiheit als Autonomie versteht, verkürzt und verzerrt man die Wirklichkeit; das eigene kleine Ich wird Ausgang, Mitte und Maßstab für das Urteil über die ganze Wirklichkeit. *Der Anthropozentrismus kennt als einzigen hermeneutischen Schlüssel für das Seinsverständnis nur die menschliche Subjektivität.*[19]) Für ihn wandelt sich die menschliche Erkenntnis – in einer absoluten Widersinnigkeit – zu einer norma non normata alles Erkennbaren; sie will alles messen, ohne sich selbst im geringsten an der Wirklichkeit zu messen. Menschliche Freiheit wird dann verstanden als unkontrollierte Fähigkeit zu wählen, als Autonomie, die niemand und nichts mehr unterworfen ist, *nicht einmal der eigenen Erkenntnis, nicht einmal dem Wesen der Dinge, nicht einmal Gott selbst.*

Von daher folgt natürlich: **Emanzipation von der Religion ist Bedingung,** ist erste Voraussetzung **für die erstrebte menschliche Selbstverwirklichung;** von daher lehnt man natürlich auch ab, daß die Erkenntnis den Willen zu leiten oder daß die Theorie die Praxis zu orientieren habe, weil ja sonst die Freiheit nicht absolut autonom wäre, nicht Fundament und Ziel ihrer selbst sein könnte. Der Mensch wird hier nicht mehr als Abbild Gottes verstanden, sondern nur als permanentes Experiment, als Projekt, das sich selbst verwirklicht.

Ein derartiges Postulat „Freiheit" schließt, wie *Sartre* erklärt[19a]), die Existenz Gottes aus. So bleibt nur Selbstbestätigung im Horizont der eigenen Machbarkeit, hochmütige Selbstbehauptung und Selbstbefriedigung. Weil aber jeder solcher autonome Willensakt bereits im Moment seines Vollzuges der Vergangenheit verfallen ist, so kommt es zu einem inneren Zwang, dem Zwang zur ständigen Wiederholung, zur rastlosen Geschäftigkeit und ziellosen Sisyphusarbeit. Diese autonome Freiheit spürt immer wieder das Unbehagen dauernder Verfremdung und versucht dagegen zu revoltieren. Sie wird geradezu zwangshaft dauernd Emanzipation suchen. Auch schon bei Rousseau und Fichte ist der „Zwang zur Freiheit" ein terminus technicus.[19b])

Ein konstruierter, eingebildeter Begriff des umfassenden Unendlichen läßt alles notwendig werden. Begrenzt man ohne Sinn, dann bedeutet dies, daß alles indifferent ist. Und sowohl in einem wie im anderen Fall *bleibt die Freiheit ohne Objekt, einfach den Gesetzen des Werdens oder einem blinden und leeren Zufall überlassen.* Ohne Person, d. h. ohne subsistenten Träger eines personalen Willens, gibt es keine Freiheit, und alles wird notwendig. Ohne die Person Gottes fehlt das Fundament, fehlt der feste Bezugspunkt, um zwischen dem Wahren und dem Falschen, zwischen dem Guten und dem Bösen unterscheiden zu können, und alles ist irrelevant. Dem enthusiastischen Rausch, im Schiff der Geschichte auf dem Wege des Fortschritts dahinzufahren, folgt dann mit Sicherheit betäubte Unempfindlichkeit, resignierte Annahme, einem unbestimmten Fließen ausgeliefert zu sein, so daß man, wie Sartre sagt, alles mit Ekel verbunden sieht, sich zur Freiheit verdammt fühlt und dann vielleicht als letzte irrationale und verzweifelte Hilfe zur Droge greift.

Schon in der Antike schlug der Versuch der Aufklärung, den Menschen aus mythischen Schicksalszwängen zu befreien, bald um in den Mythos vom Menschen als dem Maß aller Dinge, so daß sich die skeptische Sophistik ausbreiten konnte.

Wenn keine vorgegebene Sinnhaftigkeit, sondern das menschliche Bewußtsein selber die höchste Norm ist, wenn es nur innerweltliche Normen gibt, dann kommt es früher oder später dazu, daß die Person des Einzelnen und ihre Freiheit im Kollektiv untertaucht.[20]) Denn wenn weder die Philosophie noch die Bibel oder das Lehramt uns etwas Definitives über Sein und Lebensollen des Menschen lehren können, dann muß die persönliche Freiheit in die Notwendigkeit des Kollektivs eingeordnet werden.

Wenn das menschliche Selbstbewußtsein in seiner Entfaltung höchste Norm sein soll, dann kann seine Bedeutung nur darin liegen, daß es Reflex des Kollektivbewußtseins ist. Auch alles, was das Lehramt der Kirche erklärt hat, wird dann nur verstanden als Moment des kollektiven Selbstbewußtseins und zwar als sozialbedingtes Moment der Evolution dieses Bewußtseins. Wenn jedoch alles, was ewige Weisheit schien, sogar die Lehre der Hl. Schrift, nur durch Zeit, Gesellschaft und Kultur bedingt und heute anachronistisch ist, dann folgt schließlich, daß *das Bewußtsein des Einzelmenschen* nicht als solches schöpferisch ist, sondern *aufgehen muß in der Evolution der Humanisation des Universums.* Wenn also das eigene Bewußtsein nicht mit dem kollektiven Selbstbewußtsein übereinstimmt, muß man dagegen kämpfen, weil es den Fortschritt und die Evolution behindert. So folgen schließlich Unterdrückung und Gruppenzwänge.

Demgegenüber bezeugt die Kirche seit jeher die tröstliche Lehre: Jeder einzelne Mensch mit seiner unsterblichen Seele ist unmittelbar von Gott geschaffen und hat eine persönliche Beziehung zu ihm, seinem letzten Ziel; durch die Gnade sind wir dazu bestimmt, den trinitarischen Gott zu erkennen und zu lieben, d. h. in das innerste Leben Gottes persönlich aufgenommen zu werden.

*

5. Gegner der Kirche oder Christen, die sie nicht verstehen, stellen sich die ganze Disziplin der Kirche so vor, als wäre sie ihr von außen aufgestülpt; so als gehe es hier um zeit- und situationsbedingte Zwänge, z. B. um eine Art Politik, etwa sogar Machtpolitik. Nach unserer Auffassung aber ist diese Disziplin nichts anderes als ein Ausdruck des inneren Lebens der Kirche, bzw. ihres **inneren Wesensgesetzes.** Ideologie oder willkürlicher Zwang wären der Kirche wesensfremd.

Papst Paul VI. hat im Rundschreiben ‚Lumen ecclesiae' als erstem Dokument des Lehramtes die Voraussetzungen für eine für das Christentum akzeptable Philosophie formuliert. Es gibt philosophische Auffassungen, es gibt Systeme, die wegen ihres Subjektivismus oder

Agnostizismus gegenüber der Transzendenz des Glaubens verschlossen sind. [20a]) Von ihnen gilt also, daß sie mit Glauben und Theologie nicht zu vereinbaren sind. *Kriterien für eine akzeptable Philosophie* sind,

- daß es sich bei ihr um eine *allgemeine und nicht nur regional bedeutsame Aussage handelt,*
- daß eine *realistische und nicht nur eine idealistische Gnoseologie* zu Grunde liegt,
- daß sie *Raum läßt für einen transzendenten Gott und nicht notwendig monistische Vorstellungen einschließt.*

Deshalb sind etwa die Philosophien von *Marx oder Heidegger* nicht mit dem Christentum zu vereinbaren. *Sie können in keiner Weise Grundlage für die Theologie sein.* Allerdings: Bestimmte Philosophien können auch trotz mancher Irrtümer akzeptiert werden, da nicht schon ihre Prinzipien falsch sind. Bei diesen ist also eine Einzelkorrektur möglich; bei anderen dagegen hilft auch die Einzelkorrektur nichts.

Karl Marx z. B. hat auf den Menschen das übertragen, was an sich nur Gott zukommt. So hat er die Autosuffizienz, das Durchsichselbstsein des Menschen behauptet. In Wirklichkeit aber hängt der Mensch von den Bedingungen seiner Existenz ab, d. h. also letztlich auch von Gott; nach Marx dagegen gibt es keine metaphysische Abhängigkeit, sondern nur soziologische Abhängigkeiten.

Karl Marx hat den Schöpfungsglauben direkt zurückgewiesen. Er verändert die Begriffe und setzt für Schöpfung Selbsterzeugung bzw. generatio aequivoca. Auf die Frage nach dem Ursprung des Menschen verweist er auf den Gattungsakt des Menschen, d. h. darauf, daß der Mensch auch physisch vom Menschen stamme, also seine Existenz sich selber verdanke. Grundlage seiner Auffassung ist also die Vorstellung einer Kreisbewegung, durch die der Mensch selbst sein Schöpfer wird. Marx hat dabei nicht gesehen, daß er mit seiner These von der Autosuffizienz, der Selbstgenügsamkeit des Menschen, selbst zum Metaphysiker geworden ist.

So konnte die *These von der Gewissensautonomie* Einfluß gewinnen. Stellen wir dem die christliche Auffassung gegenüber:

Jeder Mensch muß über sein Schicksal bestimmen, und er hat zu bestimmen für alle Ewigkeit. Wir sind frei und bei den verschiedenen und alltäglichen Wahlentscheidungen, die wir zu treffen haben, können wir mit der Richtlinie unseres Gewissens rechnen. Vom Gewissen und von der Freiheit des Menschen hängt seine wichtigste Entscheidung in der Zeit ab: Die Weise, wie er seine Ewigkeit leben wird.

Allerdings ist der Sinn des Begriffes Freiheit verdunkelt worden; so als wäre es keine geschaffene Freiheit und als wäre nicht Gott das höchste Gut, ihr letztes Ziel, und so als wäre sie nicht durch ihn geleitet. So ist es notwendig, daß die Theologie die wirkliche Freiheit jedes Menschen, auch die Freiheit des Gewissens verteidigt. Es besteht nämlich die Gefahr, daß der Mensch hier in die Hände seines schlimmsten Feindes gerät: *das ist seine Fähigkeit, sich selbst in das Leersein einer Subjektivität gefangen zu setzen,* welche den Sinn für die Transzendenz verloren hat.

Der fordernde Charakter des christlichen Gewissens hat vielfach Unruhe hervorgerufen. Aber Theologie treiben, heißt ja zu verstehen, daß Gott unser Vater ist und daß wir mit den Kräften, die *er uns* gibt, und unter *seiner* Leitung *wirken* können. Wir gelangen dazu, im Glauben die göttlichen Pläne zu erahnen, an denen er uns frei mitwirken läßt. Allein die Sünde könnte diese Harmonie mit den göttlichen Plänen verhindern – und Christus hat die Sünde besiegt. Zugleich drängt die theologische Erkenntnis den Menschen zum Höhepunkt der Verantwortlichkeit.

Das christliche Gewissen ist also von Optimismus begleitet, von einem Optimismus, der nicht nur einfach menschliches Vertrauen auf den Fortschritt ist, da er aus einem Vertrauen auf Gott stammt: „Der christliche Optimismus hat seine Wurzeln im Bewußtsein der Freiheit und im Glauben an die Gnade; es ist ein Optimismus, der uns dahin führt, uns selber zu fordern, uns anzustrengen, um dem Ruf Gottes zu entsprechen."

Wenn man eine nur innerweltliche Sittlichkeit behauptet, dann besteht Sittlichkeit vorwiegend im Wirken für den Fortschritt einer angeblich immer menschlicheren Gesellschaft.[21]) Aber mit dem Verlust des Begriffes der Sünde als Beleidigung des transzendenten Gottes geht auch der Sinn für die eigene Freiheit verloren. Denn jeder Fortschritt erscheint folgerichtig als etwas nicht Umkehrbares, als irreversible Wirklichkeit. *Persönliche Freiheit und Notwendigkeit fallen damit in eins zusammen. Die Dialektik der Geschichte ersetzt die Freiheit.*

Eine Sittlichkeit der Verantwortlichkeit tritt dann notwendig zurück.

Die bestimmende Kraft wird dem soziologischen Druck, den verschiedenen Lebensbedingungen der Umgebung, z. B. der Erziehung zuerkannt. Man verschweigt oder ignoriert dabei die verschiedenen Mittel, die einem Christen helfen, von seiner Umgebung nicht absorbiert zu werden: Das Gebet, den Sakramentenempfang, die Abtötung, den geistlichen Kampf, um das Gesetz Gottes zu erfüllen. Wenn menschliche Freiheit nicht im göttlichen Gesetz begründet wäre, würde sie notwendig verschwinden: Der Mensch ist frei, weil er als geistige Kreatur auf Gott zugehen kann, mit dem Licht des Gesetzes, das Gott selber in sein Herz geschrieben hat.

> Wenn man dem Gesetz seine Aufgabe, moralische Verantwortlichkeit zu bestimmen, nimmt, um sie in die Hände der Wissenschaft (Soziologie, Psychologie usw.) zu legen, wenn göttliches Gesetz durch die Wirksamkeit der Organisation, der Technik, oder der Soziologie ersetzt wird, dann verzichtet der Mensch letztlich auf seine Freiheit und Würde und unterwirft sich Gesetzen, die immer auf mechanische Weise wirken. Der Mensch stimmt dann zu, so geleitet zu werden, als hätte er keine Seele, wie ein Tier, das nach seinem Gefallen leben möchte und seinen Instinkten genugtun möchte, ohne andere Widerstände und Proteste als die augenblickliche Rebellion, wenn man ihm seine Leidenschaften nicht gewährt. In dem Maße, wie die Menschen auf jedes transzendente Ideal verzichten und die Überlegenheit der geistigen Güter nicht mehr wahrnehmen, wird das Gute immer mehr gleichgesetzt mit dem materiellen Wohlergehen und das persönliche Gut wird niedergedrückt auf bloßes zeitliches Glück.

Wirkliche Freiheit des Menschen *muß sich immer auf vorgegebene Sinn- und Gesetzhaftigkeit stützen.*

Das zeigt ein banales Beispiel aus dem materiellen Bereich: Ein Automobil ist ein durchaus zweckbestimmter Gegenstand; jedes Einzelteil ist auf Personenbeförderung hingeordnet. Natürlich kann der Eigentümer damit machen, was er will. Er kann es mit dem Preßlufthammer zerstampfen, er kann daraus Metallstücke machen zur Bewunderung modernistischer Künstler; er kann es auch zu Kaninchenställen verwenden. Aber die vernünftige Verwendung eines Autos kann nicht den beliebigen Launen eines jeden überlassen werden; sonst könnten andere zu Schaden kommen. Gewisse Verkehrsregeln sind für Auto und Fahrer unbedingt erforderlich. Auch die ererbten Instinkte haben ein Sinnziel und sind nicht für eine grenzenlose Beliebigkeit der Manipulation bestimmt. Tiere sind ganz wunderbare „Maschinen“ mit einem eingebauten „Fahrer“. Der Mensch ebenfalls. Die Triebe im animalischen Bereich werden durch Hormone gesteuert und auf ein Ziel hingeordnet. Bestimmte Verhaltensweisen bezeichnet deshalb schon die Umgangssprache als widernatürlich. Sinnwidriges und Zerstörerisches wollen können macht also nicht die Freiheit aus.

Das Gute frei lieben mit Herrschaft über die eigenen Akte: Das ist das Ziel der menschlichen Freiheit. Die Menschen dahin führen, das Gute zu erkennen und zu lieben: Das ist das Ziel des Gesetzes. Das Gesetz bzw. die moralische Ordnung erweist sich in dem Maße, als der Mensch diese Ordnung auch liebend bejaht, mit seinem ganzen Glanz und seiner befreienden Kraft als Weg, freudig das Gute zu lieben und zur personalen Liebe selbst Zugang zu gewinnen.[22]) Es erweist sich also gerade als Gegenteil einer Sklaverei der Freiheit. Thomas erklärt[23]): „Das Gesetz wird den Gerechten nicht wie ein Gewicht auferlegt, denn die innere Haltung der Gerechtfertigten drängt sie selbst zu demselben, wohin das Gesetz führen will, und deshalb ist das Gesetz für sie keine Last“. (Röm 2, 14): „Sie sind sich selbst Gesetz“.

Auch moderne Wissenschaftler weisen auf den Zusammenhang von Ordnung, Freiheit und Kultur hin.[24]) Der Nobelpreisträger *Konrad Lorenz* erklärt: „Alles kulturelle Zusammenleben hat zur Voraussetzung, daß der Mensch seine Triebe zügeln lernt“. „Ungeduldige Forderung nach sofortiger Triebbefriedigung, Mangel jeder Verantwortlichkeit und jeglicher Rücksichtnahme auf die Gefühle anderer sind für kleine Kinder typisch.“ Sogar Sigmund Freud, der übrigens alles andere als ein Verkünder der Triebfreiheit sein wollte, hat erklärt, bei den Primitiven sei das Denken noch in hohem Maße sexualisiert.

Von humanwissenschaftlicher Seite sind sogar Stimmen laut geworden, die gegen die christlichen Konfessionen den schwerwiegenden Vorwurf erheben, daß sie diese inneren Zusammenhänge übersehen; sie würden es kaum noch wagen, ihren Gläubigen ernstliche sittliche Forderungen zuzumuten (A. Gehlen), sie seien zunehmend vorsichtig bei der Vermittlung konkreter Handlungsanweisungen (H. Sachse). Es gebe deshalb sogar einen moralischen Niedergang der Kirchen (K. Steinbuch).

Die *Erklärung der Glaubenskongregation* zu einigen Fragen der Sexualethik (29. 12. 1975), die jüngsten Verlautbarungen der *Bischofssynode und das apostolische Schreiben* ‚Familiaris Consortio' (22. 11. 81) Papst Johannes Paul II. zeigen nun aber, daß die Kirche durchaus den Willen hat, eindeutig und verbindlich auch zu Fragen der sittlichen Lebensführung Stellung zu nehmen, soweit die Zeitlage dies erforderlich erscheinen läßt. Sie erinnern daran, daß die Sinnwerte, auf die menschliche Geschlechtlichkeit hinzielen muß, keineswegs als lediglich kulturell bedingte und damit nur als relative Maßstäbe aufzufassen sind: *Sie beanspruchen bleibende Verbindlichkeit.* Es handelt sich in diesem Zusammenhang um die beiden human wie christlich bedeutsamen Sinnwerte voller gegenseitiger Hingabe und der Bereitschaft zu humaner Zeugung in echter Liebe. Sittliche Qualität des Handelns hängt also nicht allein von der subjektiven *Absicht* bzw. der Motivation ab, sondern entscheidend von *objektiven Kriterien*, die sich aus dem Wesen der menschlichen Person und ihrer Akte ergeben.

Wenn man in Gesetz und Vorschrift nur Korsett, Legalismus, Begrenzung der Freiheit und Verfremdung der Person sieht, dann steht oft ein *einseitiger Personalismus* dahinter, der sich als Gegensatz zum Objektivismus versteht.[25]) So hat z. B. Simone de Beauvoir erklärt: „Es gibt nichts im Himmel, weder Gutes noch Böses, noch irgendeine Person, die mir Richtlinien geben könnte. Denn ich bin ein Mensch und jeder Mensch muß selber seinen Weg bestimmen". Tatsächlich aber sind Person und Natur, Freiheit und Gesetz Gottes keine Gegensätze. Denn das Gesetz Gottes ist keine äußere Zwangsjacke oder die Strafdrohung eines Willkür-Gottes, sondern es ist der Wirklichkeit der Dinge und dem Herzen des Menschen innerlich eingeschrieben.

„Wer sich nicht – in aller Freiheit – für eine rechte Verhaltensnorm entscheidet, wird früher oder später von anderen manipuliert werden, wird träge dahinleben wie ein Schmarotzer, fremden Entschlüssen ausgeliefert. Jedem Windstoß preisgegeben, werden immer andere für ihn entscheiden. Solche sind Wolken ohne Wasser, die sich vom Winde umhertreiben lassen; Bäume im Spätherbst, Frucht, zweimal verstorben, entwurzelt, mögen sie sich auch hinter ständigem Gerede verschanzen, um mit wohlklingenden Worten ihren Mangel an Charakter, an Mut und Ehrgefühl zu verbergen.“

„Ich unterwerfe mich niemandem“, so wiederholen sie in einem fort. Wirklich niemandem? Von allen Seiten wird solch illusorische Freiheit, die sich das Risiko für eigenes verantwortliches Handeln ersparen möchte, gegängelt. Wo es keine Liebe zu Gott gibt, verliert die Ausübung der eigenverantwortlichen Freiheit ihr Fundament. Auch wenn es anders aussehen mag, wird da alles zum Zwang. Der Unentschlossene, der Zauderer ist wie formbares Material, über welches die jeweiligen Umstände bestimmen. Der Erstbeste knetet es nach Belieben. Allem voran aber bemächtigen sich seiner die Leidenschaften und die übelsten Neigungen der durch die Erbsünde verwundeten Natur.“[26])

Die grundlegende Frage betrifft die Wesensbestimmung des geschaffenen menschlichen Bewußtseins: *Entweder bestimmt das Bewußtsein das Sein,* so daß es praktisch damit zusammenfällt, *oder das Sein bestimmt das Bewußtsein.*[27]) Dieses Entweder – Oder ist so radikal, daß es kein Drittes zuläßt, und jedes Denken, das ein Drittes aufzuweisen sucht, kann nur Verwirrung stiften. Man muß sich entscheiden für die These, daß sittliche Werte wirklich existieren und somit immer aktuell sind, oder für die These, daß sie rein ideell seien: Entweder orientiert sich das Bewußtsein am Guten und ist Bewußtsein vom Guten, oder das Gute richtet sich nach dem Bewußtsein und ist das Gute des Bewußtseins.

> Damit hängt zusammen, wie man menschliche Freiheit letztlich versteht: Ist Freiheit die Fähigkeit zur Anerkennung oder Zurückweisung des Guten und der daraus resultierenden objektiven Normen, oder ist sie die Fähigkeit, das Gute selbst zu schaffen und sich als autonomes Subjekt zu setzen (ob im individualistischen oder sozialistischen Sinn ist eine zweitrangige Frage), das jede Abhängigkeit von Gesetzen, Autoritäten oder Grundsätzen, die nicht mit dieser Autonomie des Subjekts zusammenfallen, ausschließt?

„Nach christlichem Glauben hat Gott die Welt und die Menschen in ihr bewußt und frei geschaffen. Als geschaffenes Wesen besitzt der Mensch seine Bedeutung und seine Berufung. Ja ‚besitzt‘ ist sogar zu wenig gesagt; denn diese Bedeutung kommt nicht zum vorgegebenen Sein des Menschen hinzu, sondern *ist* dieses Sein selbst, insofern es teilhabendes, frei geschaffenes Sein ist“. Nur von daher ist zu verstehen, was gut heißt. *Gut im formellen Sinn ist das, wohin der Mensch zu seiner vollen Verwirklichung strebt und dessen Besitz ihm erst die Fülle seines Seins* schenkt. „Wenn der Mensch keine seinem Sein eingestiftete Zielsetzung hätte, sondern diese radikal selber finden und mit seiner Freiheit entscheidend bestimmen müßte, dann wäre jede beliebige Entscheidung gut oder schlecht, je nach der Willkür des Menschen". Wenn der Mensch dagegen dem freien Schöpferakt Gottes sein Dasein verdankt und von daher in seinem Sein schon eine Zielbestimmung vorfindet – Gott kann ja nur tätig werden auf das Ziel hin, das er selbst ist, und bestimmt den Menschen wesentlich – dann ist das höchste Gut des Menschen Gott selber, und auf dieses Gut strebt dann der Mensch auch von Natur aus hin, um sein Ziel zu erreichen. Freiheit darf daher nicht an erster Stelle als Freiheit des Beliebens aufgefaßt werden, d. h. als Möglichkeit, alle Möglichkeiten zu ergreifen, vielmehr *als Anruf, den Sinn zu verwirklichen, den sie sich selbst nicht geben kann, sondern im Gehorsam empfängt.*

Thomas von Aquin[28]) erklärt, daß alle Dinge von Natur aus zum Guten hinstreben. Von Natur aus, d. h. der freie Schöpferwille Gottes kommt nicht zu etwas Vorgegebenen von außen hinzu, wie der Bogenschütze zum schon existenten Pfeil hinzukommt. Gott steht vielmehr am Anfang menschlichen Seins. „Auf Grund eines inneren Prinzips erstreben alle Dinge das Gute" (Thomas). Wenn nun der Mensch nach dem Bild Gottes geschaffen ist auch insofern er frei ist, folgt, daß der Freiheit die Verwirklichung dieser anfänglichen Bestimmung aufgegeben ist. Von daher können wir zum Verständnis der sittlichen Verpflichtung des Menschen gelangen. In großer begrifflicher Schärfe erklärt Thomas: „Daraus wird klar, daß es notwendig war, den Menschen von Gott her Gesetze zu geben. Wie nämlich die Akte der nichtvernunftbegabten Geschöpfe von Gott nach ihrer jeweiligen Art gelenkt werden, so werden die Akte der Menschen von Gott nach der dem Einzelmenschen entsprechenden Art gelenkt, ... Die Akte der nichtvernunftbegabten Geschöpfe ... werden von Gott durch eine Art natürlicher Neigung gelenkt, wie sie ihrer Natur auf Grund der Artbestimmung zukommt. Den Menschen muß daher über dies hinaus etwas gegeben werden, womit sie ihre persönlichen Akte ausrichten können. Das aber nennen wir Gesetz. Das vernunftbegabte Geschöpf ist ferner der göttlichen Vorsehung so unterworfen, daß es auch eine gewisse Ähnlichkeit mit der göttlichen Vorsehung besitzt. Es kann sich nämlich sowohl selber bei den eigenen Akten wie auch andere Dinge und Menschen leiten. Das aber, wodurch die Akte geleitet werden, heißt Gesetz. Es war daher angemessen, daß Gott dem Menschen ein Gesetz gab."[29])

> In dem Maße, wie der Mensch seine Schöpfung durch Gott leugnet (die Krise beginnt mit dem Nominalismus und gipfelt in der Spekulation Hegels bis zum Atheismus Sartres), folgt ein radikaler Wandel im Verständnis der Existenz: Denn diese versteht sich nicht mehr als von Gott und auf Gott hin ins Dasein gerufen, d. h. als Gehorsam, sondern als absolute Autonomie. In dieser Sicht können keine Werte mehr existieren, die der Freiheit vorgegeben sind; gut ist vielmehr das, was sich selber bestimmt.[29a])

So erklärt z. B. *Hegel* in seiner kurzen Einleitung zur Phänomenologie des Geistes: „Das Bewußtsein ist sich selber sein eigener Begriff, *es setzt sich selber sein Maß, und seine Selbstbewegung* und Verwirklichung *ist der Beweis für seine Wahrheit*".

Schelling[30]) behauptet: „Es gibt in der letzten und höchsten Instanz gar *kein anderes Sein als Wollen.* Wollen ist Ursein, und auf dieses passen alle Prädikate desselben: Grundlosigkeit, Ewigkeit, Unabhängigkeit von der Zeit, Selbstbejahung".

Schon *Kierkegaard*[31]) hatte bemerkt, daß in diesem Zusammenhang das Reden von Dingen wie sittlicher Verpflichtung und ähnlichem nicht ernster zu nehmen ist, als die Luftschläge, die Sancho Pansa sich selber erteilte. Tatsächlich ist die Freiheit des Willens also eine Vorbedingung der Sittlichkeit, konstituiert sie aber nicht.

Freiheit und Verantwortung sind Sache des Einzelnen. *Nur die Einzelperson hat ein Gewissen;* Kollektive und Kommissionen sind deshalb grundsätzlich gewissen-los. Dennoch ist die Freiheit nicht rein individuell, sondern muß in einem sozialen Umfeld verwirklicht werden. In gewisser Weise hört meine Freiheit dort auf, wo die des anderen beginnt, der ebenso Träger menschlicher Verantwortung und Würde ist wie ich. Dennoch sind hier keine eigentlichen Grenzen der Freiheit gegeben; man sollte lieber von Bedingungen und Voraussetzungen der Freiheit sprechen. Der soziale Aspekt bedeutet eine Vervollkommnung der menschlichen Person. Doch gerade hier zeigt sich, wie problematisch die vielgerühmte eigenständig-schöpferische und nonkonformistische antilegalistische Kreativität ist. Es kann nun einmal nicht jeder Privatgeld prägen, das für alle gelten soll.

„Das Böse und die Sünde sind Ereignisse, die im Subjekt geschehen, weil aus der Freiheit des einzelnen vor Gott gewachsen. Deshalb kann auch seine Befreiung nicht primär in der Veränderung der Strukturen geschehen, sondern in der persönlichen Bekehrung des Herzens. Das zu vergessen, ist eine schwere Täuschung".

Im moralischen Leben geht es nämlich zuerst darum, die Verantwortlichkeit der Freiheit zu übernehmen und eine *„ästhetische Indifferenz"* ebenso zu überwinden wie eine zynische und *genießerische Indolenz.* Zuerst einmal muß man auch wählen wollen, „wollen wollen", was schon Anfang der Wahl des Guten bedeutet. Von Übel ist also der sogenannte mittlere Weg der modernen Philosophie, die dialektische Synthese, die Hegelsche Aufhebung oder Mitte zwischen den Gegensätzen, das laue ‚jein'. Dieser Weg bedeutet Verzicht auf den letzten Sinn der Freiheit und schließlich Unmöglichkeit der Moral.

Ohne Gott oder mit einem relativierten Gott gibt es keinen entscheidenden Unterschied zwischen Wahrem und Falschem, zwischen Gutem und Bösem. C. Fabro[32]) erklärt, dem neuzeitlichen Rückschritt zu Hegel–Hitler habe man das christliche Projekt entgegenzustellen, wie es z. B. Kierkegaard formuliert hat: Die Freiheit in Gott begründen, so daß mit Gott ein Fundament der Freiheit selber gewählt wird. Gott zu wählen, wird dadurch einfachhin Fundament der Freiheit.[33])

Dieser freie Entschluß zu konkreter Verantwortlichkeit kommt z. B. auch in den *Entscheidungen des ehelichen Lebens* zum Ausdruck.

Die Enzyklika Humanae vitae hat erklärt, der eheliche Akt müsse an sich für die Weitergabe des Lebens offen bleiben.[34]) Damit verlangt sie nicht, daß jeder einzelne eheliche Akt positiv vom Willen zur Weitergabe des Lebens befohlen sein muß, oder eigens an dieses Ziel gedacht wird, sondern sie fordert, daß die Fähigkeit zur Zeugung neuen Lebens, die der liebenden Vereinigung an sich innewohnt, nicht zerstört werde. Deshalb ist es ein wesentlicher Unterschied, ob sich Eheleute das Wissen um die periodische Unfruchtbarkeit des Organismus zu Nutze machen, oder ob sie einen tätlichen Eingriff vornehmen, um die Fruchtbarkeit zu zerstören und auszuschalten. Nur das zweite Verhalten wird von der Kirche zurückgewiesen und im eigentlichen Sinne als Empfängnisverhütung bezeichnet. Grund dafür ist die Überzeugung, daß nicht einfach alles der menschlichen Verfügungsmacht ausgeliefert ist und manipuliert werden darf.

Es genügt nicht, sich bewußt zu sein, daß alles von Gott erschaffen ist, sondern man muß sich auch dafür entscheiden, daß man von Gott erschaffene Dinge nicht für sich oder andere mißbrauchen darf und im Gebrauch der Weltdinge sich nicht dem Plane Gottes widersetzt. Deshalb ist ja z. B. schamlose Verschwendung nicht nur eine krasse soziale Ungerechtigkeit, sondern auch eine Beleidigung Gottes. Das Bekenntnis zu Gott besteht nicht im Aufsagen von Formeln, nicht im Reden oder im bloßen Wissen, sondern nimmt im Tun Gestalt an. Der Mensch wird mehr nach seinen Taten als nach seinen Worten oder Kenntnissen gerichtet werden. Wir anerkennen die Schöpfermacht Gottes über die Welt durch die Tat, indem wir die von ihm geschaffenen Dinge nicht mißbrauchen. Christliche Ehepaare sind aufgerufen, ihre Abhängigkeit vom Schöpfer gerade dort anzuerkennen, wo sie Mitarbeiter des Schöpfers bei der Entstehung neuen Lebens sein dürfen. Dies zeigt sich nicht in bloßen Worten, sondern darin, daß man die Zeugungsfähigkeit in der Tat respektiert und dieser Kraft, das Leben weiter zu geben, weder bei sich noch beim Partner Gewalt antun will. Deshalb geht es nicht um die materielle oder biologische Respektierung einer Art Fortpflanzungsmechanik, sondern um das Mysterium, das in der Zeugung eines Menschen liegt, die Gott der Liebe der Gatten anvertraut hat. Die Enzyklika macht *die Untrennbarkeit von Sinngehalten* deutlich, *nicht einfach* nur die Untrennbarkeit oder Unauflöslichkeit *von irgendwelchen biologischen Gegebenheiten.* Der eheliche Akt in seiner ganzen Bedeutung fordert, daß bei seinem Vollzug die Liebe der Fruchtbarkeit nicht Gewalt antut. Menschliche Sexualität ist kein Ding, keine rein biophysische Gegebenheit; sonst könnte der Mensch sie gebrauchen wie eine von ihm verschiedene Sache. Und das Eigentümliche des Menschen gegenüber allen anderen Geschöpfen besteht ja darin, daß er eine untrennbare Einheit von Geist und Leib bildet, daß alles von der Dimension der menschlichen Person her zu sehen ist und vom Menschen nur verantwortungsvoll in Anspruch genommen werden darf.

*

6. Nur wo der Geist des Herrn lebt, ist wahre Freiheit (vgl. 2 Kor 3,17); sonst entartet sie zu Willkür und Verantwortungslosigkeit. „Das Reich Christi ist ein Reich der Freiheit und in diesem Reich gibt es keine anderen Knechte, als die, die sich aus Liebe zu Gott in Freiheit binden. Gesegnete Knechtschaft der Liebe, die uns frei macht! Ohne Freiheit

können wir nicht der Gnade entsprechen; ohne Freiheit können wir uns nicht dem Herrn frei hingeben in einer Hingabe, die einen sehr übernatürlichen Grund hat: Weil wir es so wollen."[35])

Erst Christus befreit die menschliche Freiheit. Dies tut er, indem er ihr ihr Ziel zeigt: Liebe und Hingabe, und ihr dazu die Kraft gibt, nämlich seine Gnade, um das Gute auf über-menschliche Weise lieben zu können. Menschliche Freiheit verstrickt sich ohne diese Kraft und dieses Licht in sich selbst, gleitet ab zur Vergötzung des eigenen Tuns und wird Sklave. Denn so wie der Irrtum die Erkenntnis beeinträchtigt, welche zum Erfassen des Wahren bestimmt ist, so mindert die Sünde die Freiheit des Willens, der für das Gute da ist.

Die „Freiheit, durch die Christus uns befreit" (Gal 4, 3) richtet sich also ganz und gar auf die Wirklichkeit, die uns in der Fülle Christi geschenkt ist; dem gegenüber, wie Paulus erklärt, alles Verlust, ja geradezu Abfall ist (vgl. Phil 3, 7–9).

Der Herr des Weltalls hat sein Wort zu uns gesprochen und Knechtsgestalt angenommen. Die Wahrheit und das Gesetz Gottes finden sich nicht in abstrakter Ferne und auch nicht in einer von uns zu konstruierenden Zukunft, sondern sind für immer in der Zeit als depositum fidei niedergelegt. Gewissen und Freiheit des Gläubigen finden also ihre Norm in Christus, so wie er in der Predigt der Apostel verkündet ist und durch Schrift, Überlieferung und Lehramt als Heiland bezeugt wird, wie er uns durch Kirche und Sakramente nahe ist. Christliche Freiheit ist konkret personbezogen.

All dies würde seine Bedeutung verlieren, wenn man eine fremdbestimmte, äußere oder subjektive Interpretation der Offenbarung einführen würde. Dann müßte man die apostolische Verkündigung als letzte Glaubensnorm ablehnen, und ebenso die apostolische Sukzession sowie das bischöfliche und päpstliche Amt als Instanzen, von denen Zeugnisse und Predigt der Apostel mitgeteilt werden, ablehnen.

Verkündigung wäre dann nichts weiter als der Ausdruck einer jeweiligen Kultur in einem jeweiligen geschichtlichen Moment, ohne jede normative Bedeutung. Zugrunde liegen würde die Entscheidung für ein furchtbares Nein: Man negiert die Existenz der Transzendenz in der Geschichte, man leugnet das Geheimnis der Menschwerdung. Vom Standpunkt einer davon geprägten Moral würde die einzige Transzendenz in rein formalen Normen bestehen, die immer nur auf die Spontaneität des Subjektes zurückzuführen wären, d. h. also immanent bleiben würden, auch wenn sie zufällig in der Offenbarung zu finden wären.

Als Christen sind wir uns im Glauben bewußt: Niemand kann wirklich erlöst werden und zur Freiheit gelangen außer durch den menschgewordenen Heiland, durch die Verdienste des Kreuzestodes Jesu Christi. Alle Befreiungsideen, die nicht bei ihm verankert sind, nicht von ihm ihre Kraft, ihren Sinn und ihre Orientierung erhalten, sind nur leere Worte und hohle Versprechungen, die sich in ihr eigenes Gegenteil verwandeln. Die verschiedenen Ideologien des Perspektivismus, Subjektivismus, Relativismus, Historizismus und wie sie immer heißen, wollen dem Ja zum konkreten Erlöser und Gottmenschen ausweichen und es ersetzen durch eine Bejahung selbst konstruierter Theorien. Es entstehen die größten Hindernisse für eine Ausübung der Freiheit, wenn sich dann die Techniken der Verführung und Versklavung immer mehr ausbreiten, mit denen der Weise ersetzt wird durch den Experten, wenn nicht mehr das Gutsein, sondern das Wirksamsein als bestimmender Wert gilt, wenn Wahrheitsliebe durch Nützlichkeitsdenken ersetzt wird und Theologie durch Taktik, Psychologie und Politik.

Die Freiheit Christi kommt am vollendetsten zum Ausdruck in seiner Erlösungstat. Christus hat uns aber erlöst durch sein Leiden und Sterben. Sein Tod ist ihm nicht nur passiv widerfahren; er hat ihn freiwillig bejaht, gewollt und vollzogen. Dieser höchste Akt der Freiheit Jesu ist aber zugleich eine Ausführung des Willens des Vaters durch den unsündlichen Gottessohn.[36]) *Die Erlösungstat Christi ist freie verdienstliche Tat seines menschlichen Willens und auch Erfüllung des Willens Gottes,* wie der Evangelist Johannes erklärt: „Niemand vermag mir mein Leben zu nehmen, ich gebe es freiwillig hin. Ich habe die Macht es hinzugeben und habe die Macht es wieder zu gewinnen. Das ist der Auftrag, den ich von meinem Vater erhalten habe“ (Joh 10, 17). Diese Freiheit Jesu ist für die Theologie nicht leicht zu erklären. Läßt ein Gebot noch Spielraum für freie Entfaltung? Besagt nicht auch Unsündlichkeit Determination zum Guten und damit Unfreiheit? Doch bei Christus geht es nicht um eine „Freiheit“, die Gebote ausschließt, sondern, um die Freiheit, welche Wurzel des verdienstlichen Tuns ist. Ein

Gebot ist überhaupt nur sinnvoll, wenn ihm die freie sittliche Entscheidung zum Gehorsam entsprechen kann. Leiden und Sterben Christi wären ohne echte Freiheit bloße Naturereignisse gewesen, ungeeignet dazu, Verdienst zu erwerben und den gerechten und heiligen Zorn Gottes über die Sünde zu versöhnen.

Christus, den bereits Irenäus das „verbum libertatis" nennt[36a]), zeigt uns deutlich:
Die Freiheit, auch böse handeln zu können (libertas contrarietatis) ist nicht die höchste Form der Freiheit und macht nicht das Wesen der Freiheit aus. Freiheit zum Bösen ist in Wahrheit eine Unfreiheit des Willens, der dem Guten, d. h. dem eigenen Sein entsprechenden Tun zugeordnet ist. Freiheit ist ungehinderte Kraft zum Guten; denn wer sündigt, ist Sklave der Sünde (Joh 5, 34). *Das Schlechte ist nicht für die Möglichkeit einer freien Willensbestätigung konstitutiv.* Unvollkommenheiten der Wahlfreiheit, die im sündigen Menschen gegeben sind, können nicht Wesensbestandteile der Freiheit schlechthin darstellen.

Das Ja zum konkreten Christus vermeiden viele durch ‚eigenständig-schöpferische' Konstruktion eines neuen Christusbildes. Hervorgetan haben sich hier besonders einige Vertreter der sogenannten neuen Moral[37]): Christus habe nicht bestimmte Unterscheidungen zwischen Gut und Böse lehren wollen, sondern nur das Reich Gottes und die Erlösung verkündet (J. Fuchs; B. Häring). Nachfolge Christi sei nicht ein bestimmtes spezifisches kategoriales Verhalten, sondern eine Transzendentaldisposition des eigenen Ich *(J. Fuchs).* Christus sei zwar Vorbild, gebe aber keine Antworten, sondern Inspirationen *(B. Häring).* Das Christentum habe zur allgemeinen Humanitätsmoral der Menschen nichts hinzugefügt, sondern Christus habe nur den Sinn der bisherigen Moralität gegenüber dem früheren Legalismus verändert. Christliche Moral sei nur die allgemeine Ethik, aber durch eine neue Entscheidung belebt: zum Glauben, zur Öffnung usw., d. h. die Veränderung sei nicht inhaltlich, sondern nur formal zu verstehen. Die kategorialen Normen, d. h. konkreten moralischen Bestimmungen seien je nach Zeit, Ort und Umgebung total auswechselbar; Bergpredigt und Seligpreisungen seien nur im Sinne von transzendentalen Normen zu verstehen, könnten also in der jeweiligen Situation etwas total Verschiedenes bedeuten. Offensichtlich ist diese Auffassung nicht weit vom

Pelagianismus entfernt, der in Christus nur das Beispiel und Vorbild sah, nicht aber denjenigen, der die Erlösung konkret für mich aufzeigt und bewirkt. Die – von den Päpsten wiederholt verurteilte[37a]) – Situationsethik bleibt in einer so vagen und unklaren Begrifflichkeit befangen, daß sie dann schließlich auch noch die Exemplarität des Lebens und Wirkens Christi ins Unbestimmte verflüchtigt.

*

7. Freiheit als Ja zur übernatürlichen Ordnung.

Wer freiwillig die Augen schließt, ist selbst schuld daran, daß er nichts sieht und ihm daraus Nachteile entstehen. Wer sündigt, verliert die Herrschaft über den Willensakt, der ihn dem übernatürlichen Ziel näherbringen könnte. Nachdem er auf die Freiheit zu lieben verzichten wollte, ist er der Knechtschaft der Selbstsucht oder gar dem Haß überlassen: Jeder der sündigt, ist Sklave der Sünde (Joh 8, 34). Die Ursünde der Stammeltern bedeutete die Tat eines Willens, der völlig entfesselt ohne Regel und Maßstab über sich selbst herrschen wollte, die Abhängigkeit des Geschöpfes von Gott leugnete und behauptete, etwas sei für die Kreatur gut, was wertvoller sei als das göttliche Sein überhaupt. Die Stammeltern haben für sich und auch für ihre Nachkommen die Gnade verloren und auch eine schwerwiegende Verwundung im Bereich der Natur ihres Willens erfahren. Aus eigener Kraft konnte der Mensch das Verlorene nicht wieder erlangen. Seine Freiheit war beschränkt und blieb insofern der Herrschaft des Teufels überliefert (Donoso Cortés). Die menschliche Freiheit begann um sich selber zu kreisen, ohne Sinn und Ziel in einer nutzlosen und unaufhörlichen Suche dessen, was sie verloren hatte.

Deshalb hat die christliche Gnadentheologie die entscheidende Bedeutung des Heilswillens Gottes deutlich gemacht; denn dieser **Erlösungswille** Gottes, bereits am Anfang ausgesprochen (Gen 3, 15), wollte uns durch die Menschheit einer göttlichen Person die Freiheit wiederbringen. Vergeblich ist also selbstmächtiges Tun, das in prometheischem Trotz von unten den Himmel erobern möchte, wie die Turmbauer zu Babel. Die großen Theologen der Kirche sind nicht müde geworden, gegenüber dem pharisäischen, pelagianischen oder aufklärerischen Leistungsstolz darauf hinzuweisen, daß Anfang und Vollbringen entscheidend bei Gott liegen. Immer wieder werden die Bibelworte zitiert: „Was hast du, was du nicht empfangen hast?

(1 Kor 4, 7). „Niemand kann zu mir kommen, außer der Vater zieht ihn." (Joh 6, 44)

Auch der Anfang der Rechtfertigung liegt bei Gott; vom Menschen ist nur die Haltung des uneingeschränkten Offenseins für Gott und der freien Annahme (potentia oboedientialis) möglich. Diese Haltung findet für die Kirche in Maria ihren Typus, die nicht autonome Lebensvorstellungen entwickelt, sondern ihre ganze Existenz als Zustimmung zum Worte Gottes gelebt hat, das Knechtsgestalt angenommen und die Majestät seiner Würde verhüllt hat. *Der Erlöser-Gott wollte in die Welt kommen durch einen Akt vollkommener Freiheit;* diesen Akt hat Maria in besonderer Weise verwirklicht, als sie sich in ihrem Fiat (Luk 1, 38) unterwarf.[38]) Die neue Eva behielt ihre ursprüngliche Freiheit unbeschadet, obwohl der Fürst der Dunkelheit sie verfolgte und ebenso das Kind, das sie gebar (Apok 12, 1–6). Sie behielt diese Freiheit in absoluter Treue bei, ganz nahe bei dem höchsten Akt der Erlösungstat Christi, der Aufopferung am Kreuz: Stabat iuxta crucem Jesu Maria mater eius (Joh 19, 25). So wurde sie die Mutter des Erlösers und *zugleich auch die Mutter der wiedergefundenen menschlichen Freiheit,* Mutter auch unserer Befreiung, zu der uns Christus befreit hat (Röm 8, 21). Nur dort, wo der Geist Gottes ist, ist die Freiheit (2 Kor 3, 17). Je mehr Liebe jemand hat und je mehr Kraft zum Guten, desto mehr Freiheit hat er auch (Thomas von Aquin)[38a]). Deshalb hat Maria, die voll der Gnade war, von Anfang an auch die höchste Freiheit.

Wenn auch die Erlösung schon in Christus vollkommen ist, so soll sie doch in jedem Einzelnen noch verwirklicht werden. Die Erlösungstat wird jedem persönlich zugewandt, insofern er durch den Glauben zur Gnade und zu vollkommenerer Freiheit gelangt. „Die Wahrheit wird euch freimachen" (Joh 8, 31–32) „zur Freiheit der Herrlichkeit der Kinder Gottes" (Röm 8, 21); Garant der Freiheit ist die Glaubensherrlichkeit, die „Doxa", die den Kindern Gottes geoffenbart wird und geschenkt ist. So gibt es keine wirkliche Befreiung des Menschen außer im Erlösungswerk Christi, der in innigster Verbindung mit Maria die härteste zeitliche Strafe auf sich genommen hat, nur um uns von unserer Schuld zu befreien. Und in der Buße, der zweiten Planke nach dem Schiffbruch, kann der Mensch von der schlimmsten Knechtschaft gerettet werden, der ewigen Verdammnis.

Die Wahrheit und das Gesetz Gottes ist für immer in der Zeit als depositum fidei niedergelegt. Diese Wirklichkeit leugnet man, wenn man die Predigt der Apostel und ihre Fortsetzung im Lehramt zum bloßen geschichtlichen Ereignis macht. Die Wahrheit und das Gesetz Christi werden dem Menschen geschenkt von einer „Konstellation dreier untrennbar verbundener Größen, nämlich Schrift – Überlieferung – Lehramt. Der Gedanke, an die Offenbarung Gottes in Christus, die uns von den Aposteln überliefert wurde, auf anderen Wegen heranzukommen, an dem erwähnten Dreigestirn vorbei, heißt sich auf einen Irrweg einlassen."[39])

Gewissen und Freiheit des Christen finden ihre Lebensnorm in Christus, so wie er in der Predigt der Apostel verkündet wurde und durch Schrift, Überlieferung, Lehramt ihm übermittelt wird. Die Freiheit, die wesentlich eine Fähigkeit zur Zustimmung ist und nicht zur Feststellung dessen, was gut ist und was objektive Normen sind, *verwirklicht sich übernatürlich als Anerkennung und Zustimmung zum Gesetz Christi,* das in der Konstellation Schrift – Überlieferung – Lehramt aufgezeigt wird. Die sogenannten ‚Befreiungstheologen' haben dies in der Regel nicht erfaßt[39a]).

Könnte der Mensch die sittliche Ordnung selbst schaffen, dann gäbe es logisch gesehen keinen Raum mehr für eine übernatürliche Sittlichkeit. So ist es eigentlich ganz konsequent, daß verschiedene Vorkämpfer der neuen „autonomen" Moral dadurch auffallen, daß sie nicht mehr vom eingegossenen Charakter des Gnadenlebens reden, die Notwendigkeit der Sakramente oder des Gebetslebens für eine richtige sittliche Erkenntnis und für die Praxis des christlichen Lebens geringschätzen oder ignorieren, daß sie auch die Gaben des Hl. Geistes nicht mehr erwähnen. Statt dessen betonen sie dauernd die notwendige Erneuerung des Bewußtseins und die mündige Aktion.

Nach dieser Auffassung hängt schließlich alles vom Menschen und seinem Tun ab: Heil und Erlösung sei nicht die neue Teilnahme am Leben Christi und die Hinordnung auf das übernatürliche Ziel, sondern was uns erlösen könne, sei eine besondere persönliche Aktivität, eine bestimmte Wende unserer Entscheidung, wobei Christus allenfalls als Gegenstand der Reflexion oder als Anregung und Beispiel für diese eigene Entscheidung diene. Wenn aber der Mensch sich so selbst als Schöpfer seiner Zukunft versteht, bleibt kein Raum mehr für Gott als Prinzip und Grundlage der sittlichen Ordnung. Diese ganze Moral geht so vor, als ob es Gott, der sich in seiner Offenbarung und Menschwerdung uns zugewandt hat, nicht geben würde („etsi Deus non daretur“ [H. Grotius])[40]).

*

8. Die Freiheit erlaubt dem Menschen, in Verantwortung am Plan der Gottesherrschaft Anteil zu haben, indem der Mensch diesen Plan bewußt mitvollzieht. Der Christ hat sein Sein und das Gnadenleben so erhalten, daß er frei zustimmen und mitwirken kann. Das Wesentliche der Freiheit als Geschenk Gottes für die Kreatur, die Vernunft hat, ist die Fähigkeit, seine Pläne zu erkennen und sich selbst aktiv zu bestimmen, ihnen zu folgen.[41])

Maßgebend für die Freiheit ist die innere Kraft, sich aktiv dem Plan der göttlichen Allherrschaft einfügen zu können. Was die Freiheit als solche ausmacht, ist nicht die Vielzahl der Wahlmöglichkeiten, sondern vielmehr die Fähigkeit des Menschen, sich selbst zum letzten Ziel hin mitzubewegen. Maßstab für die Freiheit ist also die Kraft, das Gute lieben zu können, nicht so sehr die Wahlmöglichkeit unter verschiedenen Werten.

Schon Augustinus hat erklärt, worin die Würde des Menschen besteht: „Gott, der dich geschaffen hat ohne dich, wird dich nicht erlösen ohne dich“.[42]) Doch erste und entscheidende Ursache der Wiederherstellung und Befreiung unserer Freiheit bleibt Gott.

Gott hat keine Menschenseele einem blinden Schicksal überlassen. Für alle hat er eine Bestimmung und jede Seele ruft er zu einer ganz **persönlichen Berufung,** die unübertragbar ist. Auch für ein rechtes Verständnis christlicher Freiheit heute ist es notwendig zu *verstehen, was Berufung bedeutet.*[43]) Die Pastoralkonstitution ‚Gaudium et spes‘ des II. Vatikanischen Konzils beginnt ihre anthropologischen Lehren für die Welt von heute mit diesem Thema: Die Kirche und die Berufung des Menschen. Sie will aufzeigen, was es heißt, sich seiner Berufung bewußt zu sein, was wahre Berufung und höchste Berufung des Menschen und des Göttlichen in ihm besagt (Nr. 3).

Die „Klesis“ des Neuen Testamentes bedeutet, daß Gott durch Christus jemand ganz persönlich ermöglicht, einen neuen Zustand, ein neues Sein, den Status des Christen zu erreichen, an den Verheißungen dieses neuen Zustandes Anteil zu erhalten (Eph 1, 18; 4, 9) und die entsprechende Sendung auszuüben (Eph 4, 1; 2 Petr 1, 10). Diese Berufung kommt von oben (Phil 3, 14; Hebr. 3, 1); sie ist nicht menschlich, sondern göttlich.

Berufung ist theologisch gesehen ein ewiger und gnadenhaft-ungeschuldeter Akt Gottes, der einem konkreten Menschen das Warum und Weil seines Lebens entschleiert. Dieser Sinn offenbart sich ihm in einer persönlichen Heilsbegegnung mit Christus, vermittelt durch die Verkündigung der Kirche.

Die Berufung der Jungfrau Maria macht offensichtlich, daß letztlich vor der Zukunft das Wichtigste nicht darin besteht, die Kontrolle des Erfolges zu haben und möglichst viel selbstmächtig zu bestimmen, sondern im Glauben zu wissen, daß die Zukunft in den sicheren Händen Gottes liegt. Deswegen war die Antwort Marias nicht, „ich werde es tun“, sondern, „es geschehe in mir“ (Luk 1, 38).

9. Im Anschluß an die klassische Theologie, insbesondere des *hl. Augustinus, Bonaventura und Thomas,* müssen wir an Folgendem festhalten:

1. Es gibt eine *libertas naturae,* eine Freiheit der Natur, die weder durch äußere Zwänge noch durch innere Determinationen aufgehoben werden kann, auch nicht infolge der Sünde. Diese Freiheit ist allerdings sehr beschränkt. Selbstverwirklichung in bezug auf sein übernatürliches Ziel ist dem Menschen mit natürlichen Kräften nicht möglich.

Diese Freiheit wächst nicht mit der Zahl der Wahlmöglichkeiten, und wird auch nicht durch das Sündigenkönnen bestimmt; sondern ein Akt des Menschen ist umso freier, je mehr er dazu dient, den Zugang zum höchsten Gut zu eröffnen.

2. Eine höhere Form der Freiheit ist die *libertas gratiae,* zu der uns Christus befreit hat. Sie ermöglicht es, dem Ruf Christi zu folgen, der jedem Menschen seinen ganz persönlichen Lebenssinn aufzeigt und ihn total beansprucht. Die Berufung durch Christus ist unwiderruflich (und wird durch den Taufcharakter besiegelt). Auch der *besondere* Ruf, der jeden Einzelnen trifft und vielleicht zu näheren Bestimmungen, etwa in Ehe oder Priestertum, führt, ist nicht in sein Belieben gestellt. Die Gnade ermöglicht dann dem Menschen, das ihm sonst verborgene Ziel frei zu bejahen und zu erreichen.

3. Die höchste Form der Freiheit ist die *libertas gloriae* in der ewigen

Vollendung. Da hat die Sünde keine verführerische Kraft mehr, da drängt sich nicht mehr eine Fülle geringwertiger Dinge auf, da kann kein Irrtum der praktischen Vernunft den Blick vom Wesentlichen ablenken; denn Gott selbst macht in persönlicher Nähe zu jedem Einzelnen sein vollkommenes und unverlierbares Glück aus, wenn er sich dem Erkennen und Wollen des Menschen unmittelbar als tiefster Sinn und letzte Vollendung offenbart hat.

Fassen wir noch einmal zusammen:

- Gegenüber einer einseitigen Anpassungsbereitschaft, uninteressierter Toleranz, Hang zu äußerer Betriebsamkeit und Management, bis hin zu Opportunismus und Pragmatismus ist wieder *das lebendige Interesse an der Wahrheit selbst* in den Vordergrund zu rücken. Unter Wahrheit verstehen wir nicht eine isolierte Bewußtseinswahrheit, sondern zuerst die zugrunde liegende Seinswirklichkeit.

- Die Freiheit ist *für die Liebe da;* für eine Liebe, die nicht selbstmächtig und selbstsüchtig alles auf sich bezieht, die vielmehr geschenkt wird; Freiheit ist nur Mittel zu einem höheren Ziel, zum Besitz des unendlichen Gutes.

- Freiheit verwirklicht sich im *Jasagen zur Offenbarung;* denn diese ermöglicht uns erst den Zugang zur Wirklichkeit, läßt uns im Glauben die Dinge mit den Augen Gottes sehen.

1. Echte Freiheit wird erst dann möglich, wenn die erste Wahrheit der Offenbarung besonders in den Mittelpunkt unseres Bewußtseins gerückt wird: *Gott ist unser Schöpfer,* alles ist seiner Allherrschaft und Vorsehung unterworfen, wir sind seine Geschöpfe. Diese Forderung steht *im Gegensatz zu heutigen Unterrichtsmethoden,* etwa im Grundkurs des Glaubens von *Karl Rahner,* wo die Schöpfungswahrheit ausfällt; oder zu einer weit verbreiteten Didaktik in der Katechese, wo man meint, die Schöpfungswahrheit wegen der hermeneutischen Schwierigkeiten des ursprünglichen Schöpfungsberichtes dem Verständnis des Kindes nicht „zumuten" zu können.

Freiheit bedeutet also Jasagenkönnen zur Geschöpflichkeit, bedeutet Gottes Wahrheit und Macht in der Naturordnung und im persönlichen Lebensplan auch bewußt anerkennen zu können. Freiheit heißt Jasagenkönnen zum inneren Seinsgesetz, das uns eingeprägt und nicht einfach äußerlich durch einen Willkür-Gott aufgestülpt ist. Nicht nur mit dem natürlichen Glücksstreben, sondern auch frei das Gute lieben zu können – das macht unsere geschöpfliche Freiheit aus. Der Selbstbestimmung sind Grenzen gesetzt. Nicht einmal einen Zentimeter können wir unserer Größe hinzufügen.

Es gibt *vorgegebene Sinnwerte,* die keineswegs nur kulturell bedingte und daher nur relative Maßstäbe sind: Sie beanspruchen vielmehr *bleibende Verbindlichkeit.* So gibt es im Bereich etwa des ehelichen Lebens die human und christlich bedeutsamen Sinnwerte voller gegenseitiger Hingabe und der Bereitschaft zu humaner Zeugung in echter Liebe.

Wenn ich die Schöpfungswirklichkeit bejahe, dann weiß ich, daß die sittliche Qualität meines Handelns nicht einfach von meiner subjektiven Absicht oder meinen persönlichen Beweggründen abhängt, sondern entscheidend von objektiven Kriterien. Deshalb kann das Christentum Forderungen aufstellen, die sich aus der Natur der Sache und der Offenbarung, die uns den Blick für die ganze Wirklichkeit erschließt, ergeben.

2. Als weitere These ergibt sich ferner: Nicht allein vom Naturrecht und vom Naturgesetz her muß der Zugang zur Freiheit neu erschlossen werden. Das ganze Verständnis der Freiheit ist erst möglich, wenn wir die spezifische Wirklichkeit der Offenbarung, das Gnadenwirken Gottes, die Tatsache der Erlösung in Christus, die ein für alle Mal geschehen ist (eph-hapax), deutlich herausstellen, d. h. das specificum Christianum, oder genauer noch das spezifisch Katholische. Deshalb muß auch die Moraltheologie ihre Nähe zu Schrift, Tradition und Lehramt immer wieder neu erweisen – während es heute oft den Anschein hat, als stünde die Moral der Religionsphilosophie, den asiatischen Weltanschauungen wie Buddhismus und Hinduismus, oder gar den mit dem Christentum unvereinbaren Philosophien, wie Marxismus und Hegelianismus, näher. In manchen Abhandlungen von Moraltheologen finden sich kaum noch Zitate von Schrift und Tradition.

Hieraus ergibt sich, daß die Verkündigung die Tatsache unserer Gotteskindschaft in Christus, die Lehre von den Gaben des Hl. Geistes, den eingegossenen Tugenden, den Sakramenten, der spezifisch christlichen Spiritualität in den Vordergrund stellen muß. Nicht eine relativistisch verstandene Geschichtlichkeit, sondern das überzeitliche Gewicht, die Einmaligkeit der Botschaft Christi bietet ein festes Fundament.

Freiheit ist also nicht Selbsterlösung, nicht der Versuch, sich wie Münchhausen am eigenen Schopf aus dem Sumpf zu ziehen, sondern die Möglichkeit, auch Ja sagen zu können zur Erlösung in Christus.[43a]) Die Freiheit genügt sich nicht selbst. Sie braucht einen Kompaß, der ihr die Richtung weist. „Die Seele kann sich nicht bewegen ohne jemanden, der sie leitet. Und sie ist erlöst worden, damit sie Christus zum König hat, dessen Joch sanft und dessen Bürde leicht ist (Matth 11, 30), und nicht den Teufel, dessen Herrschaft bedrückt" (Origenes). „Versagt euch den Trugbildern derer, die es bei dem traurigen Geschrei ‚Freiheit, Freiheit' bewenden lassen. Oft verbirgt sich dahinter eine tragische Knechtschaft; denn sich für den Irrtum entscheiden befreit nicht; der einzige, der wirklich freimacht, ist Christus (vgl. Gal 4, 31), denn nur Er ist der Weg, die Wahrheit und das Leben (vgl. Joh 14, 6)."[44])

Nicht pelagianische Hybris, die in Christus nur eine Anregung oder ein Vorbild unter anderen sieht, sondern das *Annehmen der einzigen Erlösungstat Christi für mich persönlich* ist erforderlich. Dies impliziert auch ein Ja zur Menschheit Christi, in der Gott uns auf einmalige Weise sichtbar geworden ist, ein Ja zur konkreten Kirche, ein Ja auch zur sichtbaren Wortgestalt der Offenbarung, die nicht einfach austauschbar ist, sonst würden ja Christus und seine Kirche ihre Identität im Laufe der Zeit immer wieder verlieren; sonst wären wir Nestorianer, die das Leibhaftige und Sichtbare der Erlösung abtrennen von der göttlichen und geistigen Wirklichkeit.

3. Freiheit bedeutet schließlich auch ein *Jasagenkönnen zur ganz persönlichen Berufung durch Christus*. Es gibt eine allgemeine Berufung zur Heiligkeit: Seid vollkommen, wie euer Vater im Himmel vollkommen ist. Diese Berufung kennt keinen Unterschied von Klassen oder Kasten oder Altersstufen oder Berufen; sie trifft alle in gleicher Weise. Aber es gibt auch persönliche Berufungen, ebensoviele, wie es Menschen in der Kirche gibt, die alle von einander verschieden sind und keineswegs ausgetauscht werden können. Deshalb ist Vernehmen des Rufes und persönliche Nachfolge nötig. Nur Angst und Kleingläubigkeit könnten uns verbieten, dem Herrn nicht zu trauen, und eigensüchtig „Selbstverwirklichung" zu suchen.

Maßstab, Leitbild und Ziel unserer Freiheit ist also:

1. Gott, der seine Vollkommenheit und unendliche Fülle der Glückseligkeit unverlierbar besitzt. Bei ihm gibt es keine Potentialität, bei ihm gibt es ebensowenig wie bei den Seligen des Himmels ein Sündigenkönnen, einen möglichen Verlust des Größeren wegen des Geringeren, kein Wählenkönnen mehr, da er ja alles bereits besitzt. *Unsere Freiheit ist Anteil an seiner Vollkommenheit, allerdings begrenzt:* Vis creativa est incommunicabilis.[44]) Nur der ‚animalis homo' will sich selbst machen, total verwirklichen.

2. Christus, der uns durch die Freiheit befreit hat, die er uns als Erlöser am Kreuz gewonnen hat. Am Kreuz war er angeheftet und konnte keine Hand rühren, dennoch hat er hier zugleich den höchsten Akt der Freiheit wie des Gehorsams vollzogen, er, der unsündliche Gottessohn. Seine Freiheit war eine zutiefst menschliche Freiheit, war eine verdienstliche Freiheit, die sogar vom schlimmsten Übel, dem Übel des Todes nicht beeinträchtigt werden konnte.

3. Der persönliche Ruf und die Sendung Christi, die wir im Glauben erfassen und mit der Gnade verwirklichen können. Nur so vermögen wir eine wirkliche und nicht illusionäre Freiheit zu finden, statt uns selbst in ein Gefängnis einzumauern vollendete Freiheit erreichen.[46])

Der Papst hat dies vor Universitätsdozenten und Studenten klar bezeugt.

„Das Reich Gottes schaffen heißt, mit Christus sein. Die Einheit in uns und unter uns schaffen bedeutet: mit ihm sammeln. Das ist das grundlegende Programm des Reiches Gottes, das Christus in seiner Verkündigung dem Wirken des bösen Geistes in uns und unter uns entgegenstellt. Jenes Wirken setzt auf die scheinbar unbegrenzte Freiheit des Menschen. Sie schmeichelt dem Menschen mit einer Freiheit, die er nicht besitzt. Sie tut auf diese Weise ganzen Lebensbereichen, Gesellschaften, Generationen schön. Sie schmeichelt, um am Ende offenbar zu machen, daß diese Freiheit nichts anderes ist als die Anpassung an viele Zwänge: den Zwang der Sinne und der Instinkte, den Zwang der Situation, den Zwang der Information und der verschiedenen Kommunikationsmittel, den Zwang der üblichen Denk-, Wert- und Verhaltensschemata, in denen die grundlegende Frage zum Schweigen gebracht wird: nämlich, ob ein solches Verhalten gut oder schlecht, würdig oder unwürdig ist.

Nach und nach beeinträchtigt und beurteilt dasselbe Programm Gut und Böse nicht nach dem tatsächlichen Wert der Tuns und der Probleme, sondern nach den Vorteilen und Umständen, nach dem Imperativ des Genusses oder des unmittelbaren Erfolges.

Vermag der Mensch überhaupt noch aufzuwachen? Ist er imstande, sich selbst mit aller Klarheit zu sagen, daß die „unbegrenzte Freiheit" letzten Endes zur Versklavung wird?

Christus schmeichelt seinen Zuhörern nicht, er lockt den Menschen nicht mit der Vorspiegelung der „unbegrenzten " Freiheit. Er sagt: „Ihr werdet die Wahrheit erkennen, und die Wahrheit wird euch frei machen" (Joh 8, 32) – und bestätigt auf diese Weise, daß die Freiheit dem menschen nicht nur als Geschenk, sondern als Aufgabe anheimgegeben ist. Jawohl. Sie ist jedem von uns als Aufgabe übertragen, insofern ich und jeder von euch sich selbst als Aufgabe gegeben ist. Sie ist die dem Leben entsprechende Aufgabe. Und sie ist nicht ein Besitz, den man auf beliebige Weise genießen und vergeuden kann.

Diese Aufgabe der Freiheit – eine wunderbare Aufgabe! – wird nach dem Programm Christi und seines Reiches auf dem Boden der Wahrheit verwirklicht. Frei sein, will sagen, die Früchte der Wahrheit schaffen, in der Wahrheit handeln. Frei sein, das heißt auch, sich selbst der Wahrheit hingeben, sich ihr unterwerfen – und nicht: die Wahrheit sich selbst, den eigenen Neigungen, den eigenen Interessen, den eigenen vorteilhaften Umständen unterwerfen. Frei sein – nach dem Programm Christi und seines Reiches – heißt nicht Genuß, sondern Mühe, Anstrengung: die Mühe der Freiheit. Unter dieser Mühe „verschwendet" und „zerstreut" der Mensch nicht, sondern „sammelt" mit Christus.

Um den Preis dieser Mühe findet der Mensch auch in sich selbst die Einheit, die dem Reich Gottes eigen ist. Und um denselben Preis finden die Eheleute, die Familien, die Berufsbereiche, die Gesellschaft zu einer ähnlichen einheit. Es ist die einheit der Wahrheit mit der Freiheit. Es ist die Einheit der Freiheit mit der Wahrheit. Meine lieben Freunde! Diese Einheit ist eure besondere Aufgabe, wenn ihr nicht den Rückzug antreten wollt, wenn ihr nicht der Einheit jenes anderen Programms nachgeben wollt, das derjenige in der Welt, in der Menschheit, in unserer Generation und in jedem von uns zu realisieren versucht, den die Heilige Schrift „Vater der Lüge" nennt (Joh 8, 44).

Deshalb lautet der – entscheidende, grundsätzliche – Appell der Fastenzeit: „Sammeln mit Christus". Laßt euch diese innere Einheit nicht zerstören, die Christus durch den Heiligen Geist im Bewußtsein eines jeden von euch aufbaut: die Einheit, in der die Freiheit aus der Wahrheit erwächst und die Wahrheit das Maß der Freiheit ist.

Lernt denken, sprechen und handeln nach den einfachen und klaren Prinzipien des Evangeliums: „Ja, ja; nein, nein." Lernt weiß weiß nennen und schwarz schwarz, das Böse böse und das Gute gut. Lernt die Sünde Sünde nennen, und nennt sie nicht Befreiung und Fortschritt, auch wenn die ganze Mode und Propaganda dagegen stehen! Mit solcher Einfachheit und Klarheit wird die Einheit des Reiches Gottes aufgebaut – und diese Einheit ist zugleich eine reife innere einheit jedes Menschen, sie ist das Fundament der Einheit der Ehen und Familien, sie ist die Kraft der Gesellschaft: einer Gesellschaft, die vielleicht schon spürt und immer deutlicher spürt, daß man sie von innen her aushöhlen und zu zerstören versucht, indem man das Gute schlecht nennt und die Sünde als Ausdruck des Fortschritts und der Befreiung ausgibt."

Anmerkungen

1) THOMAS VON AQUIN, *in Sent.* 2 d 39 q 1 a 1 ad 3; cf. Joh. 5, 34.
2) VATIKANUM II, 8. 12. 65, *Botschaft an die Jugend,* Herderkorrespondenz 20 (1966) 46.
3) *Redemptor hominis* (4. 3. 79), n. 12. DIETRICH VON HILDEBRANDT erklärt: „Erkenntnis der Wahrheit und des Wesengesetztes einer Wirklichkeit bedeutet, daß etwas unserer Willkür und Beliebigkeit entzogen ist und daß wir deshalb in bezug darauf nicht intellektuelle Richter, sondern Empfangende sein müssen. Dies ist natürlich für den Hochmut ein Stein des Anstosses; er sieht darin eine Beschränkung der Freiheit und versucht die Wesensgesetze zu leugnen. Tatsächlich jedoch bedeutet die Erkenntnis absoluter Wahrheiten eine Befreiung des Geistes, ein Vordringen zu absolut Sicherem und überwinden des bloß Wahrscheinlichen. „Die wesensnotwendigen Sachverhalte ... fordern zunächst ein ehrfürchtiges Einsehen und dann eine unerschütterliche Überzeugung. Sie fordern ein Sich-Befreitfühlen durch die Existenz dieses archimedischen Punktes in der Erkenntnis. Diese Antwort zu verweigern, vor der unbezweifelbaren Wahrheit zu flüchten, die Augen zu schließen, die Ohren zu verstopfen, dieser Unterordnung auszuweichen ist ein ausgesprochen sittlich negatives Verhalten. In dieser Auflehnung gibt es viele Stufen der Bewußtheit bis zum diabolischen Haß gegen die Wahrheit. Viele

Menschen werden sich ihres Widerstandes nicht bewußt. Sie versuchen verzweifelt die Existenz solcher wesensnotwendigen Sachverhalte zu leugnen, die Erkenntnis von Wesensgesetzen durch viele Formen des Relativismus wegzudiskutieren. Von da führt eine Stufenleiter zu einer immer bewußteren Auflehnung gegen die von uns völlig unabhängige seinsautonome Wahrheit." (*Gesammelte Werke,* Bd. 9, *Moralia,* Regensburg 1980, 176 f.)

4) Dieser Absatz gibt Gedanken von C. FABRO wieder *(Un maestro de libertad cristiana: J. Escrivá de Balaguer,* L'Osservatore Romano, 2. 7. 1977, p. 3, zitiert bei C. CARDONA, *Libertad humana y fundamento,* Scripta theologica 11 (1979) 1037–1055.

Für *Descartes* ist das Gute das Ergebnis des Handelns der absoluten Macht des Willens, die bestimmt was wahr, und damit was gut ist. Für *Thomas* dagegen ist der wirkliche Wille eine absolute Macht, das Gute zu tun, d. h. das Wahre zu realisieren; die Wahrheit liegt im göttlichen Intellekt, während der Wille frei entscheidet, die Wirklichkeit mit den göttlichen Ideen zu vergleichen. Wenn man den Willen vom Guten und Wahren loslöst bzw. diese vom Willen abhängig macht, kann man nicht mehr von der göttlichen Natur sprechen; Gott erscheint als reine Macht, seine Wirklichkeit besteht mehr in der Macht als in seinem Wesen. Auch der Mensch hat nach *Descartes* einen grenzenlosen Willen, die Wahrheit zu schaffen, ist aber an die Welt der Gesetze gebunden, die ihm von einem mächtigeren Willen auferlegt wurden.

5) THOMAS VON AQUIN, I q 18 a 3.

6) ARISTOTELES, Metaph. 12, 7 (1072 b, 26–30).

6a) THOMAS, *Contra gentiles* 3 c. 9; *De malo* 3, 3; vgl. R. GARCIA DE HARO, *Cuestiones fundamentales de teologia moral,* Pamplona 1980, 172–173.

7) C. CARDONA, *Metaphysica de la opción intelectual,* [2] Madrid 1973, 127 ss.

8) THOMAS, *C. gent.* 2 c 20–21; s. th. I q 45 a 5, q 65 a 3; *De verit.* q 5 a 9; *Sent.* 2 d 1 q 1 a 3.

8a) J. ESCRIVÁ DE BALAGUER, *Freunde Gottes,* Köln 1979, Nr. 29.

9) THOMAS, I s. th. q 19 a 10 c; cf. ib. a 3; I, II s. th. q 10 a 2 ad 3; J. MARITAIN, *L'idée thomiste de la liberté,* RThom 45 (1939) 440–459.

10) AUGUSTINUS, *Enchir.,* c. 105, PL 40, 281; *De civ. Dei,*1. 22 c. 30, 3, PL 41, 802, CChr 48, 863; ANSELM, *Dialogus de libero arbitrio,* c. 1; THOMAS, *in Sent.* d. 25 q 1 a 5 ad 2; I s. th. q 62 a 8 ad 3; *in Sent. 2* d 44 q 1 a 1 ad 1; *in Sent.* 3 d 18 q 1 a 2 ad 5; *De veritate* q 22 a 6 c, q 44 a 9 ad 5; De malo q 16 a 5 c; LEO XIII, Enc. *„Libertas",* AAS 20 (1887) 593.

11) Cf. C. CARDONA, op. cit., p. 1039.

12) S. PINCKAERS, OP, *Esquisse d'une morale chrétienne. Ses Bases: la Loi évangélique et la loi naturelle,* Nova et Vetera 55 (1980) 102–125 [116–121]. Vgl. THOMAS, III s. th. q 34 c 3 ad 1; 2 Sent. d 26 q 1 a 1, 2.

12a) Thomas, De malo, q 16 a 6 ad 11.

13) Cf. M. HUFTIER, *Libre arbitre, liberté et péché chez s. Augustin,* Rechthéolancméd 33 (1966) 187–281. AUGUSTINUS konnte von seiner Bekehrung sagen: „Das war die Frucht, daß ich nicht mehr das tun wollte, was ich selbstisch wollte, sondern

gern das tun wollte, was du willst" (*Confessiones* 7 c. 1; PL 32, 763).

13a) THOMAS, *De malo,* q 6 a 1 ad 23; J. ESCRIVÁ DE BALAGUER, *Freunde Gottes,* Nr. 37, Köln 1979, 79.

13b) „...veluti clavo quodam sentiendi vi ad vitae voluptates affixa, difficulter ab his, quibus adhaerescens coaluerit, avelli solet, et in modum testudinum et cochlearum veluti testaceo quodam tegumento illigata, impedita ac tarda est ad eiusmodi motus, quippe totum simul trahens vitae pondus."
GREGORIUS NYSSENUS, *De beatitudinibus,* or 8; PG 44, 1208 A.

13c) „Et quidem peccato factum est ut corpus quod corrumpitur, aggravet animam; sed amore, non mole. Nam quod surgere anima per se iam non potest quae cadere potuit, voluntas in causa est, quae corrupti corporis vitiato ac vitioso amore languescens et iacens, amorem pariter iustitiae non admittit. Ita nescio quo pravo et miro modo ipsa sibi voluntas, peccato quidem in deterius mutata, necessitatem facit: ut nec necessitas, cum voluntaria sit, excusare valeat voluntatem; nec voluntas cum sit illecta, excludere necessitatem ..."
BERNARDUS, *In Cant.,* sermo 8, n. 7; PL 183, 1174 BC.

14) K. WOJTYLA, *Liebe und Verantwortung. Eine ethische Studie,* München 1979, 118 [Poln.: Krakau 1962].

15) Die folgenden Gedanken sind entwickelt im Anschluß an F. MATEO-SECO, *La liberación de la libertad, tarea humana y cristiana,* in: J. L. ILLANES (Hrsg.), *Etica y Teologia ante la crisis contemporanea,* Pamplona 1980, 545–551.

16) THOMAS, *De verit.* q 23 a 6 c. Die Behauptung, daß die Gerechtigkeit nur vom isolierten Willen Gottes bestimmt werde, ist gleichbedeutend mit Leugnung seiner Weisheit.

17) LUTHER, *De servo arbitrio,* WA 18, 638.

18) JOHANNES PAUL II., *Redemptor hominis,* n. 21.

19) Vgl. A. OROZCO DELCLÓS, *La libertad en el pensamiento,* Madrid 1977, 69 ff.

19a) Der Mensch allein setze fest, was ihm Dinge und Ereignisse bedeuten. Einzige Instanz und einziger Maßstab für jegliche Wertsetzung sei die eigene absolut autonom verstandene Freiheit (J. P. SARTRE, *L' être et le néant,* Paris[38] 1950, 76, 721 f.) „Il n'y a pas de nature humaine" (J. P. SARTRE, *L'Existentialisme est un humanisme,* [Paris 1946], 22). „L'homme est d'abord un projet ... rien n'existe préalablement à ce projet" (ebd. 23).

19b) Die Mischung von Freiheitsschwärmerei und verzweifeltem Unterdrucksetzen gehört zu den Charakteristika der letzten 200 Jahre. In den aufgeklärten Geheimbünden des 18. Jahrhunderts ist gegenseitige Bespitzelung und Denunziation geradezu obligatorisch: Bei den Illuminaten mußten Fragebögen von 32 Seiten Länge ausgefüllt werden – verärgert äußern sich über die Intoleranz gerade Freidenker ... Die Staatsomnipotenz wird zunehmend mehr gerechtfertigt. „Alles was der Mensch ist, verdankt er dem Staat" (*Hegel,* Einleitung zur Geschichtsphilosophie, 2 § 3a) – ebenso die Geschichtsomnipotenz: „Das Tribunal der Geschichte" ist höher als das „Forum des Rechts". (Näher erklärt dies H. DEKU, *Der Mensch zwischen Freiheit und Manipulation,* in: Hampel-Grulich, Politische Plakate der Welt, München 1971, 3–19.

20) Näheres zum folgenden bei: R. GARCÍA DE HARO, I. DE CELAYA, *La Moral*

Cristiana en el confin de la historia y la eternidad, Madrid 1975, 60 ff.

20a) Paul VI., Lumen ecclesiae (Ep. ad P. Vincentium de Couesnongle OP), n. 18; AAS 66 (1974) 691 s.

21) R. GARCÍA DE HARO, a. a. O., 62–71 ausführlicher zum folgenden.

22) L. ELDERS SVD, *Die Person im Bezug zu Gott – Betrachtung zur Grundlage sittlicher Normen,* in: L. Elders, F. Inciarte, P. Rodriguez (Hrsg.), Die Person im Anspruch sittlicher Normen, St. Augustin 1981, 53–89.

23) THOMAS, *in ep. ad. Tim.* 1, c. 1 lectura 3 n. 23; ed. Marietti, II, p. 217.

24) K. LORENZ, *Die acht Todsünden der zivilisierten Menschheit,* München 1973.

25) Ausführlicher dazu: R. GARCÍA DE HARO, *Persona, Libertad y destino,* in: Etica y Teologia ante la crisis contemporanea, Pamplona 1980, 87 ff.

26) J. ESCRIVÁ DE BALAGUER, *Freunde Gottes,* Köln 1979, 69–70, Nr. 29.

27) Ausführlich entfaltet diese Gedanken: C. CAFFARRA, *Die Kirche und die sittliche Ordnung,* L'Osservatore Romano, 13. Februar 1976, Nr. 7, S. 8–9; 20. Februar 1976, Nr. 8, S. 8–9. Die Zitate 30) – 31)sind diesem Artikel entnommen. Bezug genommen wird vor allem auf die *Erklärung der Kongregation für die Glaubenslehre zu einigen Fragen der Sexualethik* (29. 12. 1975), Nr. 3–4.

28) THOMAS, *De verit.,* q 22 a 1 c.

29) THOMAS, *C. gent.* 3 c 114.

29a) Ein systematischer Atheismus der Moderne „treibt das Streben nach menschlicher Autonomie so weit, daß er Widerstände gegen jedwede Abhängigkeit von Gott schafft. Die Bekenner dieses Atheismus behaupten, die Freiheit bestehe darin, daß der Mensch sich selbst Ziel und einziger Gestalter und Schöpfer seiner eigenen Geschichte sei." (VATIKANUM II, *Gaudium et spes,* a. 20).

30) F. W. J. SCHELLING, *Philos. Untersuchungen über das Wesen der menschl. Freiheit,* Werke, Abt. 1 Bd. 7, S. 370.

31) Vgl. S. KIERKEGAARD, *Tagebuch,* 1850, X, A396.

32) Cf. C. FABRO, a. a. O., ferner: La aventura de la teologia progresista, Pamplona 1976 (italienisch: Milano 1974) 134–177.

33) J. ESCRIVÁ DE BALAGUER, Amigos de Dios, [4]Madrid 1978, 61–62. Nr. 27 f.

34) Vgl. zum folgenden C. CAFFARRA, a. a. O.

35) J. ESCRIVÁ DE BALAGUER, Christus begegnen [4]Köln 1977, 420 (Nr. 184).

36) J. STÖHR, Das Miteinander von Freiheit, Unsündlichkeit und Gehorsam in der Erlösungstat Christi, Doctor Communis 22 (1969) 57–81, 225–241, 365–380.

36a) IRENAEUS, *Adv. haer.* 4 c. 33; PG 7, 1072 b.

37) Vgl. R. GARCÍA DE HARO, I. DE CELAYA, a. a. O., S. 17–106; E. LIO, *„Morale Perenne" e „Morale Nuova" nella formazione de educazione della coscienza,* Roma 1979; F. INCIARTE, *Autonomie und Theonomie des Gewissens,* in: L. Elders, F. Inciarte, P. Rodriguez (Hrsg.), Die Person im Anspruch sittlicher Normen, St. Augustin, 1981, S. 18–53; F. CITTERIO, *Morale Autonoma e fede Cristiana:* il dibattito continua, La Scuola Cattolica 108 (1980), 509–561, 109 (1981) 3–29;
Auch A. AUER mißachtet das spezifisch Christliche: „Paulus muß nicht darüber aufklären, was das Gute sei, muß nicht neue Gebote formulieren. Er darf voraussetzen, daß (die Gläubigen) es wissen … Auch der Heidenchrist hat in der Gemeinde Christi keine neue Ethik zu lernen." (A. Auer, *Autonome Moral und christ-*

licher Glaube, Düsseldorf 1971, 110).

37a) Sehr klar bei Papst PIUS XII, Ansprache *„Soyez les bienvenues“,* 18. 4. 1952, in: A. Rohrbasser, Heilslehre der Kirche, Freiburg 1953, Nr. 1110– 1120.

38) Vgl. C. CARDONA, *Libertad humana y fundamento, consideraciones sobre el „ocaso de los valores“ y la libertad de Maria Santisima,* Scripta Theologica 11 (1979) 1037–1055.

38a) „Quanto aliquis plus habet de caritate, plus habet de libertate, quia ubi Spiritus Domini, ibi libertas (2 Cor 3, 17) …“ (THOMAS, *In 3 Sent.* d. 29 q 1 a 8 c, sed contra 1).

39) Cf. IRENAEUS, *Adv. haer.* IV, 26; PL 7, 1052 ss.

39a) Die sogenannten Theologen der Befreiung G. GUTIERREZ, H. ASSMAN, E. PIRONIO, L. BOFF, H. CAMARA gehen nicht vom christlichen Begriff der Freiheit aus bzw. von dem was die Offenbarung über Erlösung und Freiheit des Menschen verkündet, sondern haben als Grundlage ihrer Theologie einen soziopolitischen Befreiungsbegriff. Auch dieser Begriff wird nicht vom Glauben her geprüft, sondern als letztverbindliche Interpretations-Instanz für den Glauben selbst verwendet. Dazu kommt die Oberflächlichkeit der anthropologischen Lehren dieser Theologen, welche die Orthodoxie der Orthopraxis unterordnen und diese wiederum verengt als politische Praxis verstehen. (Vgl. die eingehende Analyse von B. Mondin, I teologi della liberazione, Roma 1977).
Manche sind hier extrem weit von kirchlichem Glauben und wissenschaftlicher katholischer Theologie entfernt. So z. B. J. COMBLIN, *Freiheit und Befreiung, theologische Begriffe,* Concilium 10 (1974), 426–433 erklärt: „Ebensowenig ist es Wesen und Eigenart des Christentums, einen „Stand der Gnade“ oder „die Erhebung des Menschen in einen übernatürlichen Stand“ zu verkünden. Das tun alle Religionen. Das Eigentümliche des Christentums besteht vielmehr darin, diese „Erhebung in die übernatürliche Ordnung“ oder diese „Teilnahme am göttlichen Leben“ mit der Erneuerung des „natürlichen“ Menschen in Koinzidenz zu bringen … In einer und derselben Bewegung findet der Mensch sein Wesen als Mensch und erwirbt seine Teilnahme am göttlichen Leben.“ (426)
Er versteigt sich zu äußerst extremen Behauptungen: „Es gibt nämlich in der christlichen Tradition und in der Bibel eine Botschaft der Befreiung. Aber diese Botschaft ist in der Theologie verloren gegangen. Sie hat sich aufgesplittert, und dabei ist sie verloren gegangen. Was christliche Theologie von Freiheit sagt, läßt nichts mehr von der ursprünglichen Botschaft zum Vorschein kommen. Die theologische Praxis hat den Gegenstand der Theologie verschwinden lassen.“ (427)

40) H. GROTIUS, *De iure belli ac pacis,* Prol. 11, ed. 175, I, p. 12–13 (zitiert nach R. García de Haro, a. a. O., 96) Vgl. Anm. 25.

41) „Et iste est supremus gradus dignitatis in hominibus, ut scilicet non ab aliis, sed ab seipsis inducantur in bonum“ (THOMAS, *Super epistolam s. Pauli in Rom,* Marietti, Turin 1953, 38–39).

42) „Esse potest iustitia Dei sine voluntate tua, sed in te esse non potest praeter voluntatem tuam.“ „Qui ergo fecit te sine te, non te iustificat sine te.“ AUGUSTINUS, *Sermo* 169 c. 11 n. 13; PL 38, 923.

43) Sehr gute Ausführungen dazu bei: P. RODRIGUEZ, *Sentido definitivo e irrevocable de la vocación cristiana y de las vocaciones al sacerdocio y al matrimonio,* Scripta Theolo-

gica 12 (1980) 195–220. Vgl. J. ESCRIVÁ DE BALAGUER, *Conversaciones,* Madrid ([1]1968, [10]1975), n. 106.

43a) „Wir zerstören in keiner Weise die Entscheidungsfreiheit des menschlichen Willens, wenn wir Gottes Gnade, die unserer freien Entscheidung zu Hilfe kommt, nicht mit undankbarem Hochmut verleugnen, sondern mit dankbarer Frömmigkeit verkündigen. Das Wollen gehört zwar uns, aber der Wille wird ermahnt, daß er wach wird, wird geheilt, daß er erstarke, wird erweitert, um zu fassen und wird erfüllt um zu besitzen"
AUGUSTINUS, *De viduis* c. 17 n. 21; PL 40, 443.
„Haec enim voluntas libera tanto erit liberior quanto sanior: tanto autem sanior, quanto divinae misericordiae gratiaeque subiectior."
AUGUSTINUS, Ep. 157, 2, 8; ML 33, 676.

44) ORIGENES, *Commentarii in ep. ad. Rom.* 5, 6 (PG 14, 1034–1035).
J. ESCRIVÁ DE BALAGUER, *Freunde Gottes,* Köln 1979, Nr. 26.

45) Vgl. THOMAS, s. th. I q 45 a 5.

46) „...sicut scientia, quae nunc datur sanctis, per speculum datur et in aenigmate, et prophetia, et caetera dona Spiritus sancti: ita et libertas, quae nunc sanctis praestatur, nondum plena libertas est, sed velut per speculum, et in aenigmate, et ideo sancti servos se esse dicunt, ad comparationem illius libertatis, quae facie ad faciem tribuitur. Qui etenim potest in carne quis positus adipisci integram libertatem, ut in nullo iam serviat carni? Sicut nec adoptionem filiorum quis in corpore positus habere ex integro potest. Atque utinam hoc saltem obtineri possit in vita mortalium, ut servus quis Christi ex integro fiat: et non carni, non sanguini, non vanae gloriae, non cupiditati, non avaritiae, non iracundiae, non invidiae; sed qui soli Christo, id est omnibus simul virtutibus serviat. Haec de eo quod scriptum est: Paulus servus Jesu Christi."
ORIGENES, *In Rom.,* lib. 1 n. 1; PG 14, 839–840.

47) JOHANNES PAUL II., *Vermag der Mensch noch aufzuwachen?* Predigt des Papstes beim Gottesdienst für Dozenten und Studenten der italienischen Universitäten in St. Peter am 26. März 1981, L'Osservatore Romano, 10. April 1981, Nr. 15, S. 7.

Prof. P. Dr. Anselm Günthör OSB

Primat des Gewissens?

1.

Heutige Tendenzen

Wir stehen vor der Tatsache, daß die Rolle des Gewissens für die Erkenntnis von Gut und Böse und für die konkrete sittliche Entscheidung heute sehr hervorgehoben wird. Dies hängt vor allem damit zusammen, daß in unserer Zeit das Bewußtsein von der Würde der menschlichen Person sehr ausgeprägt ist. Für den gläubigen Menschen erweist sich der Mensch gerade im Gewissen als das Abbild des heiligen Gottes, der das Gute liebt und das Böse verabscheut. Er weiß sich im Gewissen von Gott gerufen, das Gute zu erkennen, es zu wollen und zu tun, das Böse aber zu verneinen und zu meiden. Es ist bedeutungsvoll, daß das Zweite Vatikanische Konzil im ersten Kapitel der Pastoralkonstitution, das den Titel „Die Würde der menschlichen Person" trägt, zunächst vom „Menschen nach dem Bilde Gottes"[1]) und bald darauf von der „Würde des sittlichen Gewissens"[2]) redet. Der persönliche und sakrale Charakter des Gewissens zeigt die Einmaligkeit und Gottbezogenheit der menschlichen Person: „Das Gewissen ist die verborgenste Mitte und das Heiligtum im Menschen, wo er allein ist mit Gott, dessen Stimme in diesem seinem Innersten zu hören ist."[3])

*

Heutige Aussagen über das Gewissen gehen jedoch weit über die Lehre des Konzils vom Gewissen hinaus, sie geraten sogar in Gegensatz zu ihr. Dies kommt deutlich zum Ausdruck, wenn man das Gewissen zur h ö c h s t e n oder o b e r s t e n Instanz für die sittliche Entscheidung erhebt. Nach *Mieth* ist das Gewissen die „höchste und letzte irdische sittliche Instanz", die „das Individuelle gegenüber dem Allgemeinen in Vorrang" bringt.[4]) Infolgedessen nimmt Mieth für den Gewissens*akt* Autonomie in Anspruch und dies werde „auch von der christlichen Tradition nicht bestritten"[5]), wärend er der Gewissens*anlage* den Verweis auf Gott zugesteht[6]). Nach *Gründel* soll sogar das Zweite Vatikanische Konzil im Gewissen „die oberste und letzte Norm sittlichen Verhaltens" gesehen haben[7]). Dies ist jedoch keinem

Text des Konzils zu entnehmen, es *widerspricht* sogar seiner Lehre, das Gewissen zur *obersten* Norm oder Instanz erheben zu wollen. Trotzdem bleiben solche Aussagen bereits nicht mehr auf die theologische Literatur beschänkt[8]), sie finden sich auch in der kirchlichen Presse, z. B. in Bistumsblättern.[9])

Im folgenden wird gezeigt, wie eine solche Einstufung des Gewissens dieses isoliert und wesentliche Zusammenhänge auseinanderreißt. Außerdem führt sie zur Unterbewertung, ja Leugnung anderer Instanzen auf dem Gebiet des sittlichen Lebens, schließlich zur Entstellung und Herabminderung des Gewissens selbst.

2.

Das Wesen des Gewissens und die Bedingungen des rechten Gewissensentscheides

Das Gewissen ist nicht etwas im Menschen. Es ist der Mensch selbst in seinem innersten Wesen. Der Mensch, der sich nach besten Kräften auf die sittliche Wahrheit ausrichtet und nach ihr handelt, handelt seinem innersten Wesen entsprechend und lebt in innerer Geschlossenheit. Dagegen stellt sich der Mensch, der nicht ehrlich nach der sittlichen Wahrheit sucht oder im Gegensatz zur erkannten Wahrheit handelt, in einen tiefen Wiederspruch zu sich selbst. Er ist innerlich zerrissen. Der Mensch ist Geschöpf. Er ist gerufen, die weisen Ordnungen des Schöpfers zu erkennen, sie zu bejahen und zu verwirklichen. Wie sollte der von Gott erschaffene und für die Schöpfungsordnung bestimmte Mensch aus sich und für sich höchste oder oberste Instanz sein?

Das Zweite Vatikanische Konzil sieht keineswegs im Gewissen die oberste Instanz und Norm sittlichen Verhaltens, sondern sagt ausdrücklich daß „die höchste Norm des menschlichen Lebens das göttliche Gesetz selber ist, das ewige, objektive und universale, durch das Gott nach dem Ratschluß seiner Weisheit und Liebe die ganze Welt und die Wege der Menschengemeinschaft ordnet, leitet und regiert".[10])

Die Würde des Menschen besteht darin, daß er das göttliche Gesetz oder den Ratschluß Gottes nicht passiv an sich geschehen lassen muß, sondern dazu gerufen und befähigt ist, dieses Gesetz zu erkennen, es sich anzueignen, es zu verwirklichen. Im Gewissen ergeht dieser Ruf und liegt die Befährigung dazu. Sie verpflichten den Menschen, mit allen Kräften danach zu streben, das göttliche Gesetz oder den Willen Gottes zu erkennen. Seine Gewissensurteile sollen recht, d. h. die Frucht ehrlichen Bemühens, und wahr, d. h. in Übereinstimmung mit dem Willen Gottes sein. Was das Konzil von der Suche der Wahrheit auf dem Gebiet der Religion sagt, gilt auch für die sittliche Wahrheit: „Deshalb hat ein jeder die Pflicht und also auch das Recht, die Wahrheit im Bereich der Religion zu suchen, um sich in Klugheit unter Anwendung geeingeter Mittel und Wege rechte und wahre Gewissensurteile zu bilden."[11])

Wer diese Verwiesenheit des Menschen auf die Wahrheit und den Willen Gottes bedenkt, erkennt, wie wahr *Sustar* schreibt: „Das Gewissen ist keine autonome Instanz, die aus sich heraus weiß, was sittlich gut oder böse sei. Es ist selber eine *normierte Norm,* es steht unter dem sittlichen Gebot, unter dem Willen Gottes."[12])

Weil das Gewissen der Mensch selbst in seinem innersten Wesen ist, daher ist die Suche nach dem wahren Willen Gottes nich nur sein persönliches Anliegen, vielmehr ist er gerade auch hier in die Gemeinschaft in ihren vielfachen Dimensionen hineingestellt. Das Zweite Vaticanum sagt darüber:

„Die Wahrheit muß aber auf eine Weise gesucht werden, die der Würde der menschlichen Person und ihrer Sozialnatur eigen ist, d. h. auf dem Wege der freien Forschung, mit Hilfe des Lehramtes oder der Unterweisung, des Gedankenaustauschs und des Dialogs, wodurch die Menschen einander die Wahrheit, die sie gefunden haben oder gefunden zu haben glauben, mitteilen, damit sie sich bei der Erforschung der Wahrheit gegenseitig zu Hilfe kommen."[13])

Wie wichtig das gemeinsame Streben nach der sittlichen Wahrheit ist, zeigt sich auf negative Art durch die Folgen der falschen Gewissensautonomie, in der der Mensch sich der Hilfe der anderen – als katholischer Christ der Weisung der Kirche und ihres Lehramtes – verschließt. Es kommt zum radikalen Pluralismus der Meinungen und Anschauungen.

3.

Das recht gebildete Gewissen als letzte, aber nicht höchste Norm

Man spricht heute viel von den *Rechten* des Gewissens, weniger dagegen von seinen *Pflichten.* Das Gewissen ist es sich selbst schuldig, daß es mit den ihm zur Verfügung stehenden Mitteln und Wegen nach der Erkenntnis und Verwirklichung des Willens Gottes strebt. Der Mensch, der dieser Gewissensforschung entspricht, hat das Recht, seinen Gewissensentscheid als letztlich maßgebender sittlicher Norm zu folgen. Er muß ihm folgen. Das Konzil betont beides, nämlich die Pflicht, das göttliche Gesetz zu erkennen, und die Pflicht, der ernsthaften Gewissenserkenntnis zu folgen. „Nun aber werden die Gebote des göttlichen Gesetzes vom Menschen durch die Vermittlung seines Gewissens erkannt und anerkannt; ihm muß er in seinem gesamten Tun in Treue folgen, damit er zu Gott, seinem Ziele, gelange."[14])

Die Würde des Menschen besteht darin, daß er nicht passiv vom Willen Gottes bewegt wird, sondern diesen Willen erkennen und ihn aus eigenem Entschluß verwirklichen kann. Der Wille Gottes soll in ihm als erkannter und gewollter wirksam sein. Er verpflichtet ihn, insofern er nach ehrlichem Suchen vom Menschen angeeignet ist. Als solcher oder als Inhalt des Gewissensentscheides normiert er das sittliche Verhalten. Mit anderen Worten: der ehrliche Gewissensentscheid ist die letzte Norm und Instanz. Dies gilt selbst dann noch, wenn der Mensch ohne seine Schuld den wahren Willen Gottes nicht erkannt hat, sondern etwas anderes für das göttliche Gesetz hält. Auch der irrige Gewissensentscheid ist mit Recht letzte Norm, nicht insofern er irrig ist, sondern weil der Mensch ehrlich meint, vor dem wahren Willen Gottes zu stehen, und gewillt ist, ihn zu tun. Es ist dazu zu bemerken, daß die Mitmenschen, vor allem diejenigen, die für den Irrenden verantwortlich sind, ihn nicht in jedem Fall in seinem objektiv unrichtigen Gewissensentscheid belassen müssen. Sie können unter Umständen verpflichtet sein, ihn aufzuklären. Dies ist heute weithin in Vergessenheit geraten.

Völlig falsch ist es, den Gewissensentscheid, weil er *letzte* Norm und Instanz ist, auch zur *höchsten* Instanz erheben zu wollen. Einem derartigen Versuch liegt eine Verwechslung des Prozesses der Bildung des Gewissensurteils mit dem Instanzenweg menschlicher Rechtssprechung zugrunde. In der gerichtlichen Judikatur ist die letzte Instanz immer zugleich die höchste. Dagegen ist das Gewissen in seiner ehrlichen Entscheidung zwar letzte Instanz und Norm, keineswegs aber damit die höchste. Es weiß sich vielmehr gerade in dieser Endentscheidung der Wahrheit und dem Willen Gottes verpflichtet.

Nach diesen Überlegungen ist nun der Weg dazu frei, die falschen Wege zu erkennen, in die die Verabsolutierung des Gewissens als *höchste* Norm oder Instanz führt.

4.

Gewissen und objektive Norm

Papst Johannes Paul II. hat bei seinem Besuch in der Bundesrepublik im November 1980 in Fulda in seiner Ansprache an die deutschen Bischöfe gesagt: „Oft zieht man sich auf das persönliche Gewissen zurück, vergißt aber, daß dieses Gewissen das Auge ist, welches das Licht nicht aus sich selber besitzt, sondern nur, wenn es zur authentischen Quelle des Lichtes hinblickt.“ Dieses Licht ist die Wahrheit der objektiven Sittennorm, und zwar umso mehr, je unmittelbarer sie von Gott kommt, wie dies in den Grundprinzipien des natürlichen Sittengesetzes, die Gott in das Herz des Menschen eingeschrieben hat, und in den Weisungen des Evangeliums der Fall ist. Der Vergleich der Beziehung zwischen Auge und Licht, mit dem der Papst das Verhältnis zwischen Gewissen und objektiver Norm verdeutliche, ist biblisch. Die Hl. Schrift spricht in derselben Weise, z. B. in Psalm 119:

„Öffne mir die Augen für das Wunderbare an Deiner Weisung …
Dein Wort ist meinem Fuß eine Leuchte, ein Licht für meine Pfade …
Die Erklärung deiner Worte bringt Erleuchtung …
Laß dein Angesicht leuchten über deinem Knecht, und lehre mich deine Gesetze!“ (Ps 119, 18.105.130.135).

Die Verabsolutierung des Gewissens als höchste Norm zerstört dieses Zusammenspiel von Gewissen und objektiver Norm. Diese wird entwertet, um so scheinbar das Gewissen aufzuwerten. Tatsächlich wertet man damit beide ab, denn sie sind aufeinander zuinnerst bezogen. Die objektive Norm benötigt das Gewissen, um aufgenommen zu werden und die erhellenden Wirkung effektiv ausüben zu können. **Das Gewissen benötigt die objektive Norm, um erhellt zu werden und nicht subjektivistisch dort Licht zu sehen, wo es tatsächlich nicht leuchtet.**

• DieAbwertung der objektiven Norm geschieht auf vielfache Weise. Es ist gebräuchlich geworden, nur mehr von *Weisungen, Orientierungen, Orientierungshilfen* zu sprechen, nicht mehr von Geboten und Normen, die im Gewissen verpflichten könnne. Sie verpflichten im Gewissen, weil sie vom Menschen fordern, das Gute zu tun und das Böse zu meiden. Sie stehen nicht im Widerspruch zur Freiheit der Entscheidung, sondern fördern den rechten Gebrauch der Freiheit. Diese Zusammenhänge hat Papst Johannes Paul II. bei seiner Predigt in Philadelphia in den Vereinigten Staaten am 3. Oktober 1979 klar aufgezeigt, wenn er sagte: „Die sittlichen Normen sind kein Hindernis für die Freiheit der Person oder des Ehepaares. Sie sind ganz im Gegenteil für die Freiheit da, da sie gegeben sind, um den rechten Gebrauch der Freiheit zu sichern. Wer sich weigert, diese Normen anzunehmen oder in Übereinstimmung mit ihnen zu handeln, wer sich von diesen Normen zu befreien sucht, der ist nicht wirklich frei. Frei ist vielmehr die Person, die ihr Verhalten in Harmonie mit den Forderungen dessen, was objektiv gut ist, gestaltet."

- Ein anderer Versuch, die Normen und Gebote abzuwerten, behauptet, diese seien etwas, das nur *von außen* an den Menschen herantritt und bei dessen Beachtung der Mensch sich gleichsam außerhalb seiner bewegt, während er im Gewissensentscheid *von innen* her sein Leben gestalte. *V. Gagern* schreibt: „Wir unterscheiden ja das ‚leben von außen' von dem ‚Leben von innen'. Im ersteren Fall orientiert sich der Mensch nur von außen her: Gesetz, Lehre, Prinzipien, Maximen, Ideale. Alles dies hat seinen guten Platz in der Zeit des Werdens, d. h. der noch nicht gewonnenen Mündigkeit. Gott nimmt aber den Menschen so ernst, daß er ihn als erwachsenen und mündigen Menschen auf sein inneres Gewissen hin verpflichtet. Wird das sittliche Handeln eines Menschen nur durch die äußeren Gesetze bestimmt, dann bedeutet das eine Verkümmerung des Gewissens: Der Mensch bleibt unmündig. Diese Gefährdung der Menschlichkeit ist größer als die in unverhältnismäßigem Maße gefürchtete Situationsethik."[15])

Zunächst ist zu diesem Urteil zu bemerken, daß der sich am Gesetz orientierende Mensch nicht „nur" sich von außer her bestimmen läßt, denn diese Orientierung setzt ja voraus, daß der Mensch sie sich im Gewissen innerlich angeeignet hat. Vor allem aber ist festzuhalten, daß dieser Gegensatz „äußere Norm – inneres Gewissen" nicht zutrifft. Die Normen treten nicht eigentlich von außen an den Menschen heran, sondern sind, wie das Zweite Vatikanische Konzil sagt, „in die geistliche und sittliche Natur des Menschen eingeschrieben".[16]) Die Prinzipien der sittlichen Ordnung gehen „aus dem Wesen des Menschen selbst“ hervor.[17]) Auch die im geschriebenen Evangelium enthaltenen Gebote und Normen sind nicht in erster Linie außerhalb des erlösten Menschen festgelegt, sondern zuerst im neuen Sein des mit Christus Verbundenen begründet. „Das neue Gesetz ist vornehmlich ein eingegebenes Gesetz, zweitrangig aber ein geschriebenes.“[18])

- Auch die undifferenzierte Behauptung, die Gesetze und Normen seien *wandelbar,* soll diese im Vergleich zum Gewissen abwerten. In einer neueren, auf Verbreitung in der Gemeindepädagogik angelegten Schrift über das Gewissen lesen wir: „Lebensverhältnisse wandeln sich immer wieder – und damit müssen sich auch die Grundhaltungen wandeln die ihnen gerecht werden. Wer so erzogen wird, daß er glauben muß, überlieferte Traditionen und Gebote seien unwandelbar, der wird unbeweglich; er kann überhaupt nicht mehr mitreden.“[19]) Gewiß gibt es zumal auf dem Gebiet der menschlichen Gesetzgebung Normen, die geändert werden müssen, aber die Behauptung, mit den geänderten Lebensverhältnissen müßten sich auch die Grundhaltungen ändern, und die undifferenzierte These von der Wandelbarkeit überlieferter Traditionen und Gebote führen unvermeidlich in den völligen ethischen Relativismus.

5.

Gewissen und Autorität.

Zum Zweck der Verabsolutierung des Gewissens wird auch die Abwertung der Autorität herangezogen. Dies geschieht, wenn sie *vorwiegend als Bedrohung, ja als Feindin des Gewissens gesehen* wird. Unleugbar gab und gibt es in der Geschichte die Vergewaltigung und Unterdrückung des Gewissens durch staatliche Gewalt. Auch die Geschichte der Kirche kennt Fälle der Bevormundung des Gewissens durch kirchliche Amtsträger. Es ist jedoch abwegig, solche Fälle zu verallgemeinern und die kirchliche Autorität als dauernd und grundsätzlich gewissensfeindlich auszugeben.

Dies tut *Mieth,* wenn er schreibt, daß „der personale Charakter des Gewissens ausgerechnet in der katholischen Kirche in seiner Erfahrung dauernd gefährdet wurde“.[20]) Es wird hier vergessen, daß gerade die Kirche durch ihre Amtsträger immer wieder die Stimme für die Würde des Gewissens erhoben hat. Denken wir nur an ihre Stellungnahme in jüngerer Zeit gegen die diktatorischen Systeme des Faschismus und Kommunismus.

In der Schrift „Gewissen – was ist das?" lesen wir: „Wenn für den Staat gilt, daß alle seine Autorität nur vorläufig ist und sich immer wieder neu ausweisen muß – warum soll das gleiche dann nicht auch für die Kirche gelten? ... Würde sie weniger autoritär auftreten, dann wäre sie um vieles glaubwürdiger für zahllose Menschen in unserer Lebenswelt. Im Blick auf das Gewissen der Menschen besteht darum gerade hier noch eine Aufgabe für die Kirche, der sie bislang nur sehr bedingt gerecht wird."[21]) In solchen Äußerungen fehlt jede gläubige Schau der Kirche. Sie wird mehr oder weniger dem Staat gleichgestellt. Aber schon die Autorität des Staates ist in ihrer letzten Begründung nich vorläufig. Erst recht ist dies die Autorität in der Kirche nicht.

Für den gläubigen Katholiken müßte es selbstverständlich sein, daß die Träger des Leitungsamtes in der Kirche im Namen Christi befehlen und Gehorsam verlangen können und müssen.

Die einseitige Betonung des Gewissens hat die *Tugend des Gehorsams in Vergessenheit geraten lassen.* Das Zweite Vatikanischen Konzil hat sie deutlich in Erinnerung gerufen: „Die Laien sollen wie alle Gläubigen das, was die geweihten Hirten in Stellvertrettung Christi als Lehrer und Leiter in der Kirche festsetzen, in christlichem Gehorsam bereitwillig aufnehmen nach dem Beispiel Christi, der durch seinen Gehorsam bis zum Tode den seligen Weg der Freiheit der Kinder Gottes für alle Menschen eröffnet hat."[22]) Dieser Gehorsam ist entscheidend für die rechte Gewissensbildung. Darum schreibt dasselbe Konzil: „Bei ihrer Gewissensbildung müssen jedoch die Christgläubigen die heilige und sichere Lehre der Kirche sorgfältig vor Augen haben. Denn nach dem Willen Christi ist die katholische Kirche die Lehrerin der Wahrheit; ihre Aufgabe ist es, die Wahrheit, die Christus ist, zu verkündigen und authentisch zu lehren, zugleich auch die Prinzipien der sittlichen Ordnung die aus dem Wesen des Menschen selbst hervorgehen, autoritativ zu erklären und zu bestätigen."[23])

Es ist weithin üblich geworden, die im Gewissen verpflichtende Gehorsamsforderung zwar den definierten Dogmen, nicht aber anderen Lehräußerungen des kirchlichen Lehramtes gegenüber anzuerkennen.[24]) Dabei wird zunächst vergessen, daß es Glaubens-und Sittenlehren gibt, die zwar nie durch eine Konzilsdefinition oder eine päpstliche

Entscheidung ex cathedra definiert, aber durch die ständige Tradition und Lehre der Kirche als definitiv verbindlich verkündet wurden. Wer den Gehorsam im letzten nur auf die definierten Dogmen begrenzen will, muß auf jeden Fall wissen, daß er sich in Gegensatz zu der ausdrücklichen Aussage des Konzils stellt: „Dieser religiöse Gehorsam des Willens und Verstandes ist in besonderer Weise dem authentischen Lehramt des Bischofs von Rom, auch wenn er nicht kraft höchster Lehrautorität spricht, zu leisten; nämlich so, daß sein oberstes Lehramt ehrfürchtig anerkannt und den von ihm vorgetragenen Urteilen aufrichtige Anhänglichkeit gezollt wird, entsprechend der von ihm kundgetanen Auffassung und Absicht. Diese läßt sich vornehmlich erkennen aus der Art der Dokumente, der Häufigkeit der Vorlage ein und derselben Lehre, und der Sprechweise."[25])

Mieth redet im Hinblick auf diesen Text vom „Zirkelschluß des religösen Gehorsams"[26]), womit er wohl sagen will, die Kirche fordere im Gehorsam Gehorsam. Im Lichte des Glaubens an die Kirche als von Christus eingesetzte und geleitete Führerin auf dem Weg des Heiles handelt es sich jedoch keineswegs um einen Zirkelschluß. Und es ist auch nicht so, daß die Kirche die Gläubigen zwingt, in einer bestimmten Weise zu handeln, sondern das vom Glauben erleuchtete und ehrliche Gewissen drängt dazu, die Lehre der Kirche anzunehmen.

Das Gesagte ist seit Jahren hochaktuell in Bezug auf die Lehre der Kirche über Familienplanung und Empfängnisregelung. Über die kundgetane Auffassung und Absicht, über die Häufigkeit der Vorlage ein und derselben Lehre und über die deutliche Sprechweise des päpstlichen Lehramtes vor allem seit Papst Pius XI. bis zum jetzigen Papst kann in dieser Hinsicht keinerlei Zweifel bestehen. Auch die Stellungnahme der Vertreter des Weltepiskopats auf der Bischofssynode 1980 ist eindeutig. Zudem sind auch die Folgen der Nichtbeobachtung der kirchlichen Lehre zumal in der Bundesrepublik als dem geburtenärmsten Land der Welt zu bedenken.[27])

Wer all dies erwägt, wird folgende Worte von Escrivá de Balaguer, dem Gründer der Bewegung Opus Dei, nicht als befremdlich ansehen: „Ich verstehe nicht, wie es Katholiken, und noch weniger, wie es Priester geben kann, die sich seit Jahren mit großer Unbekümmertheit und ruhigem Gewissen über die päpstlichen Lehräußerungen hinwegsetzen und den Gebrauch der Pille als Mittel zur Empfängnisverhütung

anraten. Auch kann man nicht einfach sagen, wie es zum Teil mit unglaublicher Leichtfertigkeit geschieht, daß der Papst, wenn er nicht *ex cathedra* spricht, nichts als eine private, dem Irrtum ausgesetzte Meinung vertritt. Es ist schon ein ganz beträchtliches Maß an Arroganz nötig, um zu sagen, daß der Papst sich irrt, ich aber mit meiner Meinung die Wahrheit gefunden habe.
Darüber hinaus vergessen sie, daß der Papst nicht nur Lehrer ist – unfehlbar, wenn er es ausdrücklich sagt –, sondern außerdem auch der oberste Gesetzgeber der Kirche ... Das Gegenteil zu raten ist folglich dem Papst gegenüber ein schwerer Ungehorsam in einer schwerwiegenden Sache."[28])

6.

Tatsächliche Abwertung des überbewerteten Gewissens

Die Verschiebung der Gewichte scheinbar zugunsten des Gewissens und auf Kosten der objektiven Norm und der Autorität wirkt sich tatsächlich entgegengesetzt aus. Das zur höchsten Instanz und Norm erhobene Gewissen wird im Endeffekt abgewertet. Es fällt vor allem auf, daß man heute vielfach das Gewissen nicht im Ganzen der Heils- und Unheilsgeschichte des Menschen sieht. Dadurch wird es unwirklich, großenteils eine Fiktion. **Man glaubt an das heile Gewissen, das es so nicht gibt, und setzt es in jedem Fall voraus.**

- Der Blick auf die prostestantische Theologie kann hier heilsam sein. Zwar betont sie nach katholischer Lehre die Sündhaftigkeit des gefallenen Menschen und die Ichverkrampfung des Gewissens zu stark, aber sie kann uns vor einem irrealen Optimismus warnen. Die protestantische Theologie spricht von dem Gewissen, das ständig geneigt ist, sich gegen Gott und seinen Anruf zu verschließen und zu verteidigen (cor defensor).[29]) Die Selbstprüfung des Gewissens ist auch für den katholischen Christen ständig notwendig. Kardinal Bengsch kann zu solcher Selbstprüfung führen, wenn er schreibt: „Das Gewissen ist die letze Norm meines Handelns; nur, was ist Gewissen? Ist es Hören auf Gottes Stimme oder auf das eigene, sehr launenhafte, sehr trotzige und manchmal böse Herz? Ist es aber Hören auf die Stimme Gottes, dann ist es keine Instanz mehr gegen den Geist Gottes. Ich kann nicht sagen: ‚Die Lehre, die ich als richtig befinde, ist für mich die Garantie, daß die Kirche das Richtige lehrt', sondern wenn ich Gläubiger bin, muß ich es umgekehrt sagen."[30])

• Die Verabsolutierung des Gewissens und seine Loslösung von der Heilsgeschichte können zu einer *Vernachlässigung der Gewissensbildung* führen. Wenn das Gewissen von vornherein als höchste und oberste Instanz gilt, kann man leicht vergessen, daß es der ständigen Wachsamkeit und Pflege bedarf. Zunächst muß man sich in acht nehmen vor der beinahe *unmerklich geschehenden Verhärtung des Gewissens.* Der berühmte methodistische Prediger C. H. *Spurgeon* († 1892) hat sie trefflich mit Hilfe eines Vergleichs geschildert: „Es ist schrecklich, wenn man das Gewissen hart werden läßt. Das gleicht dem Gefrieren eines Teiches. Der erste Überzug von Eis ist kaum wahrnehmbar. Haltet das Wasser in Bewegung, und ihr werdet das Eis hindern, es hart zu machen. Wenn ihr es aber so bleiben laßt, wird die Eisschicht dichter und dichter, bis sie zuletzt so fest ist, daß ein Wagen darüber fahren kann. So ist es mit dem Gewissen. Es überzieht sich allmählich und wird zuletzt so unempfindllich, daß es ein großes Gewicht von Sünden tragen kann.“[31])

Die Mittel, um sich gegen die Verhärtung des Gewissens zu schützen, sind dieselben, durch die wir das Gewissen verfeinern und vervollkommnen. Hier sind zu nennen: das persönliche Gebet, die Lesung der Heiligen Schrift, die Aussprache mit einem reifen Mitmenschen, der wiederholte, ernsthafte Empfang des Bußsakramentes, die ehrliche Gewissenserforschung außerhalb der Beichte, die Teilnahme an Einkehrtagen und Exerzitien.

• Das Gewissen kann nicht nur dadurch abgewertet werden, daß es aus der Heilsgeschichte herausgelöst und damit verharmlost wird, sondern auch durch die *Psychologisierung in Richtung auf die Empfindung und das Gefühl.* Sie liegt vor, wenn *v. Gagern* im Hinblick auf die Gewissensentscheidung in der Empfängnisregelung schreibt: „Sie (die Eheleute) werden selber entscheiden können, welche Methode der Empfängnisverhütung von ihnen als am wenigstens störend empfunden wird. Um darüber zu befinden, bedarf es weder großer Intelligenz noch besonderer Bildung. Auch ganz einfache Menschen wissen bzw. bringen in Erfahrung, welche Methode ihnen als am besten geeignet erscheint. Voraussetzung freilich ist, daß ihr Gewissen in dieser Richtung die entsprechende Freiheit hat, sich selber zu orientieren.“[32]) Entspricht es der Würde des Gewissens, wenn die Entscheidung in einer wichtigen Angelegenheit so wenig kostet?

Auf derselben Linie liegt es, wenn das Gewissen mit „Gefühl" gleichgesetzt wird. Es ist geschrieben worden, Eheleute könnten sich zu einer anderen als der natürlichen Geburtenregelung entscheiden, wenn sie „diesen Weg mit gutem Gefühl, gemeint ist hier: mit guten Gewissen" gehen können.[33]) Die angeblich „höchste" sittliche Instanz endet damit, dem Gefühl gleichgesetzt zu werden.

Anmerkungen:

1) Pastoralkonstitution über die Kirche in der Welt von heute, Art. 12.
2) Ebd. Art. 16.
3) Ebd.
4) D. Mieth, Gewissen, in: Christlicher Glaube in moderner Gesellschaft, Bd. 12, Herder Freiburg 1981, S. 144 f.
5) Ebd. S. 147.
6) Ebd. S. 145.
7) J. Gründel, die Kategorie der Schöpfung, in: Handbuch der christlichen Ethik, B. 1, Herder Freiburg 1978, S. 415.
8) Weitere Beispiele sind J. G. Ziegler, Vom Gesetz zum Gewissen, Herder Freiburg 1968, S. 114; A. Beckmann, Autorität – Lehramt – Gewissen. Zur innerkirchlichen Diskussion nach „„Humanae vitae", Essen 1969, S. 32.
9) Ein Artikel in der Kirchenzeitung für das Bistum Augsburg vom 16. Nov. 1980 über die Bischofssynode 1980 war überschrieben: „Gewissen nach wie vor oberste Instanz". Es wurde über eine Pressekonferenz des Kardinals J. Ratzinger berichtet, der aber dem Bericht nach diese Einstufung des Gewissens nicht gebraucht hat.
10) Erklärung über die Religionsfreiheit, Art. 3.
11) Ebd.
12) A. Sustar, Gewissensfreiheit, Benziger Verlag Einsiedeln ³1969, S. 36; Hervorhebung im Original.
13) Erklärung über die Religionsfreiheit, Art. 3; vgl. Pastoralkonstitution, Art. 87.
14) Erklärung über die Relgionsfreiheit, Art. 3.
15) F. E. von Gagern, Geburtenregelung und Gewissensentscheid, Rex Verlag München 1967, S. 189.
16) Pastoralkonstitution, Ar. 23.
17) Erklärung über die Religionsfreiheit, Art. 14.
18) Thomas von Aquin, Summa theologiae I–II, q. 106, a. 1.
19) R. Pfützner (Hrsg.), Gewissen – was ist das?, Verlag für Gemeindepädagogik München 1981, S. 28.
20) D. Mieth, a. a. O., S. 145.
21) R. Pfützner, a. a. O., S. 30.
22) Dogmatische Konstitution über die Kirche, Art. 37.
23) Erklärung über die Religionsfreiheit, Art. 14.
24) Diese Anschauung liegt dem Artikel von Generalvikar Dr. R. Schlund „die ‚Königsteiner Erklärung' der Deutschen Bischofskonferenz vom 30. August 1968 –

heute“ in: Informationen für das Erzbistum Freiburg, Sept./Okt. 1981, S. 146–165 zugrunde.

25) Dogmatische Konstitution über die Kirche, Art. 25.

26) D. Mieth, a. a. O., S. 168.

27) Über das erschreckende Ausmaß der Folgen der kinderfeindlichen Mentalität und Verhaltensweise vor allem in der Bundesrepublik unterrichtet in beängstigender Weise P. Chaunu, Die verhütete Zukunft, Seewald Verlag Stuttgart 1981. Man lese im besonderen das Kapitel „Das deutsche Modell“ S. 196–203 („Dieses Modell der größten Industrienation Europas, der Heimat Luthers, Bachs, Kants, Mozarts, Goethes und Beethovens, ist das Modell des stillschweigenden Todes binnen 50 Jahren ...“ S. 202 f.

28) Gespräche mit Msgr. Escrivá de Balaguer, Adamas Verlag Köln [3]1981, S. 139.

29) Vgl. z. B. H. Thielicke, Theologische Ethik, 1. Bd., J. C. B. Mohr Tübingen 1951, S. 501–524. Es ist nicht zu verstehen, wie D. Mieth, a. a. O., nur die philosophischen, sozialpsychologischen und humanwissenschaftlichen Meinungen über das Gewissen, nicht aber die Lehre der protestantischen Theologie berücksichtigt.

30) A. Bengsch, Kirche ohne Kreuz?, Morus Verlag Berlin 1969, S.

31) C. H. Spurgeon, Auf dein Wort. Andachten für jeden Tag, Hermann Schulte Verlag Wetzlar 1977, S. 293.

32) F. E. von Gagern, a. a. O., S. 187 f.

33) Ph. Schmitz, Verantwortete Empfängnisregelung, in: Leben und Erziehen, „Ja“ das Sonderheft für alle die heiraten wollen, Einhard-Verlag Aaachen 1981, S. 147.

III Nur „Ideal"? Lähmung durch „pastorale" Relativierung. – Berufend-weckende statt beschwichtigende Pastoral

Prof. P. Dr. Anselm Günthör OSB

Das Gesetz der Gradualität oder das Wachsen und Reifen im christlichen Leben

(mit Stellungnahme zu einem Artikel von P. B. Häring über die Bischofssynode 1980)

In den Beratungen der Bischofssynode 1980 über die Aufgaben der christlichen Familie in der heutigen Welt ist wiederholt der Begriff der Gradualität (gradualitas) als Element des Lebens des Christen zur Sprache gekommen. Sie besagt, daß wir gleichsam stufenweise in der *Erkenntnis* des Willens Gottes und in seiner *Verwirklichung* voranschreiten. Der Hl. Vater hat in der Schlußansprache am Ende der Synode deutliche Worte über das „Gesetz der Gradualität" gesagt. Es ist äußerst verhängnisvoll, daß bereits der Versuch gemacht wird, die Äußerungen der Synode über die Gradualität scheinbar zu übernehmen, sie aber so *umzudeuten,* daß sie einen anderen Sinn bekommt. Der mißdeutete Begriff muß dann dazu herhalten, Meinungen abzustützen, die die Sittenlehre der Kirche *zersetzen.*

Im folgenden soll kurz dargestellt werden, was die Offenbarung, wie sie uns vor allem in der Hl. Schrift erreicht, und die theologische Reflexion über das Gesetz der Gradualität sagen. Auf diesem Hintergrund werden dann die Worte des Papstes darüber gesehen. Den Abschluß dieser Ausführungen bildet die Kritik an dem Artikel von P. B. Häring „Pastorale Erwägungen zur Bischofssynode über Familie und Ehe."[1])

1. Die Gradualität des Christenlebens in der Hl. Schrift

Das Wachsen, Reifen und Fortschreiten im christlichen Leben gehört zu den Hauptgebetsanliegen des hl. Paulus für seine Gemeinden:

> „Seit dem Tag, an dem wir davon erfahren haben, hören wir nicht auf, inständig für euch zu beten, daß ihr in aller Weisheit und Einsicht, die der Geist schenkt, den Willen des Herrn ganz erkennt. Denn ihr sollt ein Leben führen, das des Herrn würdig ist und in allem sein Gefallen findet. Ihr sollt Frucht bringen in jeder Art von guten Werken und wachsen in der Erkenntnis Gottes" (Kol 1, 9f).

Das Wachstum hängt vor allem vom Wirken Gottes im Christen ab und es besteht hauptsächlich in der Zunahme der Liebe:

> „Ich vertraue darauf, daß er, der bei euch das gute Werk begonnen hat, es auch vollenden wird bis zum Tag Christi Jesu ... Und ich bete darum, daß eure Liebe immer noch reicher an Einsicht und Verständnis wird, damit ihr beurteilen könnt, worauf es ankommt" (Phil 1, 6. 9f; vgl. Eph 3, 14–19; 2 Thess 1, 11).

Jesus selbst kennzeichnet das Leben des Christen als Wachsen und Reifen, wenn er im Johannesevangelium verheißt, daß der Heilige Geist die Seinen immer mehr in die Wahrheit einführen werde (Joh 16, 13). Der Fortschritt besteht jedoch nicht allein in der wachsenden Erkenntnis. *Sie muß zum vollkommeneren Tun werden.* Voraussetzung dafür ist die *ständige Läuterung*. Der Vater selbst bewirkt diesen Prozeß: „jede Rebe, die Frucht bringt, reinigt er, damit sie mehr Frucht bringt" (Joh 15, 2). Schon im Gleichnis von den Talenten, die der Herr seinen Knechten übergibt, damit sie mit ihnen arbeiten und sie vermehren, hat Christus die Verpflichtung zum Fortschritt im religiös-sittlichen Leben ausgesprochen (Mt 25, 14–30; Lk 19, 11–27).

2. Grundsätzliche theologische Reflexion über das Gesetz der Gradualität

Es ist zu bedauern, daß das Thema des Wachstums im christlichen Leben in der späteren Entwicklung der Theologie weithin den Sonderdisziplinen der Aszetik und Mystik zugewiesen worden ist. Es gehört als zentrale Frage in die Moraltheologie als Lehre vom christlichen Leben. Man muß unterscheiden zwischen der *allen Menschen* obliegenden Pflicht zum ständigen sittlichen Reifen und der Forderung an den *Christen* zum Fortschritt im Christsein. Dieser hat die allgemeine

Bestimmung zur Vervollkommnung in spezifischer Weise zu verwirklichen. Diejenigen, die außerhalb des Raumes des verkündeten Evangeliums und der Kirche stehen, führt Gott, wenn sie ihm folgen, durch das Gewissen und die geheimnisvollen Pläne der Gnade zum Fortschritt im Guten.[2]). Beim getauften Christen treten wichtige neue Voraussetzungen und Zielrichtungen hinzu. Er gehört durch die Taufe in besonderer Weise Christus an. Es ist seine Lebensaufgabe, diese Zugehörigkeit zu Christus in steigendem Maß zu verwirklichen. Dazu ist zunächst erforderlich, daß er sich immer wieder und jeweils entschiedener gegen all das stelle, was im Gegensatz zum Leben in Christus steht. Man nennt dieses Bemühen *die ständige oder auch die zweite (nach der Taufe) Bekehrung* (conversio continua). Die auf die Taufe folgenden Sakramente verstärken die Verbindung mit Christus und verpflichten umso mehr zur Nachfolge Christi. Auf diesem Weg zur Vollkommenheit hat der Christ entscheidende Hilfen am Worte Gottes, das er in der Gemeinschaft der Kirche hört. Das Lehramt der Kirche und das authentische Glaubensbewußtsein der kirchlichen Gemeinschaft garantieren ihm die Unverfälschtheit der Botschaft Christi, die sie jeweils auf die neu entstehenden Situationen und Fragen hin deuten.

3. Die Hauptelemente des Fortschritts im christlichen Leben

Aus dem bisher Gesagten ergeben sich bereits die wichtigsten Dimensionen des echten Wachsens und Reifens im Leben des Christen:

a) *Das echte Wachsen erfordert ständige Umkehr, Bekehrung.*

Als Nachwirkungen der Erbschuld und persönlicher Sünden tragen wir eine Trübung der Erkenntnis und Schwächung des Strebens in uns. Der Einfluß der von der Sünde gezeichneten Welt kann diese Mängel verstärken. Wir müssen uns daher ständig um die Reinigung des Herzens bemühen und den Hang zum Bösen bekämpfen. Der Weg der Vervollkommnung ist daher der Weg der Läuterung: *via purgativa,* wie die Aszetik sagt. Die Läuterung gehört nicht etwa nur zum Beginn des Weges, sondern sie muß bis zum Ende des Wachstums das christliche Leben prägen. Es wäre ein Gegensatz zur ständigen Bekehrung und Läuterung, wenn jemand sich in übertriebenem Selbstbewußtsein von vornherein auf seine eigenen Ansichten festlegen wollte.

Ebenso würde es gegen die dauernde Abkehr von der Sünde verstoßen, wenn der Christ den Strömungen und Tendenzen seiner Zeit nicht *kritisch und zurückhaltend* gegenüberstünde.

Das Gesetz der Gradualität hat also nichts mit blindem Fortschrittsglauben zu tun. Der Weg zur Reife ist steil und steinig.

b) *Zum Wachstum gehört die bewußte Verbindung mit Gott im Gebet, in den Sakramenten, in der Aufgeschlossenheit dem Worte Gottes und der Lehre der Kirche gegenüber.* Der Fortschritt ist zugleich Gnade und bewußtes Tun des Christen. Mit dem Blick auf den Einfluß der Gnade spricht die Aszetik von der *via illuminativa,* dem Weg der Erleuchtung. Mangelnde Verbindung mit Gott und mit der Kirche, die zur Gewohnheit oder Mode gewordene Opposition gegen die Autorität und die grundsätzliche Geringschätzung der Lehre der Kirche blockieren das Wachstum.

c) *Der Weg des Fortschritts führt nicht über unmarkiertes Gelände, sondern er ist nach rechts und links gegen die Gefahren und Abgründe* abgegrenzt.[3]). Als Wegweiser und Markierungen fungieren die Gebote Gottes und die Weisungen der Kirche. Sie geben nicht nur im allgemeinen die Richtung an, sondern sie richten in vielem eine Planke gegen Abwege und Abgründe, gegen die Umkehr in die falsche Richtung auf.

Von diesen Überlegungen her wird der Unterschied zwischen *Erfüllungsgeboten* und *Zielgeboten* verständlich. Die Erfüllungsgebote können und müssen erfüllt werden, z. B. eine Forderung der Gerechtigkeit. Hierher gehören *zumal die Verbote,* die zu beachten sind. Wer ein wichtiges Erfüllungsgebot nicht verwirklicht oder ein derartiges Verbot nicht einhält, verläßt den rechten Weg. Dagegen können wir ein Zielgebot – das Zielgebot ist die Liebe – in diesem Leben nicht zur Genüge verwirklichen. Hier gilt das Wort des hl. Paulus: „Nicht daß ich es schon erreicht hätte oder daß ich schon vollendet wäre. Aber ich strebe danach, es zu ergreifen, weil auch ich von Christus Jesus ergriffen worden bin" (Phil 3, 12). Allerdings kann die Liebe teilweise auch den Charakter eines Erfüllungsgebotes haben, d. h. sie kann Forderungen enthalten, die *erfüllt* werden müssen, und Verbote einschließen, die *absolut zu beachten* sind.

Die Liebe als die Seele echten christlichen Lebens verleiht diesem einen dynamischen Charakter. Das bedeutet, daß der strebende Christ *mit wachsender Einsicht, umfassender, entschiedener, bewußter handelt.*

Es ist aber völlig abwegig, deswegen den Unterschied zwischen

Erfüllungsgeboten und Zielgeboten zu verwischen und Erfüllungsgebote in Zielgebote umwandeln zu wollen. Dies ist nicht zuletzt auf dem Gebiet der Ehemoral heute weithin festzustellen, wenn z. B. die Unauflöslichkeit der Ehe oder die Forderungen der ehelichen Keuschheit als Ideale oder Idealforderungen eingestuft werden, die nicht in jedem Fall verbindlich seien. Man gibt dann wesentliche Normen auf und begründet dies damit, wir seien ja immer nur auf dem Wege, diese Forderungen seien bloß Fernziele, konkrete Normen seien nie hier und jetzt unbedingt verpflichtend, die Behauptung absolut verpflichtender Einzelnormen sei starrer Legalismus. Das ist jedoch völlige Verfälschung des Gesetzes der Gradualität. Wer so denkt und redet, *hindert sich und andere am Wachstum* im sittlichen Leben.

d) Beim Wachstum im christlichen Leben spielt gewiß die *Erfahrung* eine Rolle. Jedoch ist nicht alles, was als solche ausgegeben wird, Erfahrung der Wirklichkeit, *christliche Erfahrung*. Jeweils sehr verschieden erfahren einerseits der strebsame Christ, der sich um ständige Läuterung bemüht, die Verbindung mit Gott sucht, auf das Wort Gottes und die Lehre der Kirche hört, und andererseits derjenige, der ohne Umkehrwillen, ohne Gebet, ohne Aufnahmebereitschaft dem Worte Gottes und der Lehre der Kirche gegenüber lebt und *die Bestätigung seiner Lebensweise durch seine „Erfahrung" sucht*. Man erfährt so, wie man ist. Es gibt keine voraussetzungslose Erfahrung. Diese Tatsache übersieht derjenige, der sich rascherhand auf weitverbreitete Meinungen und Lebensgewohnheiten beruft, um gewisse Normen für überholt zu erklären.

4. Die Hilfe der Theologen und des Seelsorgers zum religiös-sittlichen Wachstum der Gläubigen

Der Theologe und der Seelsorger haben den Auftrag, ihre Mitchristen auf dem Weg zur Reife helfend zu begleiten. Dies bedeutet praktisch, daß sie diese im Streben um ständige Läuterung, in der kritischen Wachsamkeit den Zeitströmungen gegenüber, in der Verbindung mit Gott, in der Aufgeschlossenheit dem Worte Gottes und der Lehre der Kirche gegenüber unterstützen. Der Theologe und der Seelsorger können anderen nur dann helfen, wenn sie diese Haltungen zuallererst in sich selbst pflegen.

Keine Hilfe bieten der Theologe und der Seelsorger, die fragende und zweifelnde Gläubige *nur auf ihr Gewissen verweisen und es dabei bewenden lassen.* Das ehrliche Gewissen verlangt nach Information und zwar nach *objektiv richtiger Information.* In der heute weithin üblichen Überbetonung des Gewissens auf Kosten der objektiven, allgemeingültigen Normen liegt tatsächlich eine Mißachtung der Würde des Gewissens. Diese zeigt sich gerade in der Ausrichtung auf die objektive Wahrheit und in der Fähigkeit, sie zu erkennen und sich zueigen zu machen.

Ebenso bietet der Theologe und Seelsorger keine Hilfe, die das Wort Gottes und die Lehre der Kirche nicht mit aller Sorgfalt erforschen, um sie dann klar und deutlich darlegen zu können. Es wäre besonders verhängnisvoll, wenn sie durch eine hyperkritische und antiautoritäre Haltung dem Lehramt der Kirche gegenüber und durch entsprechende Äußerungen bei den Gläubigen Mißtrauen gegen die Kirche und Unsicherheit hervorriefen.[4]).

Hier ist noch auf die Frage einzugehen, ob Gläubige, die guten Glaubens (bona fide) eine Meinung vertreten, die offensichtlich der Lehre der Kirche entgegengesetzt ist, in diesem Zustand belassen werden können. Es kann sich um die Meinung eines einzelnen oder auch um eine weitverbreitete Ansicht handeln. Zunächst ist die *Frage* aufzuwerfen, *ob es sich wirklich um guten Glauben handelt.* Dazu, daß jemand oder auch viele tatsächlich guten Glaubens sind, ist erforderlich, daß sie im Bemühen um dauernde Umkehr sellbstkritisch und wandlungsbereit, für die Belehrung durch das Wort Gottes und die Lehre der Kirche empfänglich und sich der Grenzen ihrer Kompetenz in Fragen der Moral bewußt sind.

Vorausgesetzt, es liege guter Glaube vor, so ist zu bedenken, wie heilsnotwendig die Lehre der Kirche ist, von der die betreffende Meinung abweicht. Man muß auch darauf achten, ob sich der Irrtum durch das Gewährenlassen verstärkt und weiter ausbreitet. An sich fordert die Verantwortung für das sittliche Wachstum der Gläubigen, daß ihnen bewußt gemacht wird, die Kirche teile ihre Meinung nicht und sie dürften ihren entgegengesetzten Standpunkt nicht für definitiv ansehen. Es ist *unverantwortlich*, wenn ein Theologe oder ein Seelsorger einen solchen Standpunkt einnimmt und ihn in seinem Amte vertritt, wobei er die Lehre der Kirche entweder *verschweigt oder herabsetzt.* Wenn er auf diese Weise andere in ihrer von der Lehre der Kirche abweichenden Meinung *und in ihrem „guten Gewissen" bestärkt,* sie durch den Verweis auf Gewissen, Autonomie, Liebe in ihrem Verhalten verfestigt, trägt er gewiß nicht zum religiös-sittlichen Fortschritt der Gläubigen bei. Er mißbraucht sein Amt. Es ist eine Ausnahmeregelung, unter bestimmten Voraussetzungen die von der Lehre der Kirche abweichende Meinung vorerst zu dulden, damit der im guten Glauben Irrende nicht in die subjektive und formale Sünde falle, da er nicht gewillt ist, sein Verhalten in Übereinstimmung mit der Lehre der Kirche zu bringen.

5. Papst Johannes Paul II. über das Gesetz der Gradualität

Wie zu Beginn gesagt, ging der Papst in seiner Schlußansprache zur Bischofssynode 1980 auf die Gradualität im christlichen Leben ein. Dies beweist, wie entscheidend es ist, diesen Begriff richtig zu fassen und ihn nicht zu entstellen. Es ist zu bedenken, in welch konkretem Zusammenhang der Papst über die Gradualität gesprochen hat. Zunächst hatte er ausgeführt, daß die Synode die Unauflöslichkeit der Ehe und die grundsätzliche Unmöglichkeit, zivil wiederverheiratete Geschiedene zu den Sakramenten zuzulassen [5]), *bestätigt* hat. Ebenso haben die Synodenväter, wie er sagte, offen die Gültigkeit und feste Wahrheit (validitatem ac firmam veritatem) der in der Enzyklika Humanae vitae enthaltenen Botschaft bekräftigt. Mit dem Blick auf Ehe und Familie und auf diese konkreten Normen der Ehemoral hat der Papst folgendes über das Gesetz der Gradualität festgestellt:

a) Die Synodenväter haben nach den Worten des Papstes jede *Zweiteilung oder „Dichtonomie"* (Zweigleisigkeit) zwischen der seelsorglichen Führung, die auf das Wachstum in der Befolgung des göttlichen Willens Rücksicht nimmt, einerseits und der Lehre der Kirche mit ihren Folgen, zu denen das Gebot, nach dieser Lehre zu leben, gehört, andererseits *abgelehnt.* Es gehe also nicht um das Verlangen, das Gesetz nur als ein „Ideal" festzuhalten, das man in einer späteren Zeit erreichen werde, sondern um den *Befehl Christi, die Schwierigkeiten (das Gesetz zu erfüllen) standhaft und ständig zu überwinden.*

Damit hat der Papst gesagt, das Gesetz wechsle nicht seine Gültigkeit je nach der Verschiedenheit der Menschen und der Verhältnisse. Es ist unmöglich, daß das Wachstum auf einem ganz anderen Geleise erfolgt als dem der allgemeingültigen Norm. Ein der Norm entgegengesetztes Verhalten ist nicht in einem Fall Unordnung, in einem andern geordnetes Verhalten je nach der Stufe, auf der jemand in seinem Streben steht.

b) Das „Gesetz der Gradualität" oder des stufenweisen Fortschritts – führt der Papst weiterhin aus – besagt also **keineswegs eine „Gradualität des Gesetzes"**, als ob es verschiedene Stufen oder Formen des Gesetzes gäbe, entsprechend den Unterschieden der Menschen und der Situationen. Diese Worte des Papstes besagen konkret, daß die Norm nicht in einem Fall verbindlich, in einem andern unverbindlich sei; in einem Fall objektiv schwer, in einem anderen Fall objektiv nur leicht verpflichte.

c) der Papst hat ebenso deutlich ausgedrückt, daß der Prozeß der Gradualität nicht automatisch erfolgt, sondern *Anstrengung erfordert.* Er kann nicht erfolgen, „außer man richtet sich nach dem göttlichen Gesetz und strebt nach den Werten, die durch dieses Gesetz geschützt und gefördert werden". Es gibt also kein wirkliches Wachstum, wenn man, wenn auch nur zeitweise, die Gültigkeit der Norm außer Kraft setzen will.

Mit seinen Aussagen hat der jetzige Hl. Vater die Richtung bestätigt, die *schon Papst Paul VI. im pastoralen Teil der Enzyklika Humanae vitae vorgezeichnet* hat. Sie kann folgendermaßen zusammengefaßt werden. Papst Paul VI. *nimmt die Allgemeingültigkeit* der in der Enzyklika erneut eingeschärften Norm angesichts der schwierigen Verhältnisse, in denen sich Eheleute befinden können, und der menschlichen Schwäche *nicht zurück.* Diese Norm ist im letzten im ganzheitlichen Wesen des Menschen und in der ganzmenschlichen Dimension der ehelichen Liebe begründet. Darum ist der Verstoß gegen sie *immer objektiv Unordnung,* Widerspruch zu den Forderungen des Menschseins und Christseins, zum Willen Gottes. *Subjektiv* können jedoch die Schwierigkeiten, die das Leben von Eheleuten bedrücken, eine große Rolle spielen. Wenn sie von der Norm abweichen, kann die Ursache weithin in ungünstigen Verhältnissen und in der mangelnden Kraft zu ihrer Bewältigung liegen. Dadurch kann sich ihre Schuld mehr oder weniger vermindern. Das heißt aber nicht, daß für sie die Norm nicht existierte und daß sie der Pflicht enthoben wären, danach zu streben, ihr Leben nach ihr auszurichten. Sie sind auch in dieser Situation zum charakterlichen und sittlichen Wachstum gerufen. Das bedeutet, daß sie sich nicht der Mutlosigkeit und der Resignation oder bequemer Genügsamkeit überlassen dürfen. Sie sollen umso mehr aus den Quellen der geistigen Kraft, dem Gebet und den Sakramenten schöpfen. Diejenigen, die sie um Rat und Hilfe angehen, gerade auch der Seelsorger und Beichtvater, haben ihnen mit großem Verständnis zu begegnen, aber sie würden ihnen nicht helfen, wenn sie sagten, die Norm habe für ihren Fall nichts zu bedeuten. Ein solch falscher Rat würde gerade den Ansporn zum Streben und Reifen blockieren.

6. Zum Artikel von P. B. Häring „Pastorale Erwägungen zur Bischofssynode über Familie und Ehe“

P. Häring weist auf das Wachstumsgesetz hin und fordert in diesem Zusammenhang „klare Zielweisung“ (S. 73). Es überrascht, daß er trotzdem der Meinung ist, daß seine Erwägungen „in gleicher oder fast gleicher Weise von jenen vollzogen werden können, die grundsätzlich für den Ausschluß der Geschiedenen-Wiederverheirateten von den Sakramenten und für die Verurteilung kontrazeptiver Methoden sind, wie von jenen, deren Meinung differenzierter ist“ (S. 72). *Einerseits* soll also das Ziel klar aufgezeigt werden, was Voraussetzung echten sittlichen Wachstums ist, *andererseits* sollen die Meinungen doch sehr auseinandergehen dürfen. Dies schließt sich gegenseitig aus. P. Häring will in dem Artikel auf „pastorale Wege“ hinweisen, „die am besten die Loyalität gegenüber dem kirchlichen Amt und gegenüber dem Volke Gottes ausdrücken und fördern können“ (S. 72). Dem kirchlichen Lehramt, „in besonderer Weise dem authentischen Lehramt des Bischofs von Rom, auch wenn er nicht kraft höchster Lehrautorität spricht“ schulden wir jedoch *nicht nur „Loyalität“, sondern „religiös gegründeten Gehorsam“* oder „religiösen Gehorsam des Willens und des Verstandes“, wie das Zweite Vatikanische Konzil betont[6]). Die von P. Häring empfohlenen pastoralen Wege drücken nicht und noch weniger „am besten“ „Loyalität“ dem kirchlichen Amt gegenüber aus, sondern w i d e r s p r e c h e n i h m g r o ß e n t e i l s. Wo aber die „Loyalität“ dem kirchlichen Lehramt gegenüber fehlt, fehlt auch die „Loyalität“ gegenüber dem Volke Gottes. Die nun folgenden kritischen Einzelbemerkungen zum Artikel des P. Häring zeigen die mangelnde Übereinstimmung mit der Lehre der Kirche deutlich:

a) P. Häring unterscheidet immer wieder zwischen dem oder den

Grundanliegen des Lehramtes, der Bischofssynode und den *konkreten Weisungen,* zwischen „dem Kernanliegen der kirchlichen Autorität, die ganz und gar pastoral zu verstehen ist, und den mehr oder weniger verfeinerungsbedürftigen Anwendungen und Begründungen“ (S. 72), zwischen „dem *Grundanliegen* der Synode und den konkreten Weisungen“ (S. 73), zwischen „den Grundanliegen und der grenzziehenden Norm“ (S. 78). Diese Hypothese soll es wohl ermöglichen, in der Beantwortung konkreter Fragen in eine andere Richtung zu gehen und sich trotzdem auf das Lehramt und die Bischofssynode zu berufen. Dieses Vorgehen erinnert sehr an die immer wieder unternommenen Versuche, sich einerseits auf den *Geist* des Zweiten Vatikanischen Konzils zu berufen und zugleich *Einzellehren* desselben Konzils zu umgehen, ja sogar ihnen zu widersprechen.

b) Um die Bischofssynode 1980 richtig zu verstehen, müßte man vor allem die beiden Schlußdokumente berücksichtigen, nämlich die „Botschaft der Weltbischofssynode an die christlichen Familien der heutigen Welt“ und die Schlußansprache, die der Papst am Ende der Synode gehalten hat. *Diese beiden Dokumente erwähnt P. Häring in keiner Weise.* Sie passen ja auch nicht zu seinem Gedankengang, ja sie widersprechen zum Teil seinen Behauptungen. Ist aber eine Würdigung der Synode, ist das wahrheitsgetreue Verständnis ihrer Aussagen möglich, wenn man es mit Schweigen übergeht, wie die Synodenväter selbst und der Papst die Ergebnisse zusammengefaßt haben?

Nun zu den beiden Hauptthemen des Artikels von P. Häring, der Seelsorge an den zivil wiederverheirateten Geschiedenen und der moralischen Beurteilung der verschiedenen Wege der Empfängnisregelung. Zu beiden Themen hat sich die Bischofssynode geäußert.

c) *Zur Seelsorge an den wiederverheirateten Geschiedenen.*

P. Häring plädiert – dies können alle vorsichtigen Formulierungen, die er gebraucht, nicht verschleiern – für eine geänderte Praxis der Sakramentenseelsorge an den wiederverheirateten Geschiedenen. *Er möchte ihnen die Tore zum Empfang der Sakramente weit öffnen.* Mit keinem Wort erwähnt er, daß der Papst am Ende der Synode in seiner Schlußansprache gesagt hat, daß die Synodenväter die Praxis der grundsätzlichen Nicht-Zulassung solcher Gläubiger bestätigt haben.

*

Hier sei eine Zwischenbemerkung eingeschoben: weil P. Häring die offiziellen Aussagen der Synode in seinem Artikel nicht berücksichtigt, schafft er sich freie Bahn, um von „ungelösten Problemen" (S. 71), von „theoretischen Fragen bzw. Streitpunkten" (S. 72) reden zu können. Zwar haben die Synodenväter weitere begründete Überlegungen über die Seelsorge an den wiederverheirateten Geschiedenen – und auch über den natürlichen, sittlich erlaubten Weg der Empfängnisregelung – angeregt und gewünscht, aber sie haben keineswegs die bestehende Lehre der Kirche in Frage gestellt, wie es P. Häring tut. Es ist in diesem Zusammenhang auch bezeichnend, daß er sagt, man dürfe aus „Lehren, die höchstens als ‚theologisch sicher', aber als reformierbar qualifiziert sind", nicht praktisch ein Dogma machen wollen (S. 72). Damit fällt er eine sehr eigenartige Vorentscheidung über den Rang der Lehräußerungen der Kirche zu den in seinem Artikel besprochenen Themen. Außerdem geht er sehr robust mit der differenzierten Stufenleiter der theologischen Qualifikationen um.[7])

*

Wie will P. Häring die geänderte Seelsorgspraxis begründen?

Er schreibt: „Aus einer sorgfältigen Lektüre ... der abschließenden Berichte der Diskussionsgruppen (wohl mit der einzigen Ausnahme der ‚lateinischen' Diskussionsgruppe) ergibt sich wohl eindeutig, daß das umgreifende und entscheidende Grundanliegen der Synode eine verstehende, heilende und differenzierte Pastoral der Geschiedenen ist" (S. 73). Der OSSERVATORE ROMANO vom 15. Oktober 1980, S. 1. 3f hat über die Ergebnisse der Diskussionsgruppen ausführlich berichtet. Daraus geht hervor, daß sie gewiß das Problem pastoral sehr ernstgenommen haben. Jedoch haben *mehrere ausdrücklich die Praxis der grundsätzlichen Nicht-Zulassung* der wiederverheirateten Geschiedenen zu den Sakramenten *bekräftigt*. Es sind dies folgende Gruppen: Die Mehrheit der englisch sprechenden Gruppe C, die französische Guppe B, die spanisch-portugiesisch sprechenden Gruppen A, B, C, die italienisch sprechende Gruppe. Keine der restlichen fünf Gruppen hat sich gegen diese Praxis ausgesprochen. Über all dies schweigt P. Häring.

P. Häring befürwortet sehr eine Ausrichtung der Seelsorge an den wiederverheirateten Geschiedenen nach der Praxis der *östlichen Christenheit* und nach ihrem Grundsatz der *oikonomia,* der „Heilshaushaltsmilde", wie P. Häring übersetzt (S. 78). Zunächst wäre zwischen den einzelnen östlichen Kirchen und Gemeinschaften zu unterscheiden, weil nicht alle dieselbe Praxis haben. Dann muß man sich vor einer Idealisierung der Anwendung der oikonomia auf die Ehe, z. B. sogar auf die Gestattung einer Ehe nach Scheidung, hüten, weil der *Einfluß der staatlichen Gesetzgebung auf die kirchliche* in der Geschichte des Ostens zu bedenken ist:

> „Nach den Konzilskanones und den Vätern der Ostkirche ist gemäß Mt 5, 32; 19, 9 der Ehebruch eines Teils der einzige Grund für die Auflösung der Ehe. Im 10. Jahrhundert wurde jedoch die 117. Novelle Justinians I. über die Ehescheidung dem Nomokanon ... einverleibt und erlangte dadurch kirchenrechtliche Gültigkeit. Nach ihr gibt es nicht weniger als neun Gründe für die Ehescheidung, zu denen später durch kaiserliches Gesetz noch andere hinzutraten, so daß es im ganzen 23 wurden ... Die kanonische Anerkennung der Auflöslichkeit der Ehe ist eine Folge des byzantinischen Staatskirchentums; infolge der Abhängigkeit der Kirche vom Staat wurde einfach dessen Gesetzgebung übernommen. Die Erleichterung der Ehescheidung beruht aber auch auf dem Einfluß, welchen das laxe Eherecht des Islam auf die östliche Christenheit ausübte.“[8])

Eine Anpassung an die Praxis des Ostens wäre also keineswegs identisch mit einer vertieften Besinnung auf das Evangelium.

Eigenartig ist folgende Argumentation des P. Häring:

> „Unter denen, die nicht geschieden sind, finden sich – Gott sei es geklagt – nicht wenige, die permanent gegen Liebe und Treue sündigen. Unter den nicht wiederverheirateten Geschiedenen, die für ihren Gehorsam hoch gepriesen sind, finden sich – Gott sei es geklagt – nicht wenige, die oft und schwer gegen die Keuschheit sündigen, sogar durch Einbruch in die Ehe anderer, und doch zu den Sakramenten zugelassen werden. – Ferner verweist man darauf, daß die Sakramente Zeichen der Einheit seien und darum jene, die im Widerspruch zur Einehe stehen, unwürdig sind, am sakramentalen Leben teilzunehmen, auch wenn sie subjektiv guten Willen zeigen. Wie viele Menschen müßten aufgrund dieses Argumentes von den Sakramenten der Einheit ausgeschlossen werden: jene, die nichts tun für die Wiederherstellung der kirchlichen Einheit oder sie gar behindern; jene, deren Ehe ständig zerstritten ist usw. Gegen-

über dem barmherzigen Hinweis, daß man selbstverständlich nur jene wiederverheirateten Geschiedenen zulassen wolle, die hier und jetzt guten Willen zeigen und das tun, was ihnen moralisch aus einem ehrlichen Gewissen möglich ist, erwidern manche: Man kann sie nicht zulassen; denn ‚objektiv stehen sie außerhalb der Ordnung'. Dies ist eine sehr gefährliche Antwort. Stehen nicht auch jene, die durch ihren ganzen Lebensstil den klaren Weisungen des Evangeliums über Armut, Liebe und Gerechtigkeit widersprechen, objektiv weit außerhalb der Ordnung? Stehen jene, die als Kettenraucher sich und anderen und dem Gemeinwohl schaden, etwa objektiv in der gottgewollten Ordnung? Man könnte noch eine ganze Liste anführen" (S. 73 f).

Auf eine derartige Argumentation ist zu antworten: wenn die genannten Sünder ihre Sünde nicht ernsthaft bereuen, keinen Besserungswillen zeigen, können sie nicht zu den Sakramenten gehen. Wollte sie ein Beichtvater trotz mangelnder Reue und fehlenden Besserungswillens absolvieren, so handelte er falsch und die Absolution wäre nichtig. Wie kann man mit einer Sakramentenpraxis, die falsch wäre, ein Vorgehen rechtfertigen wollen, das auf derselben Linie läge?

Wie der Hl. Vater in der Schlußansprache der Bischofssynode ausdrücklich bemerkt hat und wie schon oben gesagt wurde[9]), können zivil wiederverheiratete Geschiedene die Sakramente empfangen, wenn sie sich zum enthaltsamen Leben verpflichten, d. h. zur Enthaltung von den Akten, die nur wirklichen Eheleuten zustehen. P. Häring erwähnt die betreffenden Worte des Papstes nicht. Das, was er gesagt hat, tut er mit folgenden Worten ab:

> „Der Rat an wiederverheiratete Geschiedene, sich durch den Entschluß, ‚als Bruder und Schwester zusammenzuleben', des Sakramentenempfangs ‚würdig' zu machen, darf nicht gegeben werden, wenn dieser Rat oder eine solche Forderung voraussichtlich sehr schädliche Folgen haben würde, wie z. B. endgültige Entfremdung gegenüber der kirchlichen Autorität und der sakramental nicht verstandenen Kirche, auf lange Zeit gefährliche Gewissenskonflikte, Zerstörung der Harmonie einer Familie, Schädigung der Kindererziehung" (S. 74).[10])

Damit verleugnet P. Häring das Wachstumsgesetz, die „dynamische Pastoral", die er selbst fordert (S. 73). Wir müssen doch von der Annahme ausgehen, daß Christen aufgrund einer richtigen Darlegung des Willens Gottes sich mit Gottes Gnade zur Erfüllung dieses Willens durchringen können. Was die genannten etwaigen Folgen der Forderung betrifft, so wäre zu fragen, ob sie auf diese oder nicht vielmehr auf eine falsche Einstellung der Kirche und auch dem Mitmenschen gegenüber, die vor der Forderung liegt, zurückzuführen sind. Gerade das für das Christenleben so entscheidende *Wachstumsgesetz verlangt, daß eine solche Einstellung geändert wird.*

d) *Zur Empfängnisregelung oder zu der in der Enzyklika Humanae vitae enthaltenen Norm.* Auch in dieser Frage strebt P. Häring auf eine Antwort hin, die nicht mit derjenigen des Lehramtes übereinstimmt. Er möchte allerdings die Möglichkeit konstruieren, daß auch diejenigen, die Humanae vitae nicht folgen, doch mit dem Lehramt übereinstimmen. Er baut diese Konstruktion auf die Unterscheidung zwischen dem „Grundanliegen“ und der „grenzziehenden Norm“. So kommt er zu folgender Behauptung:

> „Können sich jene, die bislang die Weisungen von Humanae vitae nicht annehmen zu können glaubten, ehrlich sagen, daß sie sich die Grundanliegen insgesamt zu eigen gemacht haben, dann können sie beruhigt hoffen, der kirchlichen Weisung *wenigstens im Wesentlichen* treu zu sein“ (S.79)[11]).

Dies ist keine Interpretation der Enzyklika und der Lehre der Kirche, sondern der Versuch, sie wegzudeuten.[12]) P. Häring möchte einerseits an dem Grundanliegen der Enzyklika festhalten und doch andererseits ihre wichtige Entscheidung über den radikalen Unterschied zwischen den unnatürlichen, unmoralischen Methoden der Empfängnisregelung und dem natürlichen, moralisch möglichen Weg herabspielen. Daher schreibt er:

„Der kritische Mensch unserer Kultur wird sauer reagieren, wenn man ihm sagt, daß jeder eheliche Verkehr aktuell offen sein muß für die Weitergabe des Lebens hier und jetzt, während man ihm gleichzeitig versichert, es gebe natürliche Methoden, die mit Sicherheit eine Empfängnis ausschließen, und diese seien offen für die Weitergabe des Lebens in jedem ehelichen Akt“ (S. 78).

Dies ist eine sehr oberflächliche Schau der Dinge. Das tiefe Grundanliegen, um das es im Unterschied der Wege der Empfängnisregelung geht, wird in keiner Weise sichtbar. Kardinal Ratzinger hat in seinem Brief an die Priester, Diakone und an alle im pastoralen Dienst Stehenden vom 8. Dezember 1980 den Grundunterschied zwischen diesen Wegen und damit das eigentliche Anliegen von Humanae vitae folgendermaßen erläutert:

> „Worin besteht demnach der anthropologische und damit der moralische Unterschied zwischen Kontrazeption und Zeitrhythmus? Er besteht in einem doppelten, nämlich darin, daß bei der Zeitwahl die Zeit des Menschen, die Zeit der Frau angenommen wird und daß mit der Zeit der Dialog, die Rücksicht aufeinander, die Zeitlichkeit des Seins füreinander angenommen wird. Die Zeit und den Dialog annehmen, das bedeutet aber: den zugleich geistigen und leiblichen Charakter des Vorgangs annehmen, also: die Liebe und ihre notwendige Konsequenz, den Raum der Treue akzeptieren. In der Zeitwahl ist mit dem Phänomen ‚Zeit', zu dem der Dialog, die Rücksicht und die Enthaltungsfähigkeit gehören, der personale Aspekt, die Einheit von Leib und Seele, von Liebe und Treue mitgegeben. Das unterscheidet sie von der Pille, die die Sexualität zur partner-neutralen, jederzeit abrufbaren Droge macht. Theologisch könnte man noch einen Schritt tiefer gehen und sagen: Weil es hier um die Einheit von Geist und Leib, um den personalen Charakter des Menschen am innersten Punkt der Verschränkung von Natur und Person geht, geht es überhaupt um die Schöpfungsidee Gottes. Es geht, moraltheologisch betrachtet, um die Frage, ob uns die Schöpfung als Menschen – d. h.: moralisch – etwas zu sagen hat. Genau das will die technische Welt nicht. Für sie ist Natur beherrschbares Material für den Menschen, nichts sonst."

Es geht also nicht nur um einen, im letzten zudem vagen Begriff von ehelicher Liebe und um eine „grundsätzliche Offenheit für die eheliche Berufung" (Häring, S. 78).

P. Häring verschweigt, daß in der Lehre über die moralisch verantwortbare Empfängnisregelung *sämtliche Diskussionsgruppen der Bischofssynode an der Enzyklika Humanae vitae festgehalten* haben. Die Bischofssynode hat dies auch als ganze in ihrer Botschaft an die christlichen Familien der heutigen Welt getan, wenn sie sagt: „Der Akt der ehelichen Vereinigung muß gemäß dem Rundschreiben ‚Humanae vitae' wahrhaft menschlich, ganzheitlich, ausschließlich und offen für neues

Leben sein (Humanae vitae, 9 und 11)." Der Papst selbst hat, wie schon oben bemerkt, in seiner Schlußansprache von der Gültigkeit und festen Wahrheit (validitas ac firma veritas) der Botschaft der Enzyklika gesprochen, welche die Synodenväter deutlich (aperte) bestätigt haben.

Wer pastorale Erwägungen zur Bischofssynode über Familie und Ehe schreibt, darf an diesen Tatsachen nicht achtlos und mit Schweigen vorbeigehen.

*

Das Gesetz des Wachstums und des Reifens sollte das ganze Leben des Christen prägen. Dazu gehören an erster Stelle das Bemühen um fortschreitende Erkenntnis der Wahrheit und Aufgeschlossenheit gegenüber der Lehre der Kirche.

Anmerkungen

1) In: Theologie der Gegenwart 24 (1981) 71–80.
2) Zweites Vatikanisches Konzil, Dogmatische Konstitution über die Kirche, Art. 16.
3) Der bekannte protestantische Theologe H. Thielicke schreibt: „Wenn das perfekte Gegebensein unseres Christen- und Glaubensstandes aber *nicht* vorliegt (und das *ist* eben nicht der Fall), wird man es für sinnvoll halten müssen, daß rechts und links von dem Wege, den wir zu wandern haben, rote Signallichter angebracht sind, die uns mahnen und erinnern, daß dieser Weg ringsumher von der Fremde und von den Abgründen umgeben ist" (Theologische Ethik, Bd. I, Tübingen 1951, n. 642, S. 220).
4) Unsicherheit bewirkt oder vermehrt der Artikel von P. Häring, den wir gegen Ende dieser Ausführungen kritisch beurteilen.
5) Sie können jedoch nach den Worten des Papstes zugelassen werden, wenn sie sich ehrlich für eine Lebensform entscheiden, die nicht im Gegensatz zur Unauflöslichkeit der Ehe steht, d. h. sich von den Akten enthalten, die nur rechtmäßigen Eheleuten zustehen.
6) Wie Note 2, Art. 25.
7) Vgl. J. Stöhr, Entweder unfehlbar oder irrtumsfähig: eine falsche Alternative. Erinnerung an die vergessene Lehre von den Theologischen ‚Qualifikationen', in: J. Bökmann (Hrsg.), Nicht unfehlbar? Zum mißlungenen Angriff auf die untrügliche Wahrheit und den verbindlichen Anspruch von Humanae vitae, Abensberg o. J., 63–71.
8) Fr. Heiler, Die Ostkirchen, München/Basel 1971, 185 f.
9) Siehe oben Note 5.
10) Zu bedauern sind die häufigen bissigen, ironischen Worte, mit denen P. Häring gegenteilige oder von ihm konstruierte gegenteiligen Ansichten abtut, z. B. wenn er hier sagt, der Rat zum Zusammenleben wie Bruder und Schwester

besagt, sie sollten sich so des Sakramentenempfangs „würdig“ machen. Jeder ernsthafte Seelsorger nimmt es für sich und die Gläubigen ernst, wenn wir vor dem Empfang der hl. Kommunion beten: „Herr, ich bin nicht würdig“.

11) Die Hervorhebungen stammen von P. Häring.

12) Es sei nur nebenbei bemerkt, daß *P. Häring früher ganz anders* über die Lehre der Kirche *gesprochen* hat, wenn er z. B. schrieb: „Die Kirche lehnt jegliche der Schöpfungsordnung widersprechende Praxis der Geburtenkontrolle ab ... Die Haltung der Kirche unterliegt diesbezüglich keinem Zweifel ... Jede eheliche Annäherung, die die geschlechtliche Befriedigung durch den andern sucht ohne den naturgemäßen, seinem Vollzug nach fruchtbaren Verkehr, ist eine objektiv schwere Sünde gegen die eheliche Keuschheit“ (Das Gesetz Christi, Bd. III, Freiburg [7]1963, 354. 356).

Prof. P. Dr. Anselm Günthör OSB

Ist Epikie im natürlichen Sittengesetz möglich?

Epikie besagt das Abrücken, die Ausnahme vom Wortlaut eines Gesetzes, weil in einem bestimmten Fall mit seinen besonderen Umständen die Erfüllung des Buchstabens des Gesetzes sinnlos wäre und nicht dem Guten diente. Wer legitim die Epikie anwendet, urteilt mit Recht, der Gesetzgeber habe seinen Fall nicht unter das Gesetz stellen wollen, falls er ihn vorausgesehen hätte. Nach der traditionellen Lehre läßt das von einem *menschlichen Gesetzgeber* erlassene Gesetz unter Umständen die Epikie zu. Im menschlichen Gesetz geht es – seine Rechtmäßigkeit vorausgesetzt – darum, Wege zu zeigen und verbindlich vorzuschreiben, durch die das Allgemeinwohl in den konkreten Umständen verwirklicht werden soll. Der menschliche Gesetzgeber kann jedoch nicht alle Wechselfälle des Lebens voraussehen und aufzählen. Es kann sich also eine Situation ergeben, die der Wortlaut des Gesetzes nicht berücksichtigt und in der es sinnwidrig wäre, ihn zu erfüllen. Ein sehr einfaches Beispiel: Ein privater Autofahrer überschreitet das gesetzlich erlaubte Tempo, weil er einen Kranken raschestens in ein Krankenhaus bringen muß.

*

Gibt es Epikie nicht nur dem *menschlichen Gesetz,* sondern auch dem *natürlichen Sittengesetz* gegenüber? Dieses ist im Wesen des von Gott geschaffenen Menschen begründet. Es ist der Ausdruck dessen, was dem wahren Menschsein und letztlich dem Willen Gottes gemäß ist. Sind Ausnahmen auch von diesem Gesetz denkbar, weil seine Erfüllung in einem besonderen Fall das Gute verhinderte, anstatt ihm zu dienen? Mit anderen Worten: *Sind die Normen des natürlichen Sittengesetzes absolut, ausnahmslos gültig oder lassen sie Ausnahmen zu?*

Prof. P. B. Häring vertritt die Ansicht, die Gebote des natürlichen Sittengesetzes seien weithin nicht ausnahmslos gültig. Er behauptet, sich für diese seine Meinung auf Thomas von Aquin und Alfons von Liguori berufen zu können. P. Häring schreibt:

„Für jene, die legalistisch erzogen sind und nun angesichts der Auseinandersetzungen der Theologen über die Frage der absoluten Normen schockiert sind, genüge es, auf die Ausführungen des hl. Thomas hinzuweisen, über die kaum einer der heutigen Theologen hinausgeht. Für Thomas gibt es praktisch kaum absolute, grenzziehende Normen außer jenen, die sich im Dekalog abzeichnen, ‚insofern die Gebote der ersten Tafel die Hinordnung auf Gott ausdrücken und die Gebote der zweiten Tafel die Ordnung der Gerechtigkeit unter den Menschen bestimmen, daß nämlich niemand Unrecht getan werden darf und jeder das ihm zustehende Recht erhalten muß.‘ Er fürchtet sich nicht zu unterstreichen, daß die Formulierungen des Dekalogs Fragen offenlassen: ‚So sind die Gebote des Dekalogs unabänderlich in bezug auf die Gerechtigkeit, die sie ausdrücken; aber in bezug auf die Bestimmung, wie sie auf einzelne Akte anzuwenden sind (z. B. ob dies oder jenes Mord, Diebstahl, Ehebruch usw. ist), besteht die Möglichkeit des Wandels.‘ Mancher wird überrascht sein zu erfahren, daß auch ein so maßvoller Moraltheologe wie Alphonsus von Liguori lehrte, daß die Gebote des natürlichen Sittengesetzes nicht alle absolut sind und im Blick auf ihre zeitbedingten Formulierungen Epikie zulassen ... Alphonsus schreibt: ‚Epikie bedeutet Ausnahme eines Falles, wenn in der Situation mit Sicherheit oder wenigstens mit hoher Wahrscheinlichkeit beurteilt werden kann, daß der Gesetzgeber nicht beabsichtigte, ihn unter das Gesetz einzuschließen. Diese Epikie hat ihre Anwendung nicht nur in menschlichen Gesetzen, sondern auch bei natürlichen Sittengesetzen, wenn wegen der Umstände der Handlung keine Bosheit anhaftet.‘ Demnach stellt die Moraltheologie von heute keine Umwälzung dar, wenn sie ernsthaft danach fragt, ob konkrete Normen des Anwendungsbereiches ausnahmslose Gültigkeit beanspruchen können.“[1])

*

Können sich moderne Strömungen in der Moraltheologie, die zum Teil *allen Einzelnormen* des natürlichen Sittengesetzes, die den zwischenmenschlichen Bereich betreffen, die absolute Gültigkeit absprechen mit Recht auf Thomas von Aquin und auf Alfons von Liguori berufen? Sind die von P. Häring zitierten Texte dieser beiden großen Theologen so zu interpretieren, wie er es tut, wenn man sie im Zusammenhang des Ganzen ihrer Lehre liest? Die richtige Antwort auf diese Fragen ist von großer Bedeutung, wenn man z. B. bedenkt, daß sich ein so eindeutiger Vertreter der teleologischen Normenbegründung, nach der es im zwischenmenschlichen Bereich keine absolut und ausnahmslos gültigen Einzelnormen gibt, wie *F. Scholz* ebenso auf Thomas von Aquin und Alfons von Liguori beruft.[2])

1. Zu Thomas von Aquin

„Läßt Thomas von Aquin Epikie beim sittlichen Naturgesetz zu?". Unter diesem Titel hat der Moraltheologe *R. Bruch* neuestens eine genaue Einzeluntersuchung über die Frage veröffentlicht, wie Thomas von Aquin über die Gültigkeit naturgesetzlicher sittlicher Einzelnormen urteilt.[3]) Er zeigt deutlich, daß die Dinge wesentlich differenzierter liegen, als P. Häring und F. Scholz vermuten lassen. Es ist keineswegs so, daß die Vertreter der teleologischen Normenbegründung sich zu Recht auf Thomas von Aquin berufen. Sie folgen seiner Lehre nicht, sondern gehen andere Wege, die von der großen moraltheologischen Tradition abweichen.

Gegen die Anschauung, „daß Thomas auch im Bereich des Naturgesetzes die Möglichkeit der Epikie zuläßt"[4]) stellt Bruch auf Grund seiner Untersuchung fest: „Das läßt sich jedoch in solch uneingeschränkter Weise nicht behaupten. Ihrem ganzen Wesen nach ist die Epikie bezogen auf positive, von einem irdischen Gesetzgeber aufgestellte Gesetze; nie hat es Thomas, der auch hier von Aristoteles abhängig ist, anders verstanden."[5]) Wo Thomas ausdrücklich die Epikie behandelt, hat er das *positive,* von *menschlichen Gesetzgebern* erlassene *Gesetz* vor Augen.[6])

Um Thomas von Aquin in dieser Frage richtig zu verstehen, ist *das Ganze seiner Lehre* über das natürliche Sittengesetz zu berücksichtigen. Wichtig ist vor allem seine Unterscheidung dieses Gesetzes in die Obersätze und in die aus ihnen abgeleiteten Normen, weiterhin die Unterscheidung dieser letzteren in negative und affirmative Gesetze, d. h. in Verbote und Gebote. Die Obersätze gelten ausnahmslos. Bei e i n i g e n (quantum ad q u a e d a m propria)[7]) *affirmativen* Gesetzen oder Geboten, die sich aus den Obersätzen ergeben, keineswegs bei allen, kann es Ausnahmen geben. *Keine* Ausnahmen lassen dagegen die *negativen* Einzelnormen, d. h. die Verbote zu. „Daß auch naturgesetzliche Verbote von solchen Ausnahmen betroffen sein könnten, wird nirgendwo auch nur angedeutet."[8]) „In der Tat läßt auch Thomas in seinen Darlegungen zur Speziellen Moraltheologie in keinem einzigen Fall durchblicken, daß er *praecepta negativa* nur *ut in pluribus* für verpflichtend halte. Es bleiben also für einen verminderten Geltungsbereich nur die affirmativen Gebote übrig."[9])

Wie entschieden Thomas in dieser Frage urteilt, geht daraus hervor, daß – wie Bruch mit vielen Belegstellen beweist – „für ihn die Verbotsnormen eine so hohe Geltungskraft besitzen, daß ein Mensch eher bereit sein müßte zu sterben, als sie zu übertreten, selbst wenn er ihre Mißachtung nicht für eine schwere, sondern für eine läßliche Sünde halten würde".[10]) Bruch zeigt dies – wieder mit vielen Belegstellen – am *Beispiel der Lüge:* „Daher darf man zum Beispiel aus keinerlei Grund eine Lüge sagen, da eine solche Handlung untrennbar mit einer sittlichen Ordnungswidrigkeit verbunden ist. Auch bei einem noch so großen Nutzen, zu dem man einem anderen auf diese Weise verhelfen könnte, ist eine Lüge nicht gestattet, ja nicht einmal wenn man ihn so vom Tode erretten könnte. Von der Möglichkeit einer Güterabwägung ist keine Spur zu entdecken."[11])

Um den *Unterschied zwischen Verboten und Geboten des natürlichen Sittengesetzes* tiefer zu erfassen, dient folgender Text aus der Summa theologiae:

„Die negativen Vorschriften des Gesetzes verbieten die sündhaften Akte, die affirmativen Vorschriften leiten zu den tugendhaften Akten an. Die sündhaften Akte sind *in sich* schlecht und können auf keine Weise gut werden, zu keiner Zeit, an keinem Ort. Sie sind in sich an ein schlechtes Ziel gebunden, wie es heißt (bei Aristoteles). Deshalb verpflichten die negativen Vorschriften immer und für immer. Aber die tugendhaften Akte dürfen nicht auf jede Weise geschehen, sondern unter Beobachtung der gebührenden Umstände, die notwendig sind, daß die Handlung tugendhaft sei, d. h. daß sie geschehe, wo, wann und wie sie erfolgen soll."[12]).

Bei den *Verboten* gibt es keine Umstände, die von der Beobachtung entschuldigen. Dagegen sind bei den *Geboten*, die zum tugendhaften Handeln anleiten, die *Umstände* zu berücksichtigen. Diese können bewirken, daß ein Gebot hier und jetzt nicht, vorerst nicht zu erfüllen ist. Dies ist der Fall in dem *Beispiel*, das Thomas vom Aquin mit der vorausgehenden Tradition für Ausnahmen von positiven Vorschriften des natürlichen Sittengesetzes anführt: Ein in Verwahrung gegebener Gegenstand ist im allgemeinen (ut in pluribus)) dem Eigentümer zurückzugeben, ausnahmsweise jedoch nicht, wenn er sein Eigentum trotzdem in dieser Situation das Eigentum zurückerstatten, so verfehlte er sich wegen des falschen Augenblicks der Rückgabe. Wenn er dagegen die Rückgabe wegen dieses Umstandes verweigert, ruht vorerst die Pflicht, den deponierten Gegenstand auszuhändigen. Sie ist nicht eigentlich aufgehoben, sondern tritt in Kraft, sobald ihr kein besonderer Umstand im Wege steht.

Aus dem Gesagten ergibt sich, wie genau man die Aussagen des Thomas von Aquin ins Auge fassen muß, um seine Lehre über die Gültigkeit des natürlichen Sittengesetzes richtig zu verstehen. Es ist keineswegs seine Meinung, *alle* näheren Normen dieses Gesetzes würden *nur im allgemeinen* (ut in pluribus) gelten und ließen Epikie zu. Für die *negativen Gesetze oder Verbote,* zu denen z. B. auch das Verbot der unnatürlichen Empfängnisverhütung gehört, *trifft dies in keiner Weise zu.*

2. Zu Alfons von Liguori

P. Häring und F. Scholz wollen neben Thomas von Aquin auch Alfons von Liguori als Zeugen für ihre Meinung heranziehen, Epikie sei in großem Umfang auf dem Gebiet des natürlichen Sittengesetzes möglich. Wie im Fall des Thomas so ist auch für Alfons seine *Gesamtlehre zu beachten* und ein Einzeltext in diesem Zusammenhang zu interpretieren. Dann ergibt sich auch für letzteren, daß er keineswegs daran denkt, die Epikie undifferenziert für alle das zwischenmenschliche Leben betreffenden Normen des natürlichen Sittengesetzes einzuräumen.

Zu der einzigen Stelle in seinen Werken, in der Alfons sagt, die Epikie habe ihre Anwendung nicht nur in menschlichen, sondern auch in natürlichen Sittengesetzen[14]), ist folgendes zu bemerken.

- Auch er führt dasselbe Beispiel für Epikie im positiven natürlichen Sittengesetz an wie Thomas, auf den er sich beruft, und die Tradition, nämlich ein in Verwahrung gegebenes Schwert sei nicht zurückzugeben, wenn der Eigentümer es mißbrauchen würde. Man darf mit Recht vermuten, daß die Wiederholung ein und desselben Beispiels im Verlauf der Tradition nicht darauf hinweist, daß die Epikie im natürlichen Sittengesetz in weitem Umfang möglich sei. Wäre dies der Fall, dann hätten sich viele Beispiele angeboten.

- Weiterhin ist zu beachten, daß Alfons nach dem Beispiel der Verweigerung der Rückgabe des deponierten Schwertes sofort auf Epikie im *positiven kirchlichen* Gesetz überleitet, nämlich bezüglich der Pflicht, an der Sonntagsmesse teilzunehmen. Epikie betrifft wie bei Thomas zunächst und vor allem das vom *menschlichen* Gesetzgeber erlassene Gesetz.

- Sehr wichtig ist die Tatsache, daß Alfons in seiner kurzen Bemerkung über Epikie im natürlichen Sittengesetz auf die *Karmelitertheologen von Salamanca* verweist und sich sogar im Wortlaut an ihre Ausführungen über Epikie anschließt. Diese theologische Schule schließt dort aber die Epikie für die *negativen* natürlichen Sittengesetze ausdrücklich aus.[15]) Wenn Alfons bei der Kürze seiner Ausführungen über die Epikie diesen Passus nicht übernimmt, bedeutet dies keineswegs, daß er nicht derselben Ansicht sei. Verschiedene Aussagen in seinem Hauptwerk zeigen vielmehr, daß er so denkt wie die Salmanticenser und wie schon vor ihnen Thomas.

- Mit Thomas und der Tradition lehrt Alfons, daß das negative Gesetz immer und in jedem Augenblick, das positive dagegen zwar immer, aber nicht in jedem Augenblick verpflichtet.[16]) Das *negative* natürliche Sittengesetz, d. h. *die naturgesetzlichen Verbote verpflichten so ausnahmslos, daß man sie nicht einmal wegen schwerer Furcht vor dem Tode übertreten darf.*[17]) Auch wenn dadurch Ärgernis entsteht, darf man nicht gegen sie handeln.[18])

Wie für Thomas und die Tradition gibt es nach Alfons daher Handlungen, die in sich, immer und ausnahmslos schlecht sind, z. B. Unzucht und die direkte Tötung eines Unschuldigen [19]), der direkte Selbstmord[20]), die Einnahme eines Trankes zur Empfängnisverhütung[21]), die direkte Abtreibung der Leibesfrucht[22]), die Trunkenheit[23]).

- Es sei noch bemerkt, daß Alfons sehr die Unveränderlichkeit der natürlichen Sittengesetze betont und sich dafür auf die Scholastiker und auf den Jesuitentheologen Lessius (1554–1623) beruft.[24])

* * *

Zusammenfassend sei festgestellt, daß es sowohl gegen die ausdrückliche Lehre des Thomas von Aquin als auch gegen diejenige des Alfons von Liguori verstößt, wenn man für das gesamte Gebiet der zwischenmenschlichen Handlungen die Epikie im natürlichen Sittengesetz annimmt. Dies haben beide niemals gelehrt.

Beide erklären eindeutig, daß auf jeden Fall **die naturgesetzlichen Verbote, selbst wenn sie ins einzelne gehen, keine Ausnahme zulassen.** Eine solche kommt allenfalls in besonderen Fällen für die *affirmativen* Naturgesetze in Frage. Dabei handelt es sich jedoch mehr um einen Aufschub als um eine eigentliche Ausnahme. Die Frage, ob es im natürlichen Sittengesetz Epikie gebe, ist also viel differenzierter zu beantworten, als P. Häring und F. Scholz dies tun.

Es ist auch zu bedenken, daß heutige moraltheologische Strömungen darauf hinzielen, nicht bei der undifferenzierten und daher unrichtigen Meinung, im natürlichen Sittengesetz sei in größtem Umfang Epikie möglich, stehen zu bleiben, sondern von dieser Theorie aus weiterzuschreiten zur grundsätzlichen Aufweichung des natürlichen Sittengesetzes und seiner Einzelnormen. Dieser Versuch verstößt zunächst *gegen das Wesen der Epikie, die das Gesetz als solches nicht in Frage stellt,* sondern nur im Einzelfall eine Ausnahme darstellt, da die Befolgung des Gesetzesbuchstabens hier und jetzt nicht dem Guten diente. Der Gesetzgeber hätte das Gesetz nicht auf diesen Ausnahmefall bezogen, wenn er um ihn gewußt hätte. So etwas ist vor allem für das vom *menschlichen* Gesetzgeber erlassene Gesetz denkbar, nicht aber für das im letzten auf den Willen Gottes zurückgehende natürliche Sittengesetz, soweit es durch die Verbote die Würde des Menschen und der menschlichen Gemeinschaft schützt.

* *

Thomas von Aquin und Alfons von Liguori sind Zeugen der moraltheologischen Tradition, die durch die Überzeugung von der Würde des Menschen und von der Erhabenheit des sittlichen Wertes weit entfernt ist von der utilitaristischen, diesseitigen Einschätzung des Menschen und seiner Berufung zum Guten.

Das Nein zur teleologischen Relativierung der naturgesetzlichen Normen kommt nicht, wie P. Häring meint, aus einer legalistischen Erziehung, sondern neben anderen Gründen aus dem Ernstnehmen der moraltheologischen Tradition und aus der genauen Interpretation ihrer Aussagen.

* *

Anmerkungen

1) B. Häring, Frei in Christus. Moraltheologie für die Praxis des christlichen Lebens, Band I, Herder Freiburg i. Br. 1979, S. 355 f. (Ähnlich in seinem Werk: Das Gesetz Christi, Band I, E. Wewel München, [8]1967, S. 280, Note 8). B. Häring zitiert hier teilweise Thomas von Aquin, Summa theologiae I–II, q. 100, a. 8. Die Auswahl, die er trifft, läßt nicht ganz die volle Aussage des Thomas erkennen.

2) F. Scholz, Innere, aber nicht absolute Abwegigkeit. Um die Annäherung in der deontologischen und teleologischen Normenbegründung, in: Theologie der Gegenwart 24 (1981) S. 163–172. Er schreibt über Alfons: „Nach Alfons von Liguori († 1787) ist auch das natürliche Sittengesetz für die Anwendung von Epikie offen" (S. 169).

3) R. Bruch, Läßt Thomas von Aquin Epikie beim sittlichen Naturgesetz zu?, in: R. Bruch, Moralia varia. Lehrgeschichtliche Untersuchungen zu moraltheologischen Fragen, Patmos Düsseldorf 1981, S. 141–145.

4) R. Bruch zitiert J. Fellermeier, Das Naturrecht in der Scholastik, in: Theologie und Glaube 58 (1968) S. 354.

5) R. Bruch, a.a.O., S. 143.

6) II–II, q. 120.

7) I–II, q. 94, a. 4.

8) R. Bruch, Intuition und Überlegung beim sittlichen Naturgesetz nach Thomas von Aquin, im selben Sammelwerk (siehe Note 3), S. 121.

9) R. Bruch, Der Gewißheitsgrad der naturgesetzlichen Normen bei Thomas von Aquin. Ut in pluribus?, im selben Sammelwerk (siehe Note 3), S. 136.

10) Ebd.

11) Ebd.

12) II–II, q. 33, a. 2. Weitere parallele Thomastexte nennt R. Bruch, S. 134, Note 25.

13) I–II, q. 94, a. 4. Bruch zeigt in seinem Note 3 genannten Artikel, wie dieses Beispiel von Plato über Cicero, Ambrosius, Augustinus zu Thomas und Alfons von Liguori sowie anderen gelangt.

14) Alfons von Liguori, Theologia moralis, lib. I, tract. II, cap. 4, n. 201, Ausgabe von Gaudé, Band I, S. 182.

15) Collegii Salmanticensis Cursus theologiae moralis, tom III, tract. XI De legibus, § 4, n. 42, Ed. Lugduni 1679, S. 80. Der Text lautet: „Haec autem virtus epikiae non solum habet locum respectu legis humanae; sed etiam respectu divinae et naturalis. Pro quo nota, quod cum lex universaliter loquatur, potest aliquando habere hanc universalitatem, non solum in communi, sed pro singularibus casibus particularibus: et tunc hoc evenit, quando est lex negativa prohibens, quod ab intrinseco est malum, ut mentiri, fornicari, falsum iuramentum emittere, blasphemare: et tunc non habet locum epikia; quia cum non possit denudari a malitia illa materia, in omni casu, et eventu illa lex obligat; et sic in ea nunquam licet praeter verba legis agere."

16) A.a.O., lib. I, tract. II, cap. 1, n. 101, I. S. 82.

17) Ebd. cap. 4, n. 175, S. 162.

18) Ebd. lib. II, tract. II, cap. 2, n. 51, I. S. 346.

19) Ebd. lib. V., tractatus praeambulus, art. ultimus, XLII, II. S. 702; vgl. lib. III, tract. IV, cap. 1, n. 393, I. S. 643.
20) Ebd. lib. III, tract. IV, cap. 1, n. 367, I. S. 624.
21) Ebd. n. 394, I. S. 646.
22) Ebd. S. 645.
23) Ebd. lib. V, tract. de peccatis, cap. 3, n. 76, II. S. 761.
24) Ebd. lib. I, tract. II, cap. 1, n. 102, I. S. 82: „Porro quomodo praecepta positiva mutari ac variari possint ac soleant, naturalia vero semper maneant; vide apud scholasticos et Lessium." Alfons bezieht sich auf L. Lessius, De iustitia et iure, lib. II, cap. 2, n. 9, Ed. Lovanii 1605, S. 20: „*Ius naturale* dicitur, quod ex ipsis rerum naturis oritur, scilicet ex natura rationali, et naturali conditione operum, de quibus hoc ius disponit. Unde eius rectitudo, supposita existentia naturae humanae, non pendet ex aliqua libera ordinatione Dei, vel hominis; sed ex ipsa rerum natura. Itaque sicut naturae conditio est immutabilis, ita quoque lex naturalis est immutabilis, manentibus iisdem circumstantiis rerum, ut bonum faciendum, malum vitandum: Deum colendum, et cetera quae continentur in decalogo, vel evidenter ex eo ducuntur. Ius positivum est, quod pendet ex libera Dei vel hominum voluntate; unde mutari potest, etiamsi omnes circumstantiae, cum quibus antea obligabat, eaedem maneant."

IV Ein Weg zur Verhärtung der Gewissen: „Freiraum“ auf kosten gültigen Anspruchs

Prof. DDDr. Gustav Ermecke

Pastoralideologie in der Ehemoral

Bemerkungen zu einem Beitrag von GV Dr. R. Schlund

I. EIN BRIEFWECHSEL

1. Eine Anfrage

Unter dem 10. 11. 1981 schrieb ich an den Hochwürdigsten Generalvikar Dr. Robert Schlund, Ordinariat Freiburg i. Br. folgenden Brief:

Sehr verehrter, hochwürdigster Herr Generalvikar!

In „Erzbistum Freiburg: informationen“, vom September/Oktober 1981, Nr. 9/10, S. 146–158, erwähnen Sie auch (S. 148): Johannes Bökmann (Hrsg.), Nicht unfehlbar?, Abensberg, Verlag Josef Kral 1981. Es ist überraschend, warum Sie in Ihren Darlegungen gar nicht auf diese Arbeit eingegangen sind, vor allem auch auf meine eigene: „Untrüglich wahr und verbindlich. Die künstliche Empfängnisverhütung nach kirchlicher Lehre der Dogmatik und Moraltheologie“, S. 33–42. Darf ich mir folgende Fragen erlauben:

1) Warum sind Sie nicht näher auf unsere bzw. meine Darlegungen eingegangen, in denen alles, was Sie in Ihrem Artikel bringen, längst widerlegt war?

2) Warum schreiben Sie über ein dogmatisches und moraltheologisches Problem als „Generalvikar“ der Erzdiözese Freiburg. Als Kanonist weiß ich mit Ihnen, daß Sie zwar das Alter Ego Ihres Erzbischofs sind, aber als Generalvikar (!) keinerlei lehramtliche Sonderbefugnis haben. Wenn Sie also in den „informationen“ für das Erzbistum Freiburg als Generalvikar schreiben, geben Sie Ihren Ausführungen doch ein quasi-lehramtliches Gewicht, das Ihnen von Ihrem Amt aus nicht

zukommen kann, es sei denn, Sie hätten im Auftrage und im Einverständnis mit Ihrem hochwürdigsten Herrn Erzbischof geschrieben. Dieser hätte als Mitglied des Lehrkörpers der amtlichen Kirche eine Stellungnahme von Gewicht abgeben können, allerdings nur, wenn er sich mit den allgemeinen Lehren der Kirche in Übereinstimmung gefunden hätte. Leider haben die deutschen Bischöfe in Königstein sich gegen Humanae vitae entschieden, indem sie dem persönlichen Gewissen gegenüber einer untrüglichen Lehre der Kirche den Vorrang einräumten und so die unkatholischste Erklärung herausgegeben haben, die je eine deutsche Bischofskonferenz herausgebracht hat. Daß die österreichischen Bischöfe trotz der Diskussionen um Humanae vitae eine ähnliche Erklärung wie die deutschen Bischöfe in Königstein herausgaben, ist ein trauriges Zeichen der „Una Ecclesia".

Ich möchte Sie bitten, diese beiden Fragen zu beantworten:

1) Warum sind Sie mit keinem Wort näher auf unsere Schrift, herausgegeben von Joh. Bökmann, eingegangen, obwohl dort alle Ihre dogmatisch-moraltheologischen Ansichten hinsichtlich Humanae vitae und der „Königsteiner Erklärung" widerlegt worden sind?

2) Warum schreiben Sie Ihren Artikel, der doch offenbar privater Natur ist, als „Generalvikar" und erwecken den Eindruck eines Ihnen als Generalvikar nicht zustehenden quasi-amtlichen Auftrags? Oder schreiben Sie im ausdrücklichen Auftrage und Einverständnis des H. H. Erzbischofs von Freiburg?

Ich werde gern in einem kritischen Artikel zu Ihren Ausführungen auch Ihre Antwort auf obige Fragen mitteilen.

Mit Dank für Ihre Mühe und in der Hoffnung, daß Sie mir, der ich keinerlei persönliche Interessen verfolge, meine Anfrage nicht übelnehmen,

bin ich Ihr ergebener
G. Ermecke

2. Eine Antwort

Der Generalvikar
der Erzdiözese Freiburg

Herrn Professor
Dr. Dr. Dr. Gustav Ermecke

Sehr geehrter Herr Professor,

den Empfang Ihres Briefes vom 10. November darf ich zunächst freundlich bestätigen. Da wir zur Zeit mit schwierigen Haushaltsberatungen befaßt sind, die auch in meine Mitverantwortung fallen, komme ich erst heute dazu, Ihnen eine Antwort auf Ihre Anfragen zukommen zu lassen. Vielleicht darf ich die Reihenfolge umkehren und zuerst die zweite Frage beantworten:

1) Warum schreiben Sie über ein dogmatisches und moraltheologisches Problem als „Generalvikar" der Erzdiözese Freiburg?
Sie sprechen als Frage die Vermutung aus, ich hätte damit meinen Ausführungen ein quasi-amtliches oder gar lehramtliches Gewicht geben wollen oder wenigstens objektiv gegeben. Ich kann Ihnen ehrlichen Herzens versichern, daß mir ein solcher Gedanke fern lag und fern liegt und daß ich noch von keiner Seite auf ein solches Mißverständnis angesprochen worden bin. Ich habe schon viele Beiträge in den „Informationen" veröffentlicht, die immer so gezeichnet waren, ohne daß jemals eine ähnliche Rückfrage gestellt wurde. Dabei muß ich noch bemerken, daß diese Namenszeichnung nicht von mir stammt, sondern schlicht und einfach von der Redaktion. Ich bin seit Anfang Januar 1968 bereits Generalvikar unter zwei Bischöfen. So verbindet sich mit meinem Namen ganz ohne jegliche Prätention der Titel des Generalvikars.

2) Warum sind Sie nicht näher auf unsere bzw. meine Darlegungen eingegangen, in denen alles, was Sie in Ihrem Artikel bringen, längst widerlegt war?
Die von Herrn Professor Dr. Johannes Bökmann herausgegebene Schrift „Nicht unfehlbar?" habe ich nicht nur zitiert, sondern sogar einige An-regungen daraus aufgenommen (Ablehnung einer teleologischen Normenbegründung). Ich habe die Schrift gründlich gelesen, aber auch nach der Lektüre aller Beiträge hatte ich und habe ich einige

Fragen, die ich wenigstens andeuten möchte. Herr Professor Dr. Bökmann stellt fest, daß die deutschen Bischöfe „mit Recht davon ausgingen, daß Humanae vitae keine unfehlbare Lehrentscheidung des außerordentlichen Lehramts war". Bei der Vorstellung der neuen Enzyklika HV hatte Professor Lambruschini dies bereits ausdrücklich erklärt. Warum aber wurde damals und während der ganzen heftigen Diskussion nach Erscheinen von HV die von Ihnen vorgetragene These von der glaubensverbindlichen Lehre aufgrund des ordentlichen Lehramtes (effatum infallibile) weder in Rom noch sonstwo ins Feld geführt? Dann wäre doch die ganze Diskussion auf eine völlig andere Grundlage gestellt worden. Wie verträgt sich Ihre Grundthese mit der Adnotatio 14 zu Artikel 50 in der Pastoralkonstitution? Die Königsteiner Erklärung läßt hier keinen Zweifel über die in Kontinuität vorgetragene authentische Lehräußerung von Casti connubii bis HV. Es wäre eine Fehlinterpretation der Königsteiner Erklärung – darauf habe ich betont hingewiesen –, die Frage der Empfängnisregelung einfach dem „subjektiven Gewissen" anheimzugeben ohne Rückbindung an die kirchenamtliche Lehre und ihre Autorität. Daß es hinsichtlich der Verbindlichkeit kirchenamtlicher Lehren Unterschiede gibt, darauf hat Herr Professor Stöhr in seinem Beitrag hingewiesen. Als die Würzburger Synode zu dieser Frage in dem Beschluß über die Ehe eine Formulierung gebrauchte, die in diesem Sinn mißverstanden werden konnte, haben die deutschen Bischöfe eigens den Verweis auf die Königsteiner Erklärung verlangt. Es ist Ihnen sicher auch nicht entgangen, daß ich gegen einen bloßen Verweis auf das Gewissen kritisch Stellung nahm und mich dabei auf die Darlegungen zu dieser Frage von Professor Günthör in seinem Kommentar zu HV ausdrücklich bezog.

Ich muß weiter ehrlich fragen, ob ich einen solchen Vorwurf gegen die deutschen Bischöfe teilen kann, wie Sie ihn verschiedentlich formuliert haben: „Die Königsteiner Erklärung galt von Anfang nicht. Sie widersprach untrüglichen Grundlehren der Kirche" (Deutsche Tagespost vom 10. 12. 1980, S. 4) oder wenn Sie die Königsteiner Erklärung als die „unkatholischste Erklärung" bezeichnen, „die je eine deutsche Bischofskonferenz herausgebracht hat" (Ihr Brief vom 10. 11. 1981). Dieses Urteil muß selbstverständlich auch die Österreichische Bischofskonferenz treffen und im Grunde auch die pastoralen Erklärungen fast aller Europäischer Bischofskonferenzen und auch außereuropäischer nach der Publikation von HV, die nicht von Ihrer Grundthese ausgehen, es handle sich in dem fraglichen Punkt (und nur um diesen geht es) um eine „untrügliche Glaubenswahrheit in der Sittenlehre“ – um ein Dogma, das vom ordentlichen Lehramt bezeugt ist. Dabei denke ich auch daran, daß der größte Teil dieser Bischöfe Konzilsväter waren und die Tragweite der Anmerkung 14 zu Artikel 50 von Gaudium et spes doch wohl zu beurteilen vermochten. Zu wenig oder zu viel ist in der theologischen Beweisführung u. U. in gleicher Weise fraglich.

Als Kanonist darf ich auch folgende Frage an Sie richten, die nicht unmittelbar in den Zusammenhang gehört, die mir aber doch von nicht geringer Bedeutung erscheint. Wie beurteilen Sie als Theologe die langjährige Praxis der Kirche hinsichtlich der Glaubensverpflichtung, die Kinder im katholischen Glauben zu erziehen, als absolute Voraussetzung göttlichen Gebotes für eine kirchliche Trauung bei konfessionsverschiedener Ehe angesichts des unverkennbaren Wandels in der differenzierten Interpretation dieser Glaubenspflicht, wie sie heute offiziell von der Kirche praktiziert wird und in jedem Brautexamensprotokoll bekundet wird? Mir hat es viele Sorgen bereitet, daß es uns seinerzeit nur in Einzelfällen gelang, solche Katholiken, die im Widerspruch zur kirchlichen Forderung eine ungültige Ehe eingingen, mit der Kirche zu versöhnen. In dieser Praxis des Eherechts sind doch Gewissen gebunden worden. Mich hat diese Frage, wie ich ehrlich bekenne, sehr beschäftigt und ich war gelegentlich verwundert; wie leicht manche Kanonisten darüber hinweggekommen sind, da ich selbst das göttliche Gebot im Sinne der früheren Praxis mit gutem Gewissen vertreten habe und auch zu vertreten hatte. Sie verzeihen diese kurze Abschweifung und gewinnen daraus hoffentlich nicht den Eindruck einer kritischen oder gar antikirchlichen Haltung, im Gegenteil!

Obige Fragen mögen Ihnen eine Antwort sein auf Ihre Frage, warum ich nicht näher auf die von Herrn Professor Bökmann herausgegebene Schrift eingegangen bin. Ich wollte im Hinblick auf die Zielsetzung des Beitrages in den „Informationen“ auf eine direkte Diskussion verzichten. Dazu war ein solcher Beitrag nicht geeignet.

Darf ich, um zum Schluß zu kommen, noch eine Bitte anfügen, zumal ich mich an eine Begegnung mit Ihnen sehr gern erinnere und Ihre

Bemerkung über die Führung eines geistlichen Tagebuchs, die ich bis heute nicht vergessen habe.

Ich möchte Sie bitten, doch das eigentliche Anliegen meines Beitrags zu beachten. Ich kann dieses Anliegen mit zwei Zeilen anzeigen:

a) Ich wollte den theologischen Hintergrund der Königsteiner Erklärung und damit auch die Bedingungen, die sie setzt, verdeutlichen gegenüber der Tatsache, daß sie inzwischen fast so etwas wie zum Schlagwort geworden ist.

b) Ich wollte vor allem auf die Engführung der seinerzeitigen Diskussion um HV, auf die die Königsteiner Erklärung antwortet, hinweisen und die größere Dimension von HV und des kirchlichen grundsätzlichen Standpunktes überhaupt verdeutlichen, wie dies Kardinal Ratzinger in seinem „Brief" in einer bisher nicht dargestellten Form als „Grundoption" gegenüber einer anti-life-mentality und als „Grundintuition" von HV gegenüber einer technokratisch-willkürlichen Mentalität, die die Schöpfung nach Belieben manipuliert und in ihr, wie Thielicke formuliert hat, „kein Behältnis irgendeiner normativen Struktur mehr, sondern nur Material seiner Selbstverwirklichung, d. h. Material für Akte, indem er sich nach seinem eigenen Bilde formt", erblickt. Hier liegen große und ernste Probleme unserer modernen Gesellschaft überhaupt, die nicht nur die Kirche besorgt machen.

Zur Methodenfrage habe ich den Standpunkt vertreten, daß sie auch eine Sachverhaltsseite hat, daß allerdings die Frage nach einer christlich erfüllten und gelebten verantworteten Elternschaft der Frage nach der Methode vorangeht, wie schon Pius XII. sehr nachdrücklich festgestellt hat.

Sehr verehrter Herr Professor, nun ist der Brief doch etwas lang geraten, aber vielleicht können sie daraus erkennen, daß ich nicht überheblich oder oberflächlich über den von Ihnen vertretenen Standpunkt, den ich allerdings nicht voll teilen konnte, hinweggegangen bin.

Indem ich Sie meines Respekts als Wissenschaftler versichere, darf ich Sie als Mitbruder grüßen,

Ihr sehr ergebener
R. Schlund

3. Eine Erwiderung

Prof. DDDr.
Gustav Ermecke

An den Hochwürdigsten Herrn Generalvikar Dr. Schlund
Herrenstraße 35
7800 Freiburg i. Br.

Hochwürdigster sehr verehrter Herr Generalvikar!

Für Ihren im Geiste aufrichtiger Mitbrüderlichkeit verfaßten Brief vom 20. 11. 1981, in dem sie auf mein Schreiben vom 10. 11. 81 so ausführlich antworten, sage ich Ihnen meinen ganz herzlichen Dank. Vieles, was ich auf Ihren Artikel und Ihren Brief zu antworten hätte, habe ich im II. Teil dieses im Ausdruck befindlichen Artikels gesagt. Wenn ich Ihnen auch für die Art unserer Begegnung ehrlichen Herzens sehr dankbar bin und sein muß, kann ich doch nicht umhin, von der wegen ihrer Konsequenzen für Glaube und Sittlichkeit gefährlichen Verfechtung der „Königsteiner Erklärung" meine Gedanken in der von Joh. Bökmann herausgegebenen Schrift nochmals zu unterstreichen. L e i d e r haben Sie zu m e i n e n dogmatischen und moraltheologischen Darlegungen keine Stellung bezogen. Ich habe dargelegt, warum es sich bei der über eineinhalbtausendjährigen Tradition der Lehre des Ordentlichen Kirchlichen Lehramtes (vgl. Nr. 25 Lumen gentium) um eine untrügliche Lehre der Kirche handelt. Und selbst, wenn man das nur seit Casti Connubii (1930) annehmen wollte, da auf a l l e n Kanzeln die Lehre von Humanae vitae unter schwerer Sünde verbindlich verkündet wurde, dann müßte man doch dafür eine dogmatisch-moraltheologisch plausible Erklärung haben. Also, sehr verehrter Herr Generalvikar, vielleicht werden Sie noch Gelegenheit nehmen, demnächst bei einer wünschenswerten kritischen Stellungnahme – das Gespräch unter Brüdern im Wir der Kirche darf ja nicht aufhören! – auf das jetzt zum Abdruck Gelangende zu antworten. Einige Vorfragen: Muß nicht die KE auch mit Nr. 51 der Pastoralkonstitution verglichen werden? Der Verweis auf einige Bischofskonferenzen hat doch gegenüber dem einheitlichen Gesamtglauben der Kirche keine diese einschränkende oder gar aufhebende Bedeutung. Oder doch? Kam wirklich der „theologische Hintergrund" der KE in ihren Darlegungen klar zu Tage oder bewegten sich Ihre Gedanken fast nur innerhalb der heute von HV vergleichgültigen, ja ablehnenden Theologen? Darauf komme ich im II. Teil noch zurück.

Seien Sie, verehrter Herr Generalvikar, meines aufrichtigen Dankes gewiß. Wie Sie es taten, mit einem Mitbruder einer kontroversen Frage sich stellen, das nenne ich vorbildlich. Wir müssen weiter diskutieren. Vielleicht aber wissen Sie mehr, was unser Heiliger Vater zu unserm Thema in Bälde sagt. Sein Wort wäre schon wünschenswert. Von der KE aber werden unsere Bischöfe nicht herunterkommen. Darum habe ich empfohlen, nur das heute so häufig pathologisch unüberwindlich irrige Gewissen im Einzelfall als Schuldminderungs- oder gar als Schuldaufhebungsgrund gelten zu lassen. Wo von allen Kiosken, so oft in Fernsehen und selbst aus dem Munde bekannter Theologen eine Ansicht vertreten wird, die HV völlig entgegengesetzt ist, kann sich ein solches unüberwindliches pathologisch irriges Gewissen einstellen.

Mit dem Ausdruck aufrichtigen Dankes und mit der herzlichen Bitte, daß wir bei allen sachlichen Differenzen persönlich im Gesprächskontakt auf Grund unserer gemeinsamen Sorge für die Kirche bleiben, grüße ich sie, hochverehrter Herr Generalvikar, sehr herzlich.

Ihr sehr ergebener

G. Ermecke

II. EIN DISKUSSIONSBEITRAG

Der Realismus gründet in den objektiv vorgegebenen und aufgegebenen Tatsachen. Katholisch-theologischer Realismus heißt: sie betrachten im Lichte der katholischen Theologie als kirchlicher Glaubenswissenschaft, welche nach dem alles durchwaltenden Prinzip der Gott-Menschlichkeit auch die Erkenntnisse der seins- und ordnungsvernehmenden Vernunft in sich aufnimmt. Während *Utopie ein irrealistisches Traumdenken* bezeichnet, also z. B. im theologischen Bereich von der pilgernden Kirche als einer Gemeinschaft der Heiligen und Reinen in dieser Welt ausgeht, ist das *ideologische ein irrealistisches Wunschdenken,* welches z. B. seelsorgliche Probleme etwa in der Moral ohne solides Fundament in der kirchlichen Lehre um seelsorglicher Hilfe willen lösen will.[1]) In diese letzte Gruppe gehören auch jene Denkweisen, welche die Lösung der Sexual- und Eheprobleme nicht vom Boden einer katholischen Wirklichkeitsauffassung und -interpretation aus suchen. Leider sind diese beiden typischen Verfehlungen der Wirklichkeit durch utopisches bzw. ideologisches Denken noch längst nicht genügend im katholischen Raum erforscht. Hier soll dazu einiges gesagt werden.

*

Im Anschluß an das, was Generalvikar [2]) Dr. Robert Schlund unter dem Titel „Die ‚Königsteiner Erklärung' der deutschen Bischofskonferenz vom 30. August 1968 – heute", in: „Erzbistum Freiburg: information, Berichte – Kommentare – Anregungen", September/Oktober 1981, Nr. 9/10, S. 143–158, brachte, soll nachgewiesen werden, daß hier katholisch-theologischer Realismus gegen alle pastorale Ideologie bestehen kann.

Generalvikar Dr. Schlund will die „Königsteiner Erklärung" (= KE) retten, obwohl sie aus katholisch-realistischer Betrachtung massenhaft unvertretbare Praxis zur Folge hatte und hat. Daß trotzdem jüngstens die österreichischen Bischöfe diese auch noch übernommen haben, ist um so bedauerlicher, weil sie die bislang vorliegende, wenn auch zaghafte Kritik, nicht beachtet haben.

Zu unserer Behauptung sei dieses gesagt:

1.) Generalvikar Dr. Schlund liefert seine „Begründung" für die KE so, daß man ihm infolge der Aneinanderreihung seiner Gedanken bei einer Kritik schwerlich in klarer Gedankenfolge antworten kann. Es muß daher ebenso bei einer Aneinanderreihung der Contras bleiben.

2.) Trotz der unbestreitbaren gutgemeinten pastoralen Absicht seiner Ausführungen fehlt ihnen das kritisch-realistische Fundament. Wir können jene Darlegungen nur einreihen unter die pastoralen Ideologien, deren Kritik, wenn das auch wehtun sollte, um der Wahrheit in der Nachfolge Christi notwendig ist.

3.) Unverständlich ist, daß Generalvikar Dr. Schlund nicht näher eingeht auf das, was Joh. Bökmann als Herausgeber in der Schrift gesammelt hat: „Nicht unfehlbar? Ein mißlungener Angriff auf die untrügliche Wahrheit und den verbindlichen Anspruch von Humanae vitae", Abensberg 1981. Diese Broschüre wird von Sch. zwar erwähnt, aber nicht ausgewertet oder diskutiert. Er hätte sich fast alles, was er sagt, ersparen können, weil das schon in der genannten Schrift widerlegt worden ist. Vom wissenschaftlichen Standpunkt ist sein Verfahren jedenfalls sehr befremdlich.[3]) Es mag sein, daß ihm das in der Broschüre Gesagte nicht willkommen war. Aber auch dann konnte er nicht einfach daran vorübergehen![4])

4.) Vielsagend sind die Gewährsmänner, welche Sch. zur Stütze seiner pastoralen Ideologie zitiert: natürlich K. Rahner, dann A. Auer, Böckle und vor allem B. Häring. Sie alle, sich sicher um die Lösung schwerer pastoraler Probleme bemühend, stehen auf dem Standpunkt, daß Humanae vitae nicht absolut gilt und darum letztlich das persönliche selbstgebildete Gewissen entscheidet, obwohl, wie nachgewiesen, die Enzyklika „Humanae vitae" die über eineinhalb Jahrtausend unveränderte Lehre des ordentlichen Lehramtes der Kirche vorträgt. Zur Tragweite dieses Befundes für die Lehrqualität ist Nr. 25 der Konstitution über die Kirche: Lumen gentium zu vergleichen.

5.) Die Bildung des Gremiums zur Beratung der Bischöfe vor Erlaß der KE erfolgte unter Ausschluß solcher Moraltheologen, von denen man von vornherein wußte, daß sie für „Humanae vitae" stimmen würden.[5]) Das ist nur ein Beispiel, wie in unseren Zeiten die Verkündigungswahrheit manipuliert wird! Es gibt auch führende Zeitschriften, in denen nichts publiziert werden kann, was den Progressisten nicht gefällt.

6.) Sch. verweist auf J. Piegsa „Hat das Lehramt zur Empfängnisregelung unfehlbar gesprochen?", in: Theologie der Gegenwart, 1981, 33–41, obwohl dessen Ansicht von mir in der von Joh. Bökmann herausgegebenen Broschüre widerlegt wurde: „Untrüglich wahr und verbindlich. Die künstliche Empfängnisverhütung nach kirchlicher Lehre in Dogmatik und Moraltheologie", S. 33–42.

Aber Sch. geht mit keinem Wort auf meine Darlegungen ein.

7.) Es hilft Sch. auch nicht das Wiederholen von Urteilen nicht weniger Moraltheologen, welche die Anhänger von Humanae vitae als Vertreter einer „statischen Moral", die der KE einer „dynamischen Moral" zurechnen.[6]) Wie kann man nur solche Schlagwörter nachbeten! Jede Moral ist insofern statisch, als der Kern des sittlich handelnden Menschen in seiner individuellen und geschichtlichen dynamischen Entfaltung unverändert bleibt. Immer geht es darum, daß der vor Gott, sich selbst, dem Mitmenschen unveränderliche Mensch als

Geschöpf in Natur und Übernatur sich nach Kräften bestmöglich in der veränderlichen Welt darstellt. Der unveränderliche Kern des Menschen und Christen ist der Ansatzpunkt zum Verständnis menschlichen Handelns, auch des Sittlichen und seiner Norm. Wer aber dem Irrtum der noch zu besprechenden teleologischen Methode anhängt, verliert den Kern und damit das maßgebliche Fundament des Sittlichen und landet im Relativismus und Utilitarismus.

8.) Auch Sch. hängt offenbar einer irrigen Methode an: Die vor Jahren dominierende, aber heute offenbar immer mehr im Schwinden begriffene *teleologische Methode,*[7]) worüber ich eingehend in meinem Beitrag zur Schrift von Bökmann geschrieben habe und jetzt wieder in der MThZ 1981, Heft 3, 194–205: „Die katholische Theologie in der Krise" (dort weitere Literaturangabe). Zusammen mit dem Irrtum, es gebe im NT keine material-inhaltlich neuen sittlichen Normen (als ob nicht die Theonomie aus der Theomorphie, die Christonomie aus der Christomorphie notwendig folgte; als wenn nicht geradezu in jedem Vers des NT *das Sein in Christus letzte Grundlage und höchste Verpflichtung* wäre *für die Nachfolge Christi!*), ist der Irrtum der teleologischen Methode – die sich von der deontologischen abgrenzen will – für die Moral in Theorie und Leben geradezu fundamental und verhängnisvoll. Sie endet in der von der Kirche verworfenen Situationsethik und der Preisgabe des Sittlichen – wenigstens für die 2. Tafel des Dekalogs – im pragmatischen Utilitarismus.

Es ist zu vermuten, daß diese die christliche Moral auflösende teleologische Methode sich so weit verbreiten konnte, weil sie eine wissenschaftliche Begründung zu geben schien für die Gegnerschaft gegen „Humanae vitae".

Die Methode löst aber den Akt vom Handelnden als Seiendem: Solche absolut real-freischwebenden Akte gibt es aber nicht. Jene Methode sucht mit Hilfe der „Humanwissenschaften" primäre Auskunft zu finden über sittliches Sollen, während sie doch nur sekundäre Hilfe geben können: Sie zeigen, wie das, was schon vorweg aus der gottgegebenen Seinsordnung folgen soll, bestmöglich in Einzelfällen zu erfüllen ist.

Die Bemessung der Handlungsfolgen nach einem völlig ungeklärten „Wertvorzugsgesetz" führt notwendig in die Willkür. Ob Sch. sich klar gewesen ist, daß auch er mit dem Eintreten für die teleologische

Methode einem irrealistischen Wunschdenken (=Ideologie) gefolgt ist?

9.) Auch und gerade „Humanae vitae" geht aus von der Una-Caro-Gemeinschaft in der Ehe, in die der mögliche, aber nicht entscheidende oder dominierende Faktor des Orgasmus-Austausches unlösbar eingebettet ist.[8]) Dieser ist nicht primär und noch weniger allein bestimmend; denn jene Gemeinschaft bleibt auch dort bestehen und verpflichtet auch dort, wo dieser Austausch nicht stattfindet oder stattfinden kann. Hier in diesem Bereich muß es heute zu einer offenen Diskussion kommen. Eheleute können sich auf diesen Austausch so fixieren, daß sie geradezu abhängig werden – wie auch bei anderen Triebbefriedigungen Süchte eintreten können –; in dieser Orgasmus-Sucht, von der man nicht offen redet, die man übt, verfehlen Ehegatten ihre Ehegemeinschaft. Zwar umfaßt die Una-Caro-Gemeinschaft auch den Orgasmusaustausch als eine von vielen Möglichkeiten zum Erweis ihrer Liebe, aber das ist nicht das Wesen und die Hauptsache in ihrer Ehe.

10.) Gerade die häufige Berufung auf B. Häring stärkt nicht die Darlegungen von Sch. Jener ist sicher ein aktiver Seelsorger und versucht, über Moralpsychologie und -soziologie pastoral zu „helfen". Aber er ist auch einer der Verwirrer in der Alten und Neuen Welt in Moralibus. Vor allem fehlt es bei ihm an wissenschaftlicher Präzision: Es fehlen klare Begriffe und saubere Grundsätze (Prinzipien). Es wird erzählt, daß es H. heute leid täte, daß er seinerzeit das „Gesetz Christi" geschrieben hätte! Das ist bei ihm gut möglich und verständlich.[9])

11.) Auch die oftmalige Berufung auf Kardinal Ratzinger und seinen bekannten Hirtenbrief 1980 mit dem Bericht über die Bischofssynode bedürfte der genaueren Differenzierung. Warum werden denn die „Humanae vitae" bestätigenden Passagen verschwiegen?

12.) Zur einhelligen Lehrtradition nimmt Sch. leider keine Stellung. Warum eigentlich? Ist das nicht wirklich irrealistisches Zweckdenken? Allein von dem, was in unseren Jahrhunderten von „Casti Connubii" Pius' XI. an über Pius XII. („Hebammen-Ansprache") über „Humanae vitae" bis hin zu den oftmaligen klaren Aussagen unseres Heiligen Vaters gesagt wurde, was auf allen Kanzeln der Welt bis 1968 als unter Sünde verbindliche Lehre verkündet wurde, findet so bei Sch. keine Beachtung.[10])

13.) Die Meinung des von Sch. als Zeugen bemühten, als Arzt anerkannten Prof. Dr. von Eiff gibt für unsere Fragen überhaupt nichts mehr. Als Tatsachenwissenschaftler kann er zwar persönliche Wertungen und deren Folgen im Bereich der Ehemoral aufzeigen. Aber welches Verhalten gemäß der gottgegebenen Seins- und Lebensordnung sittlich verbindlich ist, darüber vermag *der Arzt* von Eiff nichts zu sagen. Hier muß die philosophisch-theologische Anthropologie im Lichte der kirchlichen Lehre Auskunft geben, wie es auch in „Humanae vitae" geschehen ist.[11])

14.) Mit Recht sagt Sch., „es geht um mehr als um die Methode". Aber in Wirklichkeit kämpft auch er mit anderen Gegnern gegen „Humanae vitae" und befürwortet die KE. Die oben erwähnte totale und radikale Una-Caro-Gemeinschaft, in der jede „Methode" entsprechend eingebettet sein muß und nicht in der bloßen Gewinnung von sexueller Lust bestehen kann, wie es im Leben gewöhnlich geschieht, ist maßgebend.

15.) Bei der Widerlegung der KE geht es nicht um „scholastische" Spitzfindigkeiten, sondern um die Aktualisierung dessen, was Ehe ist, als der Seins-, Lebens-, Liebes-, Arbeits- und Notgemeinschaft eines Mannes und einer Frau zur vollen Entfaltung ihrer Persönlichkeit im Wir ihrer Gemeinschaft mit der Möglichkeit, durch das Kind Familie zu werden. Und diese ist ebenso wie die Ehe auch ein soziales Institut. Aber dieser soziale Charakter der Ehe als potentieller Familie wird weithin übersehen. Ehe ist keine nur beliebig zu manipulierende intersubjektive Austauschverbindung, sondern auch ein Sozialinstitut, in dem die daran Beteiligten sich vervollkommnen und das als Familie im Kinde eine volle Entfaltung erreicht.

Wer gegen diese Grundbestimmung von Ehe und Familie handelt, betrügt sich und andere. Ein Beispiel: Wenn man jemandem die Hand reicht zum Gruße, liegt darin eine Bejahung des anderen. Wenn diese fehlt, ist die Handreichung oberflächlich und auch sinnlos, ja, eine Lüge. Wer sich zur Una-Caro-Gemeinschaft bekennt, darf sich daraus auch nicht teilweise zurückziehen, weil das die Ganzhingabe verhindert und schließlich Ehe zur Lüge macht.

16.) Schwer verständlich ist, wenn Sch. S. 156 f. sagt: „Die Frage, die im abweichenden Gewissensurteil im Sinne der KE enthalten ist, läßt sich nach diesen Vorbemerkungen etwa so artikulieren:

Bleibt der Mensch – nicht nur bei den natürlichen Methoden, selbst wenn sie ausschließlich und geplant zur Vermeidung einer Empfängnis gewählt werden – auch dann noch innerhalb der ‚Natur' in dem umfassenden Sinn, der die Achtung vor dem Schöpfungsmysterium nicht verletzt, wenn er aus dem sittlichen Prinzip verantworteter Elternschaft, das reine Willkür und sittliche Beliebigkeit ausschließt, und aus dem Geist verantworteter Elternschaft, der nicht der Geist der Ehrfurchtslosigkeit, der Eigenmächtigkeit, der Autonomie und Emanzipation und der Kontrazeption ist, durch künstliche Mittel bewußt einen Zustand induziert, den die Natur auch selbst im Plan der Schöpfung durch die empfängnisfreien Tage immer wieder hervorbringt? Wird hier nicht die Grundoption und die Grundintention der Enzyklika und der ganzen kirchlichen Tradition gegenüber einer kontrazeptiven Mentalität und Kultur sittlich berücksichtigt? Läuft hier nicht eine ethische Unterscheidungslinie, die solches Tun abhebt, von jeder kontrazeptiven, in ethischer Beliebigkeit und Eigenmächtigkeit gewirkten Empfängnisverhütung?

Damit soll der oben angezeigte Unterschied von natürlicher und künstlicher Methode nicht nivelliert werden, aber angedeutet werden, daß der in der KE gemeinte ‚denkbare Fall' eines abweichenden Gewissens möglich ist – und dies nicht nur als bloßes Faktum wie beim schuldlos irrigen Gewissen, sondern als sittliche Möglichkeit eines katholischen Gewissens, das sich legitimiert glaubt, die in der Enzyklika verkündeten Normen nicht undifferenziert als auf ‚jeden Fall' verbindlich annehmen zu müssen".

Trotz mehrfacher Lektüre ist mir der Sinn dieser Stelle bei Sch. nicht aufgegangen und so auch nicht eingegangen!

17.) Mit Bedauern kann man nur feststellen, daß sich ein Schlagwort in die ganze Diskussion eingeschlichen hat: „Das Gesetz der Gradualität."[12]) Hier werden viele Gegner vvon „Humanae vitae" sich irrigerweise bestätigt fühlen. Es geht bei diesem Gesetz nicht darum, daß man in der Ehe nur stufenweise je nach Einsicht und subjektivem Wollen das Gesetz Gottes zu beachten braucht, sondern, daß man insofern und insoweit in dem Grade exkulpiert wird bei der schuldhaften Übertretung des göttlichen Gesetzes in der Ehe, wie man unverschuldet mit unüberwindlich irrigem Gewissen handelt, oder aber auf Grund subjektiver Triebübersteigerung (Sucht) sich in eine Unfähigkeit hineinmanövriert hat, das Gesetz Gottes erfüllen zu können. Die KE ist, wie schon gesagt, mit katholischer eineinhalb Jahrtausend alten Lehre nicht vereinbar. Wenn man sich auch nur bei *einem* Dogma, auch einem moralischen, auf sein besser informiertes persönliches Gewissen berufen darf, dann darf man das auch gegenüber allen anderen Dogmen! Es führt schließlich die KE zur Auflösung jeder verbindlichen Glaubens- und Lebensordnung.

Angesichts der Verwirrung hinsichtlich der Sexual- und Ehemoral, die auch katholische Moraltheologen mitverschuldet haben, und wegen der verwirrenden Beeinflussung von seiten der Welt, die völlig anders denkt als ein Katholik und seine Kirche, kann es heute trotz klarer kirchlicher Lehre ein *pathologisch* unüberwindlich irrendes Gewissen im Einzelfall geben. Und nur dieses entschuldigt. Wo das nicht der Fall ist, bindet die kirchliche Lehre absolut. Man muß ihr als Katholik folgen oder kann die Konsequenzen ziehen.

18.) Mit Recht wird auf die Bedeutung von katholischen „Beratungsdiensten" hingewiesen.[13]) Aber sie können nur richtig raten, wenn sie auf dem Boden der kirchlichen Lehre stehen. Anderenfalls tragen sie nicht zur Wahrheit, sondern zur Verwirrung bei.

*

Leider hat der Generalvikar Sch. seine Ausführung unter seinen Amtstitel gestellt. Der Generalvikar ist, wie jeder Kanonist weiß, das „Alter Ego" seines Bischofs in der Verwaltung der Diözese. Aber er kann nicht selbst von der nur dem Bischof zustehenden lehramtlichen Befugnis Gebrauch machen. Es wäre schade, wenn durch den Gebrauch des Titels „Generalvikar" manche Pfarrer und Laien beeinflußt und in der Erkenntnis der vollen Wahrheit behindert würden. Und dies ist die Wahrheit:
Die KE ist abzulehnen, weil man sich als Katholik gegen ein moralisches Dogma des ordentlichen Lehramtes der Kirche nicht auf das eigene abweichende Gewissen berufen darf.

„Humanae vitae" ist in jeder Hinsicht richtig und zu befolgen.

Anmerkungen

1) Über „Ideologie und Utopie" vgl. G. Ermecke, in: Jahrb. f. christl. Sozialwissenschaften, 1969, 259–271.

2) Vgl. CIC c. 198 § 1. Der Generalvikar ist allgemeiner Vertreter des Ortsbischofs und neben ihm dessen Alter Ego, aber in Abhängigkeit vom Bischof und mit beschränkter stellvertretender Vollmacht. Vgl. E. Rösser, in: LThK IV, Sp. 667–668.

3) Vgl. J. C. Ford und G. Grisez, Das unfehlbare Lehramt der Kirche zur Empfängnisregelung (aus: Theological Studies, Baltimore 1978, 258–312; übersetzt von P. Dr. R. Haacke), Siegburg 1980 – M. Zalba, S. J., Unabänderliche unfehlbare Lehre. Die theologische Bewertung der in der Enzyklika „Humanae vitae" zum Ausdruck gebrachten Lehre, in: Joh. Bökmann, (Hrsg.), Nicht unfehlbar? Zum mißlungenen Angriff auf die untrügliche Wahrheit und den verbindlichen Anspruch von Humanae vitae, Abensberg, 1981, 17. 32.

4) Daß man im moraltheologisch-wissenschaftlichen Raum so wenig von der unter 2) erwähnten Schrift, hrsg. von Joh. Bökmann, Notiz genommen hat, darf als Zeichen dafür gewertet werden, daß sie sehr vielen recht unbequem gekommen ist.

5) Dieser Ausschluß passierte dem Schreiber dieser Zeilen, wie ihm von einigen Mitgliedern der einberufenen Kommission versichert wurde.

6) Die schlagwortartige Abwertung überkommener katholischer Moraltheologie als „statischer" gegenüber der „modernen" als lebensgerechter „dynamischer" ist ausgesprochener Nonsens. Alles sittlich freie Handeln gemessen an der entsprechenden sittlichen Norm ist im Kern unveränderlich, aber in dessen Darstellung im Längs- und Querschnitt der Geschichte unterschiedlich mannigfaltig. Dabei darf nie der Kern verletzt werden, von dem aus alle Einzelakte als gemäß oder widrig zu messen sind.

7) Man kann nur staunen, wie manche intelligente Moraltheologen auf den teleologistischen Schwindel hereingefallen sind! Am Ende dieser irrigen Denkweise steht nur noch der Imperativ: „Macht, was ihr wollt, aber tut euch und andern nicht weh!" Die Folge ist: Situationsethik aus vor allem privatem Utilitarismus. Wenn Vertreter sagen, ihre Methode gelte nur für „die zweite Tafel der Zehn Gebote", dann fragt man sich warum. Auch im Raum der Gebote gibt es immer und überall sittlich absolut verwerfliche Handlungen, wenn der Mensch in ihnen sein Sein und Ziel vor Gott, sich selbst und dem Mitmenschen verneint.

8) Für viele ist im Ehe-Alltag der Orgasmus Inhalt, Höhepunkt und bei vorhandener Sucht „unentbehrlicher" Lust-Wert. So entsteht, worüber man nicht spricht, aber von allen Zeitungskiosken schreit es entgegen, eine Art „Orgasmus-Un-Kultur". Wie andere Triebe, deren Erfüllung Lust bereitet, z. B. der Nahrungstrieb, der Genußtrieb, kann auch der Orgasmus-Trieb zur Sucht entarten. Von Trunk-, Freß-, und Drogensucht spricht man und beklagt es. Aber von Orgasmussucht spricht man nicht …

9) Das Lehrbuch von B. Häring ist ein leicht lesbares Lesebuch über christliche Moral, aber kein Lehrbuch. Dazu fehlen ihm begriffliche Klarheit und prinzipielle Wahrheit.

10) Wie will Generalvikar Dr. Schlund erklären, daß wenigstens in unserm Jahrhundert bis 1968 auf allen Kanzeln und in allen Beichtstühlen und auf allen Kathedern der „Ehemißbrauch" als schwere Sünde verurteilt wurde?

11) Die Gegner von „Humanae vitae" gehen weniger auf den ontologisch zu sehenden

und zu wertenden Akt der Una-Caro-Vereinigung ein, als auf den je einzelnen Akt des Verkehrs, den sie auf sich selbst stellen und allein auf sein Motiv abstellen. Vor allem zeigt sich hier, daß sie den Irrtum begehen, den einzelnen Akt des Handelns von dem darin sich entfaltenden Seienden zu trennen, obwohl es keinen solchen Akt in der Wirklichkeit gibt, sondern nur ein Handelndes, das sich darin aus der Potenz in die Aktualität zum Ziel hin entfaltet.

12) Nachdem das Schlagwort von der *„Gradualität"* totz seiner Gefährlichkeit von Mund zu Mund geht und, was diese Gestuftheit angeht, nicht eine solche der sittlichen negativen Normen (Verbote) meint, ist es dringend notwendig, es auf seinen philosophischen und theologischen Gehalt hin genau zu bestimmen. An sich handelt es sich dabei um eine uralte Erkenntnis dort, wo es innerhalb des Seins und Handelns eine Stufenordnung gibt, in der ein Seiendes auf seine höchste Aktualitäts- oder Wertstufe hin unterwegs ist. Gegen diese Richtung darf ein Handelndes sich nicht entscheiden, d. h. also nicht negativ gegen sich vor Gott, sich selbst und den Nächsten handeln. Unterschiedlich ist die Stellung in der Stufenordnung des Seins und Lebens, von der der Einzelne zu seinem Endziel hin auszugehen hat, z. B. Kinder – Erwachsene, im Gewissen Gebildete – Ungebildete, Kranke – Gesunde u. ä. Jeder hat von seiner Stufe als Mensch bzw. Christ ausgehend 1. *alle* negativen Entscheidungen gegen sein Sein, Leben und Ziel zu vermeiden, 2. die ihm mit seinen Kräften und an seinem Ort erreichbaren lebens-, gemeinschafts-, zielbezogenen Handlungen zu setzen. Auf einen Vorstoß gegen die Lehre von „Humanae vitae" und damit als eine Exkulpation hinsichtlich der Ehegemeinschaft durch den „abusus matrimonii" kann man das Gesetz der Gradualität nicht anwenden.

13) Wichtig sind Beratungsdienste, die die *kirchliche* Lehre vertreten. Vgl. G. Ermecke, Zur Sexualität innerhalb und außerhalb der Ehe. „Darf" eigentlich jeder, der „kann" und „will"?, in: Theologisches, 1981, 4206–4209 und Ders., Die Situation kirchlicher Beratungsstellen, in: Deutsche Tagespost v. 16. 9. 1981.

Prof. P. Dr. Anselm Günthör OSB

Ein Weg zur Verhärtung der Gewissen

Mißdeutungen und übersehene Tatsachen

Dem H. H. Generalvikar Dr. R. Schlund geht es in seinem Beitrag „Die ‚Königsteiner Erklärung' der Deutschen Bischofskonferenz vom 30. August 1968 – heute" in: Erzbistum Freiburg INFORMATIONEN Berichte Kommentare Anregungen, September/Oktober 1981, Nr. 9/10, S. 146–158 darum, die Bedeutung und den Wert der Königsteiner Erklärung (= KE) zu untersuchen, die ihr auch heute noch – über 13 Jahre nach ihrer Veröffentlichung – zukommen. *Kann sich der katholische Christ aufgrund der KE im Gegensatz zur Enzyklika Humanae vitae (= Hv) für die künstliche Empfängnisverhütung entscheiden, obwohl* die Bischofssynode 1980 die Enzyklika bekräftigt und – dies muß hinzugefügt werden – vor allem das päpstliche Lehramt die in ihr ausgesprochene Norm wiederholt und deutlich bestätigt hat?

*

Zuerst versucht Schlund darzustellen, was die Bischöfe der Bundesrepublik im Jahre 1968 mit der KE gesagt, wovon sie gesprochen haben. Die KE habe „nicht direkt und formell Stellung zur Sach- und Wahrheitsfrage der Lehre von Humanae vitae" genommen (S. 147). Sie gehe von der Tatsache aus, daß Hv eine „nicht definitorische, also mindestens grundsätzlich reformable, d. h. hier: u. U. näher zu differenzierende Lehräußerung darstellt" (ebd.), und frage „nach der sittlich verantwortlichen Haltung des katholischen Gewissens" gegenüber einer solchen Lehre des päpstlichen Lehramtes (ebd.).

Dann äußert Schlund die entscheidende Ansicht, die KE reduziere die Frage nicht einfach auf den Fall des schuldlos irrenden Gewissens, sondern frage „nach theologischen Gründen eines möglichen anderen Gewissensurteils" (ebd.). Später schreibt Schlund: „Es geht hier vielmehr um den Fall, daß sich ein katholisches Gewissen ... aus gewissenhaft erwogenen Gründen sittlich berechtigt weiß, ein abweichendes Gewissensurteil zu bilden und ihm zu folgen. Ein solches Gewissen sucht und braucht Gründe seiner Rechtfertigung, da es sich selbst nicht als autonomer Gesetzgeber versteht, sondern sich im Gewissen der Wahrheit und darin dem Willen Gottes verpflichtet weiß. *Kann es solche Gründe geben?* Die KE geht davon aus, daß es sie geben kann" (S. 150).

Schlund wird noch deutlicher, wenn er schreibt, „daß ein katholisches Gewissen objektive Gründe haben kann für die sittliche Möglichkeit eines abweichenden Gewissensurteils, das nicht einfach mit dem schuldlos irrenden Gewissen gleichzusetzen ist" (S. 151).

Schlund macht mit diesen Aussagen *eine äußerst schwerwiegende Feststellung:* wenn objektive, theologische Gründe gegen Hv ins Feld geführt werden können, dann ist es um die Möglichkeit der Wahrheit der Enzyklika geschehen. Eine Aussage kann nicht objektiv wahr sein, wenn objektive Gründe gegen sie sprechen. Die äußerst verschlungene Argumentation Schlunds kann nicht darüber hinwegtäuschen, daß **er tatsächlich die objektive Wahrheit der Aussage von Hv leugnet. Dies ist äußerst schwerwiegend und folgenreich.**

Mit seiner Behauptung, daß gegen Hv objektive Gründe stehen, geht Schlund über die KE hinaus. Dieses Dokument der Deutschen Bischofskonferenz spricht von Bedenken und Fragen, aber nicht von objektiven, der Enzyklika entgegenstehenden Gründen.

*

Im folgenden soll gezeigt werden, daß die Argumentation Schlunds für sein folgenreiches Urteil *nicht stichhaltig* ist. Er *mißdeutet* Dokumente und Tatsachen und *übergeht* oder *übersieht* Sachverhalte, die sich in seine Beweisführung nicht einfügen lassen.

I.
MISSDEUTUNGEN

1. Das Zweite Vatikanische Konzil

Schlund versucht, das Gewicht der Enzyklika Hv abzuschwächen und damit den Weg für den ihr sich widersetzenden Gewissensentscheid zu ebnen, indem er den Strom der Lehrtradition, die in Hv bestätigt wird, schon vorher versickern läßt. Diesen Prozeß will er im Konzil feststellen. Demnach stünde die Enzyklika außerhalb der Entwicklung, indem sie eine Lehre als fest verwurzelt in der Tradition ansehe, wo doch diese Tradition vom Konzil selbst nicht als fest und sicher beibehalten worden sei.

Nach Schlund soll das Konzil „angesichts eines möglichen Konflikts zwischen Empfängnisregelung aus verantworteter Elternschaft ... und der Bezeugung ehelicher Liebe im ehelichen Akt“ dazu „nur“ die wichtige Feststellung gemacht haben: „Die Kirche erinnert daran, daß es keinen wahren Widerspruch geben kann zwischen den göttlichen Gesetzen hinsichtlich der Übermittlung des Lebens und dem, was echter ehelicher Liebe dient“ (S. 148).[1]) Das Konzil hat jedoch wesentlich mehr dazu gesagt. Es ist unverständlich, daß Schlund folgenden Satz der Pastoralkonstitution nicht erwähnt: „Von diesen Prinzipien her ist es den Kindern der Kirche nicht erlaubt, in der Geburtenregelung Wege zu beschreiten, die das Lehramt in Auslegung des göttlichen Gesetzes verwirft.“ Dabei nimmt das Konzil in der Fußnote Bezug auf die Enzyklika Casti Connubii und auf die sogenannte Hebammenansprache Pius' XII. Trotzdem soll das Konzil, wie Schlund meint, die Tragweite dieser Tradition in Frage gestellt haben.[2])

Will man die Einstellung der Konzilsväter in der Frage der Ehemoral erkennen, muß man auf zwei Dinge achten. Zunächst auf die Eigenart der Pastoralkonstitution über die Kirche in der Welt von heute. In dieser Konstitution hat das Konzil klug die Begegnung mit der heutigen Welt gesucht. Dieses Grundanliegen ließ nicht zu, zu sehr in Einzelheiten zu gehen und gar Verbote zu deutlich ins Licht zu stellen, die viele Menschen der Gegenwart nicht annehmen. Es geht aber nicht an, die pastorale Zurückhaltung als Verzicht auf die überlieferte Lehre der Kirche anzusehen.

Als Zweites sind die langen Vorarbeiten für die endgültige Fassung eines Konzilsdokumentes zu beachten. Wer die Bemühungen und Diskussionen gerade um die Artikel über Ehe und Familie in der Pastoralkonstitution ins Auge faßt, wird in der Ansicht bestärkt, daß die relative Zurückhaltung des endgültigen Textes nicht als Abrücken von der Lehrtradition gedeutet werden darf. So heißt es z. B. in einer Relatio, die die Einstellung der Konzilsväter im letzten Jahr vor Konzilsende zu Fragen der Ehemoral zusammenfaßt, über ihre Meinung zu dem Thema der späteren Enzyklika Hv: „Weitaus der größere Teil der Väter legt auf diese oder jene Weise die Auffassung von der ‚verantworteten Elternschaft‘ dar ... Nur wenige (zwei davon nur mit Zögern) schließen den Gebrauch empfängnisverhütender Mittel in schweren Fällen nicht aus.“ In der endgültigen Fassung des Artikels 47 der Pastoralkonstitution steht der Satz: „Darüber hinaus wird die eheliche Liebe öfters durch Egoismus, bloße Genußsucht und durch unerlaubte Praktiken gegen die Fruchtbarkeit der Ehe entweiht.“ Nach den Akten des Konzils geht die Erwähnung der unerlaubten Praktiken gegen die Fruchtbarkeit der Ehe zusätzlich zu Egoismus und Hedonismus, die schon im vorausgehenden Text erwähnt waren, eindeutig zurück auf den Antrag von zwei Konzilsvätern, die den Onanismus, und von vierzehn Konzilsvätern, die die Empfängnisverhütung unter den Irrtümern erwähnt sehen wollten.[3]) Diese Beispiele zeigen bereits, wie wenig die Meinung begründet ist, das Konzil habe die Tragweite der Lehrtradition der Kirche bezüglich des später von Hv behandelten Themas in Frage stellen wollen. *Schlund deutet das Zweite Vatikanum bezüglich der Ehemoral nicht richtig.* Deshalb erscheint auch die Kontinuität der Lehrtradition über das Konzil bis zur Enzyklika Hv nicht in der richtigen Weise.

2. Erklärungen von Bischofskonferenzen zu Hv

Als einen Hinweis auf die angebliche Tatsache, daß ein katholisches Gewissen objektive Gründe für die sittliche Möglichkeit eines von Hv abweichenden Gewissensurteils haben könne, sieht Schlund die Erklärungen mancher anderer europäischer Bischofskonferenzen zur Enzyklika. Nach ihrem Erscheinen haben ja nicht wenige, zumal europäische Bischofskonferenzen in Erklärungen oder Hirtenworten an die Gläubigen sich über Hv geäußert. Schlund erwähnt mit folgenden Worten einige dieser Erklärungen: „Schließlich darf auch nicht außer acht gelassen werden, daß neben dem Episkopat der Bundesrepublik die Berliner Ordinarienkonferenz, die Episkopate Österreichs, der Schweiz, Hollands, Frankreichs, der skandinavischen Länder, Englands – um nur die wichtigsten europäischen Erklärungen zu notieren – erläuternde und differenzierende Erklärungen zur seelsorgerlichen Situation abgegeben haben“ (S. 151).

Es bedeutet schon eine Einengung, daß nur Erklärungen von europäischen Bischofskonferenzen ins Auge gefaßt werden. Noch bedenklicher ist es jedoch, daß Schlund auch unter diesen eine Auswahl trifft und diese ausgewählten Erklärungen von vornherein als die *wichtigsten* einstuft. Dabei handelt es sich bei den von ihm ausgewählten mit Ausnahme der französischen um Erklärungen von Bischofskonferenzen kleiner Länder oder von Ländern mit einer geringen katholischen Minderheit (die skandinavischen Länder und England). Warum läßt Schlund die Erklärungen der Bischofskonferenzen großer katholischer Länder: Italien, Spanien, Polen, oder mittelgroßer solcher Länder: Belgien, Irland, Portugal von vornherein beiseite? Hinter dieser Auswahl steckt wohl Methode?

Es ist mit Recht gesagt worden, daß bei den Erklärungen der Bischofskonferenzen, die großenteils unter Zeitdruck und in Eile abgefaßt wurden, die Gefahr von Einseitigkeiten nicht auszuschließen ist.[4]) Diese Gefahr ist besonders groß, wenn man sich über das Verhältnis von Gewissen und kirchlicher Lehrautorität äußert. Bei unpräziser Darstellung können die beiden als Gegensätze erscheinen, wie wenn das eine sich nur auf Kosten des andern verwirklichen und entfalten könne. Tatsächlich aber ist es so, daß *das Gewissen auf die kirchliche Lehrautorität hingeordnet ist und diese sich an die Offenheit des Gewissens wendet.*

Ein gründlicher Kenner sämtlicher Erklärungen von Bischofskonferenzen zu Hv sagt, daß manche Erklärungen nicht ganz die Gefahr vermieden haben, die Rolle des Gewissens einseitig darzustellen, so daß die Hinordnung auf das Lehramt der Kirche zu kurz kam.[5])

Bei Schlund ist nun eine *Häufung von Einseitigkeiten* festzustellen. Die *erste* Einseitigkeit liegt darin, daß er das Thema „Enzyklika-Gewissen" als d a s Thema der KE derart hochspielt, daß andere in ihr entfaltete Gedanken sehr oder sogar ganz in den Hintergrund treten. Die *zweite* Einseitigkeit liegt darin, daß er auch die Antwort auf die genannte Frage im Vergleich zur KE verschärft. Nach dieser können Gläubige *meinen, glauben, der Überzeugung sein,* von der in Hv verkündeten Norm abweichen zu dürfen. Nach Schlund gibt es dagegen *objektive* Gründe für das von Hv abweichende Gewissensurteil. Die *dritte* Einseitigkeit: Schlund betrachtet diejenigen Erklärungen von Bischofskonferenzen als die wichtigsten, die die Rolle des Gewissens sehr betonen. Andere, die stärker die Bedeutung des Lehramtes unterstreichen, übergeht er.

Jedoch hätte sogar das genaue Studium der von Schlund erwähnten Erklärungen ihn vor Einseitigkeiten schützen müssen. So weisen die Bischöfe Mitteldeutschlands in ihrer Verlautbarung zu Hv ausdrücklich auf verengte Blickwinkel hin, die die richtige Schau der Enzyklika von vornherein verhindern. Diese Bischöfe schreiben: „Wir können also nicht davon ausgehen, daß eine solche Lehräußerung nicht die höchste Garantie der Unfehlbarkeit hat."[6]) Schlund geht aber genau von dieser These aus. Übrigens erledigt er sehr rasch die keineswegs auszuschließende Frage, ob Hv zwar nicht der Sprachweise (dem Einsatz der päpstlichen Lehrautorität) nach, aber als Bestätigung der konstanten und ausdrücklichen Lehre der Kirche eine unfehlbare Äußerung des ordentlichen Lehramtes ist.[7]) Weiterhin sagen die Bischöfe in ihrer Verlautbarung: „Wir können nicht bei dem – durchaus möglichen – Fall beginnen, daß jemand glaubt, mit ernsthaften Gründen von der Lehre der Kirche abweichen zu müssen" (Ebda). Dies ist aber wiederum gerade der andere Ausgangspunkt und das eigentliche Thema des Artikels von Schlund. Damit verbaut er sich den Weg zur richtigen Bewertung der Enzyklika Hv. *Er sieht sie einseitig und setzt ihren Wert zu tief an.* Damit ist die Bahn frei zur Überbewertung der KE und zur Ermöglichung eines der Enzyklika widersprechenden Gewissensentscheides.

3. Grundaussage, Grundanliegen, Grundwahrheit, Grundintention – mögliche konkrete Differenzierungen

Wie ein roter Faden durchzieht den Artikel von Schlund die Unterscheidung der Lehrtradition und des Inhalts von Lehrdokumenten der Kirche (vor allem der Enzyklika Hv) in ihre *Grund*substanz, *prinzipielle* Wahrheit, unbezweifelte *Grund*wahrheit, *Grund*aussage, *Grund*intention, *Grund*intuition, ihr *Grund*anliegen einerseits und in ihre Differenzierung und Entfaltung in *Einzelaussagen* und *Konsequenzen* andererseits. Entsprechend ist bei den Adressaten und Empfängern solcher Dokumente ihre *Grund*einstellung oder *Grund*entscheidung vom *konkreten* Verhalten zu unterscheiden, das von vielen Faktoren abhängt.

Gewiß muß man bei manchen Grundsätzen ihre zuweilen differenzierte konkrete Anwendung bedenken, aber nicht bei allen. Nach der konstanten Tradition der klassischen Moraltheologie *gelten z. B. die grundsätzlichen naturgesetzlichen Verbote im konkreten Fall immer und unter allen Umständen.* Es ist falsch und führt zu Irrtümern, wenn man die Unterscheidung in Grundaussage und mögliche Differenzierung zum allgemeinen hermeneutischen Prinzip erheben will. Dann wird sie zum bequemen Mittel, scheinbar die „Grundaussage" eines kirchlichen

Dokumentes zu bejahen, *tatsächlich aber dem zu widersprechen,* was es sagt. So tut man z. B. der Enzyklika Hv Gewalt an, wenn man die Zustimmung zu ihr auf „Grundwahrheiten" beschränkt, ihre zentrale Aussage aber in Frage stellt.

Für eine derartige Einstellung zu Hv bietet Schlund ein Musterbeispiel. Die Grundintuition und die Grundaussage der Enzyklika Hv und der kirchlichen Tradition in der Frage der Empfängnisregelung seien zu erkennen aus dem „Gegenüber", gegen das sie sich wenden: eine kontrazeptive Praxis und Mentalität, der technokratisch verfügende, emanzipatorisch bestimmte, „eigenmächtige" Eingriff in die Quellen des Lebens, „der in der Tat das hier vorgegebene ‚Schöpfungsmysterium' mißachtet und daher zu Recht sittlich verworfen wird" (S. 156). Tatsächlich aber hält Schlund solches Verhalten unter Umständen für sittlich möglich. Wie soll dann die Grundaussage trotzdem gewahrt sein? Wie soll kontrazeptive Praxis tatsächlich nicht kontrazeptiv sein?

Der Text, in dem Schlund in diesen Widerspruch verfällt, lautet folgendermaßen:

„Bleibt der Mensch – nicht nur bei den natürlichen Methoden, selbst wenn sie ausschließlich und geplant zur Vermeidung einer Empfängnis gewählt werden – auch dann noch innerhalb der ‚Natur' in dem umfassenden Sinn, der die Achtung vor dem Schöpfungsmysterium nicht verletzt, wenn er aus dem sittlichen Prinzip verantworteter Elternschaft, das reine Willkür und sittliche Beliebigkeit ausschließt, und aus dem Geist verantworteter Elternschaft, der nicht der Geist der Ehrfurchtslosigkeit, der Eigenmächtigkeit, der Autonomie und Emanzipation und der Kontrazeption ist, durch künstliche Mittel bewußt einen Zustand induziert, den die Natur auch selbst im Plan der Schöpfung durch die empfängnisfreien Tage immer wieder hervorbringt? Wird hier nicht die Grundoption und die Grundintention der Enzyklika und der ganzen kirchlichen Tradition gegenüber einer kontrazeptiven Mentalität und Kultur sittlich berücksichtigt? Läuft hier nicht eine ethische Unterscheidungslinie, die solches Tun abhebt, von jeder kontrazeptiven, in ethischer Beliebigkeit und Eigenmächtigkeit gewirkten Empfängnisverhütung?" (S. 156 f).

Kontrazeptive Empfängnisverhütung ist also nach Schlund nicht kontrazeptiv und das der klaren Aussage des Lehramtes widersprechende

Verhalten ist kein eigenmächtiges, autonomes Vorgehen. In dem zitierten Text will Schlund dasselbe Verhalten wesentlich unterscheiden je nach der Einstellung, mit der es geschieht. Damit kommt er nochmals mit sich selbst in Widerspruch, da er zuvor behauptet hat, daß es nicht allein den Unterschied der Motive, sondern „einen Sachverhaltsunterschied gibt zwischen der Methode der bewußt und exklusiv gewählten periodischen Empfängnisunfähigkeit im Biorhythmus der Frau und der Anwendung ‚künstlicher' Mittel zum Ausschluß der Empfängnis" (S. 153).

In dem zitierten Text behauptet Schlund zudem völlig irrtümlich, der Zustand (in der Frau) bei künstlicher Empfängnisverhütung und der Zustand in den natürlich empfängnisfreien Tagen sei derselbe.[8]) Dies trifft jedoch nur unter dem äußerst begrenzten Gesichtspunkt zu, daß in beiden Fällen die geschlechtliche Vollhingabe nicht zur Zeugung führt. Betrachtet man jedoch die beiden Zustände ganzmenschlich, angefangen von den medizinisch-biologischen, den psychologischen und zwischenmenschlichen Gegebenheiten, so herrscht zwischen ihnen ein radikaler Unterschied.

Der Unterschied, den Schlund zwischen Grundaussage und Differenzierung macht, wird bei ihm noch verschärft durch die starke Betonung „der geschichtlichen Voraussetzungen des Fragehorizontes und damit auch des Fragepunktes und der intendierten Aussage selbst" (S. 148). Unleugbar spielt bei manchen Fragen des sittlichen Lebens die geschichtliche Entwicklung eine Rolle. Wird diese jedoch ideologisch zum allherrschenden hermeneutischen Prinzip erhoben, so verfällt man in die *historisierende Relativierung der sittlichen Normen.* Es ist bezeichnend, daß Schlund bezüglich der Enzyklika Casti Connubii und der Lehraussagen Pius' XII. die „‚abstrakte' Alternative von Wahrheit und Irrtum" negativ beurteilt, weil sie die Frage verdecke, „ob nicht eine wahre und unbezweifelbare Grundaussage eine mögliche Differenzierung in besonderer Sachlage offen läßt" (S. 148 f).

Es hätte Schlund zu denken geben müssen, daß es auch eine andere Haltung Dokumenten des Lehramtes gegenüber geben kann. Eine solche haben die Synodenväter der Bischofssynode 1980 bekundet, wenn sie in der Propositio 21 sagen: „Diese heilige Synode, die in der Glaubenseinheit mit dem Petrusnachfolger versammelt ist, *hält entschieden alles fest,* was im Zweiten Vatikanischen Konzil und hernach in der Enzyklika Humanae Vitae vorgelegt wird, besonders dies, daß die menschliche Liebe voll menschlich, ganzheitlich, exklusiv und geöffnet für neues Leben sein muß (vgl. HV 9 u. 11)." Schlund zitiert diese Propositio (S. 155).

II.
ÜBERSEHENE TATSACHEN

Schlund deutet nicht nur gegebene Sachverhalte einseitig, ja unrichtig, sondern er übersieht außerdem wichtige Tatsachen, die bei seinen Überlegungen zu berücksichtigen gewesen wären.

1. Die Äußerungen des päpstlichen Lehramtes in den Jahren seit der Veröffentlichung der Enzyklika Hv

Eine Enzyklika darf nicht wie ein erratischer Block betrachtet werden. Die in ihr enthaltene Lehre ist daraufhin zu untersuchen, wie sie schon früher vorgelegt und wie sie nach Erscheinen des Dokumentes im Lauf der Jahre bekräftigt wurde. Schlund schenkt schon dem ersten dieser beiden Gesichtspunkte kaum Aufmerksamkeit und kommt daher nicht zu einem umfassenden und objektiven Urteil. Erst recht vernachlässigt er den zweiten Gesichtspunkt.

Daß jedoch solche geschichtliche Erwägungen von großer Bedeutung sind, um das Gewicht einer päpstlichen Lehräußerung, auch wenn sie nicht in der Form einer Kathedralentscheidung geschieht, und die Gehorsamspflicht der Gläubigen richtig zu beurteilen, geht klar aus folgender *Aussage des Zweiten Vatikanischen Konzils* hervor:

„Dieser religiöse Gehorsam des Willens und Verstandes ist in besonderer Weise dem authentischen Lehramt des Bischofs von Rom, auch wenn er nicht kraft höchster Lehrautorität spricht, zu leisten; nämlich so, daß sein oberstes Lehramt ehrfürchtig anerkannt und den von ihm vorgetragenen Urteilen aufrichtige Anhänglichkeit gezollt wird, entsprechend der von ihm kundgetanen Auffassung und Absicht. Diese läßt sich vornehmlich erkennen aus der Art der Dokumente, der Häufigkeit der Vorlage ein und derselben Lehre, und der Sprechweise."[9])

Schlund zitiert diesen Text wenigstens auszugsweise (S. 149), aber er kommt nicht zur Anwendung. Es geht nicht an, päpstliche Lehräußerungen nur zu scheiden in unfehlbare, mit dem höchsten Einsatz der

Lehrautorität verkündete, und in „authentische, aber nicht definitorische, also mindestens grundsätzlich reformable" (Schlund S. 147), ohne auf die verschiedenen Stufen solcher authentischen Verlautbarungen zu achten. Diese werden erkannt aus der „kundgetanen Auffassung und Absicht", aus „der Häufigkeit der Vorlage ein und derselben Lehre, und der Sprechweise".

Wer unter diesen Gesichtspunkten die Entwicklung seit 1968, dem Jahr der Veröffentlichung von Hv, objektiv betrachtet, stellt zunächst fest, daß die *„Auffassung und Absicht" Papst Pauls VI.* über jeden Zweifel erhaben ist. Bis zu seinem Tod hat er an der Enzyklika trotz allen Widerstandes eindeutig festgehalten.[10]) *Papst Johannes Paul II.* hat dieselbe Lehre immer wieder mit Nachdruck eingeschärft. Aus seinen vielen diesbezüglichen Äußerungen[11]) sei hier nur zitiert, was er am 19. Februar 1981 in Cebu auf den Philippinen in seiner Predigt über die sittlich verantwortlichen und über die unsittlichen Wege der Empfängnisregelung gesagt hat:

„Ich bin es meinem Apostolischen Amt schuldig, so klar und fest als möglich wieder zu bekräftigen, was die Kirche Christi in dieser Hinsicht lehrt, und nachdrücklich ihre Verurteilung der künstlichen Empfängnisverhütung und der Abtreibung zu wiederholen."[12])

Man beachte die eindeutige und kraftvolle „Sprechweise" in diesen Worten.

An der Häufigkeit der Vorlage ein und derselben Lehre und an der bewußten und klaren Sprechweise kann also im Fall der Aussage von Hv kein Zweifel bestehen. Dies alles sind theologisch bedeutsame Tatsachen für die richtige Einschätzung einer von den Päpsten verkündeten Lehre und für die richtige Einstellung der Gläubigen. Ein Theologe, der sich über die Äußerungen des Konzils über das päpstliche Lehramt (Dogmatische Konstitution über die Kirche) nicht hinwegsetzt, verschweigt die Bekräftigung der Lehre der Enzyklika Hv durch die Päpste bis auf den heutigen Tag nicht und er übergeht sie nicht. Er stellt heraus, welches Gewicht sie für die richtige Einstellung der Gläubigen und für die Gewissensentscheidung des einzelnen haben.

Wenn schon gesagt wurde, die in Hv ausgesprochene Lehre werde durch die ständigen Wiederholungen nicht wahrer, so steht ein solches Urteil in schroffem Gegensatz zum Zweiten Vatikanischen Konzil.

Hinter einer solchen Auffassung steht eine Betrachtung der Kirche und ihres Lehramtes, die ungläubig von der Führung des Heiligen Geistes absieht. Doppelt widerspruchsvoll ist das Bemühen, durch häufige Wiederholungen die eigene Meinung verstärken zu wollen und zugleich der Konstanz einer ausdrücklichen Lehre des kirchlichen Lehramtes keine Bedeutung beizumessen.

Es war hier von der Bestätigung der Enzyklika Hv durch das päpstliche Lehramt die Rede. Schon oben ist darauf hingewiesen worden, daß *die Bischofssynode 1980 ausdrücklich die Enzyklika bekräftigt* hat.

2. Die Folgen der ablehnenden Haltung gegenüber Hv

• Es ist *ein Widerspruch,* daß heute einerseits die *Vertreter der teleologischen Normenbegründung* die sittliche Qualität einer Handlung nicht aus ihr selbst, sondern aus ihren Folgen ableiten wollen, und daß man andererseits die Augen vor den Folgen der Ablehnung der Enzyklika Hv verschließt. Die Berufung auf die eigene Gewissensentscheidung gegen Hv muß zwar nicht allein, aber doch auch an ihren Früchten gemessen werden. Dies hat nicht nur mit dem Blick auf den einzelnen, sondern zumal auf das Ganze der menschlichen Gemeinschaft zu geschehen.

Schlund berührt diesen Gesichtspunkt nur ganz kurz (S. 154). Dabei hat er den „Mißbrauch" der Methoden der künstlichen Empfängnisregelung im Auge, wobei er irrtümlich annimmt, es gebe auch den legitimen Gebrauch, bei dem dann wohl die negativen Folgen nicht zu befürchten seien. Hier wären wahrhaftig Ausführlichkeit und Genauigkeit am Platz gewesen.

• Zunächst ist zu bedenken, daß die künstliche Empfängnisverhütung keineswegs die in Aussicht gestellten und angepriesenen „positiven" Folgen hervorgebracht hat. Die Ehen sind nicht problemloser und die Ehescheidungen nicht weniger geworden, sondern das Gegenteil ist eingetreten.[13]) *Die künstliche Empfängnisregelung brachte nicht das Ende der Abtreibungen, es ist vielmehr nachgewiesen, daß die Antikonzeptionsmentalität die Bereitschaft zum Schwangerschaftsabbruch steigert. Beiden ist die Angst vor dem Kinde gemeinsam.*

• Papst Paul VI. hat in der Enzyklika die Befürchtung ausgedrückt, daß die Methoden der künstlichen Geburtenregelung einen breiten und leichten Weg „zur allgemeinen Aufweichung der sittlichen Zucht auftun" könnten, dies vor allem auch für die Jugendlichen.[14]) Niemand kann leugnen, daß in der Sexualität vieler Jugendlicher, die sich von sittlichen Normen gelöst hat, das Motto „Es gibt ja die Pille" eine große Rolle spielt. *Die Aufklärung über die empfängnisverhütenden Methoden ist zu einem Hauptthema mancher Jugendzeitschriften und auch des Sexualkundeunterrichts geworden.* Die Ursachen des sittlichen Niedergangs liegen nicht nur im Widerstand gegen die Enzyklika und in der Loslösung des Gewissens von den Weisungen des kirchlichen Lehramtes, aber diese Einstellung spielt dabei eine große Rolle.

● Schlund spricht nicht von dem *beängstigenden Geburtenschwund* gerade in der Bundesrepublik, die das geburtenärmste Land der Welt geworden ist. „Erstmals in der Geschichte hält die menschliche Spezies zwei Selbstmordmittel in der Hand, von denen das eine praktisch weltweit und sofort wirkt, das thermonukleare Potential nämlich, und das andere verführerischer, weil in schleichenden Raten wirksam ist, ich meine die von den verschiedenen Geburtenverhütungsmethoden begünstigte Verweigerung des Lebens. In den ganzen sechstausend Jahren, die ich ein bißchen kenne, finde ich nichts Vergleichbares."[15]) „... Deutschland erreicht 1975 mit 600 000 Geburten nur noch einen Durchschnitt von 1,25 Kindern pro Frau, liegt also weit unter der berühmten Selbstmordrate der Hochplateau-Indianer."[16]) Es ist unsinnig, sich zu bemühen, die freie Gewissensentscheidung im Gegensatz zu Hv zu verteidigen, und dabei solche Tatsachen wie den Geburtenschwund mit all seinen Folgen zu verschweigen.

● Man muß im großen Rahmen auch fragen, *ob die gegen die Enzyklika geltend gemachte Freiheit des Gewissens tatsächlich in die Freiheit geführt hat* und nicht vielmehr in die Abhängigkeit von der enthemmten öffentlichen Meinung auf dem Gebiet des Geschlechtlichen, vom sexuellen Konsumdenken und Konsumzwang.

Ein Beitrag wie derjenige von Schlund ist leider nicht hilfreich, sondern **er verhärtet die Verschlossenheit der Gewissen gegenüber dem Lehramt der Kirche, gegenüber der objektiven Wahrheit.** Die Gewissen werden nicht gebildet, sondern verwirrt.

*

Am Schluß sei noch die Frage aufgeworfen, wieso man rasch von der Nicht-Unfehlbarkeit, also von der Reformabilität und sogar Reformnotwendigkeit im Fall der lange und intensiv vorbereiteten Enzyklika Hv, also eines päpstlichen Lehrdokumentes, spricht, aber von vornherein von dem Problem absieht, ob eine in Eile abgefaßte Erklärung dieser oder jener Bischofskonferenz nicht einer Präzisierung fähig und bedürftig sein könnte.

Anmerkungen

1) Das Zitat findet sich in der Pastoralkonstitution „Die Kirche in der Welt von heute" Art. 51.
2) S. 148. Der von Schlund ignorierte wichtige Satz des Haupttextes gibt der Erwähnung von Casti Connubii Pius' XI. und der Ansprache Papst Pius' XII. in der Fußnote ihr eigentliches Gewicht. Indem Schlund den Satz des Haupttextes unterschlägt, schafft er sich freie Bahn, die Aussagen der beiden Pius-Päpste und die in ihnen bezeugte Lehrtradition abzuwerten.
3) Vgl. A. Günthör, Kirchliches Lehramt und Eheprobleme, in: Oberrheinisches Pastoralblatt 69 (1968) 264–285; vor allem S. 274 f.
4) E. Hamel SJ, Conferentiae Episcopales et Encyclica „Humanae Vitae", in: Periodica de re morali canonica liturgica 58 (1969) 243–349; vor allem S. 336–338. Vgl. A. Günthör, Die Bischöfe für oder gegen „Humanae Vitae"?, Seelsorge Verlag Freiburg 1970; vor allem S. 18, 64–70. Als Pressestimmen die Erklärung der französischen Bischofskonferenz als völlig zutreffende Interpretation der Enzyklika bezeichneten, erschien im Osservatore Romano vom 16. Nov. und vom 18./19. Nov. 1968 eine sich deutlich distanzierende Notiz; vgl. darüber E. Hamel, a. a. O., S. 337 f. Der frühere Theologe des Vatikans und jetzige Kardinal L. Ciappi OP hat in seinem Artikel „‚Humanae vitae' e morale cattolica" im Osservatore Romano vom 27. Sept. 1978 geschrieben, daß einige Pastoralkonferenzen keine genaue und annehmbare Interpretation der päpstlichen Enzyklika gegeben hatten.
5) E. Hamel a. a. O., S. 347.
6) Die Verlautbarung der Berliner Ordinarienkonferenz ist abgedruckt in: Römische Warte (Beilage zur Deutschen Tagespost) vom 21. Jan. 1969. Das Zitat findet sich S. 22.
7) Dies haben namhafte Theologen nachgewiesen in: J. Bökmann (Hrg.) Nicht unfehlbar? Zum mißlungenen Angriff auf die untrügliche Wahrheit und den verbindlichen Anspruch von Humanae vitae, Verl. Kral, Abensberg 1981, R. Schlund kennt und zitiert diese Schrift. Warum setzt er sich nicht mit ihr auseinander?
8) Auch K. Rahner, den Schlund S. 150 zitiert, vertritt diese falsche Auffassung.
9) Dogmatische Konstitution über die Kirche Art. 25.
10) Z. B. Ansprache an den Generalsekretär der Weltkonferenz für Bevölkerungsfragen Antonio Carrillo-Flores sowie den verantwortlichen Exekutivdirektor für das von den Vereinten Nationen ausgerufene „Jahr für Bevölkerungsfragen" am 28. 3. 1974 (Osservatore Romano in deutscher Sprache 1974, n. 14, S. 1 f); Ansprache an die Pharmazeuten vom 8. 9. 1974 (Osservatore Romano in deutscher Sprache 1975, n. 4, S. 2); Ansprache an die Teilnehmer des 5. Kongresses über psychosoma-

tische Geburtshilfe und Gynäkologie am 19. 11. 1977 (Osservatore Romano in deutscher Sprache 1977, n. 47, S. 1 f);Ansprache an das Kardinalskollegium am 23. 6. 1978 (Osservatore Ramano in deutscher Sprache 1978, n. 26, S. 2); Ansprache beim Gottesdienst im Petersdom am 29. 6. 1978 (Osservatore Romano in deutscher Sprache 1978, n. 27, S. 2) Es fällt auf, daß Schlund nicht nur spätere Äußerungen des Lehramtes nicht beachtet, sondern auch immer wieder auf sehr zurückliegende Literatur verweist, so z. B. auf die beiden Büchlein von B. Häring „Brennpunkt Ehe“ und „Krise um Humanae vitae‘ “, beide 1968 erschienen im Verlag G. Kaffke Bergen-Enkheim. Inzwischen ist nachgewiesen, daß das Büchlein „Brennpunkt Ehe“ großenteils auf einer falschen Interpretation der Ehelehre des hl. Alfons beruht; vgl. A. Günthör, Umbruch in der Ehemoral durch den hl. Alfons von Liguori?, in: Klerusblatt 1972, S. 246. Esist zu bedauern, daß B. Häring die falsche Alfonsinterpretation in seinem neuesten Werk „Frei in Christus“, Bd. II, Herder 1980, S. 493 wiederholt.

11) Über die vielen Bekräftigungen der Enzyklika Hv durch Papst Johannes Paul II. berichtet E. Lio OFM in seinem Buch „Humanae Vitae e coscienza“, Libreria Editrice Vaticana 1980, S. 343-373. Außer der oben im Text zitierten Bekräftigung in einer Predigt auf den Philippinen (siehe folgende Note), seien noch folgende Erklärungen des jetzigen Papstes angeführt: 1) aus der Ansprache an die Delegierten des Centre de liaison des equipes de recherche und den Verwaltungsrat der Fdderation zur Erforschung und Förderung natürlicher Methoden der Famicienplanung am 3. Nov. 1979: „Mit der Lehre der Kirche, wie sie vom Lehramt, vom Konzil, von meinen Vorgängern - ich denke vor allem an die Enzyklika Humanae vitae Pauls VI., an seine Ansprache an die Notre-Dame„Gruppen vom 4. Mai 1970, an seine zahlreichen anderen Interventionen - mit aller Klarheit dargelegt wurde, darf man nicht mogeln. Am Ideal der gezvgelten, Natur und Finalitäten des ehelichen Aktes respektierenden Beziehungen der Ehegatten muß man unaufhörlich festhalten und darf daraus keine mehr oder weniger weitgehende, mehr oder weniger eingestandene Konzession an das Prinzip und die Praxis der Empfängnisverhütung machen“(E. Lio, a. a. O., S. 359 f; Osservatore Romano in deutscher Sprache 1980, n. 1, S. 10); 2) aus der Ansprache an die Bischöfe der Vereinigten Staaten am 5. Okt. 1979: „Indem ihr die Schönheit der Ehe betont habt, habt ihr mit Recht Stellung genommen sowohl gegen die Ideologie der Empfängnisverhüting als auch gegen die empfängnisverhütenden Akte, wie es die Enzyklika Humanae vitae getan hat. Und ich selbst bestätige heute mit der Überzeugung wie Paul VI. die Lehre dieser Enzyklika, die von meinem Vorgänger ‚kraft des uns von Christus übertragenen Auftrags‘ erlassen worden ist“ (E. Lio, a. a. O., S. 351).

12) Osservatore Romano vom 20. Febr. 1981, S. 2; hier übersetzt aus dem Englischen.

13) R. und N. Martin, Brenn-Punkt Ehe ud Familie, Patris Verlag Vallendar-Schönstatt 1981, S. 36: „Seit Beginn der 60er Jahre erhöhten sich die Scheidungsziffern bis 1975 um 116 %. Eine vergleichbare Veränderung von Ehe und Familie hat es seir der Christianisierung Europas nicht gegeben.“

14) Enzyklika Hv n. 17.

15) P. Chaunu - G. Suffert, Die weiße Pest. Ist der Selbstmord des Westesach.u verhindern?, Neske Pfullingen 1980, S. 96.

16) Ebd. S. 61.

V Vom Desaster der Kontrazeption: Befund und ärztliches Ethos

Dr. Johannes Vilar

Kontrazeption: Pharmakologie und Psychologie im Dienst der Manipulation

Zur normativen Einheit der menschlichen Person

*Einleitung**

Zwischen der Haltung einerseits, die Natur zu erforschen, damit der Mensch als vernunftbegabtes Geschöpf Gottes diene, indem er sich der Natur bedient, und der Haltung andererseits, die Natur für eigene Zwecke auszubeuten, gibt es keine klare Trennungslinie. Die Grenze hängt v. a. von der Haltung ab. *Der Mensch als Geschöpf,* das sich seiner Rolle in der Welt bewußt ist und über die übrige Natur herrscht, gleichzeitig ihr aber auch dient und die Entfaltung der Natur fördert, bleibt gewissermaßen von der Umwelt frei. *Der anthropozentrische Mensch* hingegen, der sich als den eigentlichen Urheber oder zumindest als den Gestalter der Welt schlechthin betrachtet und sich folglich der Natur um seiner selbst willen bedient, spürt am eigenen Leib die Rache der Natur: er bleibt seiner Umwelt verhaftet. *Er versteht sich zwar als Herrscher, wird aber in der Tat beherrscht,* weil die Aufmerksamkeit für die Dinge ihn vollends fesselt. Er wird dadurch ein Materialist.

*

Als man diese materialistische Grundrichtung besonders im 16. Jahrhundert allgemein einschlug, galt sie zunächst nur für die nichthu-

---

*Diesem Artikel liegen zwei Schriften des Autors zu Grunde: *Psychologische Zusammenwirkung der Strukturelemente der ehelichen Liebe.* Persona y Derecho 1 (1974) 283–315; *Biologische Manipulierbarkeit der menschlichen Sexualität.* Arzt und Christ 4 (1978–1979) 187–212.

mane Wissenschaft. L'enfant terrible der Medizin seiner Zeit, PARACELSUS (1493–1541), hatte die menschliche Natur sehr ehrfürchtig betrachtet. Sein in dieser Zeit aufsehenerregender Kampf richtete sich gegen den Aberglauben; dabei hatte er sich als Methode streng vorgenommen, immer wieder *an der Natur selbst* die medizinischen Kenntnisse zu prüfen. Ein Jahrhundert später wünschte sich René DESCARTES (1596–1650), daß die Naturwissenschaft eine neue Route einschlage, und zwar so, daß dem Menschen die Natur zur Verfügung stehe. Vor ihm war der Mensch *Erforscher* und *Entdecker* der Natur; er versuchte, ihr in Ehrfurcht zu begegnen und sich mit Respekt in ihre Geheimnisse zu vertiefen. Seit DESCARTES wurde der Mensch *Beherrscher* der Natur, und die Forschung wurde zu einer Art Machtanspruch, wonach die Natur dem Menschen zu Füßen zu liegen habe.

Die in der Neuzeit aufgekommene Anschauung, die nichthumane Natur manipulieren zu wollen, ohne die menschliche Natur anzutasten, verursachte eine nicht geringe Anzahl der heutigen Probleme. Ein Beispiel dafür ist die Umweltverschmutzung.

Die fortschreitende Mißachtung der Schöpfung hat die Versuchung heraufbeschworen, *den Menschen selbst zu manipulieren,* und zwar im abweichenden Sinn des Wortes. So wie sie heute verstanden wird, besteht die Manipulation vorerst nur darin, gezielt an Knotenpunkten der Physio-Psychologie einzugreifen und diese Punkte zu hemmen oder zu zerstören. Aber eine solche Grundhaltung ist bereits als solche falsch, gleichgültig, ob es sich um den chemischen Angriff auf das Persönlichkeitssubstrat des Gehirns oder auf den hormonalen Zyklus der Gonadatropine handelt.

Wenn man angefangen hat, unnatürliche Forderungen an die Natur zu stellen, hat man damit deren natürliche Grenzen bereits überschritten: alle anderen Grenzen, die ein Mensch oder eine Gesellschaft sich setzen können, sind fortan in sich künstlich.

Auf diese Weise kommt man zu der Frage, ob es erlaubt ist oder nicht, die Natur zu lenken. Man würde nicht sehr weit kommen, wenn es erforderlich wäre, sich auf konkrete Beispiele zu beschränken. Es muß möglich sein, *einige Prinzipien zu formulieren,* die eine Art Regel ausmachen und deren Anwendbarkeit sich in konkreten Fällen als richtig erweist. Wenn diese Prinzipien auf den konkreten Fall der Einnahme von Kontrazeptiven angewandt werden sollen, ist es vorher erforderlich, daß die pharmakologische Natur solcher Produkte analysiert wird.

I. Die Wirkung der hormonalen Kontrazeptiva und ihre praktische Anwendung

1) Die Pille, die von PINCUS und GARCIA 1954 zum erstenmal in Puerto Rico/Haiti experimentell erprobt wurde und seit 1960 in den USA auf dem Markt ist, wirkt:

1. Sowohl indirekt, über die Bremsung der gonadotrophischen Funktion der Hypophyse, als auch direkt auf das Ovar, bei dem sich eine Verminderung der Empfindlichkeit den Hypophysen-Gonadotropinen gegenüber beobachten läßt. Dadurch sollte die Ovulation normalerweise verhindert werden.

2. Der Zervixschleim zeigt Veränderungen, wodurch die Durchlässigkeit für die Spermien herabgesetzt oder möglicherweise sogar aufgehoben wird.

3. Das Endometrium wird im Sinne einer frühzeitigen, aber unvollständigen sekretorischen Umwandlung verändert.

4. Die Gestagene rufen eine Paralyse der Tube Phalopii hervor, wodurch keine Übertragung des Eies möglich ist.

Die von PINCUS und CHANG entdeckte Pille wird auch in sogenannter Sequentialtherapie angewandt: Am Anfang des Zyklus werden nur Östrogene verschrieben und erst sieben oder zehn Tage später die Kombination Östrogen-Gestagen.

Bei dem Versuch, die Dosis Östrogen-Gestagen so niedrig wie möglich zu halten, sind tiefdosierte Kombinationspräparate entstanden. Mit dieser *„Mikropille"* wird beabsichtigt, den präovulatorischen FSH- und LH-Anstieg zu unterdrücken, ohne die Basalsekretion beider Hormone zu beeinträchtigen.

Es gibt auch einige Produkte, die den Namen „Pille" tragen, deren Wirkungsmechanismen von denen der klassischen Pillen sehr abweichen; z. B.:

a) Die *„Pille danach"*. Es handelt sich um einen normalen *Nidationshemmer* mit sehr hoher Östrogendosis, der bei einem schon befruchteten Ei die Einnistung verhindert.

Seit geraumer Zeit werden Prostaglandine benutzt. Mit PG-Verbindungen wird das bereits implantierte Ei herausgelöst und mit der darauf entstehenden Blutung ausgestoßen.

b) Einige nur aus Gestagen bestehende Pillen, wie z. B. aus Lynestrol, verhindern die sekretorische Verwandlung des Endometriums, wodurch die Nidation eines befruchteten Eies unmöglich gemacht wird.

c) Die *Minipille,* welche eine Zervixschleim-Veränderung hervorruft. Sie wirkt weder auf die Hypophyse noch auf das Ovar. Vielmehr ändert sie die Zervix-Sekretion, so daß die Durchlässigkeit für die Spermien aufgehoben wird. Dabei sind logischerweise auch Veränderungen in der Schleimhaut des Endometriums und der Tube festzustellen.

2) Wegen der ethischen Folgerungen ist es interessant zu wissen, inwieweit ein bestimmtes pharmazeutisches Produkt wirklich ein Ovulationshemmer ist.

J. BOTELLA hat die Wirkung der Steroide auf das Ovar studiert. Es wurde die Präsenz des corpus luteum bei 70 Frauen, die unter der Wirkung des Pharmakons standen, untersucht. Bei ihm sind die Ergebnisse ziemlich hoch: zwischen 1/3 und 1/4 der Fälle war der Befund positiv. HÄUSSLER erwähnt den Beitrag von R. FIKENTSCHER auf der Ärztetagung der Bayerischen Landesärztekammer in Nürnberg am 10. Dezember 1967, in dem bestätigt wurde, daß in einem Prozentsatz bis zu 7 Prozent Ovulationen stattfinden. Er zitiert auch den Befund von GOLDZIEHER: 6,8 Prozent und die Meinung von HAUSER: 7 Prozent.

Die Präsenz des corpus luteum bedeutet, daß der Follikelsprung nicht verhindert wird. Wenn in solchen Fällen trotzdem keine Schwangerschaft eintritt, heißt das, daß andere Mechanismen eine entscheidende Rolle spielen. Sollte dann das Eindringen der Spermien nicht durch die Veränderung des Zervixschleims verhindert werden, so träte eine Beeinträchtigung der Implantation durch die unvollständig umgewandelte Uterusschleimhaut ein. In einem solchen Fall würde es sich also nicht um eine Ovulationshemmung, sondern um eine Konjunktionsverhinderung oder um eine Nidationshemmung handeln. Das belastet die Moralität der Benutzung von Ovulationshemmern auch bei gynäkologischen Krankheiten. Bei der Feststellung der Erlaubtheit einer Methode ist es *nicht gleichgültig, ob der Nebeneffekt zeitweilige Sterilisation oder Onanismus oder gar Abort heißt.*

Die klassischen Pillen boten eine gewisse Sicherheit, die Ovulation zu hemmen, aber sie verhinderten auch die Reifung der Follikel. Heute herrscht die Tendenz vor, Pillen zu verschreiben, die zwar die Ovulation nicht hemmen, aber doch die Schwangerschaft mit Sicherheit verhüten. Sie sind besser verträglich und darüber hinaus bringen sie die Physiologie der Frau nicht aus ihrer natürlichen Bahn. Dementsprechend ist die Tötung des befruchteten Eies mit den heute üblichen Präparaten noch wahrscheinlicher als vor zehn Jahren geworden.

3) Die Wirkung der Ovulationshemmer ist nicht bloß auf die zeitliche Sterilität beschränkt; es handelt sich um eine weiträumige Problematik, die trotz der Entwicklung der letzten Jahrzehnte nicht gelöst ist. Die Forschung befindet sich auf diesem Gebiet erst am Anfang. Die Folgen sind auf längere Sicht noch unübersehbar. Beschränkte man sich nur auf die sekundären Effekte der Pille, so könnte man eine Reihe von gewichtigen Einwänden in die Debatte werfen. Im Gegensatz von noch vor wenigen Jahren treten immer häufiger Nebenwirkungen auf, deren Folgen viele beunruhigen. Heutzutage gibt es keinen umfassenden Bericht über Endgefäße, Kreislauf, Hyperplasie der Organe usw., der nicht auf irgendeine pathologische Wirkung der Pille aufmerksam macht.

Auch eine Verschlimmerung von Krankheiten, die bereits vor dem Gebrauch der Pille vorhanden waren sowie die Nebenwirkungen ihres Gebrauchs selbst bei gesunden Frauen werden immer häufiger in der Fachliteratur behandelt. Der Vorstand der Bundesärztekammer in Köln verabschiedete 1975 die neuen „Leitsätze zur Verordnung oraler Kontrazeptiva“: „Als *Kontraindikation* gelten: Vorangegangene Thromboembolien; Sichelzellanämie; hormonabhängige Tumore; Gravidität; bestehender Leberschaden; akute Leberinfekte; Schwangerschaftsikterus in der Anamnese; familiäre, angeborene oder erworbene Störungen der Gallensekretion – wie das Dubin-Johnson- und das Rotorsyndrom. Besondere Überwachung erfordern: Thrombophlebitis in der Anamnese; stark ausgeprägte Varikosis; Epilepsie; Otosklerose; Fibromyome des Uterus; Hypertonie mit Herzerkrankungen; Diabetes; Tetanie; Porphyrie –.“ (Deutsches Ärzteblatt 37 (1975) 2521 ff.)

Angesichts dieser Liste darf man sich fragen, für welche Patienten überhaupt noch die allein physiologische Applikation der Pille gedacht ist. Denn die Patienten mit den von der Bundesärztekammer erwähnten Krankheiten sind diejenigen, die eine Schwangerschaft eher aus ärztlichen Gründen vermeiden sollten.

Hier wird deutlich, daß praktisch nur gesunde Frauen hormonale Kontrazeptiva auf die Dauer vertragen. *Für diese besteht allerdings keine medizinische Indikation, die zur Verordnung Anlaß gäbe.*

4) Die Moraltheologen erlauben die Benutzung von Hormonpräparaten, die die Ovulation hemmen, wenn es darum geht, *den Zyklus zu regulieren oder zur Behandlung irgendeiner Krankheit,* denn dieses ist nach ihrer Meinung durch die Lehre PIUS XII. seit 1953 gebilligt. PAUL VI. faßt die Lehre noch einmal im folgenden Prinzip zusammen: „Die Kirche hält aber jene therapeutischen Maßnahmen, die zur Heilung körperlicher Krankheiten notwendig sind, nicht für unerlaubt, auch wenn daraus aller Voraussicht nach eine Zeugungsverhinderung eintritt. Voraussetzung dazu ist, daß diese Verhinderung nicht aus irgendeinem Grunde direkt angestrebt wird.“ (Enz. *Humanae vitae* Nr. 15)

Daraus ergibt sich folgendes: Wenn es um eine medizinische Notwendigkeit geht, hat die Kirche nichts dagegen, die zeitlich gebundene indirekte Sterilisierung anzuwenden. Hier handelt es sich nicht um eine Güterabwägung, sondern um das stets angewandte *Prinzip der Handlung mit doppeltem Effekt,* nach dem die Gesundheit oder das Leben eines Menschen gegebenenfalls einen Eingriff und auch eine Minderung der leiblichen Integrität rechtfertigen.

Im Fall der „Pille“ aber benötigt die *medizinische* Seite eine intensive und kritische Betrachtung. Die Frage lautet: Wann handelt es sich um eine „spezifische Therapie“? Rezeptiert der Arzt ein Hormonpräparat, weil die Frau „die Pille“ haben will oder weil er sich für diese Therapie entschieden hat? (Hier wird ein tägliches Problem der ärztlichen Praxis berührt.) Vielleicht läßt sich die Frage so vereinfachen: Wenn im konkreten Fall kein Geschlechtsverkehr vorkäme, würde der Arzt dann auch dasselbe rezeptieren? Wenn nicht, dann ist die Anomalie wohl nur ein Vorwand, um einen Ovulationshemmer nehmen zu dürfen, und der Arzt gibt nach, um von der Frau nicht weiter belästigt zu werden.

*

Nach der Besprechung der Effekte der hormonalen Kontrazeptiva wissen wir, daß es sich hier um eine direkte Hemmung des natürlichen Laufs der Hormonphysiologie handelt und deshalb um Manipulation gegen die Natur. Darüber hinaus muß man von Fall zu Fall mit einer Reihe von Nebenwirkungen rechnen, die mehr oder weniger rückgängig gemacht werden können. Wird also die Pille als bloßes Verhütungsmittel benutzt, dann fällt es der Frau schwer, sich den Folgen der Manipulation zu entziehen. Von der Ebene der *Haupt*wirkung der hormonalen Kontrazeptiva her gesehen heißt das, den antiphysiologischen Effekt fast bis zum Unendlichen hin fortzusetzen. Von der Ebene der *Neben*wirkungen aus betrachtet, ist unter medizinischem Gesichtspunkt zweifellos, daß das Risiko von unangenehmen bzw. gesundheitsschädigenden Folgen desto größer wird, je länger die Kontrazeptiva eingenommen werden.

Ohne Sexualverkehr steht die Einnahme eines Ovulationshemmers nur unter dem Gesetz der Notwendigkeit und der Folgen, die dadurch für diesen Menschen entstehen werden.

Nun beeinflussen Moralkriterien, sei es in christlicher oder einfach in naturethischer Hinsicht, den Gebrauch eines Ovulationshemmers nicht nur aus der Sicht der Manipulation der Natur, sondern besonders *aus der Sicht der Hinordnung des Gebrauchs der Ovulationshemmer auf konkrete sexuelle Akte,* die durch ihn verfrüht belastet werden. Hier treffen die ethischen Kriterien betreffs der Sexualität und ihrer psychologisch manipulierbaren Spaltung mit denen betreffs der Manipulation auf der physiologischen Ebene zusammen.

II. Einheit des Menschen: psychologische Überlegungen

Bei der Vertiefung in das Problem der Bedeutung der Manipulation im Bereich der Sexualität kann die Analyse nicht auf das Feld der Physiologie beschränkt bleiben. Die Physiologie zu *vergessen* bedeutet, daß alle Überlegungen ohne biologisches Fundament und ohne Realitätsbezug blieben; aber sich darauf zu *beschränken,* verkennte das Person-Sein des Menschen, insofern dieser als bewußtes – und deshalb verantwortungsbewußtes – Ich seine Entscheidungen trifft. Alle Teilaspekte des menschlichen Lebens müssen von seiner Ratio aus auf ein Ziel hingeordnet werden, so daß die menschliche Absicht eine Einheit all dieser Teilaspekte schafft. Instinktiver Drang und Dynamik des sexuellen Aktes, Fortpflanzung und intendierte Beziehung des Ich zu einem Du sind die Elemente, die auf dieser Bühne die Hauptrolle spielen dürfen.

1) Nachdem LERSCH in seinem Werk *Aufbau der Person* die reiche Verschiedenheit des menschlichen Lebensgrundes als Abbild der gesamten Person mit zahlreichen Beispielen studiert hat, kommt er zu dem Schluß: „Was aber die Tatsache der Spiegel und der Person im Lebensgrund, im Bau des Leibes und in der Funktion seiner Organe betrifft, so zeigt sich in ihr nichts anderes als der Integrationszusammenhang, der das lebendige Sein der Person durchwaltet, die Tatsache also, daß das, was wir begrifflich im Schema des Nebeneinanders unterscheiden, faktisch ineinander verflochten ist. Die Rede von der Schichtung der Person ist also nicht in dem Sinne zu verstehen, daß die Schichten im Verhältnis strenger Abgegrenztheit übereinander liegen wie für den Geologen die Schichten des Gesteins, sondern daß sie miteinander verflochten sind, daß im einen das andere auf eine besondere Weise mitenthalten ist.“ (München 1966, S. 118). Dies ist eine Voraussetzung, die das Studium über die Integration der menschlichen Sexualität und der Analyse der menschlichen Liebe begleiten müßte, wollte man die Koordinaten der in ihrer Struktur enthaltenen Beziehung „Mensch“ und „Sexualität“ nicht verkennen.

„Die Beziehung zwischen dem Geschlechtsakt und seiner Wirkung, Leben zu geben, ist keine rein äußerliche wie die Beziehung zwischen Hand und Handschuh oder eine, die man nach Belieben anlegen oder ablegen kann. Es ist ein Zusammenhang, der so tief im Sein der Person liegt, wie der zwischen dem Akt des Hinhorchens und der Fähigkeit, zu hören. Wenn eine Person mit voller Absicht eine frei gewählte Handlung abtrennt von ihrer vollen menschlichen Wirkungsmächtigkeit, *verleugnet sie die Einheit ihres Seins*... Bei Personen ist die absichtlich herbeigeführte Sterilität nicht bloß eine Unterbrechung eines biologischen Prozesses wie bei Tieren, sondern ein Einbruch in ihr ganzes Sein als Person. Die Leute mögen sagen, daß ihr Selbstbewußtsein davon nicht berührt wurde, aber das Sein einer Person ist nicht identisch mit ihrem Selbstbewußtsein. Was die Person tut gegen ihr Sein als Person, weiß ihr unterbewußter Sinn, sogar wenn er ‚glücklich' abgeblockt oder durch den Verstand bewußt mißachtet wird." So weit JOYCE, M. R. (*Love responds to Life*. Prow, Kenosha (Wisconsin) 1972, S. 95)

Den Vorrang hat die menschliche personale Liebe. Die Beziehung der Gatten zueinander, die ausschließlich Kinder zeugen wollten, wäre so einseitig wie die Ehe, deren Sinn in der energetischen Entladung der Libido gesehen würde, d. h. als stationierte vorerotische Liebe. Alles bildet eine dynamische Einheit, deren Grund und Ursprung die Liebe ist. Geschlechtliche Beziehung und Kinder sind Folgen dieser Liebe. Sie enthält ihre unmittelbare Zielrichtung (Fruchtbarkeit) durch entsprechende Mittel (Geschlechtsverkehr). „Weil der Geschlechtsakt Liebesakt ist", betont A. KLINGL, „vermag er auch in den schöpferischen Dienst der Fruchtbarkeit zu treten... Diese Norm ist kein ‚Buchstabengesetz', sondern ein Wesensgesetz. Nicht auf Grund einer anonymen Autorität muß man zuerst heiraten, bevor man Geschlechtsverkehr hat; nicht nur die Sorge um das Kind legt die Monogamie nahe, sondern: *der volle Sinn des Geschlechtsaktes erfordert das, was mit ‚Ehe' eigentlich gemeint ist." (Neuansatz zur Begründung moraltheologischer Normen auf dem Gebiet der Sexualität.* Lebendige Seelsorge 4 (1973) 217 f.).

2) Das eigentliche Problem, um das es sich hier handelt, ist die Frage nach der Bewahrung der Einheit der drei Elemente – Liebe, Fruchtbarkeit, Sexualität – um zu vermeiden, die Akzente falsch zu setzen. Bei der Bewirtschaftung eines Terrains kann man eine umweltfreundliche Nutzung treiben oder den Boden ausbeuten. Dasselbe gilt auch hier: Die Übertreibung zu Gunsten der Sexualität als Folge einer hedonistischen Weltanschauung spaltet bzw. verhindert die Einheit des Menschen. Dadurch wird er hohl.

Wahrscheinlich mit guter Absicht, aber auf jeden Fall zu rasch haben sich naive Prediger auf die Seite der „Liebe" auf Kosten der Fruchtbarkeit gestellt und dadurch – gewollt oder ungewollt – für die daraus entstehende Manipulation entschieden. So kann man eruieren, warum, obwohl das Problem der Empfängnisverhütung so alt wie der Mensch ist, der Pillenknick erst vor zwölf Jahren stattfand. Aus dieser modernen Problematik geht deutlich hervor, daß *die Spaltung der Einheit zwischen Liebe und Fruchtbarkeit,* egal unter welchem Namen sie immer geschehen ist, eine andere Spaltung hervorgerufen hat; ja auch die *Bindung Liebe – Geschlechtlichkeit gesprengt hat:* Genuß ohne „Bindung" und Konsequenzen, ständiger Partnerwechsel usw. ist ideologische Aufgabe der „Neuen Linken". Und beide Arten von Spaltungen sind Zwiespalt mit sich selbst, objektive Manipulation und subjektiver Schmerz im Sein.

III. Antikonzeptive Mentalität

„Die Folgen des Antikonzipiens sind eingreifender, als sich ihre Anhänger eingestehen wollen. Im Wesen der antikonzeptiven Einstellung und Praxis verbirgt sich eine falsche Werthierarchie ... der Geschlechtsakt verliert seinen tiefen Wert, denn er trägt in sich weder Liebe noch Fruchtbarkeit." (POLTAWSKA, W., *Die Einstellung zur Empfängnisverhütung und ihre Folgen in der Ehe.* Theologisches 125 (1980) S. 3780 f.).

1) Dies gilt für *jedes* Mittel, wenn es als Folge einer antikonzeptiven Mentalität angewendet wird. Die Gefahren dieser antikonzeptiven Mentalität haben heutzutage gewaltige Dimensionen angenommen. Mit Recht wurde auf der letzten römischen Synode im Oktober 1980 der Vorwurf eines *Terrorismus der Kontrazeption seitens der „Kultur des Habens"* – im Gegensatz zur „Kultur des Seins oder des Lebens" –, wie die der Menschen der Industrieländer genannt wurde, erhoben (vgl. RATZINGER, J., *Brief an die Priester* ... vom 8. 12. 1980).

Bei den natürlichen Methoden der Empfängnisverhütung liegt zwar kein antiphysiologischer Akt vor, wohl aber können sie einer psychologisch falschen Haltung folgen, die bei der ethischen Beurteilung einbezogen werden soll, weil sie, analytisch gesprochen, bereits in der Handlung selbst immanent vorgegeben ist. Aber es gibt doch einen Unterschied – nicht nur quantitativer Art – zwischen den in die Natur direkt eingreifenden Methoden und denen, die sich darauf beschränken, den von Natur eingebauten Rhythmus zu beobachten. Nur bei der ersten liegt Manipulation vor. *Diese Manipulation* behandelt den Menschen wie eine Sache und enthält bei den zwischenmenschlichen Beziehungen die Dynamik eines Prozesses – unter dem die Frau im größeren Ausmaß als der Mann leidet –, der *notwendig zur Verdinglichung führt.*

2) Somit wird jener kluge Vorbehalt des Lehramtes der Kirche bei der Nutzung der Beobachtung der unfruchtbaren Tage der Frau einsich-

tig, der bei PIUS XII. und PAUL VI. und früher bereits im 19. Jahrhundert wiederholt zu finden ist: Am 16. 6. 1880 war nur bekannt, daß die Empfängnis an einigen Tagen schwieriger als normal war (dificilior), und 1932 war die Methode nichts anderes als eine neue Theorie (secundum quorumdam recentiorem theoremata). Damals riet die Kirche schon zur Klugheit in der Seelsorge. Man darf nicht sagen, daß die Beobachtung der unfruchtbaren Tage *jemals als Methode* zur Geburtenbeschränkung *unbeschränkt von der Kirche zugelassen* worden ist. Sie hat den *Beweggründen* immer eine entscheidende Funktion zugewiesen: So sagte PIUS XII. am 29. 10. 1951, daß „schwerwiegende Gründe, unabhängig vom guten Willen derer, die dazu verpflichtet werden"... „schwere Motive" ... „ernsthafte Motive" ... „derartige persönliche oder aus den äußeren Verhältnissen sich herleitende schwierige Gründe" vorliegen müssen. Im November desselben Jahres sagte er: „Wir haben die Erlaubtheit und gleichzeitig die Grenzen, die in Wirklichkeit ziemlich breit sind, behandelt"; am 12. 9. 1958 fordert er: „ernsthafte verhältnismäßige Motive"... „besonders bemerkenswerte Unannehmlichkeiten". 1968 bezeichnete PAUL VI. in der Enz. *Humanae vitae* die Methode als erlaubt, „wenn also gerechte Gründe dafür sprechen" – „Gründe, die sich aus der körperlichen oder seelischen Situation der Gatten oder aus äußeren Verhältnissen ergeben"... „aus berechtigten Gründen". Am 15. 1. 1981 warnte JOHANNES PAUL II. vor rund 400 Kongreßteilnehmern eines afrikanisch-europäischen Kongresses in Rom davor, die Einzelfragen der Geburtenregelung aus dem „Kontext des göttlichen Plans für die Zeugung neuen Lebens" zu lösen (O. R., dt. 7. 2. 1981).

3) In den letzten Jahrzehnten war man in der Moral eher geneigt, die Absicht des Handelnden zu sehr überzubetonen. Die Pastoralkonstitution *Gaudium et Spes* des II. Vatikanums mußte die *objektiven Kriterien* gelten lassen: „Wo es sich um den Ausgleich zwischen ehelicher Liebe und verantwortlicher Weitergabe des Lebens handelt, hängt die sittliche Qualität der Handlungsweise nicht allein von der guten Absicht und Bewertung der Motive ab, sondern auch von objektiven Kriterien, die sich aus dem Wesen der menschlichen Person und ihrer Akte ergeben." (Nr. 51) Diese *objektiven Kriterien,* vom Menschen nicht antastbar, über dem Menschen stehend und ihn bestimmend, sind *die einzige Garantie gegen Manipulation.* Es würde auch zu falschen Ergeb-

nissen führen, bei der Erwägung über die sittlich vertretbare Anwendbarkeit der natürlichen Mittel zur Familienplanung die *immanent* psychologischen Komponenten des *Aktes* oder die *Absicht* des Handelnden nicht genügend zu bewerten.

IV. Ansätze für eine Ehepastoral

Wenn inmitten einer desolaten Landschaft die katholische Kirche ihre Stimme zu sexuellen Fragen erhoben hat, ist es immer so gewesen, daß sie die Ehe und Familie mit allen ihren Elementen und Folgen hochschätzte und verteidigte und sich deshalb gegen jeden Angriff gegen das Wesen der Ehe bzw. der menschlichen Sexualität stellte. Die katholische Kirche hat sich gegen alles gewehrt, das nach Manipulation strebt, d. h. alles, was die Einheit der Trias – Liebe, Fruchtbarkeit, Sexualität – zu spalten droht. Manche meinen, daß die Kirche gegen bestimmte empfängnisverhütende Methoden oder überhaupt gegen Empfängnisverhütung ist, und dies mag stimmen, aber man darf dabei nicht vergessen, daß die Kirche genauso scharf gegen den Mißbrauch der anderen der Sexualität immanenten Elemente reagiert hat. So hat sie z. B. die künstliche Besamung beim Menschen längst abgelehnt.

*

1) Eine angemessene Pastoral wird sich zuerst die Worte des letzten Konzils zu eigen machen: „Durch ihre natürliche Eigenart sind die Institutionen Ehe und eheliche Liebe auf die Zeugung und Erziehung von Nachkommenschaft hingeordnet und finden darin gleichsam ihre Krönung“ (Konst. *Gaudium et Spes* Nr. 48; vgl. Gen 1, 28).

„Unter den Eheleuten, die diese ihnen von Gott aufgetragene Aufgabe erfüllen, sind besonders jene zu erwähnen, die in gemeinsamer kluger Beratung ihre Kinder gut erziehen und eine größere Zahl von Kindern großherzig auf sich nehmen.“ (Konst. *Gaudium et Spes* Nr. 50). Es soll hier der Applaus in Erinnerung gerufen werden, den solche Worte bei den Konzilsvätern hervorriefen, als sie in der Konzilsaula vorgelesen wurden!

Eine freundschaftliche und erzieherische Familienatmosphäre zu erhalten, aus den Kindern Kinder Gottes und reife Menschen zu machen, die gegenseitige Liebe zu läutern und zu erneuern und sie als besonderes Geschenk sorgfältig aufzubewahren, ein fröhliches Zuhause zu schaffen: Dies ist der Auftrag, der den Eheleuten anvertraut ist. Diesen Auftrag erfüllen sie nicht von Zeit zu Zeit, sondern in ihrem tagtäglichen Leben: er erhält vor Gott und den Menschen äußerste Bedeutung, da er *ein Teil* – und gleichzeitig für Verheiratete auch der Bereich ihrer Anwendung – *der allgemeinen Berufung zur Heiligkeit jedes Christen* ist (vgl. Konst. Lumen Gentium des II. vatikan. Konzils, Kap. V). Ein Pionier der Verkündigung dieser Berufung, J. ESCRIVA, faßt es in einer Homilie „Die Welt leidenschaftlich lieben" wie folgt zusammen: „Die Liebe, die zu Ehe und Familie führt, kann zugleich ein Weg Gottes, ein herrlicher Weg der Berufung und der rückhaltlosen Hingabe an den Herrn sein. Versucht, eure Arbeit so vollkommen wie möglich zu tun, sagte ich vorhin; erfüllt mit Liebe die kleinen Dinge des Alltags, entdeckt – ich wiederhole es – jenes göttlichen Etwas, das im kleinen verborgen liegt. Hier, in diesem so lebendigen Bereich der menschlichen Liebe, gewinnt diese Lehre eine ganz besondere Bedeutung." *(Gespräche mit Msgr. Escrivá de Balaguer,* Köln 1970, Nr. 121).

2) Nicht nur die Zahl der Kinder, sondern auch alle anderen Aufgaben des Familienlebens fordern die Ehepaare zu einem *großen Maß an Hingabe und Heroismus* heraus. Die Sexualität spielt dabei eine sekundäre Rolle und es ist sogar gefährlich, ihr allzu große Aufmerksamkeit zu schenken, denn aus psychiatrisch erprobten Gründen entstehen aus ihrer Zerebralisierung nur neue Probleme, anstatt die vorgegebenen zu lösen. Bei der Überlegung über die Zahl der Kinder wird niemandem ein Gefallen erwiesen, wenn *das Gesetz der minimalen Forderung* angewandt wird. Ein erwachsener Mensch ist fähig, den Schwierigkeiten ins Auge zu schauen und sie auch mit Opfern zu lösen versuchen. Ihnen aus dem Weg zu gehen, bedeutet, in der Pupertät verhaftet zu bleiben. Einen Erwachsenen als opferunfähig zu erklären, wäre eine Beleidigung. Nur wenn objektiv schwere Belastungen vorliegen, und in der Überzeugung, daß es sich um einen Verlust handelt, darf man Mittel wählen, die ethisch vertretbar sind und das Entstehen der Leibesfrucht verhindern. Dies müßte eigentlich *selten* vorkommen und auch dann eine Wertskala in der Ordnung der Mittel beachtet werden. Die dauernde Kontinenz ist für ein Ehepaar kein Ideal. Die Unfruchtbarkeit auch nicht. Aber die „kleine Fruchtbarkeit" ist mickrig. Sie bedeutet – so G. MARCEL *(Homo viator.* New York 1962, S. 90) – „Mißtrauen vor dem Leben".

Zusammenfassende Prinzipien

Nachdem die Anwendbarkeit künstlicher und natürlicher Methoden besprochen, sowie die Ansätze für eine Pastoral, die die wesentliche Ziele der Ehe nicht verkennt, angedeutet wurde, scheint es wieder notwendig zu sein, auf die Manipulation der Natur zurückzukehren. Rekapitulierend könnte angenommen werden, daß der Natur des Menschen entsprechend, sich ein berechtigter Grund zum Gebrauch eines Ovulationshemmers nur aus der Wahrung irgendwelcher Werte ergeben kann, die höher anzusetzen sind als die physische Integrität auf dieser Ebene, die also mit der gesamten Person und damit mit der Bestimmung des Menschen selbst zu tun haben.

Dementsprechend könnten jene allgemeine Prinzipien, nach deren Formulierung am Anfang gefragt wurde, wie folgt dargelegt werden:

1) Man darf nicht direkt gegen die Natur handeln. Das geschieht, wenn das Ziel der Handllung der natürlichen Entwicklung *zuwider*läuft.

2) Man darf die Natur steuern, insofern die dadurch erzielte Wirkung in der Richtung der natürlichen Entwicklung liegt.

3) Wenn von den Folgen einer Handlung einige der normalen Entwicklung der Natur widersprechen, dann darf man die Natur *nur indirekt* frustrieren, nach den *Regeln der Handlung mit doppeltem Effekt.*

4) Man muß die Entwicklung der Natur in ihrer Gesamtheit zu wahren suchen: Das Gut der *gesamten* Person steht auf einer höheren Ebene als das Gut einer ihrer Schichten.

5) Man darf *kein moralisch unannehmbares Mittel* benutzen, um ein gutes Ziel zu erreichen.

6) Die Forderung, ein moralisch korrektes Ziel erreichen zu müssen, kann es erforderlich machen, schädliche oder gefährliche Mittel anzuwenden, wenn diese Mittel als solche nicht unmoralisch sind und der damit erreichte Effekt auf einer höheren Ebene liegt als die Ebene, in der die Schäden entstehen.

Die Person stellt auf allen diesen Ebenen die unbedingte natürliche Grenze dar. Über diese Grenze hinaus und zwar zum *bonum commune* hin, lassen sich diese Prinzipien nur teilweise und analog anwenden.

JOHANNES VILAR. Geboren 1942 in Palamós (Costa Brava). Studierte Medizin in Barcelona, Valadolid und Salamanca. Abschluß in Medizin und Chirurgie an der Universität Salamanca 1966.
Studierte Philosophie und Theologie. Promotion in Rom, Lateran Universität, 1967 (Moraltheologie über den Schmerz). Priesterweihe 1967. Seit 1968 in Deutschland – Essen, Bonn und Köln – als Seelsorger tätig, vor allem unter Studenten.
Wissenschaftliche Arbeiten liegen vor auf dem medizinisch-theologischen Grenzgebiet zu den Themen: Schmerz und Persönlichkeit, Familie, psychologische Strukturelemente ehelicher Liebe, Abtreibung, Manipulation u. a. m.

Dr. J. C. Willke

Sterilisierende und abtreibende Wirkung verbreiteter Antikonzeptionsmittel

Vorbemerkung:

Den nachfolgenden Ausführungen über die abortive Wirkung der Intrauterin Pessare (IUP), im allgemeinen Sprachgebrauch „Spirale“ benannt, und der „Pille“ liegen zwei Übersetzungen zugrunde:

a) Die vollständige Übersetzung eines Artikels von Dr. J. C. Willke, M. D., Vorsitzender der 12 Millionen Mitglieder umfassenden amerikanischen Lebensrechtsbewegung, in der Informationsschrift „National Right To Life News“ vom 9. 3. 1981.

b) Auszüge aus der Schrift „The Pill and IUP: Abortive“ des „Human Life Center“ der St. John's University, Collegeville, Minnesota (Vorsitzender Prof. Paul Marx), redigiert von Virginia Gager. Diese Auszüge bestätigen und ergänzen die Aussagen von Dr. Willke.

Zur Verdeutlichung ist der Text von b) mit den dazugehörigen Anmerkungen *eingerückt* und der von a) und b) an bestimmten Stellen *hervorgehoben.*

*

„Physiologische Funktion gewisser Geburtenkontrollmaßnahmen“

1. Die Intrauterin-Pessare (IUP), in der Umgangssprache „Spirale“.

A) Welches ist der Wirkungsmechanismus der Spirale? Das Vorhandensein dieses Fremdkörpers innerhalb der Uterushöhle führt zu einer Fremdkörperreaktion. Es ist eine lokale, sterile entzündliche Reaktion, die die normalen Körperflüssigkeiten innerhalb des Uterus verändert. Sie verwandelt die für den Transport der Spermien durch den Uterus und die anschließende Implantation günstige Umgebung in eine ungünstige. Manche haben behauptet, die intrauterine Flüssigkeit, die entsteht, enthalte „sterilen Eiter“. Diese ungünstige Flüssigkeit kann Einfluß auf die Samenzellen haben die in den Uterus und die Eileiter gelangen, und *hat ganz eindeutig Einfluß auf die spätere Implantation.*

Es gibt in der Fachliteratur wenig Anhaltspunkte dafür, daß die Spirale die Spermien unfähig macht, durch den Uterus zu gelangen. Der größte Teil der Forschung kommt zu dem Ergebnis: Eine beachtliche Anzahl von Spermien gelangt durch die Uterushöhle zum Eierstock, wo eine Befruchtung erfolgen kann und oft auch erfolgt. Die Befruchtung führt jedoch nicht zu einer normal implantierten Schwangerschaft. Durch welche Mechanismen wird das verhindert?

In eindrucksvoller Weise haben fast alle medizinischen Studien aufgezeigt, daß infolge der von der Spirale verursachten entzündlichen Reaktion und infolge des Fremdkörpers die Implantation in die Gebärmutterschleimhaut verhindert wird. *Einigkeit besteht darin, daß wenn eine Befruchtung stattfindet, der sich entwickelnde neue Mensch zerstört wird* durch seine Unfähigkeit, sich zu implantieren. Dies kann man zutreffend als *Abtreibung* bezeichnen. Fast das gesamte derzeitige Beweismaterial bestätigt, daß die *Hauptwirkung* der Spirale in der Verhinderung der Implantation besteht."

Sogar auf einer Tagung der „International Planned Parenthood Federation" (größte und mächtigste Weltorganisation, die sich für Abtreibung einsetzt), die im April 1975 in Cambridge stattgefunden hat, wurde hinsichtlich der abtreibenden Wirkung der Spirale die Meinung von Dr. Willke durch die Aussage von Prof. Eckstein aus Birmingham wie folgt bestätigt: „Man scheint sich darüber einig zu sein, daß die Spirale wahrscheinlich ihre hauptsächliche empfängnisverhütende (abtreibende) Tätigkeit im Uterus selbst ausübt. Sie behindert nicht oder nur am Rande die Ovulation oder die luteale Funktion, den Transport der Spermien, die Befruchtung oder eine frühe Teilung der Eizelle (der Zygoten). Stattdessen scheint sie auf die Implantation einzuwirken durch Beeinflussung des Endometriums (Gebärmutterschleimhaut) oder des Blastozysten (Embryo in diesem Stadium) oder beider." [1])
Es ist darauf hinzuweisen, daß 1975 in den Abtreibungskliniken dieser Organisation 35000 Abtreibungen vorgenommen worden sind. Entsprechend einem „Fünfjahresplan" hofft man, demnächst jährlich 80000 Abtreibungen ausführen zu können.[2])

b) „Die Tatsache, daß die Spirale als ‚empfängnisverhütendes' und nicht als abtreibendes Mittel bezeichnet wird, ist auf eine *Veränderung der Wortbedeutung* durch die Food and Drug Administration und des

American College of Obstetrics and Gynecology zurückzuführen, die vor zehn Jahren vorgenommen wurde, indem man *das Wort ‚Empfängnis' so umdefinierte,* daß es nicht wie bisher den Zeitpunkt der *Befruchtung* meint, sondern den der *Implantation.* Gemäß dieser semantischen Gymnastik ist es ein ‚empfängnisverhütendes' Mittel, aber jeder, der mit der Materie vertraut ist, weiß, daß es abtreibende Wirkung hat."

Auf einer Konferenz über Empfängnisverhütung, die vom Population Council (ebenfalls eine die Abtreibung befürwortende Organisation) und Planned Parenthood Federation of America unterstützt wurde, drängte Bent G. Boeving bereits im Juli 1959 darauf, daß „schwanger werden und Empfängnis" nicht mit Befruchtung gleichgesetzt werden sollten. *„Der soziale Vorteil, daß geglaubt werde,* man verhindere eine Empfängnis, anstatt man zerstöre eine Schwangerschaft, könne von etwas so Einfachem wie dem klugen Gebrauch der Sprache abhängen."[3])

c) „Aus medizinischen Kommentaren ist zu entnehmen, daß wahrscheinlich in nicht allzu ferner Zeit die Spirale wegen ihrer ernsten Nebenwirkungen vom Markt entfernt werden soll. Der oben erwähnte ‚sterile Eiter' bleibt nicht immer steril. Manchmal wird er infiziert, was zu verschiedenen Graden von *Entzündungen* in den weiblichen Organen und manchmal zu bleibender *Sterilität* führt. Allen praktizierenden Ärzten in den Vereinigten Staaten wurde vor mehreren Jahren mitgeteilt, daß, wenn sie einen bestimmten Spiralentyp, den Dalton Shield, bei einer Frau einführen, es ihre gesetzliche Pflicht ist, diese über die Möglichkeit dauernder Unfruchtbarkeit zu unterrichten. Um vor einem möglichen späteren Kunstfehlerprozeß zu schützen, sollte eine schriftliche Zustimmung gegeben werden. Angesichts solcher Sorgen wurde dieser Spiralentyp vom Markt entfernt. Ob das auch mit anderen Typen geschieht, ist eine offene Frage; es ist zumindest möglich, daß das aus medizinischen Gründen geschieht, ehe irgendein Gesetz es veranlaßt.

2. Die Pille

Die ‚Pille' besteht heute aus mehr als 30 verschiedenen Arten chemischer Kombinationen der synthetischen Entsprechungen der weiblichen Hormone Östrogen und Progesteron, sowie der sog. ‚Minipille', die nur Progesteron enthält …

Diese *Kombinationspillen* üben bei der Vermeidung einer Schwangerschaft im wesentlichen drei Wirkungen aus:

Die *erste* Wirkung der Pille ist, daß sie die Ovulation oder das Lösen eines Eies vom Eierstock verhindert. Das hat man als ‚Einfrieren' des Eierstocks bezeichnet. Selbst wenn Spermien den Eierstock erreichen, kann keine Befruchtung stattfinden, weil das Ei sich nicht gelöst hat. Diese Wirkung wird zutreffend als *vorübergehende Sterilisation* bezeichnet, aber im allgemeinen Sprachgebrauch wird sie gewöhnlich ‚empfängnisverhütend' genannt.

Enovid war die erste empfängnisverhütende Pille. Sie enthielt 10 Milligramm östrogenartiges Hormon. Man glaubte, ihre physiologische Funktion sei fast ausschließlich die einer vorübergehenden Sterilisation. Anschließend wurde Enovid-5 auf den Markt gebracht, dem Enovid-E (2,5 mg) folgte. Seit dieser Zeit sind den Verbraucherinnen immer niedrigere Östrogen-Dosen angeboten worden, so daß heute Dosen von 0,05 mg und 0,035 mg häufig angewendet werden. Der wohlbekannte Grund für die Herabsetzung der Östrogendosierung war der Versuch, die Bedrohung durch Blutgerinnsel so gering wie möglich zu halten.

Parallel zur Herabsetzung der Östrogendosierung hat jedoch eine Entwicklung zur Durchbruchsovulation stattgefunden, da mit den niedrigen Dosen anscheinend *nicht immer die Ovulation erfolgreich verhindert wird.* Man ist allgemein der Ansicht, daß wenn eine Durchbruchsovulation erfolgt, *tatsächlich manchmal eine Befruchtung stattfindet,* aber wie weiter unten beschrieben, werden diese Frauen nicht schwanger.

Die *zweite* Wirkung der Kombinationspille ist eine Verdickung des Schleimpfropfens an der Zervixöffnung. Das geschieht natürlicher, normalerweise am Anfang und am Ende des Menstruationszyklus. In der Mitte des Zyklus schmilzt der Pfropfen weg und wird durch eine eiweißartige Substanz ersetzt, die eine für das Eindringen der Spermien ‚freundliche' Nährflüssigkeit enthält. Die Kombinationspille verhindert, daß dies in der Mitte des Zyklus erfolgt, erhält den Schleimpfropfen und übt wahrscheinlich eine Anti-Befruchtungswirkung aus, indem sie das Eindringen der Spermien weitgehend verhindert.

Die *dritte* Wirkung der Kombinationspille richtet sich *gegen die Implantation oder Nidation.* Wenn die Spermien das Ei erreichen und eine

Befruchtung erfolgt, kann keine Implantation stattfinden, weil die Pille die Gebärmutterschleimhaut „verhärtet" hat und dadurch eine Umgebung geschaffen wurde, in die sich der vielzellige Mensch nicht einnisten kann. *Hier hat die Pille die Funktion der Abtreibung nach der ersten Lebenswoche.*"

Bently Glass, Professor emeritus für Biologie an der Staatsuniversität New York in Stony Brook schreibt in einem Artikel „It's an individual choice" (Es ist eine individuelle Wahl) vom 26. Oktober 1976 im „Wall Street Journal":

„Es ist heute klar, daß die am weitesten verbreiteten empfängnisverhütenden Mittel, vor allem die steroide Pille und die intrauterine Schlinge, *tatsächlich eine Abtreibung bewirken.* Sie verhindern nicht die Empfängnis, sie verhindern, daß sich der Embryo in der Uteruswand *einnistet.* Würden diejenigen, die die Abtreibung verurteilen, weil sie ein menschliches Leben zerstört, auch die Empfängnisverhütung mittels der Pille und der Schlinge verbieten wollen? Manche würden es tatsächlich tun!"[4])

3. Die Minipille

Dies ist eine Form der Pille zur Geburtenkontrolle, die sich von der oben genannten Kombination von Östrogen und Progesteron unterscheidet, sie ist allgemein als die ‚Minipille' bekannt. Sie enthält nur eine schwache Dosis Progesteron und wird täglich, 30 Tage im Monat, eingenommen, im Gegennsatz zu dem 21-7-Zeitplan für die Kombinationspille. Sie ermöglicht es, daß monatlich eine Menstruation stattfindet. Die allgemeine wissenschaftliche Meinung geht gegenwärtig dahin, daß die Minipille eine beträchtliche Anzahl Durchbruchsovulationen und wahrscheinlich manchmal eine Befruchtung zuläßt. Wenn eine Befruchtung erfolgt, *„verhindert"* sie die Schwangerschaft durch Einfluß auf die *Implantation.* Das bedeutet *Abtreibung.*

4. Die Pille danach

DES oder Diethylstilbesteral ist ein synthetisches Östrogen. In hoher Dosis an den Tagen unmittelbar nach dem Geschlechtsverkehr eingenommen, ist es als die ‚Pille danach' bekannt. Welche Wirkungsweise hat sie?

Das wird am besten durch zwei Beispiele demonstriert:

Im *ersten* Fall wird eine Frau am Samstag nach Mitternacht vergewaltigt und erhält um 2 Uhr morgens im Notaufnahmeraum eines Krankenhauses DES. Innerhalb einiger Stunden befindet sich ein hoher Östrogenspiegel in ihrem Blut. Ihr Körper war für eine Ovulation 24 Stunden später, am Sonntag um Mitternacht, programmiert. Der hohe Östrogenspiegel blockiert diese Ovulation, eine Befruchtung findet nicht statt und die Frau wird nicht schwanger. Die Wirkung ist die einer *vorübergehenden Sterilisation.*

Im *zweiten* Fall findet ebenfalls am Samstag um Mitternacht eine Vergewaltigung statt, und die Medikation wird um 2 Uhr morgens eingegeben. Bei dieser Frau hatte jedoch mehrere Stunden vor der Vergewaltigung eine Ovulation stattgefunden. Das Ei wartete. Es wurde *befruchtet.* Sie wird auch nicht „schwanger', aber der Wirkungsmechanismus ist ganz anders. Die Droge hat die Gebärmutterschleimhaut „verhärtet". Etwa eine Woche nach der Befruchtung kann das vielzellige winzige Kind sich *nicht einnisten und stirbt.* Diesmal hat die Pille *abtreibende Wirkung.*

Es ist unbekannt, welcher Mechanismus der Pille in jedem einzelnen Fall zur Wirkung kommt, aber wahrscheinlich tritt die sterilisierende Wirkung zwei- oder dreimal öfter ein als die abtreibende.

Andere Medikationen, z. B. ein Progesteronschuß werden oft an Stelle von DES angewandt, sowie andere Formen von Östrogen. Ohne in die Einzelheiten zu gehen kann man sagen, daß ihr Wirkungsmechanismus im wesentlichen derselbe ist.

5. Prostaglandine

Wie allgemein bekannt ist, verursachen diese Substanzen das Einsetzen starker Uteruskontraktionen und eine Entbindung des Kindes, gleich welcher Größe ... Die erste Form, für die eine Lizenz erteilt wurde, Prostin F2" alpha, trug eine Anweisung von der Food and Drug Administration, die *ihre Anwendung ausschließlich auf die Abtreibung im mittleren Trimester beschränkte ...*

*

Aus der vorstehenden Übersetzung des Artikels von Dr. J. C. Willke geht hervor, daß viel gebrauchte Mittel der sog. künstlichen Empfängnisverhütung, unter denen vor allem die Spirale und die Kombinationspille von Bedeutung sind, *zugleich abtreibende Wirkung* haben. Dies wird bestätigt durch Dr. Thomas Hilgers, Assistenzprofessor für Obstetrik und Gynäkologie an der Medizinischen Fakultät der Universität St. Louis, der auf einem internationalen Symposium für natürliche Familienplanung des „Human Life Center" sagte:

„Der Mechanismus der Intrauterin Pessare (Spirale) konzentriert sich auf den Uterus. Sie haben *vornehmlich abtreibende Wirkung.*"[5])

Er äußerte ferner: „Keine Pille hat jemals die Ovulation vollständig verhindert. Wenn eine Ovulation stattfindet, wirken die anderen Mechanismen der Pille, um eine Geburt zu verhindern.[6])

Von den Kombinationspillen mit niedrigem Östrogengehalt sagte Dr. Hilgers, daß sie „die Ovulation nur zu etwa 50% unterbinden."[7])

(E. Backhaus) Kommentar:

Professor Paul Marx, Vorsitzender des „Human Life Center" der St. John's Universität, Collegeville, Minnesota vergleicht die Anwendung der Pille mit einem „Schuß in den Busch", obschon man weiß, daß sich zeitweilig darin ein Mensch verbirgt.

In einem Flugblatt des „Human Life Center"[8]) heißt es: „Zwischen ein und zwei Millionen chirurgischer Abtreibungen werden jährlich in den USA vorgenommen, jedoch verursachen Pille und IUP (Spirale) das Mehrfache an Abtreibungen. Bei diesen Geburtenkontrollmethoden handelt es sich *nicht um empfängnisverhütende sondern um abtreibende Mittel* ... Nach einer konservativen Schätzung werden in den USA jährlich über fünf Millionen Frühabtreibungen durch die Spirale und etwa drei Millionen durch die Pille verursacht. Mit Sicherheit kann gesagt werden, daß weit mehr Abtreibungen durch Spirale und Pille erfolgen als durch chirurgische Methoden."

— — —

Auch in Deutschland sind Intrauterin-Pessare (Spirale) und Kombinationspillen die verbreitetsten Mittel der sog. künstlichen Empfängnisverhütung.

Prof. Dr. K. Beller, Direktor der Universitätsfrauenklinik in *Münster* bestätigt in seinem 1980 erschienenen Artikel „Ethische Probleme am Beginn des Lebens" die abortive Wirkung dieser Mittel und den von

Dr. Willke offengelegten Zweck der Umdefinition des Wortes „Empfängnis". Er schreibt:

„Obwohl menschliches Leben mit der Vereinigung von Samenzelle und Ei beginnt, ist diese Definition menschlichen Lebens nicht identisch mit dem Beginn der *Schwangerschaft*. Die letztere wird von der *Implantation* bis zur Geburt gerechnet. Nach Dotzauer wird in den Rechtsgutbestimmungen die Zeitspanne *nach der Nidation* geschützt. Damit rechnet auch der Gesetzgeber den Beginn der Schwangerschaft von der Implantation an. Dieser Zeitpunkt wurde vor mehr als einem Jahrzehnt von den großen Fachgesellschaften der Frauenheilkunde in den USA, Großbritannien, Frankreich und der Bundesrepublik *gewählt, um einigen Kontrazeptiven das Odium des Frühabortivums zu nehmen*. Wäre nämlich diese Festlegung nicht erfolgt, hätte man die Pille, aber auch die Intrauterin-Pessare (Spirale) als *frühes Abortivum* bezeichnen können, weil beide die Gebärmutterschleimhaut in einer Form verändern, die eine *Implantation verhindert*".[9])

*

Abschließend möchte ich auf die zitierte Äußerung von Prof. Bently Glass zurückkommen. Er fragt: „Würden diejenigen, die die Abtreibung verurteilen, weil sie ein menschliches Leben zerstört, auch die Empfängnisverhütung mittels der Pille und der Spirale verbieten wollen?"

Wären diejenigen, von denen Prof. Glass eine Antwort erwartet, über die *Begriffsmanipulation des Wortes „Empfängnis"* und damit über die abtreibende Wirkung der sog. künstlichen Empfängnisverhütung durch Pille und Spirale aufgeklärt, dürfte das Urteil über Abtreibung und diese Mittel künstlicher „Empfängnisverhütung" kaum unterschiedlich ausfallen.

Übersetzungen von Hiltrud Fischer. Redigiert von Elisabeth Backhaus und Johannes Bökmann.

Anmerkungen

1) „The Pill And IUP: Abortive" von Virginia Gager, s. 2.
2) „Facts about the Anti-Life Movement" des „Human Life Center".
3) „The Pill And IUP: Abortive", s. 3/4.
4) desgl. S. 7.

5) desgl. S. 9.
6) desgl. S. 8.
7) desgl. S. 8.
8) „Facts about the Anti-Life Movement".
9) „Entstehung des Lebens" Studium generale Wintersemester 1979/80, Verlag Aschendorff Münster, Schriftenreihe der Westfälischen Wilhelms-Universität Münster.

Universitätslektor Dr. med. Gottfried Roth
Dozent für Pastoralmedizin (Wien)

Der Schutz des menschlichen Lebens im Spiegel der ärztlichen Gelöbnisse

Der Arzt begleitet den Menschen zeit seines Lebens; immer wieder, in den Phasen und Krisen des menschlichen Lebens, wird ärztliche Hilfe benötigt; am Beginn seines Lebens bedarf der Mensch des Arztes, zu Zeiten der Krankheit und am Ende seines irdischen Lebens, wenn er seine raum-zeitliche Gestalt verliert.

Der Arzt steht unter dem Gebot, das Leben des Menschen zu *schützen,* die Gesundheit zu *erhalten* und sie zu *fördern,* vor Krankheiten zu *bewahren* und Krankheiten zu *heilen,* Schmerzen zu *lindern* und *niemals zu schaden.*

Er ist aufgrund von Neigung und Begabung, Ausbildung und Erfahrung aufgerufen, Sorge zu tragen für den leidenden Mitmenschen. Diese Sorge wurde immer als eine Verpflichtung gesehen und – für unseren Kulturkreis – im hippokratischen Eid des antiken Griechenlands erstmals kodifiziert[1]). Bekanntlich hatte der hippokratische Eid anfangs nur für eine esoterische Gruppe griechischer Ärzte Geltung, die sich in einer Arkandisziplin den aufgezählten Vorschriften verpflichtet fühlten. Nach L. Edelstein[2]) gehen diese auf die pythagoräische Ethik zurück, andere altphilologische Autoren teilen jedoch diese Auffassung nicht.

> Im frühen Christentum fand der griechische Text arztethischen Gehalts weite Verbreitung, zumal der Respekt vor dem menschlichen Leben und die strenge Sexualmoral der Pythagoräer mit dem christlich geprägten Verhalten korrespondieren. *Bei Niederschriften des antiken Textes wurde die Präambel mit Apollo dem Heilgott gegen Christus medicus ausgetauscht und mitunter der Text auch in Kreuzesform geschrieben*[3]).

Die Eidesformel der medizinischen Hochschule Salerno verbietet die Anwendung von abortiv wirkenden und anderen Giften: uterogerentibus abortivam ne exhibeat pharmacum, nec humanis corporibus venenosum medicamentum [4]).

1531 mußten die Ärzte in Rom schwören, den Eid des Hippokrates zu beachten[5]).

Der hippokratische Eid stellt für unsere Gegenwart ein Leitbild dar, in dem „sich rationale und sittliche Kräfte in einer seither nicht mehr erreichten Ausgewogenheit" zusammenfügten [6]); es bleibt nach Weglassung esoterischer Passagen ein Kern, der auch moderne Ärzte immer wieder unmittelbar anspricht.[6]) Selbst Ärzte, die als Promotionsgelöbnis einen anderen als den antiken Text gesprochen haben, selbst Ärzte, die gar kein Promotionsgelöbnis geleistet haben, fühlen sich den hippokratischen Normen verpflichtet. Gegenwärtig ist die altgriechische Gelöbnisformel in der Genfer Deklaration von 1948 lebendig, in einer modernen Transponierung: ich werde die höchste Achtung vor dem menschlichen Leben bewahren, *vom Beginn der Empfängnis an*[7]).

Der Schutz des menschlichen Lebens wurde expressis verbis oder mehr global in den ärztlichen Eiden und Gelöbnissen modifiziert, in allen Jahrhunderten, und er wurde von vielen Ärztegenerationen beschworen und versprochen. Es finden sich Schwerpunkte, folgerichtig am Beginn und am Ende des menschlichen Lebens, in Grenzsituationen und in Krisen: es geht bevorzugt um Fragen der *Interruptio graviditatis und der sog. Euthanasie*.

Die folgenden, geistesgeschichtlich geprägten Erwägungen weisen in die Vergangenheit dieser Verpflichtung und zeigen eine durch Jahrhunderte gehende Lebendigkeit arztethischer Gesinnung und Gesittung; sie machen aber auch eine weltweite Gültigkeit der Verpflichtung in unserer Gegenwart deutlich, menschliches Leben zu bewahren. Aus Gründen zeitlicher und thematischer Einschränkung sollen jedoch nur die europäischen Gegebenheiten dargestellt werden.

*

Eine frühere Studie[8]) macht es möglich, die Verpflichtung zum Schutz menschlichen Lebens an Hand der ärztlichen Eide und Gelöbnisse der medizinischen Fakultät der *Universität Wien von 1389 bis heute* zu verfolgen.

In den Albertinischen Statuten von 1389 wird im Proömium die Zielsetzung des medizinischen Studiums und der ärztlichen Tätigkeit deklariert: *Medicina est, quae corpus vel tuetur, vel restaurat salutem.*[9]) Corpus ist sinngemäß als Leben, als Mensch zu verstehen, was man philologisch nachweisen kann. Dieser Satz findet sich wörtlich bei Isidor von Sevilla[10]) und später bei Paracelsus[11]). In der Folge der Haupttexte der Wiener Promotionsgelöbnisse wird wohl immer auf die Statuten der Fakultät hingewiesen und somit auf das corpus tueri und salutem restaurare, aber die ärztliche Kunst zum Nutz und Frommen der Kranken erst 1785 betont, mit der Übernahme des vorderösterreichischen freiburgischen Textes von 1460: artem salutarem ... in aegrorum solamen honeste, solerter exerciturum[12]); auch ab 1873 bis heute bleibt der Schutz des menschlichen Lebens in einer allgemeinen Formulierung: Die medizinischen Kenntnisse und das ärztliche Können – zum Wohl und Gedeihen der Menschen geflissentlich zu verwenden und alle Pflichten, die dem rechten Arzt obliegen, mit der gleichen Menschlichkeit gegen alle auszuüben. [13,14])

Sehr ausführlich ist das *Verbot der Abtreibung* in der Gelöbnisformel für die Absolventen der medizinisch-chirurgischen Akademie in Wien enthalten: „Vorzüglich werde ich es für ein unüberschreitbares Gesetz ansehen, mich durch keinen Vorwand zur Verschreibung, oder Reichung solcher Mittel verleiten zu lassen, welche auf mittelbare, oder unmittelbare Weise die Abtreibung eines Kindes verursachen oder befördern könnten."[15])

Allgemein gehalten ist ein Text im Generalsanitätsnormativum von 1770: „Ich gelobe, den Armen und Reichen mit schuldig christlicher Liebe beizuspringen, ihre Heilung befördern, und die Pflichten getreulich erfüllen zu wollen, die einem ehrbaren christlichen Arzte zu beobachten geziemen, ohne auch in einem Stücke mich durch Gabe, Freund- oder Feindschaft gegen die Pflichten verblenden zu lasen."[16])

Das alte Wort des *primum nil nocere* findet sich im Text des Eides für die k. k. Feld-Ärzte: „Sie werden geloben, in Ihrem christlichen Wirken, durch alle zu Gebote stehenden Mittel dasjenige hintanzuhalten oder zu beseitigen, was nach Ihrem Wissen oder Dafürhalten dem Heile der Kranken und Verwundeten oder dem Interesse des Dienstes und des Aerars abträglich seyn könnte." [17]).

Im gegenwärtigen Wiener Formular werden zwei Problemkreise nicht ausdrücklich angeführt: Schwangerschaftsabbruch und Euthanasie. Menschliches Leben zu erhalten, zählt wohl zu den wesentlichen und vornehmsten Pflichten eines rechten Arztes; insofern wäre diese

Pflicht im Promotionstext wohl global eingeschlossen, ebenso im Österreichischen Ärztegesetz. Expressis verbis finden sich jedoch diese Pflichten – gewissermaßen e contrario, ex negativo – im Strafgesetz näher dargestellt. Der Schwangerschaftsabbruch ist nach § 96 des Strafgesetzes strafbar, abgesehen von der bekannten Ausnahme der Fristenlösung. Die Euthanasie ist nach § 75 strafbar, Tötung auf Verlangen nach § 77, Mitwirkung am Selbstmord nach § 78; fahrlässige Tötung nach § 80, fahrlässige Körperverletzung nach § 88 [18]).

Im Gegensatz bzw. in Ergänzung zur Promotionsformel heißt es in der ärztlichen Standesordnung des österreichischen Bundeslandes *Kärnten* von 1961 im § 2:

Der Arzt ist verpflichtet, sich vor allem um die Erhaltung des Lebens und der Gesundheit der ihm anvertrauten Kranken und Gesunden zu sorgen, und dies von der Empfängnis an bis zu deren Tod [19]).

*

Unter den allgemeinen Rechten und Pflichten der Berufs- und Facharztordnung für die *deutschen Ärzte* der Bundesrepublik wird nach dem Stand von 1965 in § 3 angeführt:

Der Arzt ist grundsätzlich verpflichtet, das keimende Leben zu erhalten. Schwangerschaftsunterbrechungen unterliegen den gesetzlichen Bestimmungen[20]).

In *Kur-Bayern* hatte der Arzt im 17. Jahrhundert einen ausführlichen Eid zu beschwören; unter anderen Pflichten gegenüber den Patienten: daß ich niemals durch meine Kunst die Krankheit ... verlängern noch einerley Weiß Schaden zufügen. Auch den schwangern Weibern solche Arztney, welche die Frücht abtreiben, nicht eingeben will[21]).

In der 1958 erlassenen Berufsordnung für die bayerischen Ärzte wird in der Präambel betont:

Des Arztes höchste Sorge gilt den Kranken. Aus der Ehrfurcht vor jedem Menschenleben – auch dem keimenden – erwächst ihm als oberstes Gesetz: Leben zu erhalten sowie die Gesundheit zu schützen und wiederherzustellen [22]).

Der 1977 beschlossenen und gesetzlich genehmigten Berufsordnung für die Ärzte Bayerns wird ein Gelöbnis vorangestellt, das für jeden

Arzt zu gelten habe und vielfach Parallelen mit der Genfer Deklaration aufweist. Für den Schutz des menschlichen Lebens heißt es:

„Ich werde jedem Menschenleben von der Empfängnis an Ehrfurcht entgegenbringen und selbst unter Bedrohung meine ärztliche Kunst nicht in Widerspruch zu den Geboten der Menschlichkeit anwenden.“[23])

Im § 1 wird die Berufsausübung des Arztes beschrieben:

„Aufgabe des Arztes ist es, das Leben zu erhalten, die Gesundheit zu schützen und wiederherzustellen sowie Leiden zu lindern.“[24])

Zur Amtszeit von Univ. Prof. DDr. W. Leibbrand (um 1957) wurde bei der Promotion zunächst der antike hippokratische Text verlesen, sodann auf die folgenden ärztlichen Pflichten hingewiesen:

1. die grundsätzliche Hilfsbereitschaft gegenüber dem Kranken;
2. die *Ablehnung jeder Beteiligung am Selbstmord;*
3. Die *strikteste Ablehnung jeder Abtreibung;*
4. die strikteste Innehaltung der Berufsschweigepflicht;
5. die Innehaltung sittlichen Verhaltens gegenüber dem in Abhängigkeit von Ihnen befindlichen Kranken;

und schließlich in lateinischer Sprache ein feierliches Versprechen abgenommen[25]).

Aus *Frankreich* ist ein Text überliefert, der um 1766 an der Universität von Nancy verwendet wurde, vorher 1572–1766 an der Universität von Pont-à-Mousson. Er ist in lateinischer Sprache abgefaßt und enthält das Verbot der Abtreibung und der Beihilfe zum Selbstmord.

Juras, quod abortivum et conceptum impediens aut sterilitatem inducens Pharmacum nun exhibebis nec in ea re consilium dabis.

Juras, quod venena nemini propinabis nec consilium dabis[26]).

Im Eid der katholischen medizinischen Fakultät von Lille wird in unserer Gegenwart ein umfangreicher arztethischer Text gelobt und unter Anrufung Gottes geschworen:

Da das Leben ein unverletzliches Gut ist, werde ich es mit heiliger Ehrfurcht bei allen meinen Patienten bewahren; besonders werde ich Sorge tragen, das Leben der Mutter wie des Kindes zu schonen[27]).

Im Code de déontologie medicale, 1947, ist für alle französischen Ärzte verpflichtend festgehalten: erste Pflicht des Arztes ist die Erhaltung des Lebens, ebenso hoch steht aber auch die Linderung der Schmerzen.

Die Interruptio gravidatis ist nur „bei schwerer Bedrohung des Lebens der Mutter erlaubt“, wenn die feste Absicht besteht, dadurch das Leben der Mutter zu retten[28]).

Der Text der medizinischen Fakultät der Universität *Athen*, der Nachfolgetext des hippokratischen Formulars, ist sehr allgemein gehalten[29]).

An der Universität in *Stellenbosch* wird den Doktoranden ein Dokument ihrer arztethischen Verpflichtung überreicht, worin der Schutz des menschlichen Lebens von seinem Beginn bis zu seinem natürlichen Ende gefordert wird[30]).

In anderen niederländischen Promotionsgelöbnissen ist der Schutz des menschlichen Lebens nicht expressis verbis angeführt.

Der Eid des *russischen* Arztes betont in der zaristischen Zeit die Bereitschaft, „jederzeit nach bestem Wissen den Leidenden zu helfen“, nimmt jedoch keinen wörtlichen Bezug auf Interruptio und Euthanasie. Nachdem 1917 die bisherigen Berufsversprechen abgeschafft worden waren, kam es 1961 zu einer neuerlichen Einführung eines ärztlichen Gelöbnisses mit allgemeinen Formulierungen zu gunsten des Patienten, so „die medizinischen Kenntnisse nicht zum Schaden der menschlichen Gesundheit anzuwenden.“

1971 heißt es im gesetzlich verbindlichen Text:

Alle meine Kenntnisse und Kräfte der Erhaltung und Verbesserung der menschlichen Gesundheit sowie der Behandlung und Verhütung von Krankheiten zu widmen ... immer bereit zu sein, ärztliche Hilfe zu erweisen.[31])

Aus *Italien* wurde kein Promotionsgelöbnis bekannt gegeben, hingegen erhalten die Jungärzte ein verziertes Dokument, das einen giuramento medico deontologico, einen decalogo deontologico enthält; im Text findet sich die Aufforderung: alla difensa della vita sin dal concepimento, nel rispetto della persona umana[32]).

Der Code de Déontologie der ärztlichen Gesellschaft des Kantons *Fribourg* betont im Art. 6, daß der Arzt verpflichtet sei, sich in aller erster

Linie um die Erhaltung des Lebens zu sorgen und dies von der Empfängnis bis zum Tode[33]).

*

Auch in der *jüdischen Tradition* läßt sich die Lebendigkeit arztethischer Verpflichtung durch Jahrhunderte verfolgen:

Der Eid des Asaph Judaeus, ca. 7. Jahrhundert n. Chr., dessen Charakter als Berufseid diskutiert wird, beginnt mit den Worten: Hütet euch, irgendein Leben zu vernichten durch den Trank einer Wurzel. Gebt keiner durch Ehebruch schwanger gewordenen Frau ein Getränk um abzutreiben[34]) – oder in einer früheren Übersetzung: Unterfanget Euch nicht, jemanden durch Wurzelsäfte zu töten, verabreichet durch Ehebruch schwanger gewordenen Frauen keinen Abortus verursachenden Trank[35]).

Verantwortliches ärztliches Handeln ist hier mit dem Absolutheitsanspruch des jüdischen Monotheismus verknüpft[36]) und zahlreiche Parallelen zeigen die Beziehung zum griechischen Text des Hippokrates.

Das Morgengebet des *Moses Moimonides* (1134–1404) ist eine späte Fassung (1783) und enthält folgende Sätze: ... groß und erhaben sind die wissenschaftlichen Erkenntnisse, die dem Zwecke dienen, Gesundheit und Leben Deiner Geschöpfe zu erhalten ... Allgütiger, Du hast mich erkoren, über Leben und Tod Deiner Geschöpfe zu wachen[37]).

Im Gegensatz zu diesem (apokryphen) Text findet sich im Schlußkapitel der letzten medizinischen Schrift des Moses Moimonides eine authentische arztethische Stelle, die zwar keinem Ärzteeid üblicher Art entspricht, u. a. aber betont, den Willen der Patienten zu achten, „eine den Grundwahrheiten des hippokratischen Eides ebenbürtige Mahnung“[38]).

Der Eid des Amatus Lusitanus (geb. 1511) aus dem Jahre 1559 entspricht mehr einem Testament, einer Rückschau über erfüllte ärztliche Pflichten, an Hand hippokratischer Grundideen: „Niemals habe ich eine Krankheit verursacht oder verlängert ... ich habe niemals jemandem einen Kelch gereicht, der mit tödlichem Gift gefüllt war. Keine Frau hat durch meine Beihilfe eine Fehlgeburt gehabt.[38]) Die Verbindung zu Hippokrates und damit zur griechischen (und römischen) Medizin wird ausdrücklich bezeugt: „Als nachahmenswertes Beispiel habe ich mir immer Hippokrates und Galen, die Väter der Medizin, vorgehalten."[40])

Der gegenwärtige Ärzteeid in *Israel* macht deutlich, daß mitunter ein neugegründeter Staat nicht nur Verfassung und Staatshymne, nicht nur Staatswappen und Nationalflagge, sondern auch einen Ärzteeid ins Leben ruft. Ein Text von 1969 verlangt ständige Hilfsbereitschaft und expressis verbis: Seid äußerst bedacht auf das menschliche Leben vom Mutterleib an[41]).

Geistesgeschichtlich bedeutsam ist, daß das gemeinsame Anliegen, die Sorge für den leidenden Menschen, nicht durch eine frühere unterschiedliche Auffassung von Krankheit und Heilung seitens der hebräischen und griechischen Medizin gestört wird. Jahrhunderte früher, nämlich in Jesus Sirach 38, konnte diese Schwierigkeit dadurch überwunden werden, daß *der Arzt als Geschöpf* Gottes deklariert wurde *und damit im Auftrag Jahwes* tätig war.[42])

Gewiß muß darauf hingewiesen werden, daß jedes menschliche Gesetz hinsichtlich der *Befolgung* eine Dunkelziffer aufweist. Dieser Umstand bedeutet aber nicht, die arztethischen Ziele zu vernachlässigen, im Gegenteil.

*

Die bisherigen Darlegungen zeigen, daß mancherlei Lücken festzustellen sind oder sehr allgemeine Formulierungen. Es ergab sich die Notwendigkeit, im Rahmen von ärztlichen Standesordnungen oder in staatlichen Gesetzen Abhilfe zu schaffen; zumal auch deswegen, weil die Ärzte- und staatlichen Gesetze eine höhere juridische Verbindlichkeit haben als die Promotionsgelöbnisse.

Der deontologische Gehalt ärztlicher Standesordnungen wurde mehrfach erwähnt, für Österreich, für die Bundesrepublik Deutschland, für Frankreich und Italien. Im *finnischen* Text heißt es: Der Arzt soll sich seine Pflicht, das menschliche Leben von der Befruchtung an bis zum Tod zu beschützen, immer im Gedächtnis einprägen[43]).

In *Großbritannien* galt für die medizinische Fakultät in Bristol die Genfer Deklaration. Die British Medical Association betont die Gültigkeit des hippokratischen Textes und verlangt: ein Arzt muß sich immer der Verpflichtung, das menschliche Leben zu erhalten, bewußt sein[44]). Der Codex ethicus *Jugoslawiens* zitiert Hippokrates und zählt unter die

Grundaufgaben des Sanitätspersonals die Wahrung der Gesundheit und die Verlängerung des menschlichen Lebens auf, den Grundsatz das Leben vom Beginn an zu achten und die Euthanasie zu verurteilen[45]).

Die Standesordnung der *liechtensteinischen* Ärzte verlangt die Einhaltung des „Genfer Gelöbnisses“[46]).

Internationale Initiativen sind gleicher Art.

1970 wurde erneut von der *World Medical Association* im Rahmen der Deklaration von Oslo auf die Pflicht der Erhaltung des Lebens hingewiesen. Anfangs des siebengliedrigen Textes heißt es: Der oberste moralische Grundsatz, der dem Arzt auferlegt ist, ist die Achtung des menschlichen Lebens, so wie er in einem Satz des Genfer Gelöbnisses ausgedrückt ist: Ich will die höchste Achtung vor dem menschlichen Leben vom Zeitpunkt der Empfängnis an bewahren[47]).

* *

Mit der Erörterung eines allgemeinen Problems sollen die geistesgeschichtlichen arztethischen Erwägungen beendet werden. Es gibt eine schon länger andauernde Diskussion über eine *deontologische* oder eine *teleologische* Beurteilung in der Moraltheologie. Es geht, kurz formuliert um Normenethik oder Situationsethik. Die Extreme wären: normenbewußt und situationsblind oder normenblind und situationsbewußt. Für die ärztliche Praxis ist zu betonen, daß die vorwiegend naturwissenschaftliche Medizin an die Grenzen der Ethik gelangt ist; heute ist es falsch, einfach das medizinisch Mögliche zu tun, was vor Jahrzehnten richtig war, bei geringerem Wissensstand und geringeren praktichen Möglichkeiten der Diagnostik und Therapie: heute ist es geboten, allein das ärztlich Verantwortbare zu tun.

Die ärztliche Pflichtenlehre nannte man bislang Deontologie, angesichts der gegenwärtigen Diskussion Deontologie–Teleologie wird man nun deontologische = normenbestimmte und teleologische = situationsbestimmte Versionen unterscheiden müssen.

Die in Promotionsgelöbnissen modifizierten Pflichten entsprechen ärztlichen Normen, sind ärztliche Normenethik, erlauben mitunter auch eine situationsbestimmte Entscheidung, falls sie weiter gefaßt sind; sie verbieten eine situationsbestimmte Entscheidung, wenn sie eng gefaßt sind. Gegebenenfalls können sich situationsbestimmte Entscheidungen auch an Normen orientieren.

Pius XII. hat zweimal – in Reden an Ärzte – von einer derartigen Möglichkeit, die normenbewußtes Handeln mit situationsbedingter Entscheidung verbindet, gesprochen: „Wenn es keine anderen Mittel gibt und unter bestimmten Umständen nicht die Erfüllung (anderer) religiöser oder moralischer Pflichten verhindert wird, können Schmerzmittel und Narkotika verwendet werden, selbst wenn dabei das Leben verkürzt würde; es handelt sich im Grunde nur um eine Verkürzung des qualvollen Sterbens." Ein zweites Mal löst Pius XII. das Problem mit folgenden Worten: „Im übrigen ist es nicht verboten, mehr als das strikt Notwendige zur Erhaltung des Lebens und der Gesundheit zu tun, vorausgesetzt, daß dadurch keine wichtigen Pflichten versäumt werden."[49]).

Promotionsgelöbnisse, aber auch ärztliche Standesordnungen und staatliche Gesetze enthalten zahlreiche arztethische Normen. Zweifelsohne ist solches sinnvoll, denn „es ist unökonomisch, wenn allzu vieles immer wieder neu durchdacht und entschieden werden muß. Vorentscheidungen sparen Zeit und Kräfte. Und zweitens: Es ist gefährlich, allzu vieles der Beschränktheit und der Willkür des Einzelnen zu überlassen"[50]).

In der Entscheidung *echter Sterbehilfe,* um weiterhin bei diesem praktischen Beispiel für eine Lösung normenbewußten und situationsgerechten Handelns zu bleiben, ist eine Harmonie zwischen relativer Lebensverlängerung, ausreichender Schmerzlinderung und sinnvollem Freiheitsgewinn zu suchen[51]).

*

Wurden oben mehr nützliche Kriterien zugunsten einer Normenethik zitiert, so lassen sich gewichtige Gründe von der Sache her anführen, die sich vom augenblicklichen Zeitgeist abheben. H. Stamm betont in seiner Habilitationsvorlesung: „Es braucht eine innere Haltung, die dem heutigen Zeitgeist widerspricht. Es ist allerdings schwer und undenkbar, eine ethische Auffassung zu vertreten und weiterzugeben, die von der Mehrzahl der modernen Menschen und auch von einem Teil der Ärzte in keiner Weise anerkannt wird. Wenn wir trotzdem daran festhalten, so deswegen, weil wir in den Augenblicken, wo wir Menschen zum Leben oder zum Tod begleiten, oder wo Starke schwach und Selbstsichere verzweifelt sind, nur aufgrund dieser übernommenen Ethik beistehen können, und weil wir wissen, daß nicht der heutige Mensch, wohl aber die ärztliche Ethik die Jahrtausende irdischen Geschehens überdauern wird."

Stamm kam auch auf *das gemeinsame Fundament ärztlicher Ethik* zu sprechen: „In der europäischen Philosophie haben sich als einzig maßgebende ethische Systeme von dauerndem Bestand *die christliche Ethik* und Wertethik durchgesetzt. Sie basieren einerseits auf der Lehre Christi und auf der jüdischen Überlieferung, andererseits auf dem *Geisteserbe des klassischen Altertums*. Diesen geistigen Grundlagen ist der abendländische Mensch, ob er will oder nicht, auch heute noch zu innerst verhaftet"[52]).

Mit diesen Worten ist auch zusammengefaßt, was medikohistorisch, geistesgeschichtlich und arztethisch vorgetragen wurde: der Schutz des menschlichen Lebens, wie er gefordert wird durch Jahrhunderte europäischer Gesinnung und abendländischer Tradition und wie er sich widerspiegelt insbesondere in den Promotionsgelöbnissen der europäischen Universitäten.

*

Anmerkungen:

1) Ich schwöre bei Apollon dem Arzt und Asklepios und Hygieia und Panakeia und allen Göttern und Göttinnen, sie zu Zeugen anrufend, daß ich erfüllen will nach meinem Können und Urteil diesen Eid und diesen Vertrag:
Den, der mich diese Kunst gelehrt hat, meinen Eltern gleich zu achten und mein Leben in Gemeinschaft mit ihm zu leben und ihm, wenn er Geld nötig hat, an meinem Anteil zu geben und seine Nachkommenschaft meinen Brüdern in männlicher Linie gleichzustellen und sie diese Kunst zu lehren – wenn sie wünschen, sie zu erlernen – ohne Honorar oder Vertrag; an Regeln und mündlichem Unterricht und allem übrigen Wissen meinen Söhnen Anteil zu geben und den Söhnen dessen, der mich unterrichtet hat, und Schülern, die den Vertrag unterzeichnet und einen Eid geleistet haben nach ärztlichem Brauch, aber sonst niemandem.
Ich will diätetische Maßnahmen zum Vorteil der Kranken anwenden nach meinem Können und Urteil; ich will sie vor Schaden und Unrecht bewahren.
Ich will weder jemand ein tödliches Medikament geben, wenn ich darum gebeten werde, noch will ich in dieser Hinsicht einen Rat erteilen. Ebenso will ich keiner Frau ein abtreibendes Mittel geben. In Reinheit und Heiligkeit will ich mein Leben und meine Kunst bewahren.
Ich will das Messer nicht gebrauchen, nicht einmal bei Steinleiden, sondern will davon abstehen zugunsten der Männer, die sich mit dieser Arbeit befassen.

In alle Häuser, die ich besuche, will ich zum Vorteil der Kranken kommen, mich frei haltend von allem vorsätzlichen Unrecht, von aller Schädigung und insbesondere von sexuellen Beziehungen sowohl mit weiblichen wie mit männlichen Personen, seien sie frei oder Sklaven.
Was ich etwa sehe oder höre im Laufe der Behandlung oder auch außerhalb der Behandlung über das Leben von Menschen, was man auf keinen Fall verbreiten darf, will ich für mich behalten, in der Überzeugung, daß es schädlich ist, über solche Dinge zu sprechen.
Wenn ich diesen Eid erfülle und ihn nicht verletze, sei es mir vergönnt, mich des Lebens und der Kunst zu erfreuen, geehrt durch Ruhm bei allen Menschen auf alle künftige Zeit; wenn ich ihn übertrete und falsch schwöre, sei das Gegenteil von all diesem mein Los.

2) Ludwig Edelstein: Der Hippokratische Eid. - Zürich und Stuttgart 1969.
3) G. A. Lindeboom: Medizinische Ethik. - Kampen 1960.
4) Antonio Massa: Historiarum epitome de rebus salernitanis etc. Napoli 1681 (zit. bei M. Bachmann: Die Nachwirkungen des Hippokratischen Eides. Würzburg 1952, (Diss.).
5) quod jusjurandum osservabit Hippocratis; zit. bei M. Bachmann: siehe 4). S. 28.
6) Erna Lesky: Der Hippokratische Arzt und wir. Wien, md. Wschr. 117 (1967) 1107–1111. - F. Kudlien: Int. Kgr. ärztl. Ethik, Paris 1966.
7) Genfer Deklaration 1948. Vgl.: Gottfried Roth: Juramentum Doctorandorum in Medicina. - Wien 1971. S. 23 f.
8) Gottfried Roth: Die Eide und Gelöbnisse an der medizinischen Fakultät der Universität Wien. In: Studien zur Geschichte der Universität Wien Bd. I. Graz Köln 1965.
9) Die älteren Statuten der Wiener medizinischen Fakultät, Wien 1847. S. 49.
10) Isidor von Sevilla: De Medicina, in: Omnia opera (Migne), Tom. III, S. 183. Parisiis 1878.
11) Paracelsus: Sämtliche Werke (Hg. Karl Sudhoff) München 1922–1933., VI 213.
12) Gottfried Roth: Juramentum Doctorandorum in Medicina. Wien 1971. S. 25, 27.
13) siehe 12, S. 29 f.
14) Gottfried Roth: Cunctis officiis, quae probum medicum decent. Promotionsgelöbnis, Ärztegesetz, Strafgesetz. Österreichische Ärztezeitung 34 (1979) 681–682.
15) siehe 8, S. 234.
16) siehe 8, S. 236.
17) siehe 8, S. 239.
18) siehe 14, S. 682.
19) Gottfried Roth: Zum deontologischen Gehalt ärztlicher Standesordnungen. Arzt und Christ 17 (1971) S. 28.
20) siehe 19, S. 5.
21) Margot Bachmann: Die Nachwirkungen des hippokratischen Eides. Würzburg 1952. S. 50.
22) Berufsordnung für die Ärzte Bayerns. München 1958, 1.
23) Bayr. Ärzteblatt. Sonder-No. 77 (1977) 22.
24) siehe 23).

25) Gottfried Roth: Die ärztlichen Gelöbnisse. Arzt und Christ 8 (1962) S. 22 (Umfrage).
26) siehe 25, S. 26.
27) siehe 25, S. 21.
28) siehe 19, S. 11f.
29) Epeteris. Athenai 1979 S. 143 („nicht riskant mit dem Leben umgehen")
30) Archiv Dr. Roth.
31) Gottfried Roth: Der Eid des russischen Arztes Clio Medica 7 (1972) 289–293.
32) Archiv Dr. Roth.
33) Code de Déontologie de la Société de Médicine du Canton de Fribourg.
34) Hans Georg Rupp: Der Eid des Asaph Jedaeus. Manuskript (1975).
35) Der Eid des Asaph Judaeus. Übersetzung Ludwig Venetiana. Straßburg 1916.
36) siehe 34).
37) Hans Schadewaldt: Zeitgemäß – aber kaum echt. Medizin heute 18 (1971) 22–23.
38) Felix Klein-Franke: Der hippokratische und der maimonidische Arzt. Freiburger Zeitschrift für Philosophie und Theologie 84 (1970) S. 442–449.
39) Der Eid des Amatus Lusitanus. Arzt und Christ 19 (1973) S. 118.
40) siehe 39, S. 118.
41) Ärzteeid in Israel. Arzt und Christ 15 (1969) S. 114f.
42) Klaus Seybold, Ulrich Müller: Krankheit und Heilung. Stuttgart 1978. S. 91.
43) siehe 19, S. 8f.
44) siehe 19, S. 13f.
45) siehe 19, S. 19.
46) siehe 19, S. 27.
47)
48) Pius XII.: Ansprache an die italienische Gesellschaft für Anaesthesiologie 1956. In: Michael Chinigo: Pius XII. sagt. Frankfurt/Main 1959. S. 72.
49) siehe 48, S. 72.
50) Esther Fischer-Hamburger: Von dem Fischer und syner Fru. Zur Geschichte der ärztlichen Verantwortlichkeit. Schweizerische Ärztezeitung (1975) S. 42.
51) Gottfried Roth: Sterben des Menschen – menschliches Sterben. Ordensnachrichten (1976) 415–428.
52) Heinrich Stamm: Erziehung zur ärztlichen Ethik. Schweizerische Ärztezeitung (1963).

Prof. Dr. Johannes Bökmann

Ärztliches Ethos in der Krise

Die Fundamentalnormen der ärztlichen Berufung: Nicht-schaden! und Heilen! werden gebrochen

35 Jahre nach den Nürnberger Ärzteprozessen, 49 Jahre nach dem „Gesetz zur Verhütung erbkranken Nachwuchses" (14. Juli 1933) und dem fürchterlichen moralischen Schock, den die zugrundeliegenden Verbrechen dem öffentlichen Bewußtsein nach Offenbarwerden der Geschehnisse in der Nachkriegszeit versetzten, erschüttern grausige Meldungen, die von ähnlichen Verirrungen ärztlichen Tuns und Denkens berichten. Ein vermeintlich behindertes Kind sollte – so hatte ein prominenter Frauenarzt sich entschlossen – „unversorgt sterben". Als es wider Erwarten noch nach einer Stunde lebt und obwohl es – wie sich dann herausstellt – keineswegs schwer behindert ist, ja nach dem zweiten Stich ins Herz immer noch schreit, bekommt es schließlich vom Arzt die Todesspritze.

Die zugrundeliegende rechtfertigende Mentalität ist die bei längst nicht mehr wenigen Ärzten weitverbreitete „Güterabwägungs"-Pragmatik, die das entschiedene „Niemals" des ur-alten Arzt-Ethos für bestimmte Fälle – z. B. die Tötung – verlassen und aufgegeben hat. Noch vorhandene, vor wenigen Jahren noch weitverbreitete moralische und Standes-Bedenken halfen ausgerechnet Moraltheologen überwinden. Zu dieser Entwicklung trugen verschiedene Faktoren bei.

- Zunächst ein ver-kehrtes, von den verbindlichen Handlungsnormen einer gültigen *objektiven* Ethik befreites Helfer- und Mitleidssyndrom, das den betroffenen Erwachsenen, oder gar die Familie, ja selbst „die Gesellschaft" – unter Ausblendung eines dafür zu bringenden Opfers und der zu dieser „Opferung" angesetzten Handlung und ihrer ethischen Qualität – alleine in den Blick nimmt.
- Ein technizistisches Fehlverständnis von Effektivität. Wenn ein „Eingriff" nur artifiziell, „klinisch", vom Fachmann, vom Arzt vorgenommen wird, gilt er als legitimierter (*derselbe* „Eingriff" vom Nicht-Fachmann wird streng bestraft; das gibt derselben Sache im ersten Falle eine Pseudoseriosität).

- Eine einseitig naturwissenschaftliche Ausbildung und Denkweise der meisten Ärzte. In ihr wurde immer stärker jener isolierte Exaktheits- und Messenswahn virulent, der – verbunden mit einem allermeist zugrundeliegenden monistisch-evolutionistischen Materialismus – blind wird für Wesen und Sonderstellung des Menschen. Er verliert die Kriterien, die zu unterscheiden vermöchten zwischen Forschungs-Experiment, „Eingriff“ und Beihilfe zur Tötung, zwischen Laboratorismus-Chemie und makabrer Quacksalberei am menschlichen Leben.

Die Grenzen zwischen chemisch-hormonaler Eingriffstechnik und „Therapie“ im klassischen Sinne haben sich dergestalt verwischt.

Es bleibt häufig nur noch der Appell und die Rechtfertigung im Sinne der subjektiv guten Absicht, ein Vorgehen formal-technischer Richtigkeit „lege artis“, eine bis ins Rabulistische verfeinerte hochkasuistisch betriebene formal-juristische „Vertretbarkeit“, allenfalls noch eine Begründung nach prozentualer Risiko-Abschätzung (die allerdings nicht selten vernachlässigt oder inkonsequent gehandhabt wird). Großen Wert legt man nur auf die Zustimmung der Beteiligten, als ob sie allein ein Tun, das objektiv-ethisch bedenklich oder verwerflich ist, zu rechtfertigen vermöchte.

*

Im folgenden soll an einem exemplarischen, auch öffentlich vieldiskutierten Vorgang der Verfall und die Krise ärztlichen Ethos dargestellt, die Rolle der Ethik dabei nachgezeichnet und mit der klaren ethischen Lehre der Kirche konfrontiert werden. Dabei ist zu beachten, daß inzwischen auch in Deutschland (Universitätsklinik Erlangen) mit Retortenkindern hantiert wird und daß die damalige Diskussion umso wichtiger wird, je mehr solche Handlungen zur ärztlichen Routine zu werden drohen. Wer hätte vor 30 Jahren gedacht, daß sich viele Ärzte zu bezahlten klinischen Erfüllungsgehilfen von tötungsbegehrenden Frauen massenhaft bereitfinden würden? Wer hätte vermutet, daß sie eindeutig frühabtreibend wirkende Verhütungstechniken (wie die „Spirale“) vielfach einlegen würden? Der Mißbrauch mit sogenannten „Totaloperationen“ bei Frauen um sich greifen würde? Zum Zwecke der „Schwangerschaftsverhütung“ (ein tückischer, meist interessiert verwendeter Begriff) sterilisiert würde?

Wir zeichnen den folgenden Fall nach, um hier detaillierte Grundlagenkritik zu üben.

Die makabre Hilfe

Die ethische Dimension am Beispiel des Retorten-Babys von Oldham

I.

1. Mediziner und Befürworter feiern die Tat als moralisch hochwertige Hilfe. Einem unfruchtbaren Ehepaar sei damit zu einem Kind verholfen worden. Dies sei Zweck und Ziel jener jahrelangen, außerordentlich aufwendigen, schauerlich risikoreichen Experimente und Unternehmungen gewesen.

Daran sind erhebliche Zweifel erlaubt.

„Das verbreitetste Argument – man wolle ja nur unfruchtbaren Paaren zu Kindern verhelfen – verliert Jahr für Jahr an Kraft. Es gibt andere Möglichkeiten ... Was die Schwierigkeiten der Frau wegen blockierter Eileiter betrifft, so haben manche Chirurgen inzwischen bei der Öffnung blockierter Eileiter durch Rekonstruktiv-Chirurgie eine Erfolgsrate von bis zu 60% erzielt." (Vance Packard: Die große Versuchung. Der Eingriff in Körper und Seele, Düsseldorf-Wien, Econ 1978, S. 294).

Hilfe im ethischen Sinne kann nicht nur vom Effekt her gesehen werden. Das Tun selbst muß sittlich befragt werden; darf nicht als bloßes Mittel isoliert, oder gar ausschließlich von der technischen Machbarkeit her geprüft werden.

Bevor dies untersucht werden kann, soll aber zunächst das Unternehmen von Oldham in seinem unverantwortlichen Konzept, Risiko und Aufwand dargestellt werden. Dies schon, um der nicht seltenen, naiven Euphorie einer leichterhand wiederholbaren Praktikabilität die Realitäten entgegenzuhalten.

2. Man muß sich klarmachen, daß eine In-vitro-Befruchtung und anschließende erfolgreiche Verpflanzung des Embryos in die natürliche Gebärmutter „ein ganz gewaltiges Unterfangen" ist (Packard a. a. O. S. 278 ff). Es sind etwa acht voneinander zu unterscheidende Eingriffe und Manipulationsakte zu nennen, die ethisch z. T. gesondert beurteilt werden müssen. Das Ganze wird noch von der Gesamtbeurteilung umfaßt. Dann sind noch Folgen, Risiken, Rechtsfragen und v.

a. Gefahren des Gemeinwohls, Verletzung von menschenrechtsgebundenen Pflichten und Verantwortlichkeiten, zu sehen. Außerdem sind unausweichlich schwere Probleme ärztlicher Berufsethik sowie öffentlicher Überwachung sehr ernst zu lösen.

a) Zunächst muß ein befruchtungsfähiges Ei aus dem Eierstock der Frau gewonnen werden. „In den sechziger Jahren entwickelten Steptoe und Edwards ein Zweiphasenverfahren, mit dem sich dieses Problem einfacher lösen ließ. Dabei wurden der Frau Geschlechtshormone zugeführt. Dadurch ergab sich eine Prachternte von einem Dutzend oder noch mehr fast reifer Eier, die im Eierstock gleichzeitig erzeugt wurden." (Packard 279). Eine erste Manipulation.

b) „Daraufhin holte sich Steptoe die Eier heraus, indem er über zwei winzige Einschnitte durch den Unterleib der Frau bis zu einem Eierstock vordrang. In den einen Schlitz steckte er ein langes, dünnes Beleuchungsteleskop. Durch den anderen Schlitz kam eine Saugvorrichtung. Nun ließen sich mehrere Eier heraussaugen und in ein winziges Laborgeschirr verbringen." (Packard Ebda). Eine zweite Manipulation. „Mehrere Eier" werden, offenbar zur Sicherheit, verwendet und gehen zugrunde. Wahrscheinlich darunter auch einige später befruchtete, aber nicht weiterverwendete. Das ist mehrfacher Frühabort und ethisch als Tötung menschlicher Keime verwerflich.

c) Der nun zur Befruchtung in vitro verwendete Same des Ehemannes, wurde, mit an Sicherheit grenzender Wahrscheinlichkeit, durch Masturbation gewonnen. Dies ist nach mehrfacher und klarer, auf solche Fälle konkretisierter Lehre der Kirche objektiv unsittlich. Daß solche, mit künstlicher Besamung verbundenen Masturbationen auch subjektiv meist ethisch verwerflich sind, geht aus einer einschlägigen Schilderung von Packard (265 f.) deutlich hervor: Bei einem Besuch in einer kommerziellen Spermabank wird dem Verf. der nächstliegende Raum gezeigt. „Es ist das Ejakulatorium, das bei einem Teil des Personals den Spitznamen Spielzimmer führt. Einige Spender ziehen es vor, zu Hause in ein braunes Fläschchen zu masturbieren, das sie dann ins Labor bringen. Idant (die betr. Firma) sieht es lieber, wenn sie das Ejakulatorium benutzen, weil man so sicher sein kann, den denkbar frischesten Samen zu bekommen. Der Raum ist schallgesichert; in ihm stehen bequeme Sessel, ein Sortiment erotischer Bildmagazine wie Playboy und Penthouse liegt herum, an dem die Masturbatoren ihre Vorstellungskraft schärfen können ..."

Selbst wenn dieser Stil in Oldham anders gewesen sein mag, so ist ethisch sehr ernst an die Einsicht zu erinnern, daß eine Masturbationshandlung etwas ganz anderes darstellt, als die volle leibliche Hingabe als Zeichen der ehelich-personalen Begegnung und Einigung. Ihre ethische Defizienz gilt auch unabhängig von der aktuellen Motivation.

d) „Selbst wenn man das Ei mit Tausenden Spermien umgibt, wird es erst befruchtet, wenn das erfolgreiche Spermium zuvor einer Chemikalie ausgesetzt war, die sich in dem Eileiter der Frau befindet ..." (Pakkard 279). Eine erneute, vierte Manipulation, deren ethische Bedenklichkeit darin liegt, daß vorher experimentiert werden mußte und daß ein Schädigungsrisiko nicht auszuschließen ist. Und dies an menschlichen Lebenskeimen.

e) „Hat die Befruchtung stattgefunden, so spalten und vermehren sich die Zellen nur bei Vorhandensein des genau richtigen Nährbodens. Und die Zusammensetzung des Nährbodens muß Stunde für Stunde präzise dem entsprechen, was die Biochemie des sich im Wachsen verändernden Embryos verlangt" (279).

Man muß bei dieser hochkünstlichen Manipulation erneut auf das große Risiko, als ethisch sehr bedenklich, hinweisen. „Wissenschaftler sprechen oft davon, bei der Handhabung, die mit der Befruchtung, Prüfung und Einpflanzung von Embryos einhergeht, könnten eventuell auch ‚teratogene Wirkungen' auftreten. ‚Teratogene Wirkungen' verwendet sich viel angenehmer als die gemeinverständliche Übersetzung dieses Begriffes ‚Mißbildungen hervorrufende Wirkungen' ... Lassen wir die Einpflanzung in vitro gezeugter Embryos in Frauen zu, sind wir dann auch bereit, Mißbildungen, Schwachköpfe und hoffnungslos mangelhafte Menschen, die aus solcher „Forschung" entstehen, zu töten? Aus eben diesem Grund geht ein Großteil der Forschung im Zusammenhang mit der Embryo-Verpflanzung in aller Stille vor sich. So offenbar war es bei Bevis, der eingesteht, es habe vieler Versuche bedurft, bis drei normale Babys zustande kamen." (296 f.)

f) „Ehe nun der heranwachsende Embryo mit irgendeiner Aussicht auf Erfolg in die Gebärmutter der Frau übertragen werden kann, muß er auf Normalität der Chromosomen untersucht werden. Dazu muß man ihn handhaben, und das kann Schädigungen verursachen."

Eine sechste, Schädigung und evtl. Tötung an menschlichem Frühleben einschließende oder als Risiko hinnehmende Manipulation.

g) „Der Transfer selbst, bei dem man natürlich wiederum mit dem Embryo in Berührung kommt, muß nun exakt auf den Zeitpunkt abgestellt werden, zu dem das befruchtete Ei in die Gebärmutter gelangen würde, wäre es über den Eileiter gekommen. Normalerweise braucht das Ei fünf Tage für die Reise." (279).

Damit die Frau zum Empfang und zur Annahme des befruchteten Eies in der Lage und physiologisch vorbereitet ist, muß das, was wir in einem unpräzisen Sprachgebrauch „Schwangerschaft" nennen, durch genaue hormonale Manipulation künstlich nachgeahmt und provoziert werden. Bei dieser siebten Manipulation kommt noch hinzu, daß das Wachstum des befruchteten Eies in vitro offenbar u. U. beschleunigt ist. Auch aus solchen Gründen wird verständlich, weshalb so viele Versuche bisher fehlgeschlagen sind. So wird von dem Geburtshelfer Landrum B. Shettles, USA, berichtet, er experimentiere seit mindestens 1951 mit der in-vitro-Befruchtung. Schon 1963 habe er Frauen experimentell reagenzglasgezeugte Embryos eingepflanzt. 1974 spricht er von seiner Arbeit mit mehr als zweitausend menschlichen Eiern. Die Lebensfähigkeit betrug allermeist nur wenige Tage. Auch der Steptoe-Edwards-Gruppe in England „gelang" es 1973, in vitro befruchtete Eier zum Weiterwachsen in die Gebärmütter zu bringen, „allerdings nicht länger als einundzwanzig Tage lang" (286).

Aus alledem ergibt sich: jahrelang mußte *mit menschlichem Frühleben* erfolglos – d. h. *unter Opferung* dieses manipulierten Lebens – *hundert- und tausendfach experimentiert* werden, damit es dieses eine Mal gelang. Die durch Hormondosierungen zu verhindernde Abstoßungsreaktion der Placenta ist jedenfalls noch keineswegs derart „beherrscht" und sicher, daß von einer medizinisch verantwortbaren Methode gesprochen werden kann. Ethisch jedenfalls sind Handlungen mit derartigen Tötungs-und Manipulationsrisiken unverantwortlich.

Ärztliche Berufsethik verlangt, daß Handlungen an Menschen vorher sorgfältig im Tierversuch erforscht und gegen Risiken abgesichert werden müssen. Dies ist im vorliegenden Fall nicht geschehen (z. B. 285). Man kann nur über solche Unverantwortlichkeit – auch im Hinblick auf noch ganz andere Experimente – erschaudern.

h) „Der Embryo muß sich nun in die lebenspendende Gebärmutterwand einnisten, ehe der Spülstrom der Menstruation einsetzt. Dies hat sich als beträchtliche Hürde erwiesen.“ (280)

Welche Risiken mit dieser achten Manipulation verbunden sind, soll der Bericht einer Fachzeitschrift vom Juni 1976 mit der Überschrift: „Erste belegte Schwangerschaft aus in-vitro-Befruchtung gelungen“, zeigen. Steptoe und Edwards erklärten dort, „nach vierzig Versuchen sei ihnen endlich eine Einpflanzung gelungen. Der Embryo habe neun Wochen gelebt. Von der Gebärmutterrückwand, wohin sie ihn eingesetzt hätten, sei der Embryo irgendwie in die Öffnung des teilverstopften Eileiters hochgewandert. Dort sei die Umgebung möglicherweise günstiger ... im übrigen arbeiteten sie derzeit mit mehreren weiteren Frauen an einem Versuch, eine dauerhafte Schwangerschaft zu schaffen.“ (287) Bei derart schwerwiegenden Mängeln der Verfahren und der berufsethisch-rechtlichen Absicherung, kann man dem amerikanischen Ethiker Paul Ramsey nur zustimmen. „Er baut seine Analyse auf die ärztliche Berufsethik auf und gelangt zu dem Schluß, solcherlei Forschung ‚ist ein unmoralisches medizinisches Experimentieren an möglichen menschlichen Lebewesen und unterliegt somit einem absoluten moralischen Verbot ... Entweder müssen die geltenden Grundsätze medizinischer Ethik über Bord geworfen werden, oder man wagt sich nicht an die Fabrikation von Kindern‘“ (297 f.).

II.

Nach einem KNA-Bericht (wiedergegeben in der „Deutschen Tagespost“ vom 1. 8. 78, S. 7) hat Prof. Dr. Franz Böckle diese o. a. Zeugung für „sittlich einwandfrei“ erklärt.

In einem Interview, das der Norddeutsche Rundfunk (NDR) in der Sendereihe „Christentum in dieser Zeit“ am Samstagabend, 29. Juli, ausstrahlte, habe er geäußert, „daß die Eltern und der Arzt sowohl gut wie richtig, das heißt aus guter Absicht und auch sachlich richtig gehandelt haben“.

Was das letztere anlagt, ist ein derartiges Urteil nicht nur unglaublich vielfach falsch, sondern angesichts der ungeheueren Problematik in seiner undifferenzierten, fast naiven Sicherheit nur durch bestürzende Uninformiertheit oder durch eine Art ideologischer Fixiertheit auf die fragwürdigen Selbstrechtfertigungsversuche der Beteiligten einigermaßen erklärbar.

Was Böckle's Erklärung zur „guten Absicht“ betrifft, fragt man sich: woher weiß er das?

Einige inzwischen publizierte Fakten lassen jedenfalls an den von dem bekannten Bonner Moraltheologen bescheinigten guten Absichten Zweifel zu. Wenn die journalistische Auswertung nach zähen Verhandlungen für 1, 2 Millionen Mark verkauft wurde, wird man nicht an edelste Motive denken.

Es sei auch vermerkt, daß Steptoe/Edwards massive Zuwendungen bekommen haben (Packard 278). Daß Edwards von einigen seiner Kollegen scharf kritisiert wurde, „er stehe den Auswirkungen seines Tuns völlig gefühllos gegenüber“ (Ebda 276). Daß die wahren Motive – durchaus abseits der heute so pauschal in Anspruch genommenen medizinischen Helferattitüde – sehr viel weniger hochstehend sein dürften. Packard, in diesen Fragen ausgezeichnet informiert und bestens recherchiert, stellt sich die hier entscheidende Frage:

„Wozu all diese Mühen und Gefahren, wo doch die Natur seit Millionen Jahren recht gut funktioniert?“

Daß den etwa 5% aller Frauen, die empfängnisunfähig sind, weil ihre Eileiter blockiert sind – verbreitete Ursachen sind Beckeninfektionen wie z. B. Gonorrhöe – auch anders geholfen werden kann (viel viel weniger aufwendig und risikoreich, und ethisch unbedenklich) wurde oben bereits angemerkt.

Von den etwa 50.000 unfruchtbaren Frauen in West-Deutschland ist übrigens nur etwa ein Drittel von Eileiterverstopfung betroffen. Ein manchmal jetzt zu hörendes Schwärmen, ihnen allen sei jetzt zu „helfen“ ist schon von daher ganz irreal.

Wozu also der Riesenaufwand? Packard nennt einige von Beiteiligten selbst genannte Motive:

a) Forschungsinteresse. Dies gerade in dieser Sache z. T. ganz egoistisch und prestigesüchtig. So hat Edwards ohne Umschweif erklärt: „Zum ersten Mal in der Geschichte der Menschheit lösen wir vorsätzlich eine Embryoentwicklung außerhalb der Mutter aus in der Absicht, daß die Mutter das Kind schließlich austrägt.“ (280) Packard schreibt dazu: „Ich vermute, daß ein nicht geringer Ansporn für viele Experimentierer darin liegt, mitgeholfen zu haben bei der Schöpfung des ersten Kindes der Welt, das nachweislich im Reagenzglas gezeugt worden ist.

Dieses Ziel schwebt ihnen vor, und es ist, wie wenn man als erster ein Herz verpflanzt, den Mount Everest besteigt oder auf dem Mond landet" (294).

b) Diese Vermutung wird durch Indizien gestützt. Das Kapitel „Pioniere der Laborschöpfung potentieller Menschen" bei Packard (282–87) enthält Hinweise genug über den ehrgeizigen Wettlauf zwischen verschiedenen Forschern in dieser Sache; einschließlich Steptoe/Edwards.

c) Weniger oft geäußerte Motive, „die aber häufig bei den Forschern Pate stehen, sind die Geschlechts-Vorausbestimmung im Reagenzglas und das Zusetzen von Spenderzellen bei der Empfängnis im Hinblick auf eine Verbesserung des genetischen Rüstzeugs der Nachkommenschaft ..." (280 f.)

d) Bei den naiven Applaudierern spielt offensichtlich die schlichte Lust am Technisch-Machbaren eine derart überwertige Rolle, daß Fragen nach der ethischen Beurteilung, Verantwortlichkeiten, Folgen, Risiken, Schutz des Kindes usf. völlig verdrängt werden. Allenfalls der verwunderte, abblockende Ruf ist als kümmerliches Relikt übriggeblieben: „Was ist denn dabei?" Mag man das Uninformierten als eine zwar nicht zulässige, aber erste und oberflächliche Fehlreaktion durchgehen lassen; mögen die durch Massenmedien – nicht selten aus ideologischen Vorentscheidungen bewußt – Fehlinformierten mehr Opfer als Täter solcher Primitivreaktionen sein.

Einem Moraltheologen darf eine derart schreckliche Falschinterpretation und eine so schockierend simple ethische Rechtfertigung nicht nachgesehen werden.

Da sich Prof. Böckle in der o. a. Sendung auch zur Stellung des kirchlichen Lehramtes polemisch und falsch äußerte, wird es nun Zeit, sich den klaren Urteilen, die dies Lehramt vielfach und feierlich und von mehreren Päpsten und auf dem Konzil* abgegeben hat, zuzuwenden.

*(Pastoralkonstitution Art. 51).

III.

1. Pius XII. hat in seiner bedeutenden, großen Ansprache an die Mitglieder des Verbandes katholischer Hebammen Italiens vom 29. Oktober 1951 (Utz/Groner Nr. 1045–1102) folgendermaßen Stellung genommen:

„Das Zusammenleben der Gatten und den ehelichen Akt auf eine reine Organ-Funktion zur Übertragung der Keime herabmindern, hieße, das Heim, das Heiligtum der Familie, in ein gewöhnliches biologisches Laboratorium verwandeln. Deshalb haben wir in unserer Ansprache vom 29. Sept. 1949 an den Internationalen Kongreß der katholischen Ärzte die künstliche Befruchtung in aller Form aus der Ehe hinausgewiesen. Der eheliche Akt ist in seinem natürlichen Gefüge eine persönliche Betätigung, ein gleichzeitiges und unmittelbares Zusammenwirken der Gatten, das durch die Natur der Handelnden und die Eigenheit der Handlung der Ausdruck des gegenseitigen Sichschenkens ist und dem Wort der Schrift gemäß das Einswerden ‚in einem einzigen Fleisch' bewirkt.

Das ist viel mehr als die Vereinigung von zwei Keimen, die auch künstlich zustandekommen kann, also ohne die natürliche Handlung der Gatten. Der eheliche Akt, so wie die Natur ihn angeordnet und gewollt hat, ist ein persönliches Zusammenwirken, zu dem die Brautleute im Eheabschluß sich gegenseitig das Recht übertragen." (Nr. 1086 f.)

In der erwähnten Ansprache von 1949 hatte Pius XII. feierlich erklärt und folgendermaßen differenziert:

a) „Die Ausübung der künstlichen Befruchtung darf, soweit es sich um den Menschen handelt, weder ausschließlich noch auch hauptsächlich von biologischer und medizinischer Sicht aus unter Beiseitelassung des sittlichen und rechtlichen Standpunktes betrachtet werden." (1036)

b) „Die künstliche Befruchtung außerhalb der Ehe ist rein und schlechthin als unsittlich zu verurteilen." (1037)

c) „Die künstliche Befruchtung innerhalb der Ehe, hervorgerufen durch das aktive Element eines Dritten, ist ebenso unsittlich und als solche unwiderruflich zu verwerfen." (1038)

d) „Bezüglich der Erlaubtheit der künstlichen Befruchtung innerhalb der Ehe mag es uns im Augenblick genügen, an die folgenden Grundsätze des Naturrechts zu erinnern: die bloße Tatsache, daß das beabsichtigte Ergebnis auf diesem Weg erreicht wird, rechtfertigt nicht den Gebrauch des Mittels an sich, noch genügt der an sich bei den Ehegatten sehr angemessene Wunsch nach einem Kind zum Beweis für die Erlaubtheit, die künstliche Befruchtung anzuwenden, welche diesen Wunsch verwirklichen würde ..." (1039)

e) „Obwohl man nicht a priori neue Methoden ausschließen kann einzig deshalb, weil sie neu sind, so ist doch der künstlichen Befruchtung gegenüber nicht nur äußerste Zurückhaltung geboten, sondern *sie ist schlechthin abzulehnen*.

Damit wird jedoch nicht notwendigerweise die Anwendung gewisser künstlicher Hilfsmittel verworfen, die einzig dazu dienen, den natürlichen Akt zu erleichtern, oder dem normal vollzogenen Akt zu seinem Ziel zu verhelfen." (1042)

2. Man sollte meinen, hier würde die Lehre der Kirche mit aller erwünschten Entschiedenheit, Präzision und ausführlicher Begründung allen Gutwilligen verstehbar dargestellt.

Prof. Böckle aber meint – auf diese Lehre hingewiesen – in dem o. a. Interview: „Hier handelt es sich um ein Ausweichen auf einen Entscheid, der 30 Jahre zurückliegt". Inwiefern ein Hinweis auf die Lehre der Kirche ein „Ausweichen" sein kann, wird nicht begründet; ist wohl nur für den verständlich, der neueren technischen Entwicklungen und auch neueren Auffassungen von einigen Moraltheologen eine höhere Dignität gibt, als den Entscheidungen des Lehramtes.

Daß ein derartiges lehramtliches Urteil bereits 1949 ausgesprochen wurde, spricht sehr für die Wachsamkeit und weitsichtige Sorge des Papstes. Hätte man sich mehr dieses Urteil zu Herzen genommen, wäre das skandalöse Herumexperimentieren mit menschlichem Leben nicht zu beklagen. Außerdem stimmen die „30 Jahre" nicht.

a) Noch in seiner Ansprache an die Teilnehmer des Zweiten Weltkongresses zum Studium der Fruchtbarkeit und Sterilität vom 19. Mai 1956 (Utz/Groner 4717–4733) hat sich Pius XII. bekräftigend und präzisierend zu unserem Problem geäußert. „Bezüglich der Versuche der künstlichen menschlichen Befruchtung ‚in vitro' möge der Hinweis genügen, daß sie *als unmoralisch und absolut unstatthaft zu verwerfen* ist.“ (4726)

b) „Die künstliche Befruchtung überschreitet die Grenze des Rechts, das die Eheleute durch den Ehekontrakt erworben haben, nämlich des Rechts, ihre natürliche sexuelle Fähigkeit im natürlichen Vollzug des ehelichen Aktes voll auszuüben. Der Ehekontrakt erteilt ihnen nicht das Recht auf künstliche Befruchtung, denn ein solches Recht ist in keiner Weise in dem Recht auf den natürlichen ehelichen Akt ausgedrückt und kann von diesem nicht abgeleitet werden. Noch weniger kann man sie aus dem ‚Recht auf das Kind‘, als erstem ‚Zweck‘ der Ehe, ableiten. Der Ehekontrakt verleiht dieses Recht nicht, weil sein Gegenstand nicht das ‚Kind‘ sondern die ‚natürlichen Akte‘ sind, die imstande und dazu bestimmt sind, neues Leben zu zeugen.

Daher muß man von der künstlichen Befruchtung sagen, daß sie *das Naturgesetz verletzt und dem Recht und der Sitte widerspricht.*“ (4727)

Anhand dieser Texte möge man auch prüfen, ob die seltsame Auslegung, die Böckle der Entscheidung des Papstes in dem o. a. Interview gibt, zutrifft. Böckle: „Innerhalb einer Ehe habe der Papst die Übertragung an die Bedingung geknüpft, daß eine gesunde Liebes- und Geschlechtsgemeinschaft zwischen den beiden Partnern bestehe.“ Gerade eine derartige, von Böckle schon seit langem vertretene Aussonderung einer Liebes- und Geschlechtsgemeinschaft der Partner unter Absehung ihres inneren Verwiesenseins auf das Kind, und dies als völlige Einheit und Ganzheit, wird aber vom Papst ausdrücklich abgelehnt. Die Kirche „hat jede Auffassung der Ehe, die droht, sie auf sich selbst zu gründen, sie zu einer egoistischen Suche nach gefühlsmäßiger und physischer Befriedigung im alleinigen Interesse der Eheleute zu machen, zurückgewiesen.
Aber die Kirche hat auch die entgegengesetzte Haltung vermieden, die bei der Zeugung die biologische Aktivität von der persönlichen Beziehung zwischen den Eheleuten trennen will. Das Kind ist die Frucht der ehelichen Verbindung in ihrem höchsten Vollzug vermittels der organischen Funktionen, der fühlbaren Erregungen, die damit verbunden sind, der geistigen und selbstlosen Liebe, die sie beseelt. *In der Einheit dieses menschlichen Aktes müssen die biologischen Bedingungen der Zeugung gesetzt werden.* Niemals kann es erlaubt sein, diese verschiedenen Gesichtspunkte so weit voneinander zu trennen, daß entweder die

Absicht der Zeugung oder die eheliche Vereinigung ausgeschlossen werden." (4722 f.) Aus alledem geht mit unerhörter Eindringlichkeit hervor, daß eine künstliche Befruchtung niemals, auch nicht innerhalb der Ehe, sittlich tragbar erscheint. Der Papst begründet dies ausdrücklich mit der Wesens- und Sinneinheit der ehelichen Intimvereinigung, aus der nicht einzelne Elemente ins Laboratorium verlegt werden dürften.

Die seltsame „Interpretation" Böckle's bringt es fertig, unter Verschweigung der schlechthinnigen Verwerfung der künstlichen Insemination, den Hinweis des Papstes auf die Ganzheit der ehelichen Vereinigung in eine Bedingung der „gesunden Liebes- und Geschlechtsgemeinschaft" zu verdrehen und damit das Gegenteil der päpstlichen Lehre – nämlich eine bedingungsweise Erlaubnis – zu folgern und öffentlich hinzustellen.

3. Damit dies aus noch späteren Aussagen erneut bewiesen und erhärtet werde, sei noch auf folgendes hingewiesen.

a) In seiner Ansprache an die Teilnehmer des 7. Internationalen Kongresses der Internationalen Gesellschaft für Hämatologie vom 12. Sept. 1958 hat Pius XII. seine Lehre erneuert. Unter Bezug auf die Ansprache vom 29. 9. 49 sagt der Papst: „Darin haben wir die Insemination zwischen unverheirateten Personen *und selbst zwischen Eheleuten absolut verworfen.* Auf diese Frage sind wir in unserer Ansprache ... am 19. 5. 56 zurückgekommen, um *jede Art künstlicher Insemination erneut zu verwerfen ...*" (5448)

Angesichts derart vielfacher und präziser Aussagen das Gegenteil als päpstliche Lehre zu behaupten, erscheint als Täuschung der Öffentlichkeit und verdient scharfe Zurückweisung.

b) Aber die kirchliche Lehre steht nicht alleine auf dem Wort Pius XII. Das Heilige Offizium hat bereits am 17. 3. 1897 ebenso entschieden (Denzinger 3323).

c) Schließlich hat sich auch Papst Johannes XXIII. in der authentischen Lehrform einer Enzyklika zu unserem Problem mit großer Entschiedenheit geäußert. In dem Rundschreiben „Mater et magistra" vom 15. Mai 1961 heißt es in Nr. 193: „In dieser Sache erklären wir feierlich: Die Weitergabe des menschlichen Lebens ist das Vorrecht der Familie; diese ist auf die eine unauflösliche Ehe gegründet, die für

den Christen den Rang eines Sakramentes hat.
Diese Weitergabe des Lebens ist ein personaler Akt; damit ist sie gebunden an Gottes heilige, unerschütterliche und unantastbare Gesetze. *Niemand darf sie mißachten oder übertreten. Darum sind hier Mittel und Wege schlechterdings unerlaubt, die bei der pflanzlichen und tierischen Fortpflanzung bedenkenfrei sind.*"

Prof. Böckle allerdings sieht diese, auf göttliche Gesetze gegründete verpflichtende Ganzheit nicht. Er erklärt vielmehr, in einer typischen Verharmlosungssprache, das Tun in Oldham für „sowohl gut wie richtig, das heißt aus guter Absicht und auch sachlich richtig gehandelt." (a. a. O.) Er begründet das damit, daß ja nur die natürliche Verbindung einer Samenzelle des Ehemannes mit der Eizelle der Frau nicht im Leib der Mutter, sondern an einem anderen als dem normalen Ort stattgefunden habe. „Nur in dieser Ortsverschiebung sozusagen sehe ich mindestens nichts, was als solches als schlecht bezeichnet werden könnte" (Ebda). Daß mit einer derartigen bloßen „Ortsverschiebung" der eheliche Einigungsakt als Zeugungsbegründung und als personaler hinfällig wurde, scheint hier völlig verdrängt. So sehr kann vorgefaßtes Urteilen Wirklichkeit vernebeln!

4. Klarer und richtiger urteilt hier der Wiener Moraltheologe Karl Hörmann. In seinem „Lexikon der christlichen Moral", ^{2}1976, schreibt er: „Nicht geringe sittliche Einwände sind gegen die immer wieder erwogene und versuchte Zeugung und Weiterentwicklung menschlichen Lebens außerhalb des Mutterleibes (in vitro, im Reagenzglas) zu erheben.
Deutlicher noch als bei anderen Arten künstlicher Insemination zeigt sich als Hauptmangel dieser Art, daß das Kind nicht Frucht der leib-seelischen Liebesbegegnung der Gatten, sondern Ergebnis eines unpersönlichen Prozesses im biologischen Laboratorium ist (der einseitigem naturwissenschaftlichem Denken entspringt), selbst wenn der so entstandene Embryo zur weiteren Entwicklung wieder einem weiblichen Organismus eingepflanzt wird." (961 f.)

„Durch die künstliche Insemination wird die Zeugung entpersönlicht, vermaterialisiert und mechanisiert. Wenn es als glückliche Entwicklung angesehen wird, daß in der christlichen Ehelehre die Überbetonung der Fortpflanzung zugunsten der persönlichen Gattenliebe zurückgetreten ist, darf nicht übersehen werden, daß mit der künstlichen Insemination wieder die Gegenrichtung eingeschlagen wird. Es ist fraglich, ob dieser Mangel im Vorgehen durch die Liebesgesinnung der Gatten entsprechend ausgeglichen werden kann." (960)

IV.

1. Die Problematik unserer Frage hat aber ein noch folgenreicheres Umfeld. „Pius XII. hat in häufigen, eingehenden und ungemein eindringlichen Ausführungen den technischen Geist, seine Wurzeln und Gründe, seinen materialistisch-diesseitigen Charakter, seine innere Unwahrhaftigkeit und ungeheuerliche Gefährlichkeit gekennzeichnet." (Eberhard Welty in seiner „Einführung in die Soziallehre der Päpste von Leo XIII. bis zu Johannes XXIII." in: „Die Sozialenzyklika Papst Johannes' XXIII." Herder-Bücherei Nr. 110, 1961, S. 62).

„Nicht an Technik und technischen Fortschritt als solchem liegt es, wenn die Kirche warnt und ablehnt; das liegt vielmehr 1. daran, daß zahllose Errungenschaften wirklich furchterregend sind; 2. daran, daß der falsche technische Geist die technischen Bemühungen, Erfolge, Anwendungen prägt und auf falsche Fährte lenkt.
Wenn ‚neue Wunder der Technik' angekündigt und bekannt werden, dann – so Pius XII. – erfaßt Staunen und ein Freudentaumel die Menschen; aber wenn der erste Rausch vorüber ist, dann werden die Menschen oft genug ‚von Angst gepackt und stellen sich die Frage, ob sie ihre Herrschaft über die Welt behalten oder Opfer ihres Fortschritts werden' … Die unermeßlich bitteren und furchtbaren Folgen des falschen Realismus, der ‚keine Grenze für die Macht des Menschen anerkennt, alles nach der technischen Methode behandelt und volles Vertrauen in das technische Wissen setzt', besteht darin, daß drei Werte oder Wertbereiche über Bord geworfen werden: ‚die geschichtliche Wirklichkeit, das freie Handeln und die Religion'. Das heißt u. a., daß der Mensch von seinem Ursprung losgelöst, in seinem Wesen verzeichnet und zerstört, in seiner h e i l s geschichtlichen und damit einzig gültigen Grundsituation geleugnet wird." (Ebda S. 63. Hinweis auf die Weihnachtsbotschaft 1956). Es ist das Kennzeichen einer existentiellen Labilität „zwischen Hybris und Angst" (A. Böhm), das als Signum unserer Zeit auch der Stellungnahme in der hier erörterten Problematik zugrundeliegt. Nach einer Blitzumfrage der Wickert-Institute bei 976 Elternpaaren in der Bundesrepublik, gibt es überwiegend Beden-

ken gegen eine Zeugung in der Retorte. Auf die Frage: „Glauben Sie, daß ein Retorten-Baby später einmal körperlich, seelisch und geistig genauso sein wird, wie ein normal gezeugtes?“ antworteten 34% mit „Ja“. Für ein Verbot solcher Experimente sprachen sich sogar 68% aus. („Bild am Sonntag“ vom 30. 7. 78).

2. Wer das Buch von V. Packard liest, kann nicht mehr mit einem bloß gesinnungsethischen Aufruf zu guter Absicht und mit dem Hinweis auf die ethische Ambivalenz aller Technik argumentieren. Die Natur der Sache selbst, das heißt hier: menschenwürdiger Zeugung, Ernährung und Pflege eines neuen Menschen, muß erkannt, beachtet, beurteilt und als Maßstab verpflichtenden und verantwortlichen Handelns genommen werden. Sonst stehen uns – weit mehr als dies leider schon weithin faktisch der Fall ist – schreckliche Dinge à la „Schöne neue Welt“ (A. Huxley) ins Haus.

„Der ideenreiche und angesehene Tierbiologe E. S. E. Hafez weiß auch eine Prophezeiung für den Menschen. Er sieht schon, wie in einigen Jahren ‚eine Frau einen winzigen Gefrierembryo einkauft, ihn zum Arzt trägt, in ihren Uterus einpflanzen läßt, neun Monate trägt und ihn dann gebiert, als sei er in ihrem eigenen Körper empfangen worden. Der Embryo wird natürlich mit Garantieschein verkauft, daß er keinerlei genetischen Defekt besitzt. Der Käuferin wird auch vorher gesagt, welche Haar- und Augenfarbe das Kind hat, welchen Geschlechts es ist, wie groß es vermutlich werden wird und wie hoch sein IQ sein dürfte.‘“ (Packard 295)

Packard schreibt dazu: „Was aber wird aus der Unantastbarkeit des Individuums? Was aus der Familie als der Grundeinheit aller Kultur? Einem Paar, das sich nach einem Kind sehnt, erscheint die Manipulation im Labor mit dem Zweck einer Befruchtung ganz und gar vernünftig. Hört sich wie Fortschritt an. Aber eben diese Art des Experimentierens wird, wenn man sie ermuntert, die Schleusen öffnen für ungezählte neue Technologien der menschlichen Vermehrung. Deswegen ragt dieser Augenblick der Entscheidung über die in-vitro-Erzeugung und Embryoverpflanzung in der Geschichte der Entwicklung des Menschen so unheilvoll-entscheidend empor.“(295)

Zu denken ist an den Einsatz von Ersatzmüttern als Schwangerschaftsträgern, an die Geschlechtsvorausbestimmung (heute schon möglich), an Züchtungsversuche von Fötussen genetisch als höherwertig eingeschätzter Menschen, an die Herstellung von identischen Mehrlingen in beliebiger Zahl und nach einer bestellten genetischen Komposition, ja an die Entwicklungen von Mischungen aus Mensch und Tier („paramenschlicher Infante"). Ein Kapitel bei Packard ist überschrieben: „Gemietete Mutterleiber – Künstliche Mutterleiber – Nichtmenschliche Mutterleiber". Und dies sind keineswegs nur sensationis causa hingeworfene Curiosa, sondern längst in schauerlichen Experimenten vollzogene Wirklichkeiten.

Wenn man in dem Buche weiter erfährt, wie menschliche Samenbänke in den USA betrieben werden und Studenten sich einen Teil ihres Studiums damit verdienen, daß sie sich für den Besamungsmarkt (pro Ejakulat etwa 25 Dollar) zur Verfügung stellen; daß es schon den glatten Kauf eines Kindes auf dem schwarzen Markt zum Preis von mehreren tausend Dollar gibt (261 bzw. 262 f.), wird man vielleicht eher geneigt sein, die frühen Warnungen des kirchlichen Lehramtes als Rettung und Wegweisung in höchster Gefahr zu sehen.

Es würde zu weit führen, den letzten Abschnitt des Packard-Buches zu referieren, in dem unter dem Titel „Was tun?" Zeugnisse einer späten Selbstbesinnung aufgeführt werden. Packard macht am Schluß sehr bedenkenswerte Vorschläge in differenzierter Form.

3. Es bleibt, sich zu fragen, wie es in einer Art Regelmäßigkeit zu so folgenreichen Fehlurteilen und so ärgernisgebenden ethischen Irrtümern kommen kann. Es sind ja fast immer dieselben, die den Dammbruch der künstlichen Empfängnisverhütung in seiner ethischen Tragweite nicht sehen wollten und dieserhalb den Papst aufs schärfste angriffen. Die dann später bei der Abtreibungsfreigabe seltsame Ausnahmen und relativierende „Güterabwägungen" befürworteten. Die Sterilisierungen zum Zwecke der Zeugungsverhinderung für möglich halten. Die keinerlei Einwände gegen Organbänke und -Transplantationen machen. Die Verständnis für Euthanasie zeigen. Kurz: denen die Unbedingtheit der Verurteilung solcher Handlungen an sich, objektiv, schlechthin, so schwer zu fallen scheint.

Daß die tiefen Verirrungen, von denen wir hörten, heute möglich sind, ist ja sicher auch eine Folge des verheerenden Verlusts des Bewußtseins von der unantastbaren Eigenwürde jeden menschlichen Lebens; Folge einer makabren „Legalisierung" von Abtreibungen unter meist zynisch-lügnerischer Vorgabe „sozialer" oder „medizinischer"

Gründe (vornehm „Indikationen“ genannt).

Es ist aber auch Ergebnis eines bestürzend raschen Vergessens.

„Medizin ohne Menschlichkeit“: so lautet der Titel einer Dokumentation über die Nürnberger Ärzteprozesse (Hrg. und kommentiert von A. Mitscherlich und F. Mielke. Fischer-Bücherei Nr. 332, 1960). Abscheu und ein tief empfundenes Wissen um das Verbrecherische der dort verurteilten Versuche an Menschen waren uns damals in unserem Volk gemeinsam. Die Dinge wurden meist ganz geheim gehalten und möglichst vertuscht.

Wenn man sich daran erinnert, fällt die ungeheure Leere des heute verbreiteten Bewußtseins von den ethischen Grundsätzen auf. Eine falsche „Selbstbestimmung“ hat zu einem Beiseiteschieben und Verdrängen selbst elementarer Rücksichten geführt.

In der Nazizeit hatte die Kirche sowohl in Rom wie in hervorragenden deutschen Bischöfen (von Galen, Faulhaber, von Preysing, Dr. Sproll und viele andere) den Mut, diese Dinge beim Namen zu nennen und hart zu verurteilen. Die Menschen standen damals innerlich weitgehend auf ihrer Seite.

Demgegenüber haben wir in verbreiteten Praktiken, wie im Bewußtsein vieler Menschen einen Zustand erreicht, der mir in vielem erheblich schlimmer, gefährlicher, zu sein scheint als die Verbrechen einer kleinen besessenen Gruppe damals. „Die Banalität des Bösen“ (H. Ahrendt), von Adolf Eichmann ausgesagt und seine private Kleinbürgerlichkeit meinend, setzt sich heute *kollektiv* immer mehr durch. Sie verdeckt, wie bei Eichmann, fast nach Art einer Bewußtseinsspaltung, die Monströsität des Schrecklichen und Bösen, das man sich „unbefangen“ glaubt leisten zu können.

Die seltsame Sensibilität für Tier- und Umweltschutz, die einige in emotionale Aufwallung bringen, steht in ähnlich schizophrener Beziehung zur Ausbeutung der geheimnisvoll-heiligen Zeugungs- und Erziehungsverwiesenheit menschlicher Elternschaft und Geschlechtlichkeit allein im Interesse von Lust und privatem „Glück“.

Die Herausforderung zur ethischen und religiösen Inzuchtnahme ungeheuerlicher Verfügbarkeiten ist nicht mehr zu umgehen. Wer im Glaubens-Ja um Ziel und Weg, um Grundsätze und Verpflichtungen weiß, gewinnt auch Kräfte gegen „die große Versuchung". Der heutige Zeitgeist fällt ihr weithin zum Opfer.

Besonders jene, die Ethik zu lehren, Ethos zu inspirieren haben, müssen sich endlich und unmißverständlich entscheiden.

Wenn sie indes auch noch Ärzten die Theorien liefern, die sie in der geschilderten Auflockerung ihrer Standesethik beeinflussen, kommen Vereinbarkeitsmeinungen zustande, von denen zum Schluß die Rede sein soll.

*

Aus dem Umfeld der „Katholischen Ärztearbeit Deutschlands", der er angehört, ist die jüngst erschienene Schrift des Wiesbadener Frauenarztes Dr. Wolfgang Cyran erschienen „Verantwortete Elternschaft – Kritische Anmerkungen zur Enzyklika ‚Humanae vitae'" (Frankfurt/Knecht, 1981). Sie greift die Polemik aus den sechziger Jahren wieder auf, bringt keinen argumentativen Fortschritt und ist wohl nur herausgebracht worden, um – angesichts der Bekräftigung der kirchlichen Botschaft und Lehre durch die Bischofssynode und den Papst – den bei der „Katholischen Ärztearbeit" (mindestens jedenfalls bei ihren Maßgeblichen) von Anfang an scharf formulierten Dissens dazu ebenfalls erneut zu bekunden und ihm gerade jetzt durch sozialen Druck Weitergeltung und eine Art faktisches Existenzrecht zu sichern.

So ist eine rasch zusammengestellte Kompilation der einschlägig hervorgetretenen Enzyklika-Kontestoren und der von ihnen beeinflußten Ärzte entstanden. Dazu kurze Belege: 33-mal wird F. Böckle genannt, 21-mal H. Schäfer, 10-mal der inzwischen verstorbene J. David, 9-mal von Eiff. Die umstrittenen und fragwürdigen Äußerungen zum Thema von dem Verhaltensforscher W. Wickler nennt Cyran 14-mal. Dabei handelt es sich nicht um Zitate, sondern um bloße Namensnennungen, ein wenig seriöses Verfahren. Eine Auseinandersetzung ist auch deshalb schwer, ja unmöglich, als es von bloßen Behauptungen und Unterstellungen wimmelt.

Auf folgendes sei immerhin verwiesen:

- Es fällt eine bemerkenswerte Unkenntnis, ja ein mangelndes Gespür für die übernatürliche Dimension des Christseins auf und darin des Ethos christlicher Ehe.

- Die philosophisch-anthropologische Fundierung der Ethik fällt weitgehend aus; statt dessen wird ganz unkritisch und einseitig ein angeblicher Befund „der" Verhaltensbiologie herangezogen. Die sogenannten „Bindungskopulationen" z. B. betreffen aber gerade 2% der Kopulationen bei ostafrikanischen Pavianen und sind in ihrer Bedeutung keineswegs sicher.

- Cyran redet andauernd von der vermeintlichen bloßen „Methodenfrage". Daß das Verhalten gemäß den Gesetzen der gottgeschaffenen Wesensnatur keine „Methode" ist, hat er garnicht verstanden. So praktiziert er auch eine große Konfusion betr. des wichtigen und fundamentalen Begriffs des sittlichen Naturgesetzes.

- Cyran behauptet fälschlich, HV sei „hinter das Konzil zurückgegangen" (7 f.; 61 f.; 80 ff.; 86; 98). Da er die einschlägige Fachliteratur nicht kennt, ist ihm die Unhaltbarkeit dieser Behauptung nicht bewußt.

- Cyran behauptet, die Natürliche Familienplanung sei eine „unpraktikable und damit eine unwirksame oder unsichere Methode" (17, 113, 114), ohne die weltweite, das Gegenteil aus Untersuchung und Erfahrung belegende Literatur zu kennen oder sich mit ihr auseinanderzusetzen.

- Cyran tischt die alten Pauschal-Schlagworte ganz undifferenziert wieder auf: „Dualismus", „Sexualpessimismus", antik-mittelalterliche biologische Meinungen, um damit die kirchliche Lehre zu relativieren. Nicht einmal ein seriöser Journalismus dürfte heute derart undifferenziert-plakativ über diese Thematik schreiben. So wird die „Bevölkerungsexplosion" apokalyptisch gezeichnet, ohne die geringste Auseinandersetzung mit der entgegenstehenden Literatur, nicht einmal mit der uns bedrohenden „Implosion".

Diese Schrift wurde hier nur deshalb kritisch beleuchtet, weil sie zeigt, welche Wirkung der Einfluß kontestierender Moraltheologen auf katholische Ärzte hat, die in den modernen Problemen sicheres ethisches Weggeleit bräuchten, statt daß sie zur Verstärkung der Kontestationsfront gegen die sichere, immerwährende, irreversible und authentische christliche Botschaft und Lehre mißbraucht werden. Sicher gibt es bei den Ärzten auch eine „schweigende Mehrheit", deren Gewissen unter den drückenden Problemen, mit denen sie konfrontiert werden, stark belastet sind. Auch gibt es hellsichtige und warnende Stimmen von tiefbesorgten Ärzten und Standesvertretern. Umso bedrückender wirkt die Etablierung des Widerspruchs im katholischen Bereich durch das Zusammenspiel mit progressistischen Theologen. Ob es sich lohnt, dafür vom jahrtausendealten Ethos ärztlichen Handelns, niedergelegt in feierlichen Gelöbnissen abzurücken, die ernsthafte und wahrhaftige Identifizierung mit seiner Kirche zu lockern?

VI Mythos „Bevölkerungsexplosion“: interessierte Verschleierung der echten Gefahren.

Prof. Dr. Dr. Georg Siegmund

Verhütungsrevolution und „Todestrieb“

Schlagwort „Bevölkerungsexplosion“ verschleiert Selbstauslöschung

„Bevölkerungsexplosion“ – der Schock sitzt tief. Seit Jahren hämmern es uns die Medien ein, wissen uns die Verantwortlichen nichts anderes zu sagen. Freilich seitdem jüngst bekannt geworden ist, daß die Geburtenrate innerhalb weniger Jahre auf die Hälfte abgesunken ist, sind die Unkenrufe etwas leiser geworden. Nach dem Mißbrauch, welchen das „Dritte Reich“ mit der Bevölkerungswissenschaft getrieben hat, hält ein nachwirkendes Schuldbewußtsein die Verantwortungsträger davor zurück, den Nebel, der die volle Wirklichkeit verschleiert, zu durchdringen und den demagogischen Wahnwitz, der mit dem Schlagwort „Bevölkerungsexplosion“ getrieben wird, zu entlarven.

*

Bei dieser Lage war es wohl notwendig, daß dies ein Franzose tat, der nun den Deutschen einen Spiegel vorhält, um uns die Augen für die Tatsache zu eröffnen, daß wir in Wirklichkeit in einen Abgrund hineinzustürzen drohen. Es tut dies *Pierre Chaunu* in seinem Buch *„Die verhütete Zukunft“*).*

Pierre Chaunu – geboren 1923 in Belleville an der Maas nahe Verdun – ist seit 1970 Professor für Neuere Geschichte an der Sorbonne. Er ist Mitbegründer der Freien Fakultät für Reformierte Theologie in Aix-en-Provence. Er gilt als einer der Schöpfer der quantitativen Geschichtsforschung und begründete das erste Institut für Quantitative Geschichtsforschung. Durch eine Reihe von wissenschaftlichen Arbeiten ist er international bekannt geworden.

Hat Pierre Chaunu das Buch „Die verhütete Zukunft“ geschrieben, so stammen die darin verarbeiteten Berechnungen größtenteils von *Jean Legrand.* Für die deutsche Ausgabe schrieb der Autor zusätzlich das Kapitel „Das deutsche Modell“. Desgleichen wurden die Anhänge erheblich erweitert. Die graphischen Darstellungen wurden in der Forschungsstelle für quantifizierende Geschichtsforschung der Universität Caen gezeichnet.

*

„Bevölkerungsexplosion“ – dieses Schlagwort oder besser gesagt – Schreckwort scheint für alle die, welche es unaufhörlich gebrauchen, etwas unerhört Neues zu sein, eben die Gefahr unserer Zeit. Ganz offenkundig ist diesen „Experten“ „unter der Sonne alles neu. Jedenfalls trichterten uns die Nachrichtenmagazine, aus denen sich gelegentlich Politiker und die Theologen der Nachkriegszeit ihre Inspiration holen, das unaufhörlich ein. Bis hin zum Wachstumsbruch von 1973/74 posaunten die Wochenzeitschriften auf Glanzpapier unentwegt: Alles ist neu, alles war neu, bis gestern, in einer Welt, in der sich der Wissensstand alle sieben, gar alle fünf Jahre verdoppelte“ (9).

Den wirklichen Experten der Demographie indes stand längst die Erkenntnis fest: „Die Katastrophe, die an der Basis der Alterspyramide der reichsten Völker der Erde jedem sofort ins Auge springt“, ist durch nichts mehr aufzuhalten. Freilich sie fanden nicht den Mut, gegen die allgemeine Ansicht Alarm zu schlagen.

Vor fünfzehn Jahren indes ist etwas geschehen, „dessen Wirkungen man damals noch hätte eindämmen können; vor fünfzehn Jahren ist ein Bruch eingetreten, der sehr wohl vorauszusehen war (denn ein paar Leute haben ihn ja vorausgesehen), ein Bruch, den die Experten kommen sahen, die aber nicht den Mut hatten, ihn der Öffentlichkeit zu verkünden, mit der ganzen Autorität der Wissenschaft, der man Respekt zollt, und mit der Überzeugungskraft, die Aufmerksamkeit erzwingt“ (9 f).

Den Bevölkerungszusammenbruch, der das reichste Viertel der Welt befallen hat, der mit sich den Einsturz der ganzen Industriewelt nach

---

*) Pierre Chaunu, Die verhütete Zukunft. Von Hermann Kusterer aus dem Französischen übersetzt. Stuttgart 1981 Verlag Seewald 311 S. DM 45,–.

sich zieht, nennt Chaunu „das einzige Phänomen auf dem Planeten Erde, das aus großem Abstand, vom Sirius oder aus der sehr alten Erinnerung der Geschichte betrachtet, überhaupt Erwähnung verdient. Daß ein Teil der Demographen schwieg, es sich nicht angelegen sein ließ, auf dieses in ihren ureigensten Bereich gelegene Phänomen hinzuweisen, als der Baum des Menschenlebens noch nicht angenagt war, ist besorgniserregend" (10).

Es ist das Verdienst von Chaunu, die Mauer des Schweigens durchbrochen und die volle Wahrheit offen herausgesagt zu haben.

„Demographie" ist etwas sehr Neues, die Wissenschaft von dem zahlenmäßigen Anwachsen der Menschheit. Sie steckt noch in den Kinderschuhen, hat indes soviel Material gesammelt, daß seine Auswertung für unsere Frage sich lohnt. So hat sich der Historiker nicht gescheut, die Mithilfe des Bevölkerungswissenschaftlers in Anspruch zu nehmen.

Wir befinden uns im Zuge eines Einbruches der Nachwuchszahlen. Bis 1968 konnte man allenfalls noch der Meinung sein, es handle sich um eine Zyklus-Schwankung, die sich nach einigen Jahrzehnten von selbst einregulieren werde. Doch wurde binnen fünf Jahren, zwischen 1974 und 1978 „aus dem Loch am Fuß der Alterspyramide eines Viertels des Planeten ein solcher Einschnitt, daß wir in unserer Erinnerung Vergleichbares dieser Größenordnung und dieses Tempos beim besten Willen nicht finden können. Nichts, rein gar nichts deutet auch nur im geringsten auf eine Tendenzwende hin. Das Phänomen, das da eingetreten ist, scheint auf den ersten Blick schon jetzt nicht mehr selbstregulierende Implosion (sc. = Gegensatz zur Explosion) zu sein. Die Selbstregulierung ..., jene Regulierung, die korrigiert, mildert, einrenkt, will und will sich nicht einstellen. Keine Kurskorrektur zeichnet sich ab, sondern einzig und allein eine Kursbeschleunigung.

> Das industrielle Viertel der Welt steht in einem total unkontrollierbaren, wilden, noch nie dagewesenen Prozeß, der uns unfehlbar ins Verderben zieht, wenn wir nicht sofort und massiv etwas unternehmen" (19).

Die Bundesrepublik Deutschland mit 61 Millionen Einwohnern hat einen jährlichen Sterbeüberschuß von 200 000 gegenüber den Geburten, und bis auf weiteres einen Geburtenunterschuß von 300 000 jährlich in Vergleich zu dem, was nottäte, um wenigstens die Generation zu ersetzen. Hält diese Tendenz an, kommen weiterhin auf jede Geburt 3,5 Sterbefälle, so *geht die Bevölkerung innerhalb von hundert Jahren auf ein Viertel zurück.* So sieht das „deutsche Modell" aus: Im Jahre 2080 wird die Bundesrepublik Deutschland entweder zwischen 10 und 18 Millionen Einwohner zählen, von denen 45 von Hundert älter als 60 Jahre sind, oder aber 61 Millionen Einwohner, von denen 50 Millionen Ausländer aus der Dritten Welt sind." (20).

Der Kernsatz der Ausführungen von Chaunu lautet: *„Wir haben uns für den Tod entschieden" (214).*

„Die Empfängnisverhütungsrevolution und eine tiefe Krise des Sinns – des Sinns des Lebens, des Glaubens, der Gründe, die noch das Leben anstelle des Todes wählen lassen, und sei es nur zur letzten Not und in Ermangelung eines wirklich Besseren die einfachste Neugier auf die Fortsetzung – haben die Industriewelt in dieses Unvorstellbare umkippen lassen ... Um sich einbilden zu können, muß man schon jeglicher Erinnerung und jeglicher Urteilsfähigkeit entraten" (20).

So faszinierend bereits die Ausblicke sind, welche uns die heutige Demographie in die älteste Menschheitsgeschichte zu tun erlaubt, so war der Mensch, um als Mensch überleben zu können, darauf angewiesen, viele Kinder zu haben und Erfindungen zu machen, drohende Nöte abzuwehren.

Erst in einer Welt, in welcher es scheinbar Menschen im Überfluß gab und sich ein Luxus eingestellt hatte, in einer Welt, wo man den Gedanken an den Tod durch Reichsein wegzaubern konnte, war es möglich, daß der Wunsch nach Nachkommenschaft angesichts der Zwänge, die Nachkommenschaft mit sich bringt, vorübergehend erlahmte.

I

Das heutige Schlagwort „Bevölkerungsexplosion" in der antiken Sprache lautet: Die Welt ist voll, übervoll von Menschen! In De anima schreibt Tertullian (30, 4): „Das kräftigste Zeugnis für die große Zahl von Menschen ist dieses: wir sind der Erde zur Last, kaum reichen die Grundstoffe für uns, die Not wird schlimmer, und überall gibt es Klagen, daß die Natur uns nicht mehr unterhalten könnte. Man muß wahrhaftig Pest, Hungersnot und Kriege und die Verschlingung von Staaten als Heilmittel betrachten". Im Jahre 380, inmitten des Bevölkerungszusammenbruchs, treibt der heilige Hieronymus die Dinge noch weiter (in Gegen Helvidius, 21): „Die Welt ist voll, und die Erde fasset uns nicht mehr." „Noch radikaler auf der griechischen Seite der Patristik ist die Vorstellung des Johannes Chrysostomus, die ganz auf der Linie des christlichen Platonismus liegt. Ehe, Fortpflanzung, in einer fleischlichen Welt Heilmittel gegen den Tod, haben in einer völlig vergeistigten Welt keinerlei Existenzberechtigung mehr. Ausgehend von einem irrtümlichen Bewußtsein einer vollen Welt stellt sich die Antike des gebrechlichen Übergangs vom Heidentum zum Christentum mit einem Schlag auf den gegenteiligen Standpunkt völliger Gleichgültigkeit gegenüber der Erhaltung und Fortsetzung des irdischen Abenteuers" (Chaunu 52).

Es waren nihilistische Ideen, perverse, selbstzerstörerische Elemente des kulturellen Gedächtnisses, welche in der Menschheitsgeschichte an dem Lebensbaum nagten und das biologische Gedächtnis verunsicherten. Doch waren es meist Zuwandererströme, die solchem Zersetzungsprozeß Einhalt geboten und einen neuen lebensfrischen Ansatz setzten.

Die Gnosis, welche Sexuallust und Fortpflanzung voneinander trennte und die Fortpflanzung verwarf, wurde von der Kirche scharf abgewehrt.

„*Die Christen* empfingen das Erbe der hebräischen Überlieferung. Diese weist den vereinigten Werten der Fortpflanzung und der Ehegemeinschaft einen sehr hohen Platz an. Das Alte Testament unterstreicht den besonders wertvollen Charakter der Vereinigung von Mann und Frau. Der jahwistische Schöpfungsbericht hebt die Zweigesichtigkeit des Menschen hervor; der Mensch ist Mann und Frau, Isch und Ischa: ‚Es ist nicht gut, daß der Mensch allein sei.' Dann baute Jahwe die Rippe, die er vom Menschen genommen hatte, zu einem Weibe. Da sprach der Mensch: ‚Das ist endlich Bein von meinem Bein und Fleisch von meinem Fleisch.' Darum wird der Mensch seinen Vater und seine Mutter verlassen und seinem Weibe anhangen.' Der Bericht zeigt die biologische, geschlechtliche, wirtschaftliche und psychologische Komplementärität des Paares mit einer Kraft und Dichte, wie sie in keiner anderen Kulturtradition erreicht wird. Und das erste Kapitel der Genesis, das höchstwahrscheinlich etwas später verfaßt worden ist, besagt: ‚Als Mann und Frau erschuf er sie. Gott segnete sie, und Gott sprach zu ihnen: Seid fruchtbar und mehret euch und erfüllet die Erde und macht sie euch untertan! Ist Fruchtbarkeit auch das höchste Geschenk und Unfruchtbarkeit die schlimmste Strafe und die schwerste aller Prüfungen, die Gott jenen vorbehält, die Er auserwählt, so haben sie doch bemerkt, daß die Fruchtbarkeit nie von der ehelichen Gemeinschaft losgelöst ist. Mag auch die Gesellschaft die Polygamie dulden und mögen auch die Patriarchen zu ihr ihre Zuflucht nehmen, um die Unfruchtbarkeit der Ehefrau zu umgehen, so ist das Kind der Verheißung doch immer das Kind des Paares, und Abraham opfert ohne zu zögern Hagar und Ismael der Zuneigung Saras. Fruchtbarkeit ist immer Fruchtbarkeit des Paares. Die monogame Ehegemeinschaft obsiegt über alle Wechselfälle einer vorübergehend praktizierten Polygamie" (Chaunu 61).

Chaunu erblickt in der christlichen Sexualethik die ideale Einbindung des Sexualtriebes in die Institution der Einehe. Er erkennt jene Moraltheologie an, welche *Augustinus,* der große Lehrer des Abendlandes, formuliert hat. Die Ehe wird vorbehaltlos akzeptiert; die kirchliche Auffassung distanziert sich klar von den Antinomisten, Gnostikern und Manichäern.

Im Mittelalter hat „die volle Welt" zu einer Kultivierung von Eros, Ehe und Fruchtbarkeit geführt. Das Heiratsalter wurde hinaufgesetzt. „Mit dem Hinausschieben der Vater- und Mutterschaft hat das System der vollen Welt die lange Zeit der Kindheit und Jugend für die grundlegende Investition in die Erziehung freigesetzt. Mit dem Hinausschieben der ersten Mutterschaft hat es einen Teil des Verlustes an potentieller und theoretischer Fruchtbarkeit durch einen Gesundheitsgewinn der Mutter wettgemacht, kurzum: Das Hinauszögern des Heiratsalters hat uns mit zu dem gemacht, was wir sind. Mit der Wahlfreiheit bildete es die hohe Soziale Schule unserer Freiheit" (84).

Europa hat sich in den beiden letzten Jahrhunderten geradezu explosiv nach allen Seiten hin ausgebreitet. Es zählte ein Viertel der Menschheit. Für 1978 zählt Chaunu bei einer Weltbevölkerung von 4,2 Milliarden Menschen eine Zahl von 1,350 Milliarden Europäer.

„Europa ist nicht unmittelbar für das Wachstum verantwortlich. Sein biologischer Anteil ist bescheiden. Es ist nicht etwa physisch an die Stelle der anderen getreten. Nach zwei Jahrhunderten Weltherrschaft sind die ‚Europäer' im Verhältnis zur gesamten Welt nicht zahlreicher, als es etwa die Bewohner des Römischen Reiches zur Zeit des Augustus oder die Europäer zur Zeit der Aufklärung um 1750 waren. Allerdings nehmen sie verhältnismäßig mehr Platz ein: 26 vom Hundert der Menschen sind auf über 40 vom Hundert der Landoberfläche verteilt. Dennoch ist die Disparität alles andere als schockierend. Und doch sind es die Europäer, die diese Veränderung ausgelöst haben. Sie ist das Produkt ihrer Kultur" (122 f).

Wenn sie an Zahl zunehmen, so liegt der Hauptgrund dafür in der *Verlängerung der Lebenserwartung*. „Die Lebenserwartung bei der Geburt ist binnen zwei Jahrhunderten in sämtlichen europäischstämmigen Ländern von 25 auf 70 gestiegen, außerhalb Europas von 20 auf 40 Jahre" (123).

Chaunu kann feststellen, daß das Bevölkerungswachstum Europas in den beiden letzten Jahrhunderten am bescheidensten in der ganzen Welt war. Der englische Landpfarrer und spätere Professor *Thomas Robert Malthus,* den Blick einseitig auf Irland gerichtet, vertrat eine *Übervölkerungstheorie.* Die Bevölkerung habe die Neigung, sich in geometrischer Progression zu vermehren, während der Nahrungsmittelspielraum nur in arithmetischer Progression zunehme. Zum Schutz vor einer Übervölkerung forderten Malthus und seine Anhänger spätes Heiraten und Geburtenbeschränkung durch Enthaltsamkeit. Spätere Anhänger traten für eine Schwangerschaftsverhütung und Abtreibung ein. Erst dieser spätere Malthusianismus sollte – urteilt Chaunu – Verwirrung und Unheil anrichten.

•

Das 19. Jahrhundert enthält den Schlüssel zur Krise, in der wir uns heute befinden. Deshalb muß man sich damit befassen. „Das 19. und das 20. Jahrhundert ist gleichbedeutend mit Wachstum. Aber mit welchem Wachstum? Ein Wachstum ohnegleichen, nicht seines Umfangs, sondern seiner Art wegen. Die Bevölkerung Europas im weitesten Sinne hatte sich im 18. Jahrhundert verdoppelt, ein hundertprozentiges Wachstum also in 130 Jahren, um 80 vom Hundert in den hundert Jahren zwischen 1700 und 1800. Unter Berücksichtigung des Abwanderungsstroms (zwischen 1800 und 1900 fast 40 Millionen) und des schnellen Wachstums des amerikanischen und südhemisphärischen Europa ... hat sich die europäische Gesamtheit zwischen 1800 und 1900 von 190 auf 480 Millionen etwas mehr als verdoppelt. Zwischen

1900 und 1978 hat es sich von 480 auf rund 800 Millionen nicht ganz verdoppelt …

Wenn es im 19. Jahrhundert eine Bevölkerungsexplosion gibt, dann hat diese Explosion ein Jahrhundert früher eingesetzt. Das Tempo des 19. Jahrhunderts ist zwischen 1820 und 1880 schneller als das des 18. Jahrhunderts, das Tempo der zweiten Hälfte des 18. Jahrhunderts (1750–1800) ist eindeutig schneller als das des späten 19. Jahrhunderts zwischen 1880 und 1920. Zu keinem Zeitpunkt gab es eine Überhitzung, eine Explosion. Zwischen 1700 und 1800 ist die Fast-Verdoppelung zu 40 vom Hundert auf die Verlängerung des menschlichen Lebens um 22 bis 23 Jahre zurückzuführen; zwischen 1800 und 1900 ist die Überverdoppelung wegen der Lebensverlängerung von 30 bis 35 auf 50 bis 55 Jahre zu mehr als der Hälfte dem Älterwerden zuzuschreiben; zwischen 1900 und 1978 steigt die Lebenserwartung von 50 bis 55 auf 70 bis 73 Jahre, so daß das Ansteigen der Bevölkerung strikt europäischer Abstammung um 55 vom Hundert zu 80 vom Hundert allein dem Älterwerden anzulasten ist" (127 f).

Es gibt also – das ist das Fazit der sachlichen demographischen Forschung – weder im 19. noch im 20. Jahrhundert eine „Bevölkerungsrevolution". Wer solches behauptet, „verkennt die Geschichte völlig" (131). „Die ‚Bevölkerungsrevolution' des 19. und 20. Jahrhunderts ist nichts anderes als ein demographischer und kultureller Übergang. In Wahrheit gibt es nichts weniger Revolutionäres als den Fortschritt. Denn Fortschritt bewahrt das Wesentliche" (131). „Der industriellen Revolution ist es noch nie gelungen, sich vollkommen durchzusetzen, außer auf dem Boden der Askese der lateinischen Christenheit der vollen Welt" (132).

Wenn es zu einem verhängnisvollen Einbruch in die Ordnung eines gesunden Wachstums gekommen ist, dann hat das nicht biologische Gründe, sondern kulturelle Gründe, ein verändertes Verhalten, einen *Ausbruch aus der bis dahin geltenden ethischen Norm.* Die Änderung der Geburtenziffer hat ihre Wurzel in der Familienzelle. „Hier liegt die wichtigste Veränderung überhaupt" (135). „Es sieht so aus, als hörte der Eheinhalt wieder einmal auf, sich nach einer kirchlichen Norm zu richten, und werde zum ziemlich geheimnisvollen Bereich der schöpferischen Erfindungsgabe der Ehegatten" (135).

Ein von England kommender Neomalthusianismus war nach *Frank-*

reich eingedrungen und hatte dort ein gefährliches Absinken der Geburten veranlaßt. Indes hat dort eine seit 1937 wirkende Gegenströmung eine Regulierung in Gang gesetzt. Die Gefahr wurde kollektiv erkannt. Die Neigung zur Nachkommenschaft bei Paaren wurde wieder lebendig. „Die fruchtbaren Stämme verdrängen die sterilen. Ein katholisches Frankreich bleibt fruchtbar, sehr fruchtbar sogar. Ein hoher Anteil der Kinder Frankreichs der dreißiger Jahre entstammt Familien mit drei und mehr Kindern. Diese neuen Franzosen stehen dem Leben aufgeschlossener gegenüber, sie haben die Einstellung gewissermaßen mit der Muttermilch aufgesogen" (137).

Was zu dem katastrophalen Einbruch geführt hat, ist ein Neo-Malthusianismus, der sich seit 1860 breit macht. Er hat weithin mit dem Christentum nichts mehr zu tun, „sondern ist aggressiv, proselytenmacherisch, und er sucht sich auf eine pseudowissenschaftliche Basis zu stützen, auf ein neues Bewußtwerden der vollen Welt und einen Individualismus, der sich oberflächlich durch einen Trick als von Gemeinschaftsinteressen bewegt ausgibt" (138). „Der eigentliche militante Malthusianismus tritt erst nach 1880 auf" (138). Neue Ligen verbreiten in Massen den malthusischen Gedanken von einer drohenden Übervölkerung, der „Überzahl der Kinder" als Ursache des Elends. Genau das stellt die entscheidende Wende dar. *Hedonistische Forderungen wurden durch Gedanken sozialer Nützlichkeit verbrämt.* „Damit erhielt der Kampf um die Verbreitung empfängnisverhütender Mittel denselben Status wie die Bekämpfung des Alkoholismus oder der Prostitution und Unmoral nach Art des protestantischen Sozialaktivismus. Endlich konnte man von Sex reden, und zwar von Sex als Lust, als Wohltat, als einer anständigen und dem Glück des Nächsten dienenden Sache" (140).

II

Den eigentlichen Grund für den Niedergang erblickt Chaunu in dem *Versagen der Kirchen.* Der eifernden Geburtenfeindlichkeit beugten sich eine Handvoll Bischöfe anglikanischen Bekenntnisses in der sogenannten *Lambeth-Konferenz von 1930.* Sie macht „die Tür einen Spalt weit auf für andere Verhütungsformen als die bloße Enthaltsamkeit" (142). „Kein Zweifel: Die Apostasie von Lambeth kennzeichnet die erste Kapitulation einer großen, einstmals christlichen Kirche in freier

Feldschlacht" (143). Chaunu bedauert es, daß viele katholische Kreise sich der Modeströmung von Lambeth angeschlossen haben. Er spricht von einem ungeheuren Autoritätsverlust, den die katholische Kirche nach Pius XII. erlitten hat. Dieser scheint ihm so groß zu sein, daß er Paul VI. mit seiner Enzyklika „Humanae Vitae" gar nicht erwähnt.

Sein Urteil über Lambeth ist so klar und energisch, daß man es laut von den Dächern verkünden sollte.

„Ohne es recht zu merken, brachen die Bischöfe von Lambeth mit einer langen Tradition. Ihren Anfang hatte diese Tradition mit Augustinus genommen, sie erlaubt den Wiederaufbau der in Stücke gegangenen antiken Welt. Und diese Tradition blieb auch dann noch allen katholischen und protestantischen Kirchen gemeinsam, als sich die lateinische Christenheit im 16. Jahrhundert spaltete. Der Bruch, der sich heute an den Zahlen ablesen läßt, führt uns vor Augen, daß sich in unseren Tagen eine Denkart schneller durchsetzt, als man in falscher Analogie meinen möchte" (147).

„Einstmals wurde an den Thermopylen ein Denkmal errichtet: ‚Wanderer, kommst du nach Sparta, verkündige dorten, ...'; es erinnerte an das Opfer der Bürgersoldaten, die für die Ehre ihrer Stadt und den Schutz Griechenlands starben. Ich rege an, am Lambeth-Palais in London eine Gedenktafel anzubringen zu Ehren jener 13 Bischöfe und der 46, die sich der Stimme enthielten (die Stimmenthalter sähe ich gerne ganz obenan auf der Tafel), die ihre Ehre, ihre Tradition und die Klarheit des Wortes auf dem Altar der Gefälligkeit opferten. Diesen Advokaten der Verweigerung der Nachkommenschaft ‚im Lichte der christlichen Grundsätze' und ‚aus guten moralischen Gründen' ward überreiche Nachkommenschaft beschert" (144).

Der eifernde Neomalthusianismus hat den Glauben zerbrochen, „daß die Weitergabe des Lebens, das harmonische Überleben des Sozialkörpers, ein absolutes Gut darstellt, das nicht gefährdet werden darf, mit einem Wort, daß der Generationsersatz, hic et nunc, das oberste, überragende Ziel des Sozialkörpers ist und keiner anderen Erwägung untergeordnet werden darf" (152).

Die Bedeutung der Erklärung von Lambeth vom 14. August 1930 war „der Aufmerksamkeit Papst Pius XI. nicht entgangen, dessen Antwort nicht lange auf sich warten ließ. Am 31. Dezember *1930* ruft *Casti Con-*

nubii das ABC der christlichen Sexualmoral wieder ins Gedächtnis, die 1965 vom damaligen Krakauer Erzbischof Karol Woityla so treffend neu definiert worden ist. Und hier liegt auch der Unterschied zwischen der Kleinkrise der dreißiger Jahre und dem Zusammenbruch der sechziger Jahre. 1930 gab es innerhalb der jüdisch-christlichen Welt Kirchen und vor allem eine große katholische Kirche, die sich nicht allzuviel an die Zeitlaunen kehrte, sondern sich aufs Wesentliche konzentrierte. *Die Schwächung der katholischen Kirche, der Zerfall eines Teils des Protestantismus und die Sprachlosigkeit der verblüfften Geistlichen sind der ausschlaggebende Faktor einer Krise,* die an allen Zahlen abzulesen ist" (153).

„Der Zusammenbruch des Katholizismus ist an der Kurve der Priesterweihen abzulesen: noch ganz 8 vom Hundert der Vorkriegsberufungen! ... Und doch mußten ungewöhnliche Umstände zusammenwirken und eine nachgerade kriminelle Nachlässigkeit auf allen Ebenen der verantwortungslosen Verantwortungsträger am Werk sein, damit ein solches Debakel eintreten konnte" (195).

Noch sitzt vielen Gebildeten das Schreckphantom „Bevölkerungsexplosion" in den Knochen. Noch wissen die Verantwortlichen nichts anderes zu sagen.

Hinter der Verschwörung des Verschweigens konnte sich innerhalb von fünfzehn Jahren eine Verhütungsrevolution – Pille, Abtreibung, Sterilisierung – durchsetzen, welche die Fruchtbarkeit der Industriewelt halbierte. So gehen wir einer uneinholbaren, unaufhaltsamen Selbstauslöschung entgegen.

III

Es ist nicht möglich und auch nicht nötig, die ganze Argumentation von Chaunu wiederzugeben, die mit einem sonst nicht bekannten Zahlenmaterial arbeitet. Lediglich aus dem Kapitel „Das deutsche Modell" seien hier noch die entscheidenden Sätze ausgezogen.

„Am deutschen Zustand läßt sich am besten das Schicksal der Industriewelt ablesen. Deutschland bildet das Herzstück Europas" (196). Im vorigen Jahrhundert wurde Deutschland das Zugpferd der Industriewelt. „Heute hat die Bundesrepublik Deutschland wieder die Spitzenposition wirtschaftlicher und technischer Leistungsfähigkeit erreicht, die das kaiserliche Deutschland von 1900 und 1914 ganz selbstverständlich eingenommen hatte. Nachdem es seinen Platz unter den führenden Industrienationen der Welt wiedergewonnen hatte, traf Deutschland 1966 der ungeminderte Schlag der Verhütungsrevolution. Eng mit Amerika verbunden, allen amerikanischen Strömungen und Moden aufgeschlossen, hat die Bundesrepublik Deutschland schneller noch als Amerika selbst das verwirklicht, was dem Unheil in der fortgeschrittenen Welt Tür und Tor öffnet. In Deutschland entscheidet sich das Schicksal der Industriewelt. Hier also muß man es abfangen, ehe es zu spät ist. Rettet sich Deutschland, so rettet es mit sich auch uns. Entgeht Deutschland nicht mehr zu Zeiten dem Todesurteil, das es eben gegen sich selbst unterzeichnet hat, dann wird es uns und die gesamte Industriewelt mit sich in den Abgrund reißen" (197).

„Deutschland konnte sich dem Nachkriegsklima nicht entziehen. Solange es Achtung vor dem Leben hatte, erlebte es eine Ära des Wohlstandes ... die Alterspyramide ist doch immerhin lebensfähig, und wäre sie erhalten geblieben, hätte Deutschland mit einer dauerhaft ausgeglichenen Bevölkerung Wohlstand und ein dem technischen Fortschritt angepaßtes Wirtschaftswachstum unbegrenzt fortsetzen können. Doch ab 1963 schlägt das Gleichgewicht in der DDR, *ab 1966 in der Bundesrepublik* Deutschland um ... 1971 gibt es im deutschen Raum um die Hälfte weniger Geburten als 1908 ... Nun geht alles sehr schnell. Während sich die Bundesrepublik Deutschland selbst vernichtet, versucht die DDR das Ruder herumzureißen. Der Erfolg der ostdeutschen Politik ist ein Teilerfolg; die wirksamste Maßnahme war der bezahlte Einjahres-Mutterschaftsurlaub" (199).

„Die ganz und gar im kulturellen Kielwasser Amerikas segelnde Bundesrepublik Deutschland konnte sich der Pille einfach nicht verschließen. Die deutschen Frauen waren Großverbraucherinnen hormonaler Verhütungsmittel. Mindestens drei Viertel des Fruchtbarkeitsrückgangs der deutschen Frauen von 2,5 auf 1,25 Kinder pro Frau binnen zwölf Jahren gehen auf Konto der Pille" (200).

Den *entscheidenden Todesstoß* in der Verhütungsrevolution *gab die teilweise Frage der Abtreibung*. War ohnehin schon die Geburtenziffer und Fruchtbarkeitsrate zwischen 1964 und 1975 auf die Hälfte zurückgegangen, so hat die Lockerung des Verbotes der Abtreibung *geradezu einen „Todestrieb" freigesetzt.* War zwar das Verbot der Abtreibung durch das Gesetz kaum noch ernsthaft angewandt worden, so wurde „die Änderung des Abtreibungsparagraphen als Ermutigung zur Abtreibung empfunden. Wie in allen anderen Ländern schwoll die Zahl der legalen Abtreibungen rapide an, während die heimlichen Abtreibungen keineswegs zurückgingen" (201).

Hinsichtlich des *Rückganges der Eheschließungen* steht die Bundesrepublik wieder an der Spitze. Die Zahl der Geburten sank um die Hälfte.

•

Das *Beispiel von München* zeigt, daß sich auch hier das allgemeine Modell durchsetzt. Bleibt es bei der jetzigen Fruchtbarkeit von München, so wird in wenigen Jahren fast die Hälfte der Bevölkerung aus über 75-jährigen bestehen, wohingegen es nur sechs Prozent unter 20-jährige geben wird. Dann werden auf jede Geburt 19 Sterbefälle kommen.

„Dieses Modell der größten Industrienation Europas, der Heimat Luthers, Bachs, Kants, Mozarts, Goethes und Beethovens, ist das *Modell des stillschweigenden Todes binnen 50 Jahren,* es ist das Modell des, namens der geheiligten Prinzipien des Individualismus, tatenlosen Zusehends, wie dessen maßlose Übersteigerung die Freiheit und die Person zerstört. Von solchen Daten ausgehend noch eine Selbstregulierung erwarten zu wollen, ist blanker Unsinn oder schierer Wahnwitz. Ein solcher Abgrund im Herzen der Industriewelt bedeutet höchste Gefahr für Europa und die gesamte Menschheit. Nur ein sofortiges Erkennen der Gefahr und ein im Wortsinne politischer Wille kann noch in extremis diese zu unserer totalen Vernichtung geschaffene Höllenmaschine entschärfen" (202).

Die Gefahr besteht nicht in einem bloßen Abstieg, einer Dekadenz, die allmähliches und beinahe sanftes Verarmen mit sich brächte, sondern bedeutet den *völligen Zerfall, die völlige Auslöschung*.

Wir dürfen uns nichts vormachen: Das Überleben der Art, das Überleben der höchsten Kultur steht auf dem Spiele bei einer zügel- und hemmungslosen Nutzung des Empfängnis- und Verhütungsarsenals. „Weil eine Geisteshaltung, die zur zügel- und hemmungslosen Vervollkommnung und Benutzung dieses Arsenals drängt, unvereinbar ist mit der Hinnahme des Risikos, ohne das es Freiheit einfach nicht geben kann. Der Lebendige Mensch kommt nicht ohne Risiko aus, so wie er nicht ohne Sauerstoff auskommt. 1950 haben wir uns eine Waffe in die Hand gegeben, die das Überleben unserer Spezies bedroht. 1960 ist *die Pincus-Pille und die ganze Kettenreaktion in ihrem Gefolge eine größere Bedrohung als die Wasserstoffbombe*. So wie man Bomben und Granaten unter Verschluß einlagert, muß auch das Verhütungsmittel auf Halde gelegt und darf nicht zur Benutzung freigegeben werden" (206).

* *

Chaunu fordert uns auf, uns wieder zu besinnen auf unser Erbe, unser ganzes reiches, christlich-jüdisches, in der Aufklärung laisiertes Erbe. Leben, so sagt er, ist Wagnis. Leben erfordert Mut. Mut zur Intestition ins Morgen, Mut zur Askese, Mut zur Opferbereitschaft – Mut zur Hoffnung, die den eigenen Tod übersteigt und ihren tiefsten Ausdruck findet in der allesbestimmenden Investition im Leben, im Mut zum Kind.

Überleben ist heute für alle Industrienationen ein gemeinsames vordringliches politisches Problem. Alle anderen Probleme wie Arbeitslosigkeit, Inflation, Hunger in der Dritten Welt können wir nur meistern im Fortschritt, mit neuen technischen Durchbrüchen. Fortschreiten aber kann nicht mehr der vereinzelte, isolierte Mensch, sondern nur der in der Gemeinschaft gebildete intelligente Mensch. Eine Handvoll von mutigen Menschen muß ihn auf den Schultern tragen. Fortschritt ist zerbrechlich wie das Leben.

Chaunus Buch kann man nur mit innerer Erregung lesen. Es wäre dringend zu wünschen, daß es alle Verantwortungsträger so läsen.

Dr. Evelyn Elledge Risdon:

Verhütung als Abtreibung auf Verlangen

Der Einfluß der Brüder Rockefeller auf ihre Legalisierung in den USA. Großkapital finanziert weltweit lebensfeindliche Konsummentalität

Vorbemerkung:

Der folgende Bericht ist eine kurze Zusammenfassung der Forschungsergebnisse einer Politologin und Verfassungsjuristin der Staatsuniversität von Californien in Los Angeles, USA, über den Einfluß der amerikanischen Hochfinanz auf die amerikanische Legalisierung der Abtreibung durch die Manipulation der öffentlichen Meinung im Sinne der Panikmache vor einer apokalyptischen „Bevölkerungsexplosion". Der Artikel basiert auf dem kürzlich in Los Angeles erschienenen Buch der Autorin „Abortion on Demand" und ist von dem Nachdruck in der Monatsschrift „Christian Order", London, Dez. 1981, S. 580–584, übersetzt.

Hier wird einer der finstern Hintergründe der weltweiten Propaganda für die Freigabe der Abtreibung beleuchtet, die einen „verabscheuenswerten Frevel" (Vatikanum II) als „Weg zum Überleben" anpreist, in Wirklichkeit aber dem „weißen Tod" (Chaunu) der Völker den Weg bereitet. Rockefeller *und Co. sind nicht die allein Schuldigen. Sie haben allzu leicht verführbare „Wissenschaftler", Politiker, Journalisten und selbst „engagierte" theologische Vertreter einer „neuen, autonomen Moral der Güterabwägung" als Helfershelfer in Parlamenten, Synoden und Medien gefunden, wie den früheren Abgeordneten des amerikanischen Kongresses, den Jesuiten* Drinan, *den Dominikaner van* Oijen, *sozialistischen Abg. der niederländischen Zweiten Kammer, und den Betriebsseelsorger* Schreurs, *der im niederländischen Senat durch seine Stimme die knappste Mehrheit für das von der CDA (Christl.-Demokr. Appell) und der Liberalen Partei (VVD) durchgesetzte Abtreibungsgesetz beschaffte, sowie einige Mitarbeiter der Jesuitenzeitschrift „Etudes", die der französischen Legalisierung der Abtreibung unter Giscard* d'Estaing *und der damaligen Gesundheitsministerin* Veil, *jetzigen Präsidentin des Europaparlaments und Aachener Karlspreisträgerin Schützenhilfe gaben. Noch zögernden SPD-Abgeordneten suchte der in Tübingen dozierende Pastoraltheologe Norbert* Greinacher *die Gewissensbedenken auf einem Parteikongreß auszuräumen.*

Als ein makabres Beispiel der lebensfeindlichen Geistesverwirrung und Viru-

lenz der Panikmache in der Bundesrepublik sei auf eine Leitglosse „Dreimal Mangel an Maß" von Günter Zehm in der als „konservativ" geltenden „WELT" vom 11. 12. 1981 hingewiesen. Als „Hauptgefahr für das ökologische Gleichgewicht" und für die „globale Wirtschaftskrise" wird die „Bevölkerungsexplosion der Dritten Welt", die „den Planeten plündert, indem sie immer mehr Kinder in die Welt setzt", hingestellt. Erst in zweiter Linie sei die „Maßlosigkeit des Westens ... in seinen Ausgaben für materiellen und sozialen Komfort" und die „wahnwitzige Aufrüstung der Sowjetunion" und der andern kommunistischen Staaten (aber doch wohl auch in der ganzen Welt) an der weltweiten Krise schuld. Wen wundert dann noch der Haß und die Bitterkeit der „Dritten Welt" auf die „Lebensfeinde im reichen Westen" und das leichte Spiel der kommunistischen Propaganda gegen d i e s e Art der „Entwicklungshilfe", die mit jedem Sack Weizen einen Beutel Kontrazeptive mitliefern zu müssen glaubt und als letztes Mittel zum gleichen Zweck die Abtreibung überall in der Welt zu legalisieren sucht?

Prof. Gerhard Fittkau.

*

Die Diktatur des Geldes

Die Brüder John D. III, Nelson und David Rockefeller, (Enkel des Ölmagnaten John Davidson R.) haben zusammen mit einigen andern steinreichen Männern, die untereinander gegenseitige geschäftliche Verbindungen unterhielten, den Obersten Bundesgerichtshof der Vereinigten Staaten beeinflußt, die Abtreibung, im wesentlichen auf Verlangen der Frau, zu legalisieren. Wie konnte diese Travestie des gesetzgeberischen Prozesses zustandekommen?

Es begann mit den Bemühungen dieser Gruppe, die Regierung der Vereinigten Staaten zu veranlassen, das Bevölkerungswachstum im Lande und im Ausland durch die Verbreitung empfängnisverhütender Mittel zu begrenzen. Schließlich kam diese Gruppe dazu, *die Abtreibung als lediglich ein weiteres Mittel der Geburtenkontrolle zu betrachten.* Aber warum sollte diese Gruppe äußerst wohlhabender Bankiers, Industrieller und Verleger das Wachstum der Bevölkerung zu vermindern suchen und wie gelang es ihnen, die Regierung der USA und insbesondere des Obersten Bundesgerichts zu beeinflussen? Sie gelangten zu ihrem Erfolg durch das, was man die „Diktatur des Geldes" genannt hatt. *Der Hauptgrund* für ihre Bemühungen *war das Verlangen nach noch größerem Reichtum.*

Kleinfamilien und Bankprofite

- Wirtschaftsfachleute in den 50er und 60er Jahren begannen zu glauben, kleinere Familien, deren beide Eltern berufstätig seien, würden *den Reichtum der Banken und der Geschäfts- und Industrieunternehmen mehren.* Der Wirtschaftsexperte Stephan Enke z. B. schrieb, vermehrte Spareinlagen und Investitionen brächten mehr Profit als eine wachsende Bevölkerung. Er zeigte auf, daß die Anzahl derer, die zu jung oder zu alt zur Arbeit – im Vergleich zu dem arbeitsfähigen Bevölkerungsanteil seien – der entscheidende Faktor für die Höhe der Spareinlagen sei. Höhere Spareinlagen sind sehr wichtig für die Banken und andere Darlehnsinstitute; denn es sind die Spareinlagen des Publikums, welche die Bankinstitute ausleihen und von denen sie ihre Gewinne ziehen, indem sie höhere Zinsen nehmen als sie ihren Sparkunden auszahlen. Die Brüder Rockefeller und einige der andern Aktivisten der Geburtenkontrolle kontrollieren einige der größten Banken der Vereinigten Staaten.

- Personen, die keine Kinder oder nur wenige Kinder haben, werden nicht nur imstande sein, mehr Geld zu sparen, sie werden auch *mehr Geld* für Autos, Versicherungen, Flugreisen und Benzin *ausgeben können.* Alle diese Kommodiitäten und Konsumgüter werden von den Brüdern Rockefeller und einigen der andern Propagandisten der Bevölkerungskontrolle produziert und verkauft. Zu den Gesellschaften, die diese Gruppe kontrolliert, gehören die FORD-Motor Co., General Motors (mit den deutschen OPEL-Werken), EXON Oil (Esso), Pan American Airways, TWA (Trans World Airlines), Eastern Airlines, Metropolitan Insurance, ABC (American Broadcasting Co.), GOODYEAR Tyre Co., New York Life Insurance, Travellors Insurance u. a. Eine Untersuchung des amerikanischen Kongresses stellte 1978 fest, daß die Rockefellers 81 Gesellschaften kontrollieren.

- Die von den Rockefellers und einigen der andern Aktivisten der Geburtenkontrolle kontrollierten Banken haben ein *gewaltiges Kreditkarten-Geschäft* mit einem Zinssatz von 18% (heute vermutlich noch höher) aufgebaut. Diese Kreditkarten fördern den unüberlegten Ankauf von Luxusgütern. Dadurch, daß diese Gesellschaften die Leute *durch die Taktiken der Panikmache einer Bevölkerungsexplosion den Mut zu Kindern nehmen und die Abtreibung auf Verlangen fördern,* haben ihre Kreditkarten-Kunden zweifellos ihre Konten mehr belastet und höhere Zinsen gezahlt als wenn sie mehr Kinder gehabt hätten. Dieses Kaufen auf Kredit hat auch zur Inflation geführt; denn das Verlangen wurde erfüllt, ohne daß man zu warten hatte, bis das Geld dafür vorhanden war.

- Es gibt noch eine andere Seite der gleichen Medaille des Profits. Die Rockefellers und ihre Gesellschafter sahen in der Bevölkerungskontrolle und der Abtreibung auch *ein Mittel zur Steuersenkung.* Berufstätige Ehepaare ohne oder nur mit einem Kind zahlen mehr Steuern als Familien mit mehr Kindern. Eine Mittelklasse mit einer abnehmenden Geburtenrate würde also einen größeren Anteil an der Steuerlast tragen.

- Die Rockefellers und ihre Gesellschafter zogen auch *die Sozialisten* in Betracht und glaubten, diese könnten durch die Geburtenkontrolle und die Abtreibung auf Verlangen gesenkt werden. Dies ist eins der Argumente, das die *National Planned Parenthood Federation* (die in der Bundesrepublik den ebenso *verlogenen Namen „Pro Familia“* trägt, Anm. des Übers.) stets in ihren Broschüren anführt. Sie bemüht sich, die Mittelklasse in ihr eigenes gedungenes Mietlingslager zu ziehen. Was sie natürlich wirklich sagen, ist: Helft uns Leben vernichten, und wir werden euch Geld durch niedrigere Steuern ersparen. Sie werden jedoch dies Geld wieder durch höhere Preise abnehmen, die durch höhere Konsumnachfrage berufstätiger Eheleute mit wenigen oder keinen Kindern ermöglicht werden.

Der Einfluß der Rockefellers auf den Obersten Gerichtshof

Aber wie konnten die Rockefellers und ihre reichen Gesellschafter die Bundesregierung dazu veranlassen, das Bevölkerungswachstum beschneiden zu helfen und die Abtreibung zu legalisieren? Sie waren dazu imstande durch ihre gegenseitigen Verknüpfungen mit hochrangigen Regierungsbeamten. So ist nun einmal unsere Bundesregierung. Die gegenseitigen Verbindungen bestehen aus den privaten geselligen Clubs, aus den Freundschaften, die in exklusiven Internaten und den renommiertesten Universitäten (der sogenannten „Efeu-Liga“ ursprünglich angelsächsisch protest. Herkunft) aus Geschäftsverbindungen und -organisationen wie der „Trilateral Commission“ von David Rockefeller, dem „Council of Foreign Relations“ und dem „Brookings Institute“. Alle sind von den Rockefellers und ihren reichen Gesellschaftern kontrolliert. Aus ihren Reihen werden regelmäßig die Ernennungen auf Kabinettsebene gemacht. So arbeiteten vor ihrer Ernennung alle Außenminister (Secretaries of State) der Eisenhower-Administration für die Rockefellers. Auch die meisten Mitglieder des Carter-Kabinetts einschließlich Carter selbst waren Mitglieder der „Trilateral Commission" David Rockefellers, bevor Carter zum Präsidenten gewählt wurde.

Sechs der sieben Mitglieder des Obersten Gerichtshofes, welche die Abtreibung auf Verlangen legalisierten, haben gegenseitige Verknüpfungen mit den Rockefellers und ihren Gesellschaftern, die für die Geburtenkontrolle agitierten. Dies wäre irrelevant gewesen, wenn diese Obersten Richter der Grundrichtung der Verfassung gefolgt wären. Die beiden Richter, die dem Gesetz nicht zustimmten, erklärten in der Begründung ihrer gemeinsamen Ablehnung:

> „Ich kann nichts in der Sprache oder Geschichte der Verfassung finden, um das Urteil des Gerichtshofs zu stützen. Der Gerichtshof fabriziert und verkündet ein neues Verfassungsrecht für schwangere Mütter und stattet dieses ‚Recht' mit völlig unzureichender Begründung und Autorität für sein Vorgehen mit genügend Substanz aus, um sich über die meisten bestehenden Abtreibungs-Statuten der Bundesstaaten hinwegzusetzen."

Offensichtlich sind die Richter, die im Jahre 1973 die Abtreibung legalisierten, nicht der Grundtendenz der Verfassung gefolgt und haben ihre Autorität überschritten. Über ihre Freundschaften und Verbindungen mit den Rockefellers oder andern reichen Aktivisten der Bevölkerungskontrolle hinaus gab es noch andere Einflüsse auf den Obersten Gerichtshof, die von dieser Gruppe von Bankiers, Idustriellen und Verlegern gefördert wurden. Spezifische detaillierte Informationen gebe ich in meinem gleichnamigen Buch „Abortion on Demand". Ich werde aber zusammenfassend darlegen, was die Rokkefellers und ihre reichen Gesellschafter getan haben, um den Obersten Gerichtshof, das Weiße Haus und die Öffentlichkeit zu beeinflussen, die Abtreibung auf Verlangen zu akzeptieren und zu legalisieren.

Die Kommission des Weißen Hauses

John D. Rockefeller III. gründete 1952 den „Bevölkerungsrat" (Population Council). Millionen Dollar wurden von den Rockefeller- und Ford-Stiftungen in diese Organisation geleitet, um die Regierungspolitik zu beeinflussen. Durch Finanzierung von Bevölkerungsstudien an verschiedenen Universitäten war diese Organisation imstande, *eine Gemeinde von den Rockefellers dankbar verpflichteten Wissenschaftlern* zu schaffen, die es zuwegebrachten, den Kongreß, den Verwaltungszweig unserer Regierung und den Obersten Gerichtshof zu beeinflussen.

Im Jahre 1970 wurde John D. Rockefeller zum Vorsitzenden der „Kommission über Bevölkerungskontrolle und die Zukunft Amerikas" gewählt. Dies war eine Kommission des Weißen Hauses und die gesetzliche Förderung dieser Kommission wurde von Daniel C. Moynihan entworfen, der damals ein Mitarbeiter des Weißen Hauses war (und zeitweise Botschafter der USA bei der UNO wurde). Er ist jetzt einer der beiden Senatoren des Staates New York, der Domäne der Rockefellers. Moynihan gehört zu der „Century Association", einem privaten Club, zu dem auch die Brüder Nelson und John D. Rockefeller III. gehörten. Moynihan ist auch Mitglied des Harvard Clubs von New York City wie David Rockefeller. Die Kommission des Weißen Hauses wurde mit Personen besetzt, die vor ihrer Wahl *für ihr Eintreten für die Abtreibung auf Verlangen bekannt* waren. Viele dieser Personen arbeiteten für die Rockefellers oder erhielten Stipendien von den Rockefellers für Bevölkerungsstudien. Ich habe in meinem Buch dokumentiert, daß wenigstens 18 der 25 Personen in der Kommission für die Abtreibung Stellung nahmen, bevor sie einen Sitz in der Kommission erhielten.

Es war diese Kommission, die der Abtreibung auf Verlangen den Stempel der Billigung des Weißen Hauses aufdrückte. Dies muß das Urteil des Obersten Gerichtshofes beeinflußt haben.

Als Gouverneur des Staates New York veranstaltete Nelson Rockefeller Anhörungen in seinem Staatsparlament (State Assembly) über die Abtreibung und setzte in diesem Staat die Legalisierung der Abtreibung durch. Der Staat New York hat dies als erster Bundesstaat getan. Als die Legislatur die Abtreibungsgesetzgebung widerrief, legte Nelson Rockefeller sein Veto gegen diesen Akt ein. David Rokkefeller hielt eine Pressekonferenz, in der er das Abtreibungsgesetz besiegelte.

Die „National Planned Parenthood Association"

Die andern Aktivisten der Bevölkerungskontrolle, die enge Verbindungen mit den Rockefellers unterhalten haben, übernahmen die Kontrolle der „National Planned Parenthood Association", die weithin machtlos war, bis diese Gruppe sie übernahm und ihre Aktivitäten förderte. Diese Gruppe gründete auch das „Komitee der Bevölkerungskrise" und setzte in den 60er Jahren eine Anzeigen-Kampagne voller Panikmache-Taktiken im Hinblick auf die sogenannte Bevölkerungsexplosion in Gang. *Keine ihrer Voraussagen sind eingetreten.* Sie haben aber die Öffentlichkeit beeindruckt, und viele Menschen wurden *dahingebracht zu glauben, die Abtreibung sei notwendig für unser Überleben.*

Im Jahre 1972 gab die Rockefeller-Stiftung 50 000 Dollar dem „James Madison Constitutional Law Institute". Im gleichen Jahr betrieb dies Institut die Berufung für den Abtreibungsfall Roe gegen Wade. In dem Parallelfall Doe gegen Bolton reichte dasselbe Institut das Hauptgutachten zugunsten der Abtreibung ein. *Diese beiden Fälle brachten uns die Abtreibung auf Verlangen.*

Nachwort von Prof. Gerhard Fittkau

Wem der Bericht von Frau Dr. E. E. Risdon zu abenteuerlich vorkommt, der sei auf einschlägige Literatur hingewiesen, welche die „gelehrte Heuchelei" dieser mit großem finanziellen und publizistischen Aufwand organisierte „Verschwörung gegen das Leben" aus zuverlässigen Quellen entlarvt und aufzeigt, welche massive politische und wirtschaftliche Interessen nationaler und internationaler Machtgruppen sich hinter dem verlogenen Angebot der Sicherung der Zukunft der Menschheit, der Mehrung der individuellen „Lebensqualität", der Befreiung der Frauen, des Glücks und Friedens der Völker verbergen:

Prof. Dr. Colin Clark: Der Mythos von der Überbevölkerung (Köln 1975) Theorie und Wirklichkeit der Bevölkerungskrise: „Theologisches" Nr. 54 (Okt. 1974, 1389–92); Nr. 55 (Nov. 1974, 1404–1409);

Gary Allen: Die Rockefeller-Papiere, Schritte zur neuen Weltordnung (Wiesbaden 1976);

E. und M-M. Lagrange, R. Biel mit Vorwort von Prof. Pierre-P.

Grassé von der (Franz.) Akademie der Wissenschaften: Un Complot contre la vie: l'avortement (Paris 1979);

Prof. Dr. Theodor Sonnemann: Die Bevölkerungsexplosion findet nicht statt;

Ders.: Die Menschheit hat noch eine Chance (Hamburg 1977);

Prof. Dr. Pierre Chaunu: Die verhütete Zukunft (Stuttgart 1981).

Diese Arbeiten hochqualifizierter Fachleute werden immer noch nicht nur weithin in der politischen Öffentlichkeit und in den Medien, die den Partisanen des Todes, den Demagogen und Sophisten des Absurden freies Spiel und offene Bühne verleihen, ignoriert, sondern auch von einer großen Anzahl „einzelner Persönlichkeiten und Gruppen nicht ernstgenommen ..., die vorgeben, die Stellung der Kirche wiederzugeben, obwohl sie bestimmte wesentliche Punkte des zuständigen Lehramts (der Kirche) auslassen." Vor ihrem Einfluß hat Papst Paul VI. in einem Empfang des Generalsekretärs der Weltkonferenz für Bevölkerungsfragen, A. Carillo-Flores am 28. 3. 1974 vergeblich gewarnt. (Papst Paul VI. zu Bevölkerungsfragen, Theologisches, 1974, Nr. 54, Sp. 1415).

Auf vielen Kanälen ist der pseudohumanistische lebensfeindliche antikonzeptionelle Ungeist unter dem falschen Schein der Wissenschaftlichkeit von den Lehrstühlen „namhafter" Moraltheologen in die „Expertenkommissionen" der Bischofskonferenzen und Synoden, in die kirchlichen Bildungsinstitute, Jugendorganisationen und Verbandsorgane bis hin zu den Instituten für Missions- und Entwicklungsarbeit geflossen. Einen verheerenden Einfluß haben die Publikationen des von Holland aus organisierten multinationalen Indoktrinations- und Propagandaunternehmens IDOC, des Brüsseler Instituts „Pro mundi vita", der Zeitschrift „Concilium", der Pariser „Informations Catholiques Internationales" (ICI) auf die Unterminierung der kirchlichen Lehrautorität in diesem Bereich ausgeübt. In dem unerbittlichen, offenen, wenn nötig auch mit Vernebelungen operierenden Kampf gegen die unmißverständliche, verbindliche Lehre der Kirche in der Ehe-und Familienmoral scheuen sie sich nicht, Helfershelfer der materialistischen Verbündeten aus dem liberal-kapitalistischen und dem sozialistischen Lager zu werden.

In seinem apostolischen Schreiben „Familiaris Consortio" vom 15. 12.

1981 hat Papst Johannes Paul II. mit aller wünschenswerten Deutlichkeit gegen alle Verwirrungen im eigenen Haus die Kirche auf der Seite des Lebens verteidigt.

„So ist eine lebensfeindliche Haltung (antilife mentality) entstanden, die sich bei vielen aktuellen Fragen bemerkbar macht. Man denke zum Beispiel an eine gewisse Panik, die von demographischen Studien der Ökologen und Futurologen ausgelöst wird, die manchmal die Gefährdung der Lebensqualität durch das Bevölkerungswachstum übertreiben.

Aber die Kirche ist fest überzeugt, daß das menschliche Leben, auch das schwache und leidende, immer ein herrliches Geschenk der göttlichen Güte ist. Gegen Pessimismus und Egoismus, die die Welt verdunkeln, steht die Kirche auf der Seite des Lebens; in jedem menschlichen Leben weiß sie den Glanz jenes „Ja", jenes „Amen" zu entdecken, das Christus selbst ist. Dem „Nein", das in die Welt einbricht und einwirkt, setzt sie dieses lebendige „Ja" entgegen und verteidigt so den Menschen und die Welt vor denen, die das Leben bekämpfen und ersticken.

Die Kirche ist berufen, aufs neue und mit klarerer und festerer Überzeugung allen ihre Entschlossenheit zu zeigen, das menschliche Leben, ganz gleich, in welcher Lage und in welchem Stadium der Entwikklung es sich befindet, mit allen Mitteln zu fördern und gegen alle Angriffe zu verteidigen.

Deshalb verurteilt die Kirche als schwere Beleidigung der menschlichen Würde und der Gerechtigkeit alle Aktivitäten von Regierungen oder anderen öffentlichen Autoritäten, die in irgendeiner Weise die Freiheit der Ehegatten, über Nachkommenschaft zu entscheiden, zu beschränken versuchen. Dementsprechend ist jede gewaltsame Maßnahme dieser Autoritäten zugunsten der Empfängnisverhütung oder gar der Sterilisation und der Abtreibung völlig zu verurteilen und mit aller Kraft zurückzuweisen. Auf die gleiche Weise ist die Tatsache als schweres Unrecht zu bezeichnen, daß in den internationalen Beziehungen die Wirtschaftshilfe zur Förderung der unterentwickelten Völker von Programmen zur Empfängnisverhütung, Sterilisiation und Abtreibung abhängig gemacht wird."

Wie lange müssen wir darauf warten, daß die in Bedrängnis geratenen Brüder im Apostelamt, die der Nachfolger Petri gegen den Ansturm des Zeitgeistes mit so viel Mut und kraftvoller Klarheit zu stärken sucht, nicht nur seine Botschaft hören, sondern auch nach ihr handeln und die ihrer Sorge anvertrauten Priester, Priesterkandidaten und Gläubigen nicht weiter den „Wölfen im Schafspelz" mit „missio canonica" ausliefern, deren „Lehre um sich gefressen hat wie ein Krebsgeschwür" (2 Tim 2, 17) in „einer Zeit, in der man die gesunde Lehre nicht mehr erträgt, sondern sich nach eigenen Wünschen zahlreiche Lehrer sucht, die den Ohren schmeicheln ..." (2 Tim 4, 3)?

Prof. Grassé glaubt, daß die „Verleugner der Gesetze des Lebens" noch einige Jahre die Sieger sein werden. „Aber ihr Sieg wird keine Dauer haben, denn das Leben wird über den Tod siegen ... Aber mit wieviel Leid werden die Jahrzehnte erfüllt sein, für alle, aber vor allem für die Armen und Kleinen! Wird es aber nicht zu spät für das Überleben der Völker sein, auf die der „Bumerang" der inhumanen Maßnahmen zurückschlägt, die sie andern zugefügt haben?"

Prof. Dr. Johannes Bökmann

Fragwürdige „Steuerung der Bevölkerungsbewegung"

Bemerkungen zu einem Arbeitspapier über „Fragen der Bevölkerungspolitik in der Bundesrepublik Deutschland in kirchlicher Sicht."

I.

1. Viele junge Ehen wollen keine Kinder. Noch mehr Ehen haben sich für ein Kind und nicht mehr entschieden. Da auch die wenigen Ehen, die noch ja zu einem zweiten Kind sagen, dies oft nur zögernd und – beim zweiten ja – in relativ großem Abstand zum ersten Kind tun, gibt es für die große Mehrzahl unserer Kinder ein geschichtlich erstmaliges *„Neues Sozialisationsschicksal"*. Dem liegt v. a. die Ein-Kind-Kindheit zugrunde. Nimmt man noch die typisch-verbreitete vaterlose Kindheit sowie eine pädagogisierte und Fernseh-Kindheit hinzu, bedenkt man die mit weithin praktizierter und einseitig propagierter Berufstätigkeit junger Mütter einhergehende Geborgenheits- und Nähe-Beraubung der Kleinstkinder, wird einsichtig, wie es zu einem Heer von verhaltensgestörten, erziehungsschwierigen und neurotisierten Kindern kommen konnte.

Daß der Verlust der Geschwisterschaft Ausfall nicht durch „Gruppen" ersetzbarer Urerfahrung bedeutet, nimmt man allmählich wahr; lange noch nicht ernst genug. Wenn nämlich mit dem bekannten Phänomen der Akzeleration eine generell ca. vier Jahre früher als noch Ende des 19. Jahrhunderts einsetzende Pubertät mit einer – wegen weitgehenden Ausfalls von Erziehung und geistig-sittlicher Orientierung – verfrühten und isolierten geschlechtlichen Aktivität, die z. T. in einem staatlichen Zwangsunterricht noch zusätzlich aufgereizt wird, sich verbindet, geht auch von daher Kindheit verloren.

Daß man andererseits die Kinder in große, teilweise Massenschulen zusammennötigt, kann nicht ihre wahre Verlorenheit verdecken: die Flucht in eigentümlich anonyme Sondersphären, wie Discos; in banden-artige Cliquen (die enorm angestiegene Kriminalität bei Kindern und Jugendlichen geschieht meist gemeinschaftlich); die Aussteige-, Verweigerungs- und Aggressions-Mentalität sind Symptome einer

„abgetriebenen Kindheit“, des Mangels an personhaftem Selbststand, v. a. der Beraubung des sozialen Halts durch die Grundgestalten von Mutter, Vater, Schwester, Bruder, generationenbindender Familiengemeinschaften. Keine staatlich verwalteten „Service-Stationen“ werden das je ausgleichen können.

2. Angesichts dieser sehr ernsten psycho-sozialen Bedrohung unseres Volkes und der Kontinuität seiner Kultur und Sitte, gewinnt das Bevölkerungsproblem seine tiefere Brisanz und Qualität. Es ist sehr unbefriedigend, ja zeugt von Problemblindheit und Verlust des sozialethischen Bewußtseins, daß darüber ganz überwiegend nur als von einem Quantitäsproblem gehandelt wird. Allenfalls werden noch wirtschaftliche Gesichtspunkte – übrigens oft ganz hypothetisch-prognostischer Natur – erörtert. Dann aber gerät man leicht in die Attitüde des quantitativen Rechnens, Planens, man verweist auf starkes Wachstum anderswo, fühlt sich gedrängt, damit zu verrechnen und kann so – deutlich erleichtert – den Kern unserer dramatischen Gemeinschafts-Existenz-Problematik abschieben. Nimmt man noch hinzu, daß die mächtig eingeströmten Ausländer-Familien inzwischen die City's der meisten Großstädte besetzen (Westberlin etwa birgt eine türkische Großstadt in sich), daß nicht wenige Hauptschulen schon die Hälfte und mehr Ausländerkinder zu unterrichten und menschlich-sozial zu „bewältigen“ haben, dann kann selbst eine auf „Bevölkerungs-Explosion“ fixierte und den Selbstverwirklichungsindividualismus verteidigende Mentalität samt ihren interessierten Ideologen nicht mehr ausweichen. Die wahren Ursachen liegen in der Verhütungsrevolution. Die echten Heilmittel können nur im Ethischen und der Wiederbejahung unserer ganz personalen-familialen Bindungsbereitschaft und -treue gefunden und gelebt werden.

Es ist evident, daß hier die Kirche Worte der Orientierung, insbesondere, wo sie nicht gerne aufgenommen werden, zu sprechen berufen ist. Es wäre peinliches Versagen, wenn sie dabei nur im Faktischen moderieren oder sich gar als Ideologen einer nur zu verbreiteten Anpassungs- und Ausweichhaltung benutzen ließe. Ganz ernst zu widerstehen aber ist dem Versuch, mit Hilfe einer undifferenzierten Katastrophendrohung („Bevölkerungsexplosion“) der innerkirchlichen Kontestation zur religiös-ethischen Sittlichkeit von Ehe, Familie und verantwortlicher Elternschaft geliehene Schubkraft zuführen und der begünstigten Moral-Autonomie ein pseudo-verantwortliches Motiv liefern zu wollen.

3. Um der Klärung in dieser so brennenden und kurzzeitig für uns drohenden Entwicklung willen sei hier ein Arbeitspapier besprochen, das an den skizzierten Problemen ganz vorbeigeht. Es ist geradezu gespenstisch: angesichts einer echten, den biologisch-kulturellen Exitus in wenigen Jahrzehnten – und zwar nach etwa 20 Jahren irreversibel – einschließenden *Bevölkerungsimplosion* kämpft man verbissen für die Freigabe der Verhütungsmittel, macht man Lockerungsübungen in Sachen der Würde der Ehe, Familie, der ethischen Wahrheit und Klarheit. Hierin aber, und gerade in Deutschland, sind tiefgreifendes Umdenken nötig, Aufwachen und Handeln dringlich, Widerstand angezeigt gegen die verhängnisvollen Propagatoren der Trennung der Geschlechtlichkeit von Dienst an Zukunft, Kultur, Leben, Gemeinschaft und bindender Rückerstattung des Überkommenen und Erhaltenen in Treue, Selbstverpflichtung, Leistung und Dank.

Erfreulicherweise kann auf eine „Erklärung der Bischöflichen Kommission VI (Gesellschaftliche – soziale – caritative Fragen) «Ehe und Familie»“ (Dokumentation des Pressedienstes des Sekretariats der Deutschen Bischofskonferenz 12/79 vom 8. 5. 79) hingewiesen werden, die – ganz anders als das zu besprechende Papier einer Arbeitsgruppe im Katholischen Büro Bonn – eine zugleich sozial-realistische wie ethisch erhellende Sicht vermittelt. So wird z. B. ein Abschnitt überschrieben „Die Bedeutung von Geschwistern“ (S. 24–26) und unter den abschließenden fünf Grundsätzen heißt es: „4. Der Christ spricht sein Ja dazu, daß Kinder nach Möglichkeit unter Geschwistern aufwachsen sollen“ (S. 35). Sehr detaillierte Vorschläge zur Förderung der Familien werden vorgetragen.

Doch nun zu dem Arbeitspapier.

II.

a) Zunächst: es handelt sich um einen „Diskussionsbeitrag“. Er ist in dreijähriger Arbeit 1978 zusammengestellt worden und umfaßt knapp 18 Schreibmaschinen-Seiten. Herausgeber ist eine Arbeitsgruppe im Katholischen Büro Bonn unter Leitung von Weihbischof Wöste (am Ende noch Prälat Bocklet). An der Arbeitsgruppe waren hauptsächlich beteiligt: Prof. F. Böckle, Prof. J. Gründel, Prof. Wingen (Bonn). Die Mitglieder hatten gewünscht, ihrem Papier einen offiziellen Charakter zu geben. Man hat davon aus guten Gründen abgesehen.

b) Folgendes muß man zur Vorgeschichte wissen. Eine Expertengruppe war durch die Pastoralkommission der Deutschen Bischofskonferenz gebildet worden. Sie hatte eine Stellungnahme erarbeitet, die vom Apostolischen Stuhl zum „Jahr der Bevölkerung" (1974) erbeten worden war. Sie wurde von der Deutschen Bischofskonferenz „mit Dank zur Kenntnis genommen" (Sept. 1973); ihre Veröffentlichung am 17. 6. 1974 beschlossen (die „Deutsche Tagespost" druckte das Papier vollständig ab 12./13. Juli 1974 und 16. Juli 76). Mitglieder der „Expertengruppe" waren: Rechstanwalt H. Becher, Prof. F. Böckle, Weihbischof E. Gutting, Prof. J. Hirschmann, Prof. W. Tünte, Prof. W. Weber, Prälat W. Wöste.

c) Schon in diesem Papier war von der „Entwicklung einer weltweit organisierten Ordnung der Bevölkerungsbewegung", einer „besseren Steuerung der Bevölkerungsbewegung in der Welt", ja von einem „zu entwickelnden Recht der Bevölkerungsbewegung", kurz: von auffallend zentral-planerischen Elementen die Rede. Auffallend war das völlige Fehlen der übernatürlichen religiös-ethischen Dimension. Andererseits wurde ein stark autonomistisches Menschenbild vorgetragen („der in Vernunft und Freiheit zu sich selbst kommende Mensch"). „Auch werde die Empfängnisverhütung – auch nach der Enzyklika Humanae vitae – als schwierig empfunden." Als Ausweg wird, wie damals von den progressiven Theologen noch üblich, der Gewissensentscheid (der auch von der authentischen Lehre abweichend sein könne) genannt.

Es erscheint geradezu gespenstisch, daß in diesem Papier noch kein Hauch von Problembewußtsein betr. die dramatische biologische Existenzgefährdung europäischer Völker, insbesondere des deutschen, durch „Bevölkerungsimplosion" (P. Chaunu) zu spüren ist.

Wir befassen uns im folgenden mit dem Arbeitspapier von 1978, das am 15. 5. 79 von Prälat Bocklet und Prof. Böckle, als Sprechern der Arbeitskreismitglieder in Bonn vorgestellt wurde.

*

1. Man kann zu diesen Fragen nicht gut offiziell Stellung nehmen, ohne die eindringlichen, zahlreichen und differenzierten, amtlichen Äußerungen des Vatikans und seiner Delegation bei der *Weltbevölke-*

rungskonferenz in Bukarest wenigstens zu erwähnen. So aber das 18-Seiten-Papier. Mehr noch: die klare ethische Position und die entschiedene Absage an bestimmte planerische und ideologische Strategien dürfte in einem derartigen Papier nicht fehlen. Demgegenüber gewinnt man bei einigen Formulierungen den Eindruck, daß sie – geradezu gegenläufig – als jenen unverträglichen Auffassungen nahestehend gedeutet werden können.

Bischof Gagnon hat damals die ablehnende Haltung der vatikanischen Delegation gegenüber dem „Welt-Aktionsplan über die Bevölkerung" am Schluß der Konferenz u. a. wie folgt begründet:

„Jeder möge verstehen, daß es sich dabei um Grundsätze handelt, bei denen dem Hl. Stuhl von seinem Wesen her jeglicher Kompromiß untersagt ist. Der Hl. Stuhl schuldet diese Prinzipientreue jenem, von dem er seinen Auftrag empfangen hat. Er schuldet ihn in gleicher Weise der Gemeinschaft der Menschen, der er im Geist brüderlichen Dienstes seine Lehre anbietet ... Wir stellen fest, daß die fortbestehenden Zweideutigkeiten, die Einführung unglücklicher Ausdrücke und auch das Übergehen gewisser wesentlicher Elemente zu viele beklagenswerte Auslegungen und Konsequenzen möglich machen, als daß wir diesen Plan als ganzen akzeptieren können, denn er schließt solche Auslegungen und Konsequenzen ein und dürfte logischerweise dazu beitragen, sie anzuregen ..." (Dt. Osservatore vom 13. 9. 74, S. 4).

Es ist zu erinnern, daß gerade die Entwicklungsländer dem Versuch, die Bevölkerungsprobleme durch massive Verhütungskampagnen lösen zu wollen, sich widersetzen und die Kirche insofern keineswegs – wie es manche Theologen behauptet und prognostiziert hatten – allein stand (wenngleich die Motive andersgeartet sein können).

Die Neigung ging vielmehr auf eine stark planerische Entwicklungspolitik, bei der das Wort „Lebensqualität" eine neue Rolle spielt.

2. Dem vorliegenden Papier fehlt in der Analyse das unabgeschwächte Aufzeigen der Dramatik des Geburtenschwundes bei uns. Noch wichtiger wäre ein klares Reden von den offenbar letztlich entscheidenden Gründen, nämlich ethischen.

Ein derartiges Papier der Kirche sollte nicht so sehr eine planerische, mehr symptomatische Problemsicht bieten (und damit fast notwendig eine von oben und zentral lenkende oder steuernde Bewältigung anzielen) als vielmehr eine ethische Zentralerfassung der Motivation und der Einstellung. Das ist der der Kirche zukommende, von ihr erwartete Beitrag. Er geht dann, mit innerer Konsequenz, auf die Offenhaltung, Ermöglichung und Stützung der ethisch vermittelten Entscheidungen der Menschen auf diesem Feld ein.

Wir stehen vor einem „historisch beispiellosen Bevölkerungskollaps" (Bericht einer Arbeitsgruppe des bayerischen Umwelt- und Arbeitsministeriums, in „Die Welt" vom 9. 8. 76). In Bayern kommen derzeit nur 69% der Kinder zur Welt, die geboren werden müßten, um langfristig den Bestand der Bevölkerung ohne Zuwanderung zu halten. „Die Deutschen sind Weltmeister in der Disziplin des Verhütens: bei ihnen sank die Geburtenrate um 44%. Sie liegen damit prozentual wie in den absoluten Geburtenzahlen an letzter Stelle unter den Ländern der Welt." (Ebda.)

Nach einem Bericht der Kölner Kirchenzeitung vom 16. 6. 78 (S. 4) hat nun – nach langem Abwiegeln, Herunterspielen und Verharmlosen – auch endlich die Bundesregierung den außerordentlichen Ernst der Entwicklung in einer 40-Seiten-Studie erfaßt. Wenn sich das „generative Verhalten" nicht sehr ändert, wird die Bevölkerung im Jahre 2025 danach auf etwa 20 Millionen absinken. Die Neubautätigkeit wird ebenso zum Erliegen kommen wie wichtige andere Wirtschaftszweige. „Das Rentensystem wird erschüttert, die Krankenversicherung gefährdet, der Wohlstand bedroht. Gastarbeiter werden die in der überalternden deutschen Bevölkerung entstehenden Lücken nur unzureichend füllen können. Außerdem sehen die Ministerialen hier ‚unabsehbare Folgen für Sprache, kulturelles und gesellschaftliches Leben' auf Deutschland zukommen." (Ebda) Ähnlich auch eine vom Bundesamt für Statistik erarbeitete Vorausschätzung über die Bevölkerungsentwicklung in der Bundesrepublik. Z. B. „Bei den unter 15-jährigen wird erwartet, daß sich ihre Zahl zwischen 1975 und 2025 um mehr als die Hälfte vermindert, und zwar von 12,4 Millionen auf 5,4 Millionen." (Kölner Kirchenzeitung vom 26. 5. 78, S. 6).

3. Wir stehen vor einer Art Eheverweigerung weiter Kreise der Jugend, die mit einem vollen oder weitgehenden Nein zum Kind verbunden ist. Sehr viele (manche Untersuchungen sprechen von 85%) ziehen eine zu nichts verpflichtende „Paarbeziehung", eine „Schräg-

tisch-ehe", eine „Ehe ohne Trauschein", eine „sexuelle Partnerschaft" vor. 38% aller Ehen junger Leute sind ohne Kind, 26% haben ein Kind. Die Zahl der Eheschließungen ging von 1960 bis 76 um 30% zurück (Angaben von R. Verhülsdonk MdB).

Das Papier spricht diese, zweifellos die wahren Ursachen berührenden, Entwicklungen garnicht an. Statt dessen ergeht es sich in beschreibend-soziologisierender Schilderung, die ethische Stellungnahme offenläßt. S. 5 wird vom „Trend" zur Klein- und Kleinstfamilie (wie zur Ehe, die sich nicht zur Familie entwickelt) rein faktisch gesprochen und daß er Fragen aufwirft nach den „optimalen Realisierungsmöglichkeiten ehelicher und familiärer Werte ..., deren Lösung noch eingehender Studien bedarf." Hier wird also das Faktische – ethisch unbefragt – hingenommen: das Faktische wirft Fragen nach Lösung auf. Ethisches Denken sieht anders aus.

4. Die Studie durchzieht, trotz aller Betonung der Freiheit, eine planerische Grundhaltung. Die angemessene Einstellung ist aber die subsidiäre Stützung und Begünstigung der letztentscheidenden Menschen und Familien selbst. Sie kann nur über vernünftiges Argumentieren und ethischen Appell erreicht werden. Die ungeheure Gefahr, die in der völligen Abkoppelung des triebhaften Luststrebens von der Zeugungsverwiesenheit liegt, wird nun erst in ihrer selbstzerstörerischen Konsequenz allmählich allen bewußt.

Der sogenannte Generationenvertrag zwischen Erwerbstätigen und Nicht-mehr-Erwerbstätigen verliert seine (stillschweigenden) Voraussetzungen; müßte ergänzt werden durch einen zweiten mit den Noch-nicht-Erwerbstätigen. Dahin geht der Vorschlag eines Erziehungsgeldes. Ethisch steht die „Goldene Regel" hier zur Debatte: die uns überkommene Leistung der Vorfahren durch eigene Leistung an den Nachkommen zu honorieren und ihre Weitergabe dadurch zu ermöglichen. Den egoistischen Hedonismus, das Genuß- und Wohlstandsdenken zu begrenzen, den Momentanismus oberflächlichen Dahinlebens durch die Befriedigung des Dienstes und die Sinnerfüllung verantwortlicher Bindungen zu überschreiten. Von alledem enthält das Papier wenig.

Es hat den Charakter einer Planspiel-artigen Beschreibung von Fakten und Lösungsmöglichkeiten für Regierungen.

Was von der Aufgabe der Kirche unter 1.9 gesagt wird, ist zu dürftig. Noch dazu ist einiges gar mißverständlich.

5. Z. B. der vielfache Hinweis auf das Gemeinwohl, das angeblich eine staatliche Bevölkerungspolitik legitimieren kann. Dabei wird auch von einem europäischen, ja von einem weltweiten Allgemeinwohl gesprochen. Hier muß aber sehr sorgfältig unterschieden werden. Bekanntlich hat der Grundsatz „Gemeinnutz geht vor Eigennutz" zu furchtbaren Verbrechen in der Nazizeit den verführerischen Vorwand geliefert. Es könnte sein, daß heute unter ähnlichen Parolen wieder Planungsmaßnahmen und Eingriffe in die grundgesetzlich geschützte Sphäre von Personwürde, Ehe und Familie Urständ feiern. Belege dafür gibt es genügende.

Ein irgendwie Ansprüche stellendes Gemeinwohl ist nur als ethisch gebundenes denkbar.

6. Das Papier spricht – mißverständlich – von dem „besonders quälenden Problem" der „ethischen Bewertung der Methoden im generativen Verhalten und ihres Einsatzes in bevölkerungspolitischen Maßnahmen des Staates". Weder das Wort „Methode" ist passend (wenigstens nicht für das Verhalten nach der Wesensnatur der Person und der Natur ihrer Handlung); noch der Ausdruck „Bewertung" (die ethische Unrichtigkeit ergibt sich aus dem Tun selbst); noch die Formulierung „generatives Verhalten" für ein meist bewußt Zeugung ausschließendes Tun; noch das verräterische Wort „Einsatz". Dem Papier wäre hier die Klarheit der entsprechenden vatikanischen Stellungnahmen angemessener.

„Abbruch der Schwangerschaft" ist übrigens eine unzulässig verharmlosende Ausdrucksweise (Ebda S. 5).

Die Sterilisation ist auch nicht nur „in der Regel" kein Mittel der Familienplanung, sondern nach klarer kirchlicher Lehre überhaupt keines.

7. Das unter 2.1 Gesagte ist unbefriedigend. Der Begriff „Lebensqualität" ist ideologisch besetzt. (P. Henri de Riedmatten nennt ihn einen „verräterischen Begriff" in seinem Artikel vor Beginn der Bukarester Konferenz. Dt. Osservatore vom 30. 8. 74, S. 2). Er wird hier unkritisch-faktisch herangezogen. Die ethischen Gesichtspunkte fehlen wieder weithin. Die Ursachen der Kinderlosigkeit sind ja auch: Berufstätigkeit beider Eheleute, Genußstreben („erst mal was vom Leben

haben"), hohe Wohlstandsansprüche, Bequemlichkeit, Bindungsscheu, Lebensangst, falsches Freiheits- und Sicherheitsstreben u. a. m. Warum spricht das Papier nicht davon?

Die Behauptung übrigens, daß „unerwünschte Kinder heute seltener geworden sind", ist sehr zu bestreiten. Wir haben eine Zahl von etwa 80 000 „legaler" Abtreibungen (Nach Angaben niederländischer Behörden kommen noch etwa 50 bis 60 000 Abtreibungen von deutschen Frauen dort hinzu).

Die Zahl ist seit der „Reform" – das geben alle zu – nicht nur nicht gesunken, sondern gestiegen. Die Zahl der „sozialen Indikation" liegt im Bundesdurchschnitt bei 75%!

Wir stehen im Gegenteil vor einer unglaublich leichtfertigen Praxis, die Verantwortung nicht einmal mehr mit Verhütung verbindet. Ein Großteil aller erstgeborenen Kinder sind voreheliche, also doch meist ungewollte!

8. Das unter 2.4 und 2.5 Gesagte erscheint mir sehr problematisch. Man kann eine gesunde Bevölkerungs- und Familienentwicklung nicht rein zahlenmäßig durch Hinweis auf Gastarbeiter und auf andere europäische oder gar Weltverhältnisse rechnerisch ausgleichen. Subsidiarität bedeutet eine umgekehrte Optik: von den kleineren, menschennahen, kulturprägenden Einheiten zu den größeren. Man bewahre uns vor derartigen, tief fragwürdigen Verrechnungen! Den Menschen, sei es den „Einheimischen", sei es den Gastarbeitern, ist mit einer solchen Vermischung und den damit verbundenen Problemen der „Integration" am wenigsten gedient. Völker sind so kulturfähig, wie sie lebensfähig sind (Colin Clark hat diese Zusammenhänge schlüssig nachgewiesen). Lebens- und Sinnwille kann nicht von anderen zahlenmäßig substituiert werden.

9. Was meint das Papier näherhin mit der wünschenswerten „Möglichkeit unterschiedlicher Optionen zu verschiedenen Ehe- und Familientypen, die ethisch durchaus legitim sein können."? (S. 4 unter 1.6) Unter 1.7 wird „wesensgemäß" und „Normalehe" nicht nur in Anführungsstriche gesetzt, sondern grundsätzlich ziemlich relativiert, wenngleich man sich einer Konkretisierung klug enthält (sind „Wohngemeinschaften" gemeint? „Probeehen"?).

10. Unter 1.2 wird ein „oberstes Kriterium" für alle Entscheidungen

genannt: „Die optimale Verwirklichung der Bestimmung der menschlichen Person in dieser Welt". Sie sei bezogen immer „auf die Ganzheit des Menschen und des Menschengeschlechts" als ein „Prozeß". Was heißt das genauer? Häufig taucht in dem Papier das Wort „human" auf. Offenbar steht das in Korrelation zu jenem obersten Kriterium. Jedermann weiß aber doch, welche schillernde Inhaltlichkeit sich darunter verbergen kann; zumal dann, wenn sich nicht ethische Bindung daran knüpft.

Die Kirche muß sich auseinandersetzen mit den grassierenden Feindbildern von Ehe und Familie und dürfte nicht so betulich beschreibend faktenorientiert und im Soziologischen moderierend sprechen. Sie steht dabei vor einer einzigartigen Herausforderung, die es durchaus möglich erscheinen läßt, daß sie als die Herzen und Gewissen treffende Instanz insofern gefragt ist, als alle anderen Verwalter hier am Ende sind (auch und gerade planerische Versuchungen), welchen z. B. der spektakuläre und umstrittene Club of Rome so deutlich und rasch erlegen ist. (z. B. Dennis L. Meadows: „Keinen Pfennig Entwicklungshilfe mehr ohne Zwangsverpflichtung zur Geburtenbeschränkung". Zitiert in: Heinrich v. Loesch: Stehplatz für Milliarden? Das Problem Übervölkerung, Stuttgart 1977, dtv-Taschenbuch, S. 271).

*

Als Nachwort

P. Dr. Paul Marx OSB: Wer fördert die Anti-Life-Bewegung?

Der amerikanische Steuerzahler bezahlt mehr als 50% der Gelder, die für Empfängnisverhütung, Sterilisierung, Abtreibung und abtreibende Mittel in den unterentwickelten Nationen ausgegeben werden. Hinzukommen hohe Schenkungen von vielen steuerfreien Stiftungen ... Hohe Summen werden zugeleitet durch den UN Fund for Population Activities (UNFPA), die State Departement's Agency for International Development (AID), und die International Planned Parenthood Federation (IPPF), deren Budget zu 40% von amerikanischem Geld bezahlt wird.

Mit dieser Hilfe konnte Dr. R. T. Ravenholt, Direktor des United States Office of Population, welches ein Teil der State Departement's Agency for International Development ist, das *Ziel* setzen, *100 Millionen Paare in der Welt zu sterilisieren.* Um dieses Projekt durchzuführen sind mehr als 500 junge Ärzte aus 60 Ländern zu vier oder fünf amerikanischen Universitäten transportiert worden zu einem Training in „advanced fertility management". Wie ein Professor der Medizin mir erzählte, wird ihnen in einem Kurs, benannt „Lösungen des Überbevölkerungsproblems" alles beigebracht, *vom Kondom bis zur Abtreibung,* das bedeutet: *die Technologie der Empfängnisverhütung, Sterilisation, Abtreibung, abtreibender Mittel und Menstrual-Extraktion.* Sie werden in die USA geflogen in der 1. Klasse, bedient mit Wein und Speisen in erstklassigen Hotels. Beladen mit kostenfreier Literatur, Pillen, Intrauterin-Pessaren, Instrumenten, Anweisungen für Menstrualextraktion (früher Abtreibung) und dem Versprechen von mehr Material auf Anforderung, fahren sie nach Hause, um Gesetze zu übertreten, die die Tötung Ungeborener in ihren eigenen Ländern verbieten. Wohin dieses alles in Indien geführt hat nach 25 Jahren massiver Kontrazeptionserziehung und Verfügbarkeit, ist allgemein bekannt.

Unterdessen führt International Planned Parenthood mit neunzig angegliederten Organisationen in der ganzen Welt Krieg gegen die ungeborenen Kinder.

Aus „Abortion International" (veröffentlicht von „The Liturgical Press", Collegeville, Minnesota) – übersetzt –.

Prof. DDr. Georg Siegmund

Menschenwürdige Hilfe für Entwicklungsländer

Enzyklika „Humanae vitae“ findet wirksames Echo

Langsam setzt sich die Einsicht durch: die Fahrten des Hl. Vaters haben für die besuchten Länder eine große wegweisende Bedeutung. Sie sind keine bloßen Schaustücke eines reiselustigen Papstes, wie gelegentlich spöttische Kritiker meinen. In seinen Reden setzt der Papst Akzente; er korrigiert Entwicklungstendenzen, die in die falsche Richtung laufen. Damit kommt es zu keinen dramatischen Änderungen im Weltgeschehen. Aber – und das ist weit wichtiger – werden falsch eingeschlagene Richtungen gestoppt und Sichten auf neue Wege erschlossen.

Bei seiner Generalaudienz am 16. Juli 1980 behandelte der Papst die Frage: *„Brasilien! Wohin gehst du? Wohin willst du gehen?“* Aus seinen Ausführungen geht hervor, daß er diese Frage in ihrem ganzen Umfang gemeint hat, nicht bloß beschränkt auf einen eigentlich religiösen Sektor. Auch für Brasilien heißt eine Grund-Lebensfrage: Wie läßt sich die Bevölkerungsexplosion abstoppen? Erst nachträglich ist es bekannt geworden, daß man in Brasilien dem Problem staatlicherseits durch *massenhafte Sterilisation* von Frauen im zeugungsfähigen Alter hat beikommen wollen. Das war nur möglich, solange man es *im geheimen* tat. Sobald es die Weltöffentlichkeit weiß, wird das mißhandelte Volk – ähnlich wie in Indien – den Mut zum Widerstand aufbringen.

*

Bekanntlich war die Enzyklika „Humanae vitae“ von Papst Paul VI. mit dem Verbot der Pille nicht nur außerhalb, sondern auch innerhalb der Kirche auf massiven Widerstand gestoßen. Heute aber setzt sich nach langer zäher Diskussion die Einsicht langsam durch, daß der Papst damit doch recht hatte. Am Schluß seiner Ausführungen in der Enzyklika hatte Papst Paul VI. die medizinische Forschung ermuntert, nach natürlichen, moralisch zulässigen Methoden einer Empfängnisregelung zu suchen. Diese Forschung nun hat einen vollen Erfolg aufzuweisen. Die frühere Kalendermethode von *Ogino-Knaus ist veraltet.* Nach Rötzer, Billings und anderen kann jede Frau im zeugungsfähigen Alter leicht fruchtbare von unfruchtbaren Tagen an der Bildung von Schleim (Mucus) an der Scheide erkennen und damit lernen, die Geburtenzahl selbst zu regeln.

Die Enzyklika „Humanae vitae" erschien im Sommer 1968; sie datiert vom 25. Juli 1968. Schon in der ersten Phase des Streites um ihren Sinn und ihre Geltung sekundierte dem Papst der *Kardinal Karl Wojtyla,* Erzbischof von Krakau und Professor für Ethik an der Katholischen Universität von Lublin mit seinem Aufsatz „Über die Wahrheit der Enzyklika Humanae vitae", der am 5. Januar 1969 im Osservatore Romano erschien und am 12. November 1978 im gleichen Organ nachgedruckt wurde.

I.

In der Einleitung dieses Aufsatzes weist der Autor – der heutige Papst Johannes Paul II. – auf ein hervorragendes Zeugnis natürlicher Ethik hin, und zwar auf die Auffassung des „großen Inders" *Mahatma Ghandi.* Dieser schrieb in seiner Autobiographie: „Meiner Meinung nach verrät die Behauptung, daß der Geschlechtsakt ein spontaner Vorgang sei, dem Schlaf und der Ernährung vergleichbar, krasse Unkenntnis. Die Existenz der Welt hängt vom Akt der Fortpflanzung – wir würden sagen: von der Zeugung – ab, und weil die Welt das Herrschaftsgebiet Gottes ist und seine Macht widerspiegelt, muß der Akt der Fortpflanzung – ‚der Zeugung' würden wir sagen – der Norm unterworfen sein, die dahin strebt, die Entwicklung des Lebens auf der Erde zu sichern. Der Mensch, der sich das vergegenwärtigt, wird danach trachten, *um jeden Preis seine Sinne zu beherrschen und sich das notwendige Wissen zu verschaffen,* um das physische und geistige Wachstum seiner Nachkommenschaft zu fördern. Er wird dann auch die Früchte dieser Erkenntnis seiner Nachkommenschaft überliefern und *sich nicht nur zum eigenen Nutzen ihrer bedienen."* An einer anderen Stelle seiner Autobiographie erklärt Gandhi, er sei zweimal während seines Lebens dem Einfluß der Propaganda gefolgt, die den Gebrauch künstlicher Mittel empfiehlt mit der Absicht, die Empfängnis auszuschließen. Er kam indes zur Überzeugung, „daß man *sein Handeln mehr auf die innere Kraft stützen soll* und dahin kommen muß, die Herrschaft über sich selbst zu gewinnen *durch die Kontrolle über sich selbst*".

Im letzten Jahrzehnt war Indien nicht der Stimme seines großen Führers gefolgt, sondern hatte einen Irrweg eingeschlagen, von dem es sich in der Gegenwart in besserer Einsicht zu lösen beginnt.

II.

In Indien hat die „Bevölkerungsexplosion" ein erschreckendes Ausmaß angenommen. Seit dreißig Jahren „plant" Indien seine Entwicklung mit dem Ziele, die Massenarmut zu überwinden. Doch ist das Ergebnis bisher nicht ermutigend. Die Preise steigen, das Pro-Kopf-Einkommen sinkt. Die Reichen werden reicher, die Armen immer ärmer. Der Hauptgrund dafür ist das rasche Anwachsen der Bevölkerung, gerade unter den Armen. Die große Frage lautet: Wie kann man dieses Wachstum begrenzen? Lange Zeit hat die Kirche die Augen vor dieser Frage verschlossen. Nun ist sie durch trübe Erfahrungen wachgerüttelt. Ein ermutigendes Zeichen ist die Tatsache, daß jetzt eine Frau die Initiative ergriffen hat, auf welche die ganze Welt schaut: *Mutter Teresa aus Kalkutta.*

Wie steht es um das Bevölkerungswachstum in Indien? „1971 hatte Indien 540 Millionen Einwohner. Bei einer zehnjährigen Wachstumsrate von 24,8% wuchs die Bevölkerung bis Ende 1979 auf rund 657 Millionen. 1981 wird sie 672 Millionen zählen. Nach der Statistik von 1971 waren 49% der Bevölkerung im zeugungsfähigen Alter von 15 bis 44 Jahren. 81% lebten in den rund 600 000 Dörfern, wo die Geburtenrate sowieso höher ist als in den Städten. Dies ist der Hauptgrund für die Bevölkerungsvermehrung" (Dorairaj).

Die Inder wollen viele Kinder. Für einen großen Teil der Bevölkerung ist jedes Kind ein Segen Gottes. Noch fehlt in Indien eine soziale Sicherung der Alten. Sie hängen völlig von ihren erwachsenen Söhnen ab. So erstrebt man eine indirekte soziale Sicherung durch möglichst viele Söhne.

„Indien war das erste Land der Welt, das ein nationales Programm für Familienplanung aufstellte, um die hohe Geburtenrate zu senken. Seit 1951 war die Familienplanung ein Teil der nationalen Politik. Sie wurde dem Gesundheitsministerium unterstellt und mit beträchtlichen Ausgaben durchgeführt. 1976 verkündete die Regierung Gandhi eine forcierte Bevölkerungspolitik mit sechzehn Einzelmaßnahmen zur Beschränkung des Bevölkerungswachstums. Es folgte die Zeit des Ausnahmezustandes. Um endlich eine spürbare Wende in der Entwicklung Indiens herbeizuführen, legte man allen Nachdruck auf eine drastische Senkung der Geburtenrate. Unglücklicherweise konzentrierte man sich dabei fast ausschließlich auf das Mittel der *Sterilisierung*. Das Familienplanungsprogramm wurde ein ‚Sterilisierungsprogramm'. Der Sturz der Regierung Gandhi beendete diesen Irrweg. Aber die Familienplanung war nun völlig in Mißkredit geraten", so beschreibt eine indische Ärztin die gegenwärtige Lage in Indien.

Nicht die Kirche hat das Sterilisierungsprogramm zu Fall gebracht. Sie erwies sich als zu schwach. Sie hatte trotz „Humanae vitae" keine Beratungsstellen, nicht einmal für die bisherigen Methoden einer natürlichen Geburtenregelung. So waren die katholischen Familien trotz ihrer inneren Bereitschaft zu kleineren Familien genötigt, viele Kinder zu haben, weil sie sich an die Lehre der Kirche hielten und die natürlichen Methoden nicht kannten. Die große Masse der Armen außerhalb von Religion und Kaste war geistig nicht fähig, einen Sinn für Familienplanung zu erkennen.

III.

In dieser verfahrenen Lage wurde Mutter Teresa zum „Pionier für die natürliche Familienplanung zur Begrenzung des Bevölkerungswachstums und damit zur Steigerung der Lebensqualität der Armen." „Sie arbeitete in den Slums von Kalkutta unter den Ärmsten der Armen und versuchte, ihnen auch bei der Kontrolle ihrer Fruchtbarkeit zu helfen. Seit 1966 gab es in ein oder zwei Zentren des Landes Versuche der Aufklärung über natürliche Methoden. 1973 richtete die katholische Krankenhausvereinigung eine ‚Abteilung für verantwortliche Elternschaft' ein. 1975 wurde die ‚Vereinigung für natürliche Familienplanung in Indien' gegründet. Erst 1976 begann die Kirche mit einer konzertierten Aktion zugunsten der natürlichen Familienplanung. Die staatlichen ‚Zwangssterilisierungen' hatten sie wachgerüttelt. Aber auch dann waren es nur einige Diözesen, die konkrekte Programme organisierten." Darüber berichtet im einzelnen eine indische Ärztin Frau Dr. Dorairaj, Mitarbeiterin am katholischen Sozial-Institut in New Dehli, in ihrem sehr aufschlußreichen Bericht „Kirche und Familienplanung in Indien", der in Heft 5 1980 von „Die katholischen Missionen KM" (S. 154–158) steht.

Noch steckt das ganze Programm in den Anfängen. Männer und Frauen, selbst arm und ohne Bildung, aber reife Persönlichkeiten, die von den Leuten gern akzeptiert werden, tragen die Kenntnis der natürlichen Geburtenregelungsmethoden in das Volk. Sie wurden für die Aufgabe ausgesucht und für systematische Hausbesuche geschult gerade dort, wo die am meisten rückständige Bevölkerung wohnt: in den Slums, den Arbeitersiedlungen und den Dörfern.

Zur Verwendung kommt dabei die sogenannte „Mucus-Methode" eine Abwandlung der *Ovulationsmethode von Billings.* Widernatürliche Methoden werden von der Bevölkerung abgelehnt. Eine Sterilisierung macht für immer unfruchtbar; das lehnt man ab. Das Einsetzen der Pille bei den verheirateten konzeptionsfähigen Frauen würde das Land pro Jahr etwa eine Milliarde DM kosten. Dafür ist das Land zu arm. Zudem ist sie ein künstliches Mittel, dessen Anwendung ein gesunder moralischer Sinn ablehnt.

So bleiben nur die „natürlichen Methoden". Sie beruhen auf der Erkenntnis, daß die Frau nur wenige Tage im Monat empfängnisfähig ist. Kennt ein Ehepaar die wenigen fruchtbaren Tage und beschränkt es den ehelichen Verkehr auf die unfruchtbaren Tage, so ist eine Empfängnis unmöglich. Diese Familienplanung benutzt also den biologischen Rhythmus der Frau. Die Mehrzahl der Frauen in Indien kann weder lesen noch schreiben noch rechnen. Alle Methoden, die solches verlangen, sind also für Indien unmöglich. „Mit Hilfe der ‚Mucus-Methode' werden die fruchtbaren und unfruchtbaren Tage an der unterschiedlichen Beschaffenheit bzw. am Fehlen eines bestimmten Scheidenschleims (Mucus) erkannt. Dazu braucht es keine technischen Hilfsmittel und keine besondere Bildung. Jede Frau kann den Unterschied leicht feststellen. Die Methode ist so sicher wie die Pille oder die Sterilisierung. Sie wurde vom katholischen Sozialinstitut in New Dehli weiterentwickelt. Sie ist am besten an die soziale, wirtschaftliche, psychologische und kulturelle Situation des Durchschnittsinders angepaßt und wird daher auch schnell akzeptiert."

*

Schon interessieren sich in Indien die staatlichen Gesundheitsämter für die von Mutter Teresa ins Leben gerufene Bewegung. Sie scheint der einzig gangbare Ausweg aus der schwierigen Lage des Landes zu sein. Es ist ihr ein voller Erfolg zu wünschen. Ein solcher Erfolg wäre zugleich eine Rechtfertigung der so lange umkämpften Lehre von Humanae vitae, an der die Päpste trotz aller Anfeindung – auch von seiten katholischer Moraltheologen – festgehalten haben. Wieder zeigt es sich, daß die „alte Weisheit", gerade auch angesichts neuer Probleme, am Ende den Sieg davon trägt.

VII Vom Elend empfängnisfeindlicher Mentalität zu ganzheitlicher, selbstbeherrschter Liebe: Zu Ethos und Spiritualität Natürlicher Familienplanung

Dr. Wanda Półtawska
Fachärztin für Psychiatrie in Krakau

Warum keine Antikonzeption?

Übersicht

Einleitung: Das Problem

1) *Antikonzeptionelle Methoden und antikonzeptionelle Haltung*
2) *Schädliche Folgen*
3) *Natürliche Lösung des Problems der Kontrolle der Fruchtbarkeit*
4) *Die zyklische Enthaltsamkeit als Grundprinzip der sexuellen Aktivität*
5) *Problem mehr des Mannes als der Frau*
6) *Moralische Unterscheidung der begrenzten und verantwortlichen Elternschaft*
7) *Gründe des Widerstands gegen die diagnostischen Methoden*
8) *Einklang mit Gottes Gedanken*

Einleitung

Das Problem der Antikonzeption scheint im XX. Jahrhundert das am meisten kontroverse Problem zu sein. Die entschiedene Haltung der Katholischen Kirche in dieser Frage weckt sogar unter Katholiken Widerstand. Grundsätzlich sollte den Katholiken die Lehre der Kirche genügen. Hier aber wird die Autorität der Kirche und ihrer Lehre sogar von den Gläubigen infragegestellt. So sind die einen der Ansicht, daß es keinen Beweis dafür gäbe, daß dies die Lehre Gottes selbst sei und erwarten von der Kirche eine Änderung ihrer Haltung.

Andere sind der Ansicht, daß die Antikonzeption der einzige Ausweg für das Problem der Fruchtbarkeit des Menschen ist und meinen demzufolge, daß die Kirche früher oder später die Antikonzeption wird akzeptieren müssen. Angesichts dieser sich widersprechenden Theorien verlangt dieses Problem eine tiefere und vielfältige Analyse.

1) Antikonzeptionelle Methoden und antikonzeptionelle Haltung

In erster Linie muß unterschieden werden zwischen den antikonzeptionellen *Mitteln und Methoden* und der antikonzeptionellen *Haltung* der Menschen. Im allgemeinen werden antikonzeptionelle Mittel den natürlichen Methoden der Familienplanung gegenübergestellt. Dies aber ist nicht ganz richtig, denn es ist möglich, die antikonzeptionelle Haltung zu realisieren unter Anwendung von biologischen, natürlichen Methoden. Nicht *darauf* beruht der Widerspruch. Im Grunde genommen sind es zwei widersprüchliche Anschauungen, die gegenwärtig die Welt beherrschen. Die e r s t e r e dieser Anschauungen ist *gegen das Kind,* ist *gegen die Empfängnis* und diese Tendenz will *den sexuellen Akt von* der natürlichen Folge, *dem Kind, trennen.*

Diese Haltung wird durch den wachsenden Gebrauch verschiedener antikonzeptioneller Mittel realisiert. Ihre Produktion steigt ständig. Sie werden durch verschiedene Weltorganisationen propagiert und finanziert.

Die z w e i t e Anschauung, die das Kind akzeptiert, wird vor allem von der Katholischen Kirche repräsentiert. Sie verlangt die Wahrung der *Rechte des Kindes* und die Anerkennung der *wahren Bedeutung des sexuellen Aktes* sowie die Anerkennung des Wertes der menschlichen Fruchtbarkeit. Diese letztgenannte Haltung bedeutet aber nicht eine unbegrenzte Fruchtbarkeit, sondern *verantwortliche Elternschaft.* Diese Verantwortung verlangt die Lenkung der sexuellen Handlungen und ihre Unterordnung unter die Liebe und Gerechtigkeit. Die Realisierung dieser Haltung stützt sich auf *zyklische Enthaltsamkeit* und auf das Verständnis der biologischen Fruchtbarkeit vor allem der Frau.

2) Schädliche Folgen

Die Fruchtbarkeit des reifen Organismus ist ein Beweis von Gesundheit. Demgegenüber ist *Unfruchtbarkeit ein Krankheitssymptom.* Jede Art und Weise der Unfruchtbarmachung des Menschen muß als schädigend angesehen werden.

Abgesehen von verschiedenen Methoden der Sterilisierung des menschlichen Organismus, versuchen die Menschen den Akt als solchen unfruchtbar zu machen. Die Mittel, welche die Befruchtung verhindern sollen, werden gewöhnlich vom Standpunkt ihrer biologischen Schädlichkeit beurteilt. Hier wird eine wichtigere Sache übersehen. Der sexuelle Akt ist in seinem tiefsten natürlichen Wesen auf die Weitergabe des Lebens gerichtet. Das Kind ist also die natürliche Folge der sexuellen Handlung. Wenn der Mensch die Folgen seiner Handlungen zu tragen nicht gewillt ist, dann ist seine Handlung unverantwortlich. Dies bezieht sich auf den sexuellen Akt der Antikonzeption. Diese unreife und unverantwortliche Haltung bringt noch andere schädliche Folgen mit sich. Ein sexueller Akt mit Anikonzeption ist stets die *Quelle von Neurosen,* denn er birgt in sich *Ambivalenz, Ambitendenz und Furcht vor dem Kind.* Als Folgen der Antikonzeption beobachtet man Neurosen in der Ehe und bei Frauen oft Frigidität[1])

3) Natürliche Lösung des Problems der Kontrolle der Fruchtbarkeit

Die schädigenden Auswirkungen der Antikonzeption hier aufzuzählen, ist nicht möglich[2]), werden doch immer neue Informationen auf diesem Gebiet veröffentlicht. Hier möchten wir mit Nachdruck darauf hinweisen, daß die **Antikonzeption als solche überhaupt unnötig** ist, denn das Problem der menschlichen Fruchtbarkeit läßt sich ohne Antikonzeption lösen. Es genügt, die Funktionen des Organismus zu kennen, um die menschliche Fruchtbarkeit zu lenken. Die natürlichen Funktionen des weiblichen Organismus bergen die Lösung dieses Problems. Die Fruchtbarkeit der Frau ist genau begrenzt auf einige Stunden der Lebensdauer der Eizelle. Es gibt genug diagnostische biologische Methoden, um diese Zeitspanne genau zu bezeichnen. Das Problem liegt heute nicht in der Diagnose, sondern in der Notwendigkeit der Unterordnung des Menschen – speziell der Männer – unter die aus der Diagnose erkannte Situation. Es ist selbstverständlich, daß Ehepaare, die kein Kind haben wollen oder können, während der fruchtbaren Tage der Frau auf sexuelle Handlungen verzichten müssen.

4) Die zyklische Enthaltsamkeit als Grundprinzip der sexuellen Aktivität

Die einfache natürliche Lösung des Problems liegt in der Anpassung an die zyklische Enthaltsamkeit. Der Mensch aber will dies nicht anerkennen und will sich wie ein Kind einfach vergnügen und will ohne Begrenzung und Verantwortung handeln. Viele Menschen sind der Ansicht, die Katholische Kirche, die eine zyklische Enthaltsamkeit verlangt, fordere Unmögliches von den Menschen. Das ist eine oberflächliche Betrachtungsweise. Tiefere, genauere Analysen des ehelichen Lebens ergaben, daß jedes Ehepaar imstande ist, die zyklische Enthaltsamkeit zu üben, ja dazu auch manchmal genötigt ist. Es ist nicht wahr, daß ein Ehepaar oder überhaupt ein Menschenpaar ohne Begrenzung sexuell handeln kann. Jedes Paar hat seinen eigenen Rhythmus, der vom Alter, der Gesundheit und dem Temperament wie auch von der Lebenssituation abhängt. Es gibt eine Menge von Faktoren, welche die sexuelle Handlung verhindern, wie Krankheit, Reisen, Ermüdung, Arbeitsbedingungen, Anwesenheit anderer, Gäste usw. Alle solche Situationen rufen keinen Widerspruch, keinen Widerstand im Menschen hervor.

Wird aber, abgesehen von den oben aufgezählten Situationen noch ein Faktor angeführt, diesmal mit Rücksicht auf das Kind, da beginnen die Diskussionen und Widerstände. Und die Kirche wird als altmodisch verschrien. Dabei kommt es vor, daß das gleiche Paar, das während des Urlaubs, den es getrennt verlebte, sich ohne weiteres die Treue hielt, behauptet, daß es ihnen unmöglich ist, während der wenigen fruchtbaren Tage der Frau, sich der sexuellen Handlung zu enthalten. Es scheint, als ob viele Menschen sich nicht bewußt sind, daß zyklische Enthaltsamkeit geradezu der allgemeine Grundsatz aller menschlichen sexuellen Handlungen ist.

5) Problem mehr des Mannes als der Frau

Die Gegner der natürlichen biologischen Methoden der Familienplanung wenden ein, daß die Frau während der Ovulationszeit den sexuellen Verkehr am meisten begehrt. So einfach ist das nun wieder nicht. Durchgeführte Umfragen ergaben, daß kaum 5 bis 6% der befragten Frauen dieser Ansicht sind: die Mehrzahl der Frauen reagiert auf die Art des Verhaltens des Mannes. Ist er zartfühlend und einfühlend, dann reagiert sie positiv, unabhängig von den Phasen ihres Zyklus. Ist der Mann aber brutal und egoistisch, dann wird sie auch während der Ovulationszeit frigide sein. Die ärztliche Erfahrung zeigt, daß alle Frauen, die sich vor einem Kind fürchten, den sexuellen Verkehr überhaupt nicht begehren. Überhaupt ist dies nicht ein Problem der Frau, sondern des Mannes. Die Männer wollen sich nicht unterordnen und verlangen unbegrenzte Handlungsfreiheit. Die Frauen sind mehr dazu bereit, sich einzufügen.

Man kann zugeben, daß die Menschen manchmal die sexuelle Handlung stärker begehren, (z. B. wie oben erwähnt, die Frau in der Ovulationszeit), jedoch kann man nicht behaupten, daß die Beherrschung der sexuellen Erregung gegen die menschliche Natur sei. Im Gegenteil, nur der Mensch kann seine sexuellen Reaktionen beherrschen; in der Tierwelt ist dies unmöglich. Die Akzeptierung des Prinzips des Determinismus, welcher annimmt, daß der Mensch sexuell handeln *muß,* negiert höchste Werte wie Jungfräulichkeit, Treue, Reinheit und die Möglichkeit des Zölibats.

6) Moralische Unterscheidung der begrenzten und verantwortlichen Elternschaft

Die Katholische Kirche akzeptiert die biologischen natürlichen Methoden als ein Mittel zur Realisierung richtiger Entscheidungen über die Begrenzung der Fruchtbarkeit. Hier muß aber unterstrichen werden, daß die Entscheidung über die Begrenzung der Fruchtbarkeit nicht in *jedem* Falle moralisch richtig ist. Es besteht eine aktuelle Tendenz zur wechselweisen Benutzung zweier Begriffe: *begrenzte* Elternschaft und *verantwortliche* Elternschaft. Das ist nicht richtig. Es existiert nämlich sowohl eine begrenzte verantwortliche Elternschaft wie auch begrenzte unverantwortliche Elternschaft. Die Eheleute haben die Pflicht, Kinder zu zeugen, und die Zahl der Kinder soll von ihnen im Einklang mit ihrer Liebe und ihrem Gewissen entschieden werden. Es ist unnötig, zu beweisen, daß kinderreiche Familien die besten Möglichkeiten zur Entwicklung des Menschen bieten.

7) Gründe des Widerstandes gegen die diagnostischen Methoden

Die Widerstände gegen die biologische natürliche Familienplanung sind teilweise das Ergebnis von *mangelnden Informationen* und teilweise von *menschlichem Egoismus,* der jede Anstrengung negiert. Diese Methoden sind nur diagnostische Methoden und sind moralisch neutral. Wert und Bedeutung gewinnen sie erst durch die Entscheidung menschlichen Willens. Vom biologischen Standpunkt aus haben die diagnostischen Methoden keine schädigende Wirkung. Vom psychologischen Standpunkt aus ist die Situation der Eheleute, welche die biologischen Methoden anwenden, stets eindeutig. Es gibt weder Ambivalenz, noch Ambitendenz. In dem einen Zeitabschnitt warten die beiden Eheleute gemeinsam in Übereinstimmung ohne Furcht vor einem Kind, im anderen Zeitabschnitt aber nehmen sie in Harmonie die sexuellen Handlungen auf.

8) Einklang mit Gottes Gedanken

In der antikonzeptionellen Haltung und Handlung birgt sich auch noch die Überheblichkeit der Menschen, die sich nicht Gottes Plan unterordnen wollen. Die menschliche Fruchtbarkeit entstand durch Gottes Gedanken. Es ist überheblich vom Menschen, zu meinen, diesen göttlichen Gedanken, dieses göttliche Werk, verbessern zu können. Die menschliche Fruchtbarkeit, wie sie von Gott geschaffen wurde, läßt sich im Einklang mit der Liebe ohne Unrecht und ohne Sünde realisieren.

Anmerkungen:

1) Vgl. Półtawska, W.: Die Einstellung zur Empfängnisverhütung und ihre Folgen für die Ehe, „Theologisches· Nr. 125 (Sept. 1980) Sp. 3777.
2) Vgl. die reich und differenziert belegte Dokumentation von Hume, K.: Körperliche Krankheiten durch die Pille, „Theologisches" Nr. 104 (Dez. 1978) Sp. 2999.

Dr. med. Elisabeth Wojcik

Zur Psychopathologie der Kontrazeption

Vorbemerkung

Die folgenden Darlegungen sind der (sprachlich leicht redigierte) Text eines Vortrags, den die in Wien lebende Ärztin Dr. Wojcik aus Krakau auf der von Prof. Dr. Johannes Bökmann geleiteten Tagung unter dem Thema „Zum Kampf um ein christliches Ehe-Ethos–Humanae vitae in neuem Licht" vom 8. –10. Oktober 1980 in Königstein/Ts. gehalten hat.

Die Referentin ist durch eine langjährige medizinische Praxis, klinische Tätigkeit, Publikationen und Vortragstätigkeit für eine natürliche Familienplanung, durch die Mitarbeit an dem vom damaligen Erzbischof Wojtyla begründeten „Institut für Theologie und Familie" bei der Theologischen Fakultät in Krakau, sowie durch ihre persönliche Erfahrung als Ehefrau und Mutter von drei erwachsenen und verheirateten Kindern als kompetent ausgewiesen.

Die Anmerkungen beziehen sich auf die mit der jeweiligen Nummer am Schluß angeführte Fachliteratur.

Redigiert von Dr. Gerhard Fittkau.

ÜBERSICHT

„Über der Diskussion um die Bedrohung durch Karzinom und Thrombose bei hormonaler Empfängnisregelung hat man die weniger lauten, dafür gesellschaftlich viel bedeutungsvolleren Gefahren der ‚Pille' übersehen, obwohl für deren Existenz seit zehn Jahren untrügliche Beweise vorliegen. Gemeint sind *die unerwünschten und hinderlichen ‚Neben'-Wirkungen psychovegetativer, innerseelischer und zwischenmenschlicher Art*".
Diese Worte von Prof. Dr. med. Peter Petersen aus Hannover[1]) gelten nicht nur für die hormonelle, sondern für alle andern Methoden der Kontrazeption.

1) Tatsache und Motive der Ablehnung der natürlichen Empfängnisregelung.

Auf einem Treffen kirchlicher Mitarbeiter sind wir zufällig auf das Thema der natürlichen Empfängnisregelung gekommen. Die meisten Teilnehmer waren dagegen. Ein 30jähriger Jugendführer fuchtelte sogar mit den Armen und schrie: „Davon will ich nichts hören! Davon will ich gar nichts hören!"

Seine Reaktion war gewiß maßlos, doch im Grunde eher typisch. Viele Leute reagieren, wenn sie von der natürlichen Empfängnisregelung hören, zumeist mit Unruhe oder Aggression und wollen davon nichts hören.

Die Aggression zum Thema der natürlichen Empfängnisregelung weist darauf hin, daß im Menschen ein Konflikt, eine Angst steckt. Er fühlt sich bedroht.
Inwiefern kann der Mensch sich von der Empfehlung der natürlichen Empfängnisregelung bedroht fühlen?
Erstens fürchtet er für seine schlecht, primitiv und infantil verstandene Freiheit auf dem Gebiet der Sexualität.
Zweitens offenbart sich seine Angst vor dem Kind.

Diese beiden Punkte weisen zugleich auf die wichtigsten Gründe der weit verbreiteten Anwendung der künstlichen Kontrazeption hin: auf die Konsumeinstellung, der die übermäßige Angst vor dem Kind entspricht und den Mangel an Kenntnis der natürlichen Empfängnisregelung, sowie auch deren günstigen Einfluß auf die eheliche Liebe.

Man sollte aber noch einen dritten wichtigen Punkt nicht übersehen: das Profitstreben der großen pharmazeutischen Firmen, welche die riesengroße Werbung für die Kontrazeptionsmittel finanzieren. Dieser Grund darf nicht bagatellisiert werden.

2) die physische Schädlichkeit der Kontrazeption

Wenn wir über die psychopathologische Wirkung der Kontrazeption sprechen wollen, dürfen wir ihre physische Schädlichkeit nicht übergehen, die medizinisch bereits als sicher bewiesen worden ist. Soma und Psyche lassen sich im Menschen nicht trennen, ihr gegenseitiger Einfluß ist bekannt und besonders durch die sogenannte psychosomatische Medizin bestätigt. Ich erwähne hier kurz die bekannten physischen Nebenwirkungen der empfängnisverhütenden Mittel:

- Durch Einwirkung auf die Gehirnzentren (Hypothalamus, Hypophyse) wird durch die künstlichen Hormone der „Pille" die Produktion der eigenen geschlechtlichen Hormone gehemmt und der natürliche Zyklus im Organismus der Frau vernichtet. Er wird dann durch die „Pille" auf unphysiologische Weise künstlich manipuliert. Nach Absetzen der Pille tritt bei 2% der Frauen die Menstruation nicht auf. Sie müssen ärztlich behandelt werden (20, 21).

Das unphysiologische übermäßige Niveau der künstlichen Geschlechtshormone ruft im Organismus der Frau verschiedene schädliche Nebenwirkungen hervor, vor allem im Gerinnungs- und Gefäßsystem und besonders in den zerebralen Arterien und im Stoffwechselbereich.

Eine besondere Häufung von schweren Komplikationen stellt sich vom 25. bis 35. Lebensjahr (21, 28, 11, 29, 18, 19) ein.

- Die *interuterine Spirale* bewirkt eine fortdauernde Verletzung der feinen Schleimhaut der Gebärmutter, in der mikroskopisch zahlreiche Petechien und kleine Thrombosen festgestellt worden sind. Sie verhindert die Einnistung des Embryos und *führt so zu zahlreichen Frühabtreibungen*, weil die Befruchtung des Eies jeden Monat möglich ist. Die Empfängnis kann praktisch jeden Monat stattfinden. Es wurden auch Fälle von extrauterinen Schwangerschaften bei Trägerinnen der I.U.D.'s in der medizinischen Fachliteratur veröffentlicht. Neuerdings wurde bewiesen, daß es trotz der I.U.D. manchmal zur Einnistung des Embryos kommt, daß er sich aber in der verletzten Gebärmutterschleimheut nicht entwickeln kann und bald ausgestoßen wird.

Nach Beck und Hoffelner betrug die Gesamtzahl negativer Vorkommnisse nach 12 Monaten bei 678 IUD-Trägerinnen 11,9%, nämlich 1,4% Schwangerschaften, 2,7% Ausstoßungen, 5% Blutungen und/oder Schmerzen sowie 2,8% von der Einstellung der Patientin abhängige Nebenwirkungen.

Feichtinger stellt fest: „Die Frauen werden vor allem durch intermenstruelle, verschieden starke Blutungen belästigt ... Ursache für die Blutungsstörungen sind lokalisierte Ausstoßungen des Endometriums, die sich histologisch in Form von kleinen, hämorrhagischen Nekrosen zeigen und auf Progesteronschwankungen zurückgeführt werden. (Teilweise werden auch traumatische Läsionen beklagt, wie sie bei allen IUDs gefunden werden)" (9, 10).

- Die verschiedenen *chemischen Mittel* wie Pasten, Gelees und Schaummittel enthalten Giftsubstanzen gegen die Spermazellen. Sie können nicht ohne Einfluß auf den Organismus der Frau sein, auch wenn die Resorption durch die Schleimhaut gering ist. Es gibt danach auch allergische Reaktionen.

- Bei der *Sterilisation* handelt es sich um einen Eingriff gegen die volle Gesundheit des Menschen. Es wurde darüber hinaus nachgewiesen, daß es bei den sterilisierten Männern oft zur vermehrten Produktion der Antikörper kommt. Die Samenzellen werden ins Blut resorbiert, wo sie als fremdes Eiweiß wirken, was manchmal zu schweren Immunisationskrankheiten führt (24, 26).

3) Psychische Nebenwirkungen der Kontrazeption

Die – ganz kurz und allgemein dargestellten – Nebenwirkungen der Kontrazeption, die direkt die physische Gesundheit betreffen, können nicht ohne Einfluß auf die psychischen Zustände des Menschen sein.

- Prof. Petersen schreibt: „Die genauere Analyse der affektiven Veränderungen läßt vor allem dysphorische Verstimmungen und Antriebsminderung erkennen: Die Frauen sind reizbar, launisch, explosibel, leicht gespannt und zugleich lustlos, ohne Initiative, der normale Spannungsbogen erschlafft. Die Frauen beschreiben oft ihren Zustand wie: ‚Ich bin nicht mehr ich selbst' oder: ‚Ich fühle mich irgendwie anders'. Es wäre jedoch einseitig und wissenschaftlich ungerechtfertigt, wollte man die seelischen Nebenwirkungen nur seelischen

und sozialen Störfaktoren anlasten.
Die endokrine Gleichgewichtsstörung selbst verursacht zum guten Teil diese seelischen Veränderungen; dafür gibt es inzwischen genügend Hinweise und Beweise“ (1).

Diese Erscheinungen kann man eher als die am Anfang erwähnten psychovegetativen Störungen, die mit der unmittelbaren schädlichen Wirkung der Kontrazeption zusammenhängen, ansehen.

- Ich möchte mich jedoch mehr mit den Störungen seelischer und zwischenmenschlicher Art beschäftigen.

Weniger selten sind und nur in indirektem Zusammenhang mit der Hormonpille stehen mannigfache und recht häufige seelische Krisen. Nijs beschreibt Angstphänomene, sexuelle Funktionsstörungen und neurotische Anpassungsschwierigkeiten (33).

Molinski (1967) hatte sich als Psychotherapeut mit tiefgehenden Krisen zu beschäftigen, die sich um die weibliche Identität gruppierten. Partner- und Ehekonflikte, die bis dahin im Verborgenen schlummerten, werden unter der Kontrazeption geweckt, und sie melden sich schärfer zur Diskussion (1; 33).

Dr. med. W. Półtawska beschreibt aus ihrer Praxis 99 Ehepaare, die aufgrund der Kontrazeption in schwere psychopathologische Konflikte und Neurosen geraten sind (2).

4) Psychische Gesundheit und neurotische Reaktionen.

Wenn man über Psychopathologie sprechen soll, empfiehlt es sich, sich zuerst über den Begriff der psychischen Gesundheit klar zu werden. Obwohl über das Thema der psychischen Gesundheit schon Weltkongresse stattgefunden haben und viele Artikel und Bücher geschrieben wurden, gibt es bis jetzt keine eindeutige Definition der psychischen Gesundheit. Meistens sind diese Definitionen auch lang und kompliziert. Ich füge eine Definition von Bernhard Häring an:

„Menschliche Gesundheit läßt sich verstehen als die größtmögliche Harmonie der menschlichen Kräfte untereinander, in der größtmöglichen Vergeistigung des Leiblichen und in der bestmöglichen Verleiblichung des Geistigen. Wahre Gesundheit spricht sich aus in der Selbstverwirklichung der Person, die jenen Grad der Freiheit erlangt hat, der ihr erlaubt, alle Energien in den Dienst der Erfüllung der gesamtmenschlichen Berufung zu stellen".

Als eine der schönsten und kürzesten Definitionen der psychischen Gesundheit kann man die des hl. Augustinus anerkennen: „Unruhig ist das Herz des Menschen, bis es Ruhe findet in Gott".

Prof. K. Dąbrowski meint, ein sehr wichtiges Symptom der psychischen Gesundheit sei ihre Entwicklung (Dynamik). Die psychische Gesundheit ist kein stabiler Zustand, sondern eher ein dynamischer Prozeß, eine Entwicklung der Persönlichkeit zu Höherem, das Streben nach Erfüllung der menschlichen Berufung. Wer sich auf dem Wege zur Reifung befindet, der eben ist reif. Johannes Vilar schreibt: „Wenn dieses positiv gezielte dynamische auf-dem-Weg-Sein des Menschen fehlt, dann befindet sich der Mensch auf dem Weg der Frustration" (3).

Alles also, was die Entwicklung zur Reife, das Streben des Menschen zum Guten, zum Höheren stört oder nur hemmt, wirkt gleichzeitig gegen seine psychische Gesundheit.

Die Psychopathologie handelt über abnorme Reaktionen und Zustände. Sie werden neurotische Reaktionen und Neurosen genannt. Die allgemeine Definition der Neurosen von H. Binder lautet: „Neurosen sind Störungen der seelischen Verarbeitung innerer Konflikte".

Jede Neurose ist eine Regression, ein Rückschritt in dem Prozeß der Entwicklung.

Was versteht die Psychologie unter dem Begriff „Konflikt"? Der innere Konflikt liegt vor, wenn in einem Wesen gleichzeitig zwei gegensätzliche Gefühle oder Bedürfnisse entstehen. Oder wenn ein starkes Bedürfnis aufgrund von Hindernissen nicht erfüllt werden kann. Ruft es in dem Menschen ein langdauerndes, schmerzhaftes quälendes Gefühl der Enttäuschung hervor, dann wird es Frustration genannt.

In der Psychopathologie sind von besonderer Bedeutung solche Konflikte, die mit der Moralinstanz, dem Gewissen, verbunden sind.

5) *Mit der Kontrazeption verbundene Konflikte*

a) Gestörte Kommunikation mit Gott, dem Absoluten.

Vor allem besteht ein Konflikt in der Beziehung zu Gott, dem Schöpfer. Das menschliche Leben stammt von Gott, es ist heilig. So gehört auch die Fähigkeit selbst, das Leben weiterzugeben, zum Sacrum.

In den Schriften der heiligen Väter können wir lesen:
„Die Kontrazeption ist eine Profanation des prokreativen Aktes, der seiner Natur nach heilig ist".

Die Einheit von Liebe, Libido und Fruchtbarkeitsbezug ist eine Tatsache, die in der Natur des sexuellen Aktes enthalten ist. Man darf in der Praxis nicht das trennen, was Gott in seinem Plan verbunden hat.

In der Anwendung der Kontrazeption ist ein Mangel an Gottvertrauen enthalten, an Vertrauen zu der Liebe und Weisheit des Schöpfers, der „sah, daß alles gut war".

Gott hat den Menschen mit der Würde des Mitarbeiters in der Weitergabe des Lebens beschenkt, der Mensch verachtet sie aber. Auf diese Weise wird die Liebesbeziehung zwischen Mensch und Gott, also zwischen dem Kind und seinem Vater, gestört.

Das muß im Menschen, dem Kind Gottes, Unruhe hervorrufen. Anstatt diese Unruhe zu klären und nach einer richtigen Lösung zu suchen, versucht der Mensch sie zu verdrängen. Er will „davon nichts hören". Das führt oft zur Entfernung von Gott und von der Kirche und sogar zur Aggression gegen die Kirche.

Die richtige Lösung kann man in der Natur selbst finden, und zwar durch Anerkennung und Respektierung des natürlichen Verlaufs des Fruchtbarkeitsrhythmus im Organismus der Frau. Dieser dient nicht nur der Frau allein; erst in der Ehe findet er seine volle Bedeutung und Erfüllung. Der natürliche Fruchtbarkeitsrhythmus erweist erst als der gangbarste Weg zu vollkommener ehelicher Partnerschaft seine bewunderswerte Sinnhaftigkeit für *beide* Ehepartner.

Der Hl. Vater Johannes Paul II., damals noch Kardinal Wojtyla, schreibt in seinem Buch „Liebe und Verantwortung":

„Es handelt sich für den Menschen nicht nur darum, sich an die objektive Naturordnung zu halten. Indem er sie durch seine Vernunft wahrnimmt und sein Tun nach ihr richtet, nimmt er am Denken Gottes teil und am Gesetz, das Gott der Welt gegeben hat, indem er sie schuf. Auf diese Weise particeps Creatoris zu werden, ist ein Ziel in sich und bestimmt den Wert des Menschen. Darin besteht auch die Gerechtigkeit gegenüber dem Schöpfer in ihrem tiefsten Sinn. Als ver-

nünftiges Wesen verhält sich der Mensch seinem Schöpfer gegenüber gerecht, wenn er seinen Wert als particeps Creatoris für sein Bewußtsein und Handeln bestimmend macht.
Zur Gerechtigkeit des Menschen gegenüber seinem Schöpfer gehören somit zwei Bestandteile: der Gehorsam gegenüber der Naturordnung und die Wahrung des Personwertes. Der Wert der geschaffenen Person liegt darin, daß sie das Denken des Schöpfers in ihrem Denken und Handeln nachvollzieht. Nur unter dieser Bedingung ist ihre Haltung zur Wirklichkeit und deren sämtlichen Elementen gültig. Diese Haltung ist dann Liebe – Liebe nicht nur zur Welt, sondern auch zum Schöpfer. Die Liebe zum Schöpfer ist indirekt, aber tatsächlich darin mitenthalten".

Nach diesem Text gilt dieselbe Norm auch für die Menschen, die sich für ungläubig halten. Gott hat seine Gesetze zum Schutz des Glücks des Menschen in ihre Natur eingeschrieben.

b) Die Einstellung zum Leben

Die Kontrazeption ist aus der Angst vor dem Kind entstanden, sie bringt aber die Angst nicht weg. Die Angst wird nur verdrängt; sie wächst sogar und wandelt sich in echte Kinderfeindlichkeit (2).

Der Bereich des Geschlechtlichen ist im Bewußtsein der modernen Menschen kaum noch mit dem Geheimnis der Weitergabe des Lebens verbunden. Das merkt man schon bei den Jugendlichen. Wenn es doch zur unerwarteten Schwangerschaft kommt, dann erweckt sie bei den Eltern zuerst Bestürzung, die sich bald in Aggression, in den Entschluß umwandelt, das ungewollt entstandene Kind müsse also abgetrieben werden.

Die kontrazeptive Mentalität neigt dazu, die ganze Verantwortung für das unerwartet gezeugte neue Leben auf die Firmen der Verhütungsmittel abzuschieben, sodaß sie *mit der Anwendung der Kontrazeption entgegen der landläufigen Propaganda die Zahl der Abtreibungen vergrößert*. Das Institut für Sexualforschung in Hamburg hat festgestellt, daß seit dem Jahr 1961, d. h. seit der Einführung der „Pille", sich die Zahl der Abtreibungen in der Bundesrepublik Deutschland verdoppelt hat.

So entsteht eine Spaltung, ein innerer Riß im Menschen. Er will die Freude des sexuellen Aktes erleben, er will sich mit dem Ehegatten in Liebe vereinigen – anerkennt aber und akzeptiert nicht die mögliche

Elternschaft, die zu der personalen Liebe gehört. Er akzeptiert auch nicht, fürchtet vielmehr, ja haßt sogar die mögliche Frucht des eigenen geschlechtlichen Handelns.

„Niemand kann zwei Herren dienen …" (Mt 6, 24).
So kann auch niemand dem Leben und dem Tod, der Liebe und dem Haß des Lebens zugleich dienen.

Wenn wir noch an die abortive Wirkung der Pille und der intrauterinen Spirale denken, dann wird es noch deutlicher, daß die Kinderfeindlichkeit pathologische Züge aufweist und daß die Kontrazeption zur Degradierung des Menschen führt.

c) Das Bedürfnis nach Liebe wird nicht erfüllt.

Das Bedürfnis nach Liebe – lieben und geliebt zu werden – gehört zum Wesen des Menschen.

Wer die Ehe als seinen Lebensweg und seine Berufung sieht und wählt, der sollte nach der Vollendung der ehelichen Liebe streben. Die Reifung der ehelichen Liebe von der anfänglich vorwiegend erotischen zur immer tieferen persönlichen Liebe, vom Eros zur Agape, die in Gott verwurzelt ist, gibt den Ehegatten ein tiefes Glücksgefühl. Dann verstehen sie voll Bewunderung und Dankbarkeit, welch große Gabe Gottes für die Menschen die eheliche Liebe ist.

Nur wenige Ehepaare erreichen aber diese tiefbeglückende gegenseitige persönliche Liebe, die man reife eheliche Liebe nennen kann, obwohl sie immer eine reifende Liebe bleibt.

Viele können den Egoismus nicht überwinden, viele wissen auch gar nicht, daß die eheliche Liebe durch Schwierigkeiten, Opferbereitschaft und etwas Bemühung wachsen kann. Bei vielen bleibt die egoistische Einstellung überwiegend, was meistens zur Abkühlung der ehelichen Liebe führt.

In der Liebe muß man in seiner Ganzheit akzeptiert werden, so, wie man ist. Bei Anwendung der Kontrazeption ist die gegenseitige Hingabe, sowie auch die gegenseitige Annahme der Person unvollständig. Die Mutterschaft der Frau und die Vaterschaft des Mannes werden nicht akzeptiert. Die Elternschaft ist doch ein Bestandteil der reifen ehelichen Person. Dadurch wird ihre personale Würde verletzt.

Die empfindsamere Frau bekommt bald den Eindruck, daß der Mann von ihr nur ihre Sexualität braucht. Sie will aber doch als sie selbst, als die ganze Person, als die einmalige Individualität, geliebt werden. Sie fühlt sich erniedrigt. Sogar wie ein Gegenstadt, ein Genußmittel betrachtet.

Erschwerend kommt noch hinzu: Wenn die Frau die „Pille" nimmt oder die IUD-Spirale trägt, dann fordert das irgendwie den Mann heraus, sooft wie nur möglich den Eheverkehr zu vollziehen. Er fühlt sich sozusagen dazu verpflichtet. Dies haben junge Ehepaare bei einer Tagung gesagt. Wenn aber der Eheverkehr sehr oft stattfindet, immer gleich bei der geringsten Anregung, dann werden die Akte des Zusammenseins eher oberflächlich erlebt. Dies begrenzt auch gegenseitige Gespräche und Zärtlichkeiten von Seiten des Mannes, weil der Geschlechtsakt zum einzigen Ausdruck der Liebe zu werden droht. Es ist eine bekannte Tatsache, daß je öfter und regulärer ein Bedürfnis befriedigt wird, es desto oberflächlicher und mit weniger Intensität erlebt wird, und sich der Mensch desto weiter von seinem Glück entfernt.

Es gibt zwei Bedingungen des Glücksgefühls: starke Bedürfnisse zu empfinden und sie mit einem gewissen Maß von Anstrengung erfüllen zu können.

In ihrem Buch „L'eglise nous a t'elle tropes?" berichtet das Ärztepaar Charles und Elisabeth Rendu aus Lyon von einer Arbeiterin, die ihre Beratungsstelle mit folgender Bitte aufsuchte: „Tun Sie bitte etwas, damit unsere Liebe wieder so wie früher werde. Früher, als mich mein Mann mochte, sagte er: ‚Ich liebe dich'. Seitdem ich aber die Diaphragma anwende, sagt er, wenn er mich mag: ‚Lege dein Diaphragma ein' ..."

Das Gefühl der Erniedrigung, das Gefühl, nicht ganz geliebt zu werden, ruft besonders in der Frau einen Widerstand, eine Aggression hervor, bis zur Frigidität und Abneigung gegen den Mann. Es kann auch zu Depression und Apathie führen.

6) Jedes Ehepaar möchte lieber naturgerecht zusammenleben.

„Man darf behaupten, daß es keine Ehe gibt, die zur Empfängnisverhütung greifen würde, wenn die Partner wüßten, daß und wann das richtige sexuelle Zusammenspiel nicht Anfang zu neuem Leben wird.

Anders gesagt, in jeder Ehe möchte man regelmäßig, aber naturgerecht zusammenleben. Deshalb ruft die Empfängnisverhütung immer eine Frustration hervor. Selbst der strengste Anhänger der Empfängnisverhütung stimmt dieser Bemerkung zu.

Diese Frustration weckt die gegenseitige Aggressivität der Eheleute und bedingt oft die negative Einstellung der Frau zum ehelichen Geschlechtsverkehr.

Der Rolle der Kontrazeption bei der Bildung der negativen Stellung der Frau zum sexuellen Leben in der Ehe entspricht auch die Tatsache, daß sich die Zahl der lustlosen Frauen mit Zunahme der Ehejahre vergrößert. Das Verlangen nach regelmäßigem Zusammenleben in der Ehe ist etwas natürliches und liegt in der Natur des gesunden Menschen“ (6).

7) Konflikte auf dem Wege der Selbstentfaltung

Das Streben nach Entwicklung der Persönlichkeit nach Höherem, nach voller, reifer Liebe ist zugleich Aufgabe und Bedürfnis des Menschen.

In einem Gespräch erwiderte ein Herr auf die Behauptung, die Kontrazeption störe die Persönlichkeitsentwicklung, er sei der Meinung, die Persönlichkeitsentwicklung könne man auch auf andere Weise erreichen. Anstatt der Selbstbeherrschung im Bereich des Geschlechtslebens, welche die natürliche Empfängnisregelung erfordere, könne man Verzicht in anderen Bereichen üben, z. B. Spenden geben, Geduld üben und ähnliches. „Verschiedene Wege führen nach Rom“, sagte er.

Diese Meinung scheint typisch für viele Christen zu sein. Hier merkt man ein Flucht, eine Einstellung der Halbheit, die einerseits von Angst und Bequemlichkeit, andererseits aber vom Mangel an Kenntnis und Vertrauen zu der natürlichen Methode bestimmt ist.
Bei der kontrazeptiven Einstellung will man einen Teil der Persönlichkeit auf dem Weg zu höherer Entfaltung bewußt ausschalten. Hinzukommt die Verantwortung für die Person des Ehepartners.

Bei der natürlichen Empfängnisregelung geht es nicht um bloße Selbstbeherrschung, sondern darum, daß die Sexualität im Dienst der Liebe bleibt, der Liebe zu Gott, zur Person des Ehepartners, des eventuellen Kindes und auch zu sich selbst (7).

Die Person ist eine Ganzheit. Wenn die Selbstentwicklung gehemmt und gestört wird, empört sich das menschliche Ich. Diese Empörung kann sich in verschiedenen neurotischen Reaktionen wie Aggressionen, Depressionen und ähnlichem offenbaren.

Gegen die innere Unruhe wehrt sich der Erwachsene. Seine Persönlichkeit kämpft dagegen oft mittels der sogenannten Abwehrmechanismen wie Verdrängung, Rationalisierung und anderem an.

Psychologisch sind sie ein Zeichen und ein Beweis dafür, daß da irgendwelche inneren Konflikte, die nicht genug und bewußt verarbeitet wurden, die Persönlichkeit hemmen und stören.

Die Kontrazeption verhindert das Wachstum der inneren Freiheit und Verantwortung, die zur reifen Persönlichkeit unbedingt gehören.

8) „Es gibt doch gute Ehen, welche die Kontrazeption praktizieren".

Nach diesen Erörterungen kommt regelmäßig der Einwand: Es gibt doch viele gute Ehe, welche die Kontrazeption anwenden. Ja, es mag stimmen. Aber:

- Wir können nur von außen beurteilen, viele Enttäuschungen bleiben verborgen.
- Es sind dies eher die Menschen, die eine Reflexionsfähigkeit und eine tiefere Einstellung zu den Werten des Lebens besitzen; meistens besteht bei ihnen einfach ein Mangel an Kenntnis der natürlichen Weise der Empfängnisregelung und ihrer Werte. Hätten sie diese angewandt, wäre ihre Ehe mit großer Wahrscheinlichkeit noch glücklicher und tiefer geworden.
- Vergleichen wir die Zahl der glücklichen Ehen mit der Zahl der Scheidungen in beiden Gruppen!
- Eins läßt sich bestimmt sagen: das selbstverständliche Verlangen der Ehepartner, lieber naturgemäß zusammen zu leben, ist nicht erfüllt worden. Bestimmt haben sie ein Gefühl des Verlustes von etwas Wertvollem.
- Sie werden ihren Kindern die Kontrazeptionseinstellung gewiß als etwas Selbstverständliches, Notwendiges weitergeben. So werden die Jugendlichen schon von Hause aus mit dieser Einstellung heranwachsen.

9) *Der Einfluß der Kontrazeption auf die Jugend*

Die Kontrazeption übt eine besonders pathologische Wirkung auf die Jugend aus.

Alle Eltern, die selbst Kontrazeption anwenden, werden bestimmt diese Einstellung auf ihre Kinder übertragen.

- Die Jugendlichen, die die Kontrazeption als etwas Normales ansehen, werden leicht die Sexualität als Quelle des Genusses betrachten. Die meisten werden frühzeitig das sexuelle Leben beginnen und zwar oft in der Zeit, wo sie physisch wie vor allem auch psychisch noch gar nicht reif dafür sind.

Die Folgen sind Wechsel der Partner, Mangel an Reflexion, Mangel an Verantwortung und emotioneller Reife, negative Einstellung zum Kind als möglicher Frucht, Mangel an Integration des Sexual- und Gefühlslebens.

Diese Einstellung macht die Jugend unreif zum selbständigen Denken, zum Suchen nach tieferem Sinn des Lebens und zur verantwortlichen, wahren Liebe fast unfähig.

- *Die kontrazeptive Einstellung hat die Freundschaftsphase aus dem Jugendalter ausgeschaltet,* weil schon in der Pubertätszeit die Paare gebildet werden. Das ist ein Nachteil, besonders für den Bereich der sozialen Reife.

Das Fehlen an Impulsen und Beispielen für die tiefere Einstellung seitens der Erwachsenen, oft auch der Eltern, die ja zu dieser Generation gehören, die diese Konsummentalität geschaffen hat, macht die Jugend besonders für die Werbung der Massenmedien anfällig. Der Sexualforscher Sigusch sagt: „Die Pille hat bei jungen Mädchen zwar zu einer Vorverlagerung der ersten Sexualerfahrungen, nicht aber zur sexuellen Emanzipation im Sinne einer sozialen und persönlichen Reifung geführt" (1).

Es geht hier um die ganze Hierarchie der Werte, der Einstellung zu Gott, zur Kirche, zum Leben, zum Wert der Person.

- Die jungen Leute sind heute fast nicht fähig zu begreifen, warum die Kontrazeption etwas Schädliches ist.

Die Anerkennung der Kontrazeption führt zu dem so verbreiteten vorehelichen Zusammenleben der jungen Brautleute als „Probeehe", was die Vertiefung der gegenseitigen Liebe verhindert und was einen negativen Einfluß auf die Dauer der Ehen und auf die Einstellung zum Kind als möglicher Frucht des Zusammenlebens hat. Besonders die Würde und das Vertrauen der Mädchen wird dadurch gefährdet.

Das Problem des vorehelichen Zusammenlebens der Brautpaare braucht eine breitere Erörterung, hier kann ich es nur anmerken (4).

- Christa Meves schreibt in ihrem Artikel „Eine Schlinge im Himmelbett" (Die Welt, Nr. 248, vom 23. Oktober 1980):

  „Nach der ZDF-Fernsehsendung ‚direkt' ist das nun freilich heute gewiß nix Unzumutbares mehr: dies bißken Dauereingriff ins Gehirn der Mädchen per Pille? Dies bißken Schlinge, dies bißken ‚geweiterter Muttermund'? Dies bißken Abtreibung? ... ‚Das Gefühl muß aus dem Sex verbannt werden. Was wir wollen, ist, daß die Kinder rational zueinander kommen'. Entzauberte Liebe durch technisierten Sex – das ist das Elendsziel, zu dem unsere Kinder erzogen werden".

Als äußerstes Extrembeispiel der Konsumeinstellung kann die Aussage eines jungen Mädchens aus einer italienischen Zeitungsumfrage beigefügt werden: „Ich will alle Freuden und Vergnügen, die das sexuelle Leben gibt, genießen, unabhängig vom Problem des Kindes und sogar der Ehe".

Prof. Dr. med. Husslein, ehem. Vorstand der Univ. Frauenklinik in Wien, hat bei einem Symposium in Wien im Herbst 1979 gesagt: „Die Kontrazeption wird die Welt ändern".

10) Die Konsummentalität

Die Kontrazeption darf man nicht als isoliertes Problem betrachten. Sie steht in engem Zusammenhang mit der vorherrschenden und von den Massenmedien propagierten Konsummentalität.

Die Kontrazeption ist sowohl die Ursache wie auch teilweise die Folge der bisher erwähnten Probleme:

- der Trennung der Sexualität von Liebe und Verantwortung;
- der inneren Unfreiheit, dem Beherrscht-sein von der Sexualität;
- des Egoismus, des Schwindens der Achtung vor dem heiligen, dem

Sacrum, daher der Kinderfeindlichkeit und des Anstiegs der Abtreibungen;
- der Degradierung der Frau zum Lustobjekt;
- der Behinderung des psychischen Reifens der Menschen, besonders der Jugendlichen und der jungen Ehepartner;
- der Verursachung neurotischer Reaktionen oder sogar Neurosen bei den Ehepartnern wie Aggression, Depression und Frigidität, welche die Liebe töten und zu Scheidungen beitragen;
- der Flucht vor dem bewußten und innerlich freien Leben in den Konsum, da auch die sogenannte „freie Liebe" ja im Grunde nur Konsum ist;
- der Ablehung der Kirche und der Gesetze Gottes im Sinne einer schlecht verstandenen Freiheit, die nur das subjektiv gemeinte Gewissen als Norm für sich selbst anerkennen möchte.

11) Natürliche Familienplanung und Familienglück

Die Kontrazeption ist eigentlich das Zeichen einer Qual, einer Unbeholfenheit der Menschen.

Ein Primarius einer Frauenstation hat gesagt: „Wäre die Werbung für die natürliche Empfängnisregelung so groß wie die der Kontrazeption, dann würden alle Ehepaare nur die natürliche Methode anwenden".

Die NFP schützt und respektiert den gesunden Organismus der Frau. Deswegen wird sie auch „ökologisch" genannt. Sie achtet die mögliche Elternschaft der Ehepartner und hilft ihnen in der Liebe Gottes und Verehrung Seiner Weisheit zu wachsen. Es geht dabei um echte, objektive Wahrheit. Wer wirklich glaubt, daß Gott der liebende Vater ist, daß seine Gesetze – Gesetze des liebenden und weisen Vaters sind, die er zugunsten der Menschen gegeben und in die Welt eingeschrieben hat, dem fällt es nicht schwer, sie zu respektieren.

Die Eheleute, die die NFP anwenden, merken schnell, wie günstig sie sich für ihre Eheliebe auswirkt.

Dies bestätigt die Tatsache, daß die Eheleute, die die NFP selbst in ihrer Ehe anwenden, Lehrer der NFP ihrer eigenen Kinder werden und sie in der Ehrfurcht vor dem Wert jeden neuen Lebens erziehen.

P. Dr. Paul Marx OSB schreibt: „Nicht zuletzt fördert die NFP eine sexuelle Reife und ein inneres Band der Gatten, das Eheleute mit kontrazeptiver Praxis oft nicht erreichen ... Ich darf hinzufügen, daß ich mich in 30 Jahren keines Ehepaares erinnern kann, das seine Ehe mit dem Verständnis und der Praxis der NFP begann, mit einer Trennung oder Scheidung geendet hat. (34)".

Dr. med. J. Rötzer hat gesagt, er habe in seinem Register ca. 1400 Ehepaare, die die NFP anwenden und mit ihm in Kontakt bleiben. Es gab unter diesen Ehepaaren keine Scheidung und keine Abtreibung.

Ich kenne viele Ehepaare, die seit mehreren Jahren nach der NFP leben. Es sind alles gute und glückliche Familien. Alle geben ihren Kindern eine positive Einstellung zur NFP weiter.

Eine (mir gut bekannte) Frau versicherte mir: „Die natürliche Methode ist doch so gut, einfach und sicher! Ich habe sie meinen beiden erwachsenen Töchtern auch gelehrt. Beide sind verheiratet und mit der natürlichen Methode sehr zufrieden und haben mit ihr keine Schwierigkeiten".

Zum Schluß möchte ich den Brief einer 35jährigen Ehefrau aus Wien, Mutter von 3 Kindern, zitieren:

„Im Jänner werden es zwei Jahre, daß ich die ‚Natürliche Empfängnisregelung' kenne. Mein Mann und ich sind darüber sehr froh. Unser gemeinsames Leben hat viel mehr Sinn bekommen.

Man schätzt sich einander noch viel mehr. So zirka acht bis zehn Tage muß man enthaltsam leben. Da freut man sich dann umso mehr. Es ist dann immer ein neues Erlebnis.

Ich würde es jedem Ehepaar wünschen, die Methode von Dr. Rötzer kennen zu lernen. Man hat viel mehr Sicherheit und man lebt ruhiger und bewußter."

Fachliteratur:

1) Peter *Petersen,* Prof. Dr. med. „Seelische Veränderungen bei hormonaler Kontrazeption der Frau", Deutsches Ärzteblatt, Nr. 18 1978, S. 1075–1085.
2) Dr. med. *W. Poltawska:* „Die Einstellung zur Empfängnisverhütung und ihre Folgen für die Ehe", Theologisches, Nr. 125, 1980, 3777–3788.
3) Johannes *Vilar:* „Biologische Manipulierbarkeit der menschlichen Sexualität", Arzt und Christ, Heft 4, J. 1978–79, S. 187–212.
4) Gottfried *Roth:* „Sexualerziehung und Persönlichkeit". Jahresbericht der Wiener Kath. Akademie, Jg. 23/1972/33–42 (Religion-Wissenschaft-Kultur).

5) *Huffer, Levin, Aronson:* „Oral Contraceptives: Depression and frigidity". J. Nerv. Ment. Dis. 151: 35–41, 1970.
6) Wojciech Karol *Meissner:* „Geschlecht – Person – Empfängnisverhütung": Arzt und Christ, Heft 3, J. 1980, S. 158–168.
7) Kardinal Karol *Wojtyla:* „Liebe und Verantwortung", (München 1979).
8) *Moos:* „Psychological aspects of oral contraceptives": Arch. Gen. Psychiatry, 19: 87–94, 1968.
9) *Feichtinger* u. a.: „Vergleich der klinischen Wirksamkeit von Progestasert mit dem Kupfer T 200". Wiener Klin. Wochenschr. 14. 7. 1980. S. 497.
10) *Beck, Hoffelner:* „Zum Problem der Schw.. – u. Blutungsstörungen bei Frauen mit kupferhaltigen I.U.D.", Wiener Klin. Wochenschr. 14–1980.
11) Barbara *Seaman,* „Ärzte contra Pille-Argumente der Wissenschaft", Ullstein (Berlin 1972).
12) *Schnabl:* „Intimverhalten, Sexualstörungen, Persönlichkeit" (Berlin 1972), Deutscher Verlag der Wissenschaften.
13) *Kane:* „Psychiatric reactions to oral contraceptives". Am. J. Obstet. Gynecol. 102: 1053–1063, 1068.
14) *Herzberg, Johnson:* „Depressive Symptoms and oral contraceptives". Brit. Med. J. 4: 142–145, 1970.
15) *Kutner:* „History of depression as a risk factor for depression with oral contraceptives and discontinuance". J. Nerv. Ment. Dis. 155: 163–169, 1972.
16) *Kutner, Phillips and Hoag:* „Oral contraceptives, personality and changes in depression". Contraception, 4: 327–336, 1971.
17) *Levitt, Kooiker, Norton:* „Depression and oral contraception". Curr. Top. Clin. Community Psychol. 2: 157–182, 1970.
18) *Blätter u. Hauser:* „Verträglichkeit v. Ovulationshemmern" (Bern, Stuttgart-Wien: Huber 1971.
19) *Kellhammer:* Langzeitstudien über Nebenwirkungen der Kontrazeption – Stand und Planung, Symposion (München 1977), Springer-Verlag 1978. Medizinische Informatik u. Statistik 7.
20) *Wenderlein:* „Post-Pill-Amenorrhoe u. Menarch." Fortschr. Med. 96/1978/2243–2248.
21) Menarch und Verträglichkeit hormonaler Kontrazeption bei Jugendlichen. Ergebnisse aus einer Feldstudie an 33 000 Frauen: Zentralblatt für Gynäkologie, Heft 17/1980/S. 974.
22) Dr. med. Josef *Rötzer:* „Natürliche Geburtenregelung" (Freiburg 1980).
23) *Janisch:* „Familienplanung – Pille oder natürliche Methoden". Wiener Klin. Wo. 16–1980, S. 555.
24) „Psychische Verarbeitung der Sterilisation bei Frauen", Praxis (Bern 64–1975), S. 526–532.
25) *Mall – Haefelli:* „Die hormonelle Antikonzeption und ihre Auswirkung auf die Psyche". Schweiz. Med. Wschr. 104/1974, 878–886.
26) „Seelische Folgen nach endgültiger Kontrazeption/Sterilisation", Peter *Petersen,* Dtsch. Ärzteblatt 75, 1978, 695–701.
27) *Prill:* „Psychosomatische Auswirkungen nach der Einnahme von Ovulationshem-

mern", Geburtsh. u. Frauenheilkunde 30, 1970, 212.
28) *Beral:* „Cardiovascular-disease, mortality, trends and oral-contraceptive use in young women", Lancet 2/1976/ 1047–1052.
29) Studium über Mortalität an zerebrovasculären Erkrankungen bei Oralkontrazeption, Lancet 2, 1977, 727 ff.
30) Neurologische und psychische Komplikationen bei Gebrauch oraler Kontrazeptiva, Deutsches Ärzteblatt 42, 1975, 2912ff.
31) *Häussler,* Alfred: „Die Pille, das drohende Unheil" Miriam (Jestetten 1975).
32) Werner *Zodrow:* „Über den Einfluß von Ovulationshemmern in die Schilddrüsenfunktion", Stuttgarter Fortbildungskongreß für praktische Medizin, 10.–13. 11. 1977.
33) *Nijs,* P.: „Psychosomatische Aspekte der oralen Antikonzeption". F. Enke, Stuttgart 1972.
34) P. Dr. Paul *Marx:* „Mehr reife Liebe, Glück und Würde – Drei Jahrzehnte Förderung der NFP": Theologisches Nr. 126, 1980, S. 3851.

Prof. DDDr. Gustav Ermecke

„Katholische" Sexual-Ideologie

Die wahren Gründe für die emotionale Aggression gegen die kirchliche Ehelehre

(Bökmann). Rationales Argumentieren stößt bei lebensmäßig, existentiell, sozial und intim-menschlich so folgenreichen und mit Problematik beladenen Fragen wie den in diesem Buch erörterten erfahrungsgemäß schnell an Grenzen, die den Charakter von emotional aufgeheizten Barrieren haben.

Es ist deshalb unvermeidlich und um der Wahrheit und Ehrlichkeit willen notwendig, die für solche Aggressivitäten verantwortlichen Gründe zu nennen. Es darf z. B. nicht verschwiegen werden, daß auch hier gewisse Moraltheologen billiges Aufrühren von anti-kirchlichen Ressentiments nicht gescheut haben, um ihrem Dissens „von unten" einschüchternde emotionale Schubkraft zu leihen (Originalton F. Böckle z. B.: „Ich kann meine Katholizität nicht messen am Ja oder Nein zur Pille. Aber ich bitt' Sie!" Vor Frauen in der „Wolfsburg" in Mülheim/Ruhr – „Ruhrwort" vom 28. 3. 81).

V. a. wird immer wieder mit verführerischen Halbrichtigkeiten, falschen Alternativen (z. B. „Das Wesentliche des Glaubens, aber keine Reglementierung bis ins Einzelne!") und die wirklichen Verhältnisse beschönigenden Rechtfertigungsformulierungen gearbeitet. Dieser durchaus interessierte, unwahrhaftige und abblockende, tendenziöse Sprachstil stellt sich etwa in folgenden häufig verwendeten Umschreibungen dar:

„Stufenleiter der Zärtlichkeit" (Würzburger Synoden-Ehepapier); „Totale personale Ganzhingabe" (Böckle); „Kultur der Liebe". Es ist das Verdienst von Prof. Ermecke, den Nebel solcher verschleiernder und mehrdeutiger (meist schlicht sexuell verstandener) Parolen im folgenden wegzuziehen und beim Namen zu nennen, wovon man mit größter Zähigkeit nicht reden will: daß es in Wahrheit so nett, hochmoralisch, innig, glücklich, „personal" und kulturgetränkt meist durchaus nicht zugeht, daß dahinter ein pelagianisches Menschenbild, ein irreales, zudeckendes, deshalb ideologisches Wunschdenken steht. Man kann aber erleben, daß kath. Laien auf der Suggestivdeutung, die solche Schlagworte transportieren, bestehen und erfährt intensiv den Rechtfertigungscharakter jener Reden. Die „Stufenleiter" läßt ein Nach-oben-Steigen unterstellen. Ist aber die Wirklichkeit sinnlich-sexueller Kontakte (das ist doch hier

mit „Zärtlichkeit“ gemeint) nicht meist eher eine Kellertreppe immer direkter werdender sexueller Aktionen? Und ist die so glorios in Anspruch genommene „totale personale Ganzhingabe“ nicht häufig die gegen die „Gefahr“ der Empfängnis technisch abgesicherte, isolierte – deshalb eben nicht mehr „total“ und „ganz“ gelebte – wechselseitige sexuelle Befriedigung; also mehr Haben und Genießen als echte, zu Opfern bereite Hingabe? Wird also in einer solchen „in sich widersprüchlichen Gebärde“ (Fam. Consortio) nicht gerade das durch die Tat geleugnet, was man diesem Tun im Wort des Moraltheologen sich so gern zusprechen läßt? Und ist die „Kultur der Liebe“ nicht oft in Wahrheit die Kunst der gepflegten Lust-Maximierung unter Ausschluß alles dessen, was der Lust als Prämie des gesamt-*menschlichen Gelingens, worin das Ja zum Leben, zum Kind, zur* sittlichen *Ordnung und Umfaßtheit beschlossen sind, zugeordnet ist? Ist die christliche Gestalt der Liebe etwa nicht in 1 Kor 13 unmißverständlicher und authentischer ausgesagt?*

Es sei nicht ausgeschlossen, daß über echte (immer zuerst seeliche) Zärtlichkeit, wahre (immer selbstlose) Ganzhingabe, wirkliche (notwendig die objektive sittliche Ordnung respektierende) Liebe von im Gewissen bemühten Eheleuten auch ganz ernsthaft und lauter gesprochen und gefragt, mehr noch charakterlich gerungen wird. Gerade sie aber werden realistischer, demütiger, weniger auf Selbstrechtfertigung bedacht sein. Für uns alle gilt: „Niemand kann die Liebe wirken, wenn nicht in der Wahrheit“ (Joh. Paul II.)

*

I. Sexual-Ideologie

Die Bestreiter der Verbindlichkeit von „Humanae vitae“ wollen zumeist die Orgasmus-Lust von der möglichen Fruchtbarkeits-Last abkoppeln, gerade dort, wo aus der ehelichen Vereinigung möglicherweise ein Kind hervorgehen kann. Der lustvolle Akt der Vereinigung wird zum Selbstzweck erhoben. Man meint: Allein schon seine Ausdrucksfunktion für eheliche Liebe und seine Entlastungsfunktion bei Triebüberdruck rechtfertigen diese allein auf den Orgasmus gerichtete Vereinigung, wobei gleichgültig sei, mit welchen Mitteln er von den möglichen Folgen derselben, dem Kind getrennt und erreicht werde. Man sagt also – und zölibatäre Moraltheologen stellen das aus einer einseitigen *ehelichen Liebes-Ideologie* besonders heraus –: In der Ehe, in der zwar ein Kind möglich, aber jetzt oder für immer unerwünscht sei, komme der lustvollen Vereinigung der Ehepartner eine solcher selbstständige Bedeutung zu, daß, wo eine Entspannung im Bereich des Sexual-Triebes unterdrückt werde, sich Unzufriedenheit, Enttäuschung und Entfremdung zwischen den Partnern einstelle, sodaß die eheliche Gemeinschaft gefährdet sei. Das aber dürfe, ja müsse durch Manipulation des Aktes der Vereinigung verhindert werden.

II. Streben – Trieb im Lebensdrang – Sucht

Ganz allgemein sei dieses vorweggeschickt: *Geistiges Streben* nach Werten der Einsicht, der Leistung und des Gemütserlebnisses und die *leiblich-organischen Triebe* zur Erfüllung vitaler Bedürfnisse bilden in jedem Menschen den in verschiedenen Mischungsverhältnissen zu Lebensakten drängenden *Lebensdrang*. Jedem Trieb, vor allem, aber nicht nur dem Nahrungstrieb, gerichtet besonders auf Essen und Trinken, eignet eine bestimmte Zielrichtung, bei deren Erfüllung sich mit dem lustvollen Erlebnis der Befriedigung die Auflösung oft starker drangvoller Spannung verbindet. Diese Triebrichtungen können beim Einzelnen mehr oder weniger stark, d. h. drangvoll nach Befriedigung verlangend sein. Dieser Drang kann jedoch so stark werden, daß die freie Willensentscheidung und damit die sittliche Verantwortung mehr oder weniger beeinträchtigt, ja unter Umständen aufgehoben sind. Wo der Lebensdrang überstark geworden ist, ihm gewohnheitsmäßig nachgegeben wird, entsteht die *Sucht*. Sehen wir hier davon ab, daß es sie auch im Bereich des Strebens, gibt, so müssen wir hervorheben, daß es triebhafte Süchte gibt, z. B. Eß-Sucht, Trunk-Sucht, Nikotin-Sucht und, was hier interessiert, sexuelle Orgasmus-Sucht. Man ist so sehr an diese lustvolle Entspannung gewöhnt und oft bei Einschränkung der Willensfreiheit an die Triebbefriedigung versklavt, daß diese einfach „dazu" gehört, sich als zwanghaftes Bedürfnis verselbständigt und schwer zu überwinden ist. Welche Qual es z. B. einem Raucher mit Nikotinsucht bereitet, sich dieses physiologisch-psychologische „Laster" abzugewöhnen, dürfte allgemein bekannt sein. Die „Entziehungskur", u. U. in einem Entziehungheim unter ärztlicher Betreuung vorgenommen, ist meist qualvoll. Wir brauchen hier gar nicht von der Drogensucht zu sprechen. Es genügt völlig der Vergleich mit der Nikotin- und Alkoholsucht. Wo die Sucht nicht mehr befriedigt wird, entstehen die Entziehungserscheinungen: seelische Unzufriedenheit, manchmal auch körperliche Qualen und dergleichen. Das alles ist zu übertragen auf die a n a l o g e n Verhältnisse der Orgasmus-Sucht.

Fast niemand spricht davon, vor allem, wenn er selbst davon betroffen ist. Daß es bei ihr zu persönlichen und ehelichen Gemeinschaftskrisen kommt, läßt sich leicht vorstellen.

Nicht das sittliche Verbot der Abkoppelung der Lust von der möglichen Last, sondern das mehr oder weniger Fixiertsein an die Orgasmus-Sucht ist der Grund, den nicht wenige, auch Moraltheologen, übersehen, wenn sie „Humanae vitae“ ablehnen und einer die Sucht befriedigenden Manipulation des ehelichen Aktes das Wort reden. „Rettet die Ehe-Gemeinschaft vor der Sucht!“ müßte daher ein Imperativ lauten. Nicht nur die Warnung vor Alkohol, Nikotin und Drogen gilt, sondern auch die Warnung der Eheleute vor der Orgasmussucht. Sie versklavt und verstößt so auf diese Weise gegen die personale vollmenschliche Gemeinschaft eines Mannes und einer Frau, die nicht nur in einem völlig privaten Austauschverhältnis leben, sondern auch ein soziales Institut als Stabilisierung mit- und zwischenmenschlicher Lebensweisen in der umfassenden Gemeinschaft Kirche und Staat–Gesellschaft bilden. Das wird von den Ehe-Ideologen (= irrealistischen Wunschdenkern) übersehen oder gar geleugnet.

Wenn man das alles überlegt, dann kann man auf die sexual- und ehepsychologischen Einwände der Gegner von „Humanae vitae“ folgendes antworten:

III. Klärendes zu „Humanae vitae“

1. Die volle geschlechtliche Vereinigung in der Una-Caro geschieht in Verwirklichung der Sehnsucht nach ganzer personaler Eins-Werdung und ist gewöhnlich begleitet von dem dabei ausgelösten Orgasmus als beglückendes Erlebnis mit Auflösung naturgegebener Spannungen.

2. Auch dort, wo eine Zeugung nicht möglich ist, hat der Akt der Vereinigung den Wert eines Ausdrucks der personalen Liebe.

3. Oft stehen sich in einer Ehe gegenüber der Drang nach orgasmischer gegenseitiger Beglückung und die Notwendigkeit personaler Selbstbewahrung und des Verzichtes, z. B. aus Gesundheits- oder auch aus Gewissensgründen. In solchem Fall gehen die personalen Gründe zur Wahrung der personalen Würde oder des ganzmenschlichen Wertes jedes Ehepartners dem orgasmischen Verlangen des andern vor.

4. Es kann oft sein, daß der Drang zum Orgasmus so stark wird, vor allem im Fall der oben beschriebenen Sucht, daß alle andern personalen Gesichtspunkte dabei überspielt und die lustvolle Befriedigung rüchsichtslos erstrebt wird.

5. Die Reduzierung des Aktes auf das Orgasmuserlebnis koppelt ihn sowohl ab vom ganzmenschlichen personalen (!) Ausdruck der ehelichen Liebe, macht ihn zur „reinen Sache“ und trennt ihn auch von der möglichen Frucht ehelicher Vereinigung, dem Kind. Dort wird die *personale* Bedeutung der Würde des Una-Caro-Werdens verneint; hier die *soziale* Ausrichtung auf das Kind, mit dem aus Ehe Familie wird, die Grundlage alles Sozialen in Kirche und Welt.

6. In der Öffentlichkeit, vor allem in Illustrierten und sonstigen Publikationen von Massenmedien, ja auch selbst in der Sexualerziehung und -pastoral mancher kirchlicher Kreise wird einseitig der vom Orgasmus begleitete Akt in den Mittelpunkt gestellt, sodaß man heute mancherorts von dieser Orgasmus-Vergötzung als von einer Orgasmus-Unkultur spricht.

So werden die Geschlechtsorgane, vor allem die weiblichen, in einer Weise in den Vordergrund des Interesses gestellt, daß sich hier ein faktisch irriges und oft auch pathologisch unüberwindlich irriges Gewissen bildet, das der sittlichen Gesamtlebensordnung und darin der Sexualordnung, die Gott in das Sein und Leben der ehelichen Gemeinschaft hineingelegt hat und die von der Kirche in seinem Namen verkündet wird, widerspricht. Und nur vor einem heute (V. Massenmedien, moraltheologische „Geldfälscher“) so leicht möglichen und weit verbreiteten, unbelehrbaren pathologisch irrendem Gewissen kann die „Königsteiner Erklärung“ überhaupt diskutiert werden!

7. Nicht der begründete Verzicht auf die eheliche Einigung, sondern die nicht beherrschte Sucht nach orgasmischer Vereinigung führt in den ehelichen Unfrieden und schließlich zu Ehebruch und zum Scheidungsrichter.

8. Die natürliche Geburtenregelung durch Beachten der empfängnisfreien Zeit widerspricht nicht der Natur der Ehe, wohl aber kann sie besonders dort Schwierigkeiten bereiten, wo ein überstarker Trieb nach dem Orgasmus drängt, und erst recht, wo der Trieb danach nicht beherrscht wird.

9. Stets aber ist die wie immer erfolgte Abkoppelung der nur lustsuchenden Orgasmusverwirklichung von der ganzmenschlichen personalen Vereinigung, die keine naturwidrige, den andern Ehepartner zum Mittel der Lust degradierende Verhütungsmethoden duldet, gegen die Natur der Ehe. Es ist auch ein Widerspruch: Sich auf der einen Seite im ehelichen Akt „ganzmenschlich" zu vereinigen und dabei doch die *Ganz*-Hingabe zu verweigern.

10. Erst im Hinblick auf die eheliche Una-Caro-Gemeinschaft in ihrer Bedrängnis durch unbeherrschten Triebdrang und erst Recht in der weitverbreiteten Sucht nach Orgasmus kann der Irrtum der Abkoppelung der Lust von der 1. Last: der gegenseitigen *ganz*menschlichen Ergänzung und von der 2. Last: der möglichen Last des Kindes voll erkannt werden. Aber über diese Zusammenhänge spricht man nicht; die unmittelbar Betroffenen möchten sich in ihren ordnungswidrigen Lebenspraktiken nicht beunruhigen lassen; die Orgasmusvergötzung und die Herausstellung des Sexuellen mit seinen Organen und deren Befriedigung, die in der Öffentlichkeit heute das Feld beherrschen, vernebeln die Probleme und verhindern eine klärende Diskussion und damit auch das Verständnis der Lehre von „Humanae Vitae"!

Dr. es med. Elisabetta und Urs Meier-Vismara

Natürliche Familienplanung

Die Ovulationsmethode nach Billings

Zusammenfassung:

Im Laufe der Siebziger Jahre erweckte die zunehmende Bewährung einiger sehr zuverlässiger Methoden der Natürlichen Familienplanung das Interesse der Weltgesundheitsorganisation (WHO). Es handelt sich dabei um die Sympto-thermale Methode und um die Ovulationsmethode nach Billings.

Letztere wird in der vorliegenden Arbeit näher vorgestellt. Ihre wissenschaftliche Grundlage, ihre Zuverlässigkeit und ihre Bedeutung für die Praxis der Geburtenregelung sowie der Sterilitätsabklärung werden kurz dargestellt.

Einleitung

Die Weltgesundheitsorganisation definierte im Jahre 1976 den Begriff „Natürliche Familienplanung" folgendermaßen (34):

„Unter natürlicher Familienplanung versteht man diejenigen Methoden, welche die Planung bzw. die Verhütung von Schwangerschaften durch die Beobachtung von physiologisch vorkommenden Symptomen während der fertilen, bzw. während der infertilen Phase des Menstrualzyklus ermöglichen. Nach dieser Definition gilt als selbstverständlich, daß der Geschlechtsverkehr während der fertilen Zyklusphase vermieden werden muß, wenn die Natürliche Familienplanung zur Schwangerschaftsverhütung angewendet wird."

Im Laufe der Siebziger Jahre riefen hauptsächlich zwei Methoden der Natürlichen Familienplanung mehr und mehr Interesse hervor: es sind dies die Sympto-thermale Methode (29) und die Ovulationsmethode nach Billings (3). Diese beiden Methoden sind nicht mit der Rhythmus-Methode (sog. Ogino-Knaus-Methode) aus den Dreißiger Jahren zu verwechseln.

Wir wollen hier die Ovulationsmethode nach Billings (nachstehend OM genannt) eingehender besprechen.

Physiologisches Prinzip der Ovulationsmethode nach Billings

Die OM nach Billings (3) stützt sich auf die Tatsache, daß das schleimproduzierende System der Cervix Uteri *ein sehr empfindliches Erfolgsorgan* der zyklischen Schwankungen des Östrogenspiegels im Blute ist. Diese Schwankungen bewirken zyklische Veränderungen des Zervikalschleimes, welche von der geschlechtsreifen Frau *objektiv und subjektiv erfaßt werden können.* Diese Reaktionsfähigkeit der Cervix Uteri zeigt sich genau zum Zeitpunkt, an dem der FSH-Wert den sog. Schwellenwert erreicht hat (7, 9), d. h. wenn der FSH-Spiegel genügend hoch ist, um das konkurrierende Wachstum einer Gruppe von Follikeln zu starten. Die *strenge Korrelation* zwischen der Ovarialtätigkeit einerseits und den hypophysären Gonadotropinen FSH und LH andererseits und den typischen Änderungen im Zervikalschleim wurden in neuester Zeit mehrfach bestätigt (2, 8, 12, 15, 17, 18).

In ihrer praktischen Anwendung kann die OM nach Billings wie folgt beschrieben werden: eine Methode der Natürlichen Familienplanung, nach welcher die Frau durch die Beobachtung des Zervikalschleims am Scheideneingang (d. h. ohne innere Untersuchung) die *sicher* unfruchtbaren, die *möglicherweise* fruchtbaren und die *maximal* fruchtbaren Tage in Zyklen beliebiger Länge erkennen kann.

Entsprechend wird das Ehepaar bestimmte Enthaltsamkeitsregeln je nach Zyklusphase einhalten, wenn eine Schwangerschaft zu vermeiden ist. Die dazu benötigten Kenntnisse und Regeln sind im „Atlas der Ovulationsmethode" (3) enthalten. An vielen Orten, z. B. in den angelsächsischen Ländern, in Italien und in gewissen Ländern der Dritten Welt, stehen speziell geschulte Frauen als anerkannte Instruktorinnen der OM zu Verfügung.

Die *Schleimsymptome* werden hauptsächlich durch visuelle Beobachtungen und durch Empfindungen im Bereich der Vulva erkannt, wobei den Empfindungen der größere Stellenwert zuzukommen scheint (18, 3). Es werden im normalen Zyklus folgende Phasen unterschieden (2):

a) Nach der Menstruation ist in der Regel kein Schleim vorhanden: am Scheideneingang kann dementsprechend eine Empfindung der Trockenheit bestehen. Diese dauert in Zusammenhang mit der Zykluslänge unterschiedlich lang. Die „trockenen Tage" im

Anschluß an die Menstruation gelten als unfruchtbare Tage vor der Ovulation (2, 3).

b) Anschließend beobachtet man eine Änderung: die Schleimmenge nimmt zu und weist eine allmählich sinkende Viskosität auf: eine zunehmende Empfindung der Feuchtigkeit setzt ein. Visuell sind in der Regel ein glasig-durchscheinendes Aussehen des Schleimes und das Phänomen der Spinnbarkeit festzustellen. Dieser Schleim vom fruchtbaren Typ wird durch eine ganz typische Schlüpfrigkeitsempfindung begleitet. Die rheologischen Eigenschaften des Schleimes während der fruchtbaren Phase des Zyklus ermöglichen die zuverlässige Beurteilung des eigenen Schleimsymptomes durch die Frau, ohne jegliche innere Untersuchung, wie die Studien von Hilgers gezeigt haben (18). Der Schleim vom fruchtbaren Typ kommt erst durch das Ansteigen des Blutöstrogenspiegels, d. h. beim Heranreifen des Follikels, zustande. Der sog. *Höhepunkt des Schleimsymptomes („peak symptom")* wird als letzter Tag des von der Frau empfundenen nassen, schlüpfrigen Schleims definiert und stimmt mit dem Höhepunkt der Fruchtbarkeit überein. Der durch die hormonalen Parameter nachgewiesene Eisprung findet nach Brown (8) 0,05 Tage und nach Hilgers (17) 0, 31 Tage (= Mittelwerte) vor dem Höhepunkt des Schleimsymptomes nach Billings statt.

c) Die Schleimeigenschaften und die damit verbundenen Empfindungen sind anschließend einer abrupten Änderung unterworfen, welche durch die ansteigende Progesteronproduktion während der Lutealphase des Zyklus zustande kommt. Progesteron übt einen stark hemmenden Effekt auf die schleimsezernierenden Mutterhalszellen aus (25, 9, 18, 19).

Die *fruchtbare Phase* setzt also mit dem Einsetzen des Schleimsymptomes ein und dauert bis zum dritten Tage nach dem Höhepunkt des Schleimsymptomes. Die mittlere Dauer der Phase liegt zwischen sieben und vierzehn Tagen (22).

Zuverlässigkeit der Ovulationsmethode nach Billings

Über die Zuverlässigkeit der OM nach Billings liegen mehrere Studien vor: Weissmann et al. (33), Ball (1), Stewart (32), Klaus et al. (21), u. a. m. Siehe *Tab. I.*

Tabelle I

ZUVERLÄSSIGKEIT DER OVULATIONSMETHODE NACH BILLINGS

ausgedrückt durch den *Pearl-Index:* Versager pro 100 Frauenjahre bzw. pro 1200 Anwendungsmonate

Autor	Teilnehmerzahl	Anzahl Zyklen	Biologisches Versagen	Totales Versagen
Weissmann et al. 1972 (33)	282	2503	0,48	25,4
Ball 1976 (1)	122	1626	2,9	15,5
Stewart 1978 (32)	3806	24414	1,4	7,4
Klaus et al. 1979 (21)	1139	17637	0,78	20
Multizentrische *WHO-Studie* Zwischenresultate 1979 (30)			1,5	20
Dolack 1980 (13)	329		1,1	9,6

TABELLE II

ZUVERLÄSSIGKEIT VERSCHIEDENER MITTEL UND METHODEN DER GEBURTENREGELUNG

ausgedrückt durch den Pearl-Index: Versager pro 100 Frauenjahre bzw. pro 1200 Anwendungsmonate

KONTRAZEPTION	*Pearl-Index*	*Autor*
Hormonale Kontrazeptiva		
„Pille“ biolog. Versagen	0 – 0,9	(31)
totales Versagen	2 – 4	(27)
„Minipille“	2,5	(31)
„Pille danach“	0 – 1	(35)
Intrauterinspirale (IUD)	2 – 4	(24)
Barriere		
Coitus condomatus	6 – 28	(31)
Scheidendiaphragma	4 – 35	(31)
Coitus interruptus	13 – 38	(31)

NATÜRLICHE FAMILIENPLANUNG	*Pearl-Index*	*Autor*
Rhythmus-Methode (sog. Ogino-Knaus-Methode)	14 – 35	(31)
Sympto-thermale Methode nach Rötzer	0,7 – 1	(28)
Ovulationsmethode nach Billings	1,5	(30)

Eine kritische Diskussion der Resultate aller bisherigen Studien findet sich in Billings and Westmore (4).

Die *Weltgesundheitsorganisation* hat im Jahre 1976 eine multizentrische Studie über die OM nach Billings in fünf Ländern (Neu Zeland, Irland, Indien, Philippinen, El Salvador) veranstaltet. Die Ergebnisse dieser Studie werden eine Beurteilung der in unterschiedlichen kulturellen Verhältnissen angewendeten OM ermöglichen. Einige Zwischenresultate dieser multizentrischen WHO-Studie wurden am „I. Corso Nazionale sul Metodo dell' Ovulazione Billings" in Rom gebracht (30). Die Zuverlässigkeitsquoten stimmen mit den von den obenerwähnten Autoren berechneten Zuverlässigkeitsquoten der OM recht gut überein (vgl. *Tab. I*).

Wir können die Zwischenresultate der WHO-Studie wie folgt darstellen:

- mindestens 90% der Frauen, aus den verschiedensten sozialen Lagen und Schulausbildungsniveaus, können nach der ersten Lehrsitzung ihre Zyklusphasen zuverlässig registrieren.
- Mindestens 94% können es nach drei Sitzungen.

Das *biologische Versagen* der Methode („method failure") ist gleich 1,5 Schwangerschaften pro 100 Frauenjahre. Man beachte, daß sich dieser Index von 1, 5 auf Zyklen jeder Art und Länge bezieht, inklusive Stillzeit und Prämenopause.

Unter biologischem Versagen versteht man das Versagen der Methode selbst, ohne Interpretations- und Anwendungsfehler, d. h. ohne sog. „user failure".

Das *totale Versagen* der OM erreicht rund 20 Schwangerschaften pro 100 Frauenjahre und besteht aus der Summe von:

a) biologisches Versagen		1,5
b) Versagen der Instruktion, Mißverständnisse	rd.	5,5
c) bewußte Vernachlässigung der Regeln	rd.	13,0

Die unter der Anwendung der OM beobachteten ungeplanten Schwangerschaften sind also äußerst selten auf ein Versagen der Methode als vielmehr auf den Entschluß zurückzuführen, die Enthaltsamkeitsregeln zu ignorieren („user failure"). Aus diesem Grunde wird ein direkter Vergleich der natürlichen Methoden der Fertilitätskontrolle mit den anderen Mitteln (chemischen und mechanischen Kontrazeptiva, Sterilisation) sehr schwierig. Verschiedene, z. T. nicht quantifizierbare Faktoren spielen nämlich bei den ersteren eine Rolle: Akzeptabilität, Diskontinuitätsrate, Motivierung, usw. (14, 21).

• Die OM nach Billings wird zu einer hochzuverlässigen Methode der Geburtenregelung, wenn eine *starke Motivierung* der Eheleute mit einer *optimalen Instruktion* in der Methode verbunden wird. Dies ist gegenwärtig der Fall in El Salvador (20) und in Indien (10), wo ein *biologisches Versagen der OM von nahezu Null* beobachtet wird.

Bedeutung der Ovulationsmethode nach Billings für die medizinische Praxis

1.) Geburtenregelung:

Da die OM nach Billings z u m e r s t e n M a l einen einfachen *prospektiven Parameter* für die Bestimmung des herannahenden Eisprunges bietet, eröffnet sich ein breiter Anwendungsbereich, welcher folgende Situationen miteinbezieht (3):

- regelmäßige Zyklen
- unregelmäßige Zyklen
- anovulatorische Zyklen
- Stillzeit – körperliche und psychische Streßsituationen
- Wiederherstellung der Fruchtbarkeit nach Absetzen der „Pille“
- Prämenopause.

2.) *Sterilität, Subfertilität*

Dank der OM nach Billings können einige grundlegende Informationen über den Menstrualzyklus vor den übrigen Sterilitätsabklärungen ermittelt werden:

a) Vorhandensein des Zervix-Faktors bzw. Qualität des vorhandenen Zervix-Faktors durch die Selbstbeobachtung der Frau (d. h. Ausmaß des Schleimsymptomes, Vorhandensein adäquater Empfindungen).

b) Fehlen des Zervix-Faktors, durch die Selbstbeobachtung der Frau (d. h. Fehlen der visuellen Schleimeigenschaften, Fehlen der adäquaten Empfindungen), (3).

c) Semiquantitative Beurteilung der Ovarialtätigkeit: vgl. Insler (19).

d) Vorhandensein eines „fertilen Eisprunges". Der Höhepunkt des Schleimsymptomes ist als diagnostisches Zeichen eines erfolgten Eisprunges und zwar eines „fertilen Eisprunges", d. h. eines mit dem notwendigen Zervix-Faktor kombinierten Eisprunges, anzunehmen.

e) Dauer der Lutealphase.

f) Die Fertilitätslage nach Absetzen hormonaler Kontrazeptiva kann speditiv beurteilt werden (3).

g) Der ideale Zeitpunkt für die Durchführung des Sims-Huhner-Tests wird auch bei unregelmäßigen Zyklen leicht erfaßt, und zwar von der Frau selbst. Wenn die Aussage von Broer et al. (6) stimmt, nach welcher etwa 25 % aller erzielten Schwangerschaften während der Sterilitätsabklärung auf die alleinige Durchführung des Sims-Huhner-Tests (aufgrund des Timings des optimalen Zeitpunktes des Geschlechtsverkehrs) zurückzuführen sind, dann darf man annehmen, daß mindestens ebenso viele Schwangerschaften durch die alleinige Anwendung der OM erzielt werden können. Das Führen der Temperaturkurve ist nur ausnahmsweise behilflich, da der Temperaturanstieg nur einen *retrospektiven Parameter* des erfolgten Eisprunges darstellt.
Die Erfahrungen mit der OM nach Billings haben gezeigt, daß das *Kontrazeptionsoptimum* (Höhepunkt des Schleimsymptomes) am genauesten von der in der OM instruierten Frau erkannt werden kann (18). Der durch die typische Schlüpfrigkeitsempfindung an der Vulva bestimmte Höhepunkt des Schleimsymptomes muß nicht notwendigerweise mit dem Tag der größten, maximal spinnbaren Schleimmenge übereinstimmen (3, 4). Letztere wird nämlich von der präovulatorischen Spitze der Östradiolproduktion verursacht, welche 37 Stunden (= Mittelwert) vor der Ovulation stattfindet (8). Brown (8) und Burger (12) konnten durch biochemische Untersuchungen nachweisen, daß der Höhepunkt des Schleimsymptomes zeitlich eng mit der Ovulation korreliert. Dies scheint mit den neuesten Angaben von Hilgers (17) und Odeblad (25) übereinzustimmen.

h) Die sorgfältige Selbstbeobachtung nach der OM ist während der Therapie mit gewissen Ovulationsinduktoren zu empfehlen. Der anti-östrogene Effekt von Clomifen scheint z. B. eine ungünstige

Wirkung auf das schleimsezernierende System der Mutterhalszellen auszuüben (4, 5).

Selbstverständlich kann die OM bei Vorliegen mechanischer Hindernisse der Empfängnis, bei komplexeren hormonalen Störungen sowie bei männlichen Ursachen der Sterilität nicht helfen.

Schlußbemerkungen

Die Erfahrung zeigt, daß bei der Auswertung einer Methode der Geburtenregelung außer der **Zuverlässigkeit** *(Tab. II)* verschiedene andere Kriterien mitberücksichtigt werden müssen. Dazu sind im besonderen zu erwähnen: die Praktikabilität, die Reversibilität, der Wirkungsmechanismus, die Verträglichkeit, die Nebenwirkungen, die Akzeptabilität (35).

Die mit den hormonalen Kontrazeptiva und mit den IUD-s verbundenen Nebenwirkungen und Gesundheitsrisiken (26, 27) sowie die mit der Irreversibilität der chirurgischen Sterilisation in Zusammenhang stehenden Probleme (16) zeigen, daß die ideale Lösung noch aussteht. Die OM nach Billings bietet sich in diesem Zusammenhang als eine ernsthaft zu erwägende Alternative an, indem sie zuverlässig, gesundheitlich harmlos, sofort reversibel und dazu einfach und billig ist. Sie erlaubt den Ehepaaren eine verantwortliche und sichere Kontrolle der eigenen Fertilität **im vollen Respekt vor dem Leben und vor der eignen psycho-somatischen Einheit.**

Literatur

1. Ball, M.: A prospective field trial of the „ovulation method“ of avoiding conception. Europ. J. Obstet. Gynec. Reprod. Biol., 6/2, 63–66, 1976.
2. Billings, E. L., Billings, J. J., Brown, J. B. and Burger, H. G.: Symptoms and hormonal changes accompanying ovulation. Lancet, i, 282–284, 1972.
3. Billings, E. L., Billings, J. J. and Catarinich, M.: Atlas of the Ovulation Method. IV Edit. Advocate Press Pty. Ltd., Melbourne, 1980.
   (Deutsche Übersetzung: Verlag F. Schmitt, Siegburg. Nach der III. englischen Ausgabe, 1977).
4. Billings, E. L. and Westmore, A.: The Billings Method. O'Donovan Press, Melbourne, 1980.
5. Bourrit, B., et Herrmann, W.: Le traitement de l'anovulation chronique. Ther. Umsch., 37/6, 454–458, 1980.

6. Broer, K. H., Winkhaus-Schindl, I. und Berendes, R.: Die Bedeutung des Postkoital-Tests (Sims-Huhner-Test) in der Sterilitätsbehandlung. Fortschr. Med., 96/7, 351–356, 1978.
7. Brown, J. B.: Ovulation Method Workshop, St. Margaret's Hospital, Sydney, N. S. W., Revised Edit., April 1974.
8. Brown, J. B.: Timing of Ovulation. Med. J. Aust., 2/23, 780–783, 1977.
9. Brown, J. B.: The scientific basis of the ovulation method. In: Billings, E. L. et al.: Atlas of the Ovulation Method. Advocate Press, Melbourne, 1980.
10. Bulletin of the Natural Family Planning – Council of Victoria. Fam. Life Centre. P. O. Box 147. Eeast Melbourne, Aust. 6/4, 19, Dec. 1979.
11. Bulletin of Natural Family Planning – Council of Victoria. Famliy Life Centre. P. O. Box 147. East Melbourne, Aust. 7/2, 12–14, June 1980.
12. Burger, H. G.: Fertility and the Physician. Aust. N. Z. J. Med., 7, 320–328, 1977.
13. Dolack, L.: Study confirms values of Ovulation Method. Proc. from the Congress for the Family of the Americas. Guatemala, July 1980. Published bei The Knights of Columbus, New Haven, Conn., 1980.
14. Flynn, A. M. and Kelly, J.: Natural Methods of Family Planning. Lancet, ii. 418, 1976.
15. Flynn, A. M. and Lynch, S. S.: Cervical mucus and identification of the fertile phase of the menstrual cycle. Br. J. Obstet. Gynaecol., 83/8, 656–659, 1976.
16. Gomel, V.: Profile of women requesting reversal of sterilisation. Fertil. Steril., 30/1, 39–41, 1978.
17. Hilgers, T. W., Abraham, G. E. and Cavanagh, D.: Natural Family Planning. I. The Peak Symptom and Estimated Time of Ovulation. Obstet. Gynecol., 52/5, 575–582, Nov. 1978.
18. Hilgers, T. W. and Prebil, A. M.: The Ovulation Method – Vulvar Observations as an Index of Fertility/Infertility. Obstet. Gynecol., 53/1, 12–22, Jan. 1979.
19. Insler, V., Melmed, H., Eichenbrenner, I., Serr, D. and Lunenfeld, B.: The Cervical Score: a Simple Semiqantitative Method for Monitoring of the Menstrual Cycle. Internat. J. Gynaec. Obstet., 10/6, 223–228, 1972.
20. Kearns, F.: persönliche Mitteilung am Primo Congr. Internaz. per la Famiglia d'Africa e d'Europa. Rom, Jan. 1981.
21. Klaus, H., Goebel, J. M., Muraski, B., Egizio, M. T., Weitzel, D., Taylor, R. S., Fagan, M. U., Ek, K. and Hobday, K.: Use-effectiveness an client satisfaction in six centers teaching the Billings Ovulation Method. Contracept., 19/6, 613–629, 1979.
22. Lanctot, C. A.: Natural Family Planning. Clin. Obstet. Gynaec., 6/1, 109–127, april 1979.
23. Litschgi, M., Benz., J. J., und Glatthaar, E.: Sterilisationsversager.. Ther. Umsch. 33/4, 284–286, 1976.
24. Mall-Haefeli, M., Fischer, Ch. und Spornitz, U. M.: Erfahrungen mit modernen „Intrauterine Contraceptive Devices" Cu-7 und Cu-T. Ther. Umsch. 33/4, 242–250, 1976.
25. Odeblad, E.: Cervical Factors. Contr. Gynec. Obstet., 4, 132–142, (Karger, Basel 1978).
26. Regular Review – Vessey, M. P.: Contraceptive methods: risks and benefits. Br.

Med. J., 721–722, Sept. 1978.
27. Rosenfield, A.: Oral and intrauterine contraception: a 1978 risk assessment. Amer. J. Obstet. Gynecol. 132/1, 92–106, 1978.
28. Rötzer, J.: Erweiterte Basaltemperaturmessung und Empfängnisregelung. Archiv für Gynäkologie, 206, 195–214, 1968.
29. Rötzer, J.: Natürliche Geburtenregelung, Herder Verlag, 1980.
30. Spieler, J. (WHO): Referat am Primo Corso Naz. sul Metodo dell-Ovulazione Billings. Rom, Dez. 1979.
31. Staemmler, H. J.: Gynäkologische Hormontherapie in der Praxis. Selecta-Verlag. Planegg v. München. 1976.
32. Stewart, T.: Ovulation Method Statistics, Chun Cheon, Korea. Report to: A Reader in Natural Family Planning. Seta Internat. Print., Co., Tokyo, 1978.
33. Weissmann, M. C., Foliaki, L., Billings, E. L., and Billings, J. J.: A trial of the Ovulation Method of family planning in Tonga. Lancet, ii, 813–816, 1972.
34. World Health Organization, Task Force on Methods for the Determination of the Fertile Period, Special Progr. of Res., Develop. and Res. Training im Human Reprod. Family Planning Based on Periodic Abstinence: A Preliminary Glossary. Now. 1976. (unpublished document).
35. Zander, J.: Empfängnisverhütung. Ther. Umsch., 33/4, 195–203, 1976.

Korrespondenzadresse:

Dr. es med. Elisabetta u. Urs MEIER-VISMARA, Föhrenstraße 7, 8050 ZÜRICH.

Prof. Dr. Norbert und Renate Martin

Verantwortliche Elternschaft in der sakramentalen Ehe*

Der Handlungsspielraum des Menschen und die Ordnung Gottes.

Wenn man auf dem Hintergrund der Kirchengeschichte fragt, wie man den heutigen Menschen in der Entscheidungssituation der verantwortlichen Elternschaft zu gottgewollt-naturgemäßem Handeln motivieren kann, so muß man etwas ausholen, um die ganze Tragweite der geschichtlichen Situation, in der wir stehen, erkennen zu können.

Jahrtausende hindurch war der Mensch in den Möglichkeiten seiner Handlungen von Grenzen bestimmt, die sich durch die ihn umgebende Natur bzw. seine eigene Natur (D. h. durch die vorfindbaren biologischen, kulturell überformten Bedingungen seines Mensch-Seins) „von selbst" ergaben. Zweifellos gab es in diesen Jahrtausenden auch Fortschritt im Sinne einer Veränderung seiner Möglichkeiten durch Erfindung von Werkzeugen, von je neuen Mitteln zur besseren Daseinsbewältigung. Dieser Fortschritt bekam jedoch durch die technische Entwicklung der letzten ein bis zwei Jahrhunderte – und wäh-

---

* Der folgende, für dieses Buch gekürzte und überarbeitete Beitrag wurde ursprünglich 1978 geschrieben und erschien 1979, also bevor die Beiträge des jetzigen Hl. Vaters zum Problem von „Humanae vitae" und der Frage der Empfängnisregelung vom Standpunkt einer personalistischen Anthropologie und Ethik in deutscher Übersetzung vorlagen. Beide Ansätze, der Personalismus und die sich aus der Sakramentalität der Ehe herleitenden Überlegungen, lassen sich nahtlos verbinden. – Die Autoren sind eins der 16 Ehepaare, die aus der ganzen Welt als Auditoren zur Römischen Bischofssynode 1980 „Über die Aufgaben der christlichen Familie in der heutigen Welt" geladen waren. Sie veröffentlichten darüber ein Buch, das u. a. Gedanken dieses Artikels aufnimmt und in dem zu verschiedenen Problemen weiterführende Literatur angegeben ist (Renate und Norbert Martin: Brenn-Punkt Ehe und Familie. Berichte und Reflexionen eines Auditoren-Ehepaares im Anschluß an die Römische Bischofssynode 1980, Vallendar-Schönstatt, Patris-Verlag 1981). Auch das soeben erschienene Apostolische Schreiben „Familiaris consortio" des Hl. Vaters, daß hier nicht mehr berücksichtigt werden konnte, und das das Schlußdokument der Synode darstellt, bestätigt in allem die hier gezogene Linie. (Vgl. auch die Berichte über die Röm. Bischofssynode, die die Verfasser in „Theologisches" brachten: Sp. 3944, 4013, 4045, 4135).

renddem in einem rasant ansteigenden Maße – eine völlig neue Qualität: Die Tiefe der Eingriffsmöglichkeiten in Natur und Kultur des Menschen, die Reichweite des „Machbaren“ und die Folgen für das natürlich Vorfindbare, d. h. also die Möglichkeiten der Veränderung erreichten ein Ausmaß, das vorher nicht denkbar war. Da sich aber das menschliche Handeln immer im Horizont ethisch-moralischer Normen abspielt, brachte die neue Situation es mit sich, daß die bisher geltenden Normen nicht ohne weiteres auf die neuen Möglichkeiten des Handelns anwendbar waren, anders ausgedrückt: Es ergaben sich neue Handlungsfelder infolge der neuen Möglichkeiten, die durch die bisherigen Normen nicht abgedeckt waren.

Die infolge der gebotenen Kürze notwendig abstrakten Aussagen kann sich jeder Leser veranschaulichen im Bereich der Humangenetik, der medizinischen Behandlung schwerster Gehirntraumata, der Eingriffsmöglichkeiten in den hormonalen Steuerungsorganismus, der Eugenik, der Transplantationstechnik, der klinisch induzierten Abortmöglichkeit, aber auch der Gruppendynamik usw. Eins der betroffenen Gebiete ist das der menschlichen Sexualität – homologe und heterologe Insemination, Geschlechtsumwandlung, Implantation von Reagenzglas-gezeugten Kindern, mechanische und chemische Techniken der Empfängnisverhütung, Genmanipulation usw.

Die Voraussetzung, vor allem aber auch die Folge dieser Entwicklungen war die um sich greifende Vorstellung, daß es so etwas wie ein in den Dingen liegendes Naturgesetz, eine Schöpfungsordnung, aus der man die Art des angemessenen Handelns ablesen könne, nicht gebe. In der Tat schien es so, als könne der Mensch straf- und folgenlos die vormals vermeintlichen Grenzen seines Handelns beliebig überschreiten. Zeigte sich darin nicht evident, daß es diese Grenzen gar nicht gab? Der Mensch war fähig, sie zu überschreiten, er überschritt sie und betrat so ein Gebiet immer größerer Freiheit und unbegrenzter Möglichkeiten. Aufkommender Schwierigkeiten mußte man mit noch mehr Forschung, Eingriff und Manipulation Herr werden. Der Mensch als Herr der Schöpfung! Grenzen des Handelns waren nur vorläufig in der (noch vorhandenen, aber demnächst zu überwindenden) Dummheit der Menschen zu sehen. Alles erschien machbar, und was machbar war, durfte man auch tun. Einen Zusammenhang zwischen „Sein“ und „Sollen“, zwischen dem naturhaft Vorfindbaren und dem daraus abzuleitenden Handeln gab es nicht. Der Mensch konnte anscheinend sogar das „Sein“ manipulativ ändern. Daraus ergab sich, daß er auch in seinem Handeln einzig und allein auf sich geworfen ist und er selbstherrlich bestimmen kann.

Aus diesem circulus vitiosus eines jeweils entgrenzenden und deshalb grenzenlosen Handlungsspiellraums, der auf dem Boden des theoretischen und praktischen Materialismus folgerichtig und logisch sein mag, gibt es nur einen Ausweg: Wenn man für die Welt und insbesondere für den Menschen den Primat des Geistes vor der Materie anerkennt. Erst in der transzendentalen Verankerung der menschlichen Existenz als etwas „Sinn-vollem“ ordnen sich alle Fragen seiner historisch-konkreten Befindlichkeit wie Eisenspäne in einem magnetischen Kraftfeld.

Zwar gibt es auch auf der rein natürlichen Ebene – wie uns die primären Produzenten des Fortschrittglaubens, die Naturwissenschaftler, inzwischen verdeutlichen – Phänomene, die den Menschen auf die nicht beliebig zu manipulierenden Grenzen seines Expansionsdranges aufmerksam machen und damit zeigen, daß man nicht ungestraft die „in der Natur der Sache“ liegenden Handlungshinweise übertreten kann. Doch bleibt eine solche Erfahrung, wenn sie nicht jenseits der Physis, also meta-physisch, verankert wird, im Bereich eines Pragmatismus, dessen Ethik nicht über eine trial-and-error-Begründung (Versuch und Irrtum) hinausreicht. Erst in der transzendentalen Verankerung der Menschen eröffnet sich eine Anthropologie, die in der Verbindung von Sein und Sollen über eine je geschichtlich-kulturelle Stufe menschlicher Handlungtheorie hinausweist auf eine dem Zufälligen und Beliebigen enthobenen Normierung. Für sie offenbart sich im ordo essendi (Seinsordnung) zugleich der in die Schöpfung gelegte Gedanke Gottes, der recht verstanden, d. h. also in seinem Sinn, zugleich den ordo agendi (Ordnung für das richtige Handeln) dokumentiert.

Nun ist es (leider?) nicht so, daß ordo essendi und ordo agendi sich so exakt aufweisbar entsprechen wie ein Auto und seine Bedienungsanleitung. Vielmehr ist hier im Bereich des Menschen ein feinfühliges, bereitwilliges und demütiges Hinhören erforderlich, das die vieldimensionalen Faktoren mitbedenkt, die in die komplexen Situationen des Menschen hineinwirken. Zudem ist zu berücksichtigen, daß infolge der Geschichtlichkeit des Menschen auch die Erkenntnis des ordo essendi eine Plastizität besitzt, will heißen, daß es im Rahmen von unaufhebbaren und unveränderlichen Normierungen, die unverrückbare Handlungsgrenzen des Menschen bezeichnen (Beispiel Lebensrecht), eine Bandbreite von Veränderbarkeit gibt, die auch für den ordo agendi einen Interpretationsspielraum zur Folge hat, der jeweils historisch-verantwortlich ausgefüllt werden muß. In diesem Vorgang erfüllt sich sogar in nicht unwesentlichem Maße die Freiheit des Menschen.

Ein Beispiel für diesen Zusammenhang bietet das Problem der verantwortlichen Elternschaft, wie es historisch aufgekommen ist und nun nach Normierung verlangt. Fragt man nach dem Ansatzpunkt für ein gottgewollt-naturgemäßes Handeln auf diesem Gebiet, so kann man zunächst sagen: Es ist auch hier der ordo essendi, der den ordo agendi bestimmen muß. Anders formuliert muß man also fragen: Wie sehen die von Gott in die „Natur der Sache" hineingelegten Seinsgesetze für verantwortliche Elternschaft aus, und wie sieht ein Handeln aus, das diesen Normen der Natur entsprechen will? – Will man sich den zentralen Fragepunkt noch klarer und konkreter vor Augen führen, dann muß man einige Vorbedingungen klären.

Das Problem

In der Regel geht es ja in der weitaus größten Zahl der Fälle bei der verantwortlichen Elternschaft um die bewußte (aus welchen Gründen immer) Verhinderung einer (weiteren) Konzeption.

Aus unserem Wissen über die Bedeutung der ehelichen Gemeinschaft für die personale Entfaltung der Ehegatten, aber auch für die Entfaltung des sakramentalen Charakters der Ehe im ganzen verbietet sich *in der Regel* wohl die Forderung der absoluten ehelichen Enthaltsamkeit. Man braucht nicht (negativ) auf die menschliche Schwäche abzuheben, um eine solche Forderung und Folgerung als unbrauchbar abzulehnen. Wir haben heute die Erkenntnisse, die es uns (positiv) erlauben, eine solche Forderung in der Regel als mit dem Sinn der Ehe unvereinbar zu bezeichnen. Das hohe Gut der ehelichen Hingabe besonders im Zeichen des sakramentalen Charakters erfordert – wenn nicht schwerwiegende Bedenken entgegenstehen – den Vollzug. Wie aber lassen sich die beiden im Extremfall geradezu entgegengesetzten

Ziele der ehelichen Vereinigung einerseits und der Vermeidung einer weiteren Konzeption andererseits unter dem Aspekt der verantwortlichen Elternschaft so miteinander verbinden, daß die Eheleute den ordo essendi nicht nur nicht verletzen, sondern naturgemäß handeln, ja sogar unter dem Aspekt des Sakraments eine hochgradige Ehe verwirklichen können?

Papst Paul VI. hat auf diese Frage in seiner Eheenzyklika „Humanae vitae“ in Bekräftigung der bisherigen Lehre der Kirche eindeutig geantwortet: Der Ansatzpunkt ist der „natürliche“ Ablauf des ehelichen Aktes, in dem sich der ordo essendi dokumentiert. Jeder direkt zielende Eingriff, der den Akt in seinem Ablauf oder seinen Folgen manipuliert und verändert, ist gegen den ordo essendi und darum falsch.

Eine ganze Reihe von Theologen (vielleicht sogar die meisten Moraltheologen, wenigstens in Deutschland) glaubten, gute Gründe zu haben, um zu einem anderen Ergebnis zu kommen. Für sie gab es entweder den ordo essendi gar nicht – also auch keinen daraus abzuleitenden ordo agendi – oder aber sie definierten bestimmte Änderungs*möglichkeiten* des Aktablaufs, bzw. seiner bisher als „natürlich“ angesehenen Folgen als mit dem ordo essendi vereinbar, weil der Mensch durch die Wissenschaft die „Natur“ selbst verändere, ohne sie aufzuheben, d. h. also daß die Grenzen des ordo essendi in diesem Falle selbst – zumindest zum Teil – plastizierbar seien.

Die Praxis

Eine Stellungnahme vieler Moraltheologen war und ist zweifellos stark beeinflußt durch die auch in katholischen Kreisen – und zwar schon vor der Enzyklika – weit verbreitete Praxis der Methoden zur Empfängnisverhütung, besonders der sog. „Pille“. Insbesondere bei dieser Methode glaubten viele Theologen im Sinne eines „vorauslaufenden Gehorsams“ (weil nämlich der Praxis die spätere Legitimation durch das Lehramt folgen werde) an die Vereinbarkeit mit der katholischen Lehre. Diese Ansichten der Theologen verstärkte die (ohnedies zweifellos sich verbreitende) Praxis auch katholischer Eheleute, besonders junger Familien, wobei Sicherheit, Leichtigkeit und vermeintliche Nebeneffektfreiheit als die großen Vorteile dieser Methode ins Feld geführt wurden. Die allgemeine Praxis wiederum verstärkte bei den

Theologen den Willen, die Methode zu legitimieren, weil sich sonst eine zu große Kluft zwischen Theorie und Praxis aufgetan hätte. Diese beiden sich gegenseitig hochschaukelnden Faktoren (die „veröffentlichte" Moraltheologie und die Praxis einer zunehmenden Anzahl katholischer Eheleute) – gleichsam in Anlehnung an die berühmte „Schweigespirale" von Noelle-Neumann in der politischen Meinungsforschung als „Pillenspirale" zu charakterisieren – hatten als Ergebnis, daß man mit an Sicherheit grenzender Wahrscheinlichkeit vom Papst die Absegnung der „Pillenpraxis" erwartete. Um so größer war der bis heute andauernde, ja sich verschärfende Schock auf Humanae vitae.[1]) Entsprechend versuchten viele Bischöfe und ganze Bischofskonferenzen zu vermitteln.[2])

Will man mit kurzen Worten die heutige Lage in Deutschland schildern, so könnte man sie ungefähr folgendermaßen charakterisieren: Bei einem Großteil der Theologen und der katholischen Eheleute und größtenteils bei den mit Ehe- und Familienfragen kirchlicherseits Beauftragten ist die Methodenwahl *insbesondere hinsichtlich der „Pille"* in Theorie und/oder Praxis *gegen* die päpstliche Enzyklika gelöst, sie ist *praktisch* keine Frage mehr.

Sakramentale Ehe als Dreibund

Angesichts dessen ist es um so wichtiger, auf die schon mehrfach gestellte Frage nach dem *Ansatzpunkt* für ein gottgewollt-naturgemäßes Handeln nunmehr näher einzugehen.

Humanae vitae verweist lediglich auf die Aktstruktur, die nicht tangiert werden dürfe. Aber *warum* darf sie das nicht? Ist die Aktstruktur *als solche* schon sakrosant? Oder lassen sich Kriterien finden, die noch „hinter" dem natürlichen Aktablauf liegen und in deren Konsequenz erst ein Eingriff in den Aktablauf, bzw. die Manipulation seiner Folgen problematisch wird?

Zur Erläuterung des geistigen Hintergrundes von „Humanae vitae" gibt es inzwischen eine Fülle von Literatur über die zugrundeliegende *personalistische Anthropologie,* die der biologischen Seite des Problems erst die eigentlich menschliche Dimension verleiht. Gibt es aber nicht für Katholiken weitere Begründungen, die sich aus der *Sakramentalität der Ehe* ergeben?

Gewöhnlich spricht man bei der Ehe von einem Bund zwischen Mann und Frau, also von einem Zweibund. Nimmt man allerdings die Sakramentalität der Ehe ganz ernst, so muß man bei der Wirklichkeit der katholischen Ehe von der in ihr immer wirkenden Gegenwart Christi ausgehen. Die Stola des Priesters, die bei der Trauung die beiden aneinanderliegenden Hände der Eheleute umschließt, ist Ausdruck und Symbol für die Hand Christi, die diese Bündnisgeste der *beiden* in die dauernde (neue) Gegenwart, Wirksamkeit und Wirklichkeit des *„Dritten im Bunde"* hineinhebt. Deshalb besteht „für alle Verheirateten ... die Aufgabe, die Ehe als christlichen Heilsstand zu leben, ihre Sakramentalität, d. h. die Christusförmigkeit in ihr vorbehaltlos zu verwirklichen". Die Ehe „ist nur von Christus her und auf Christus hin im Vertrauen auf seine Gnade zu verwirklichen"[3]).

In diesem Sinne hatte Pater Josef Kentenich, der Gründer des in vielen Ländern der Welt als eine der größten kirchlichen Familienbewegungen verbreiteten Schönstätter Familienkreises, schon 1933 gesagt, daß man gemäß dem Gesetz ordo essendi est ordo agendi aus dem „Natursinn der Ehe das Ideal der Ehe herauslesen" müsse.[4]). Da die objektive Seinsordnung sich „sowohl in der Natur wie in der Übernatur" zeigt, zielt letztlich „alles darauf, das gesamte menschliche Wirken, Handeln und Leben zu einem Zusammenwirken mit Gott zu machen. In wissenschaftlichen Ausdrücken gesagt: auf die allumfassende und dauernde Mitwirkung Gottes bei den positiven Akten des Menschen müssen wir mit einem umfassenden und dauernden Eingehen auf das Wirken und den Willen Gottes antworten"[5]). Auf der natürlichen Ebene heißt das, daß Gott Mann und Frau als „Zweieinheit"[6]) gedacht hat. Aber: „Die natürliche Ehe ist in ihrem ganzen Sein, mit ihrer ganzen Seinsstruktur in eine neue, in die reale übernatürliche Ordnung eingebaut, da Christus sie erhoben hat zum Sakrament. In einzigartiger Weise ist sie damit in die übernatürliche Welt- und Seinsordnung gestellt. Das ist nicht so zu verstehen, als wäre der Ehe, wie sie in der natürlichen Ordnung besteht, nur etwas hinzugefügt worden; nein, es ist weit mehr geschehen: die ganze Ehe der Naturordnung ist total emporgehoben worden in die Gnadenordnung."[7])

In dieser Sicht ist dann Ehe nicht nur auf der natürlichen Ebene (Kentenich nennt es auch die Ebene der „Ehemoral"), sondern auch auf der übernatürlichen Ebene („Eheideal") eine „Liebes-, Lebens- und

Schicksalsgemeinschaft der Eheleute mit Christus". „Der vollendete Ausdruck dieser Gemeinschaft ist der eheliche Akt"[8]), dessen Fernwirkung „nicht nur bis zu einem neuen Lebewesen, sondern bis in die Ewigkeit hineinreicht"[9]). So ist eins der Ziele der Ehe „Kinder in und mit Christus zu erzeugen", so wird die Ehe „Kirche im Kleinen" und in gewisser Weise wie die Kirche im Großen eine „Fortsetzung der Inkarnation"[10]). „In der Ehe ist der Raum, wo Christus seine Menschwerdung immer wieder neu offenbart."[11]) Deshalb „stellen (wir) weiterhin fest, daß zur Ehe nicht nur zwei Teile, Mann und Frau, gehören, sondern auch Gott"[12]).

Nachdem Kentenich dann die innere Haltung der katholischen Ehe auf das Hl. Meßopfer dargelegt hat, gibt er auf die Frage, worin das Eheideal letztlich bestünde, die Antwort: „Es bedeutet die innigste Verbundenheit beider Eheleute mit und in Christus. Die Ehe ist eine innigste Seins-, Lebens-, Liebes-, Gesinnungs-, Aufgaben-, Schicksals-, Opfergemeinschaft in Christus ... Christus, der den Vermählungswillen der Eheleute in den seinigen eingegliedert hat, hat keinen größeren Wunsch, als diesen Vermählungswillen Tag für Tag seinem Willen von neuem einzugliedern."[13]) So soll „der gemeinsame Lebensweg auch ein gemeinsamer Himmelsweg" sein[14]).

Diese Zusammenhänge, die ja keine graue Theorie von Theologen bleiben sollen, sondern im Alltag der katholischen Ehe von Mann und Frau so ernst genommen werden wollen wie die dichteste Realität, wird in das anschauliche Bild von der Ehe als „Freibund" zusammengefaßt: Gott, bzw. in spezifischer Weise (wie je eigen in den anderen Sakramenten auch) Christus, Mann und Frau.

Das Konzil formuliert in der Pastoralkonstitution über die Kirche in der Welt von heute einen ähnlichen Gedanken, wenn es sagt, daß Christus im Sakrament der Ehe den christlichen Eheleuten begegnet und bei ihnen bleibt, und daß die christliche Ehe und Familie die lebendige Gegenwart des Erlösers in der Welt kundtut (Nr. 48). An anderer Stelle heißt es, daß die Eheleute mit der Liebe des Schöpfers und Erlösers mitwirken, „gleichsam als seine Interpreten" (Nr. 50)[15]). Christus ist also „nicht nur bei dem Ehepaar, sondern *in* ihm. Von innen her will Er unablässig die eheliche Liebe läutern und ihre Einheit vollenden."[16]).

Der Anfang des ehelichen Lebens ist der Beginn einer gemeinschaftlichen Geschichte mit Gott und aufgrund der Sakramentalität der Ehe soll dieser Weg ein spezifischer Weg zur Heiligung sein. „Auf dem Weg dahin seid ihr euch nicht selbst überlassen: denn Christus und der Heilige Geist arbeiten ohne Unterlaß für euch."[17]) „Die eheliche Vereinigung aber wird zum einzigartigen Zeichen ihres geheimnisvollen Bundes miteinander und mit Gott. Sie vermittelt den Ehegatten etwas von dem Glück und der Freude, die in Gott selbst ist.[18])." „Im Gehorsam des Ehepaares gegen die Weisungen Gottes bildet sich der Gehorsam Christi ab; in der wechselseitigen Hingabe von Mann und Frau die Hingabe Christi ... Das Paar erfährt sich in der Tiefe seines Wesens evangelisiert, die Gatten entdecken mit Furcht und Zittern (Phil 2,12), aber auch mit erstaunter Freude, daß sich in ihrer Ehe, wie in der Einheit von Christus und der Kirche, das Ostergeheimnis des Todes und der Auferstehung vollendet."[19]) Im großen Gesetz der ehelichen Liebe „sich einander hinzugeben, um sich gemeinsam hinzugeben"[20]) – nämlich Gott! – kommt zugleich die Wahrheit zum Tragen, daß wir – wie auch außerhalb der Ehe – im andern immer auch zugleich Gott begegnen sollen und können. Henri Caffarel, der Gründer der Equipes Notre Dame, formuliert es so: „In deiner Liebe zu mir begegne ich der Liebe, die Gott zu mit hat; und in meiner Liebe zu dir bin ich mit Gott vereint, denn er benutzt mein Herz, um dich zu lieben."[21])

In der „Gegenwart Christi in der Vereinigung der Liebe zweier Getaufter, die sich zu einem gemeinsamen Leben gegenseitig schenken, ist eine ständige und rettende Gnade" gegenwärtig, die die eigentliche Kraftquelle der Familie darstellt. „Zwei Getaufte, die sich in der Ehe vereinigen, werden gemeinsam eine neue Zelle der Kirche."[22])

Ein letzter Beleg: In seinem Fastenhirtenbrief 1979, den er dem Familiengebet widmete, schrieb Bischof Brems von Eichstätt: „Die Weihe der Familie als Hauskirche geschieht im Sakrament der Ehe. Mann und Frau werden in den Liebesbund zwischen Christus und seiner Kirche hineingenommen. Sie erhalten gnadenhaften Anteil am Leben und der Liebe Jesu Christi und seiner Kirche. So gewinnen sie eine neue Mitte für ihr gemeinsames Leben. *Christus ist der Dritte im Bund.* Seine Kraft wächst ihnen zu."[23])

Fragen wir nun am Schluß dieser überzeugenden und dichten Belege für das Verständnis der Ehe als Dreibund, was sie für die Grundfrage besagen, so muß man wohl folgende Folgerungen ziehen:

Durch die Erhebung der Ehe zum Sakrament, d. h. zu einer der Nahtstellen des Lebens, an denen Gott besonders wirkt, wird der enge Bezug der Ehe an sich zum Dreifaltigen Gott voll erkennbar und verpflichtende Aufgabe für Leben und Verkündigung der Christen – vorab also der lehrenden Kirche, die diese Wahrheit den Eheleuten weiterzugeben hat, damit sie sie mit Leben füllen: Gott Vater wirkt als Schöpfer in jeder Ehe, Jesus Christus zieht die Ehe in seine Liebe zur erlösten Menschheit hinein, indem er die Ehe zum Abbild seines Verhältnisses zur Kirche macht, und der Hl. Geist wirkt als Liebeskraft, daß die von menschlicher Schwachheit gezeichnete Ehe sich überhaupt auf diesen Weg begeben, darauf voranschreiten und sich ihrem Hochbild annähern kann.

Wenn also in der sakramentalen Ehe Christus als zur Zweieinheit von Mann und Frau wesensgemäß, ja gleichsam als Mitte des Bundes hinzutretend erkennbar wird, so hat er als „Gott des Lebens" in allen Belangen der Ehe auch wesensgemäß mitzureden, ist er die eigentliche Norm, die normierende Mitte dieses Dreibundes, haben die Eheleute in allen gesinnungs- und handlungsrelevanten Angelegenheiten nach dem Dritten im Bunde zu fragen. Dies gilt sowohl für Fragen der familiären Rollen (Mann-Frau, Vater-Mutter, Erziehung, Lebensgestaltung allgemein usw.) als auch für den Bezug der Familie zur Öffentlichkeit. Es gilt aber besonders für den engeren Bereich des ehelichen Lebens, in dem die Sakramentalität, wie wir gesehen haben, ihren besonderen und eigengearteten Ausdruck findet. In allen Bereichen soll Gott mitreden und mitwirken können, aus keinem darf (und will) er ausgeschlossen sein. Aus dem Bereich aber, in dem die *sakramentale* Ehe als Liebes- und Lebensgemeinschaft vollzogen wird (und sakramental ist sie eben durch die Gegenwart Christi), der also gleichsam ihre *Mitte* darstellt und das eheliche Verhältnis grundlegend von allen anderen Verhältnissen, die Menschen eingehen können, unterscheidet, aus diesem Bereich darf Gott in seiner Mitwirkungsmöglichkeit mit den Eheleuten (und umgekehrt!) *auf keinen Fall grundsätzlich* ausgeschlossen werden.

Das entscheidende Kriterium für die Grenzziehung

Dieser sakramentale Charakter der Ehe als *Dreibund* scheint uns der letzte Grund dafür zu sein, warum ein gottgewollt-naturgemäßes Handeln im Bereich der verantwortlichen Elternschaft an folgender Frage das entscheidende Kriterium für die Grenzziehung von „erlaubt" und „unerlaubt" findet: Wird Gott als der Dritte im Bund in seiner Mitwirkungsmöglichkeit an den beiden anderen (den Eheleuten) selbst direkt, aktiv und ursächlich ausgeschlossen oder nicht?

An dieser Stelle wird aus dem Gedanken des Dreibundes deutlich, warum die Aktstruktur selbst nicht aktiv von den Handelnden manipuliert werden darf: Weil damit (direkt der Akt getroffen, aber indirekt auch) der Dritte im Bund von den zwei anderen ausgeschlossen wird. Weil die (evtl.) Weckung neuen Lebens die freie und liebende Tat des Dritten im Bund ist, in der er seine *latente dauernde Anwesenheit und Zusammenarbeit mit den Eheleuten ggf. manifestiert* (u. U. auch *gegen* menschlich begrenzte Einsicht), deshalb ist auch das Junktim zwischen liebender Hingabe und grunsätzlicher (!) Offenheit auf Nachkommenschaft unaufhebbar, es sind sozusagen die zwei Seiten derselben Medaille. Wenn die beiden Ehegatten bewußt und gewollt den Dritten im Bund, der möglicherweise mit ihnen in der Weckung neuen Lebens schöpferisch zusammenwirken will, ausschließen, indem sie sein Schöpfertum grundsätzlich verhindern, werden sie auf sich selbst geworfen, lösen sie sich aus dem sakramentalen Zusammenhang.

Weil die Methodenfrage für den gläubigen Katholiken, der unter der Norm der Ehe als Sakrament und Dreibund steht, keine positivistische Frage nach der Höhe des Östrogenspiegels, sondern eine Frage nach dem grundsätzlichen Ein- oder Ausschluß des Dritten ist, stellt *dies* auch das *primäre* Kriterium zur Beurteilung der verschiedenen Methoden nach zulässig oder unzulässig dar und nicht die Kriterien (die *nach* der Grundentscheidung zweifellos zu beachten sind) der Zuverlässigkeit, Unschädlichkeit und Zumutbarkeit.

Der qualitative Unterschied zwischen natürlicher und künstlicher Empfängnisregelung

Es ist für jeden, der die medizinisch-biologischen Zusammenhänge kennt, klar, daß dies eine Entscheidung *für* den Papst im Sinne von Humanae vitae und *gegen* z. B. die „Pille" bedeutet, weil im Falle der „Ovulationshemmer" ein eindeutiger, direkt gezielter und gewollter Eingriff in den hormonalen Steuerungsorganismus vorliegt, der die

Wirkmöglichkeit des Dritten im Bund ausschließen soll. Bei der Zeitwahl und anderen sog. „natürlichen" Methoden ist dies eindeutig *nicht* der Fall, auch wenn „gesinnungsmäßig" der Wille einer Empfängnisvermeidung vorliegt. In diesem Falle bleibt trotzdem der Dritte frei, im anderen Falle wird er aktiv ausgeschlossen. Die Gesinnung einer Empfängnisvermeidung schließt nämlich im Falle der Zeitwahl von vorneherein und grundsätzlich die Haltung ein: Sollte der Dritte im Bund *anderer* Meinung sein, so sind wir bereit, dies anzunehmen. Mann und Frau stellen sich hier unter die Norm Gottes, im anderen Fall setzen sie letztlich die Norm selbstherrlich in eigener Autonomie unter Absehung und Ausschluß des Dritten. Es wird hier deutlich, daß die ganze Frage letztlich vom Gottes- und Menschenbild und von der Tiefe des Glaubens abhängt, d. h. vom Glauben daran, daß Gott ein lebendig in unserem Alltagsleben wirkender Gott und unser Vater ist. Wenn man sich nochmals an das Bild der Eheleute als „Interpreten Gottes" erinnert (Nr. 50 der Pastoralkonstitution über die Kirche in der Welt von heute), so bedeutet dies für unsere Frage etwa, daß die Eheleute zwar die von Gott gegebene Melodie (wie jeder Spieler eines Stückes dies tut) in ihrem „Spiel" interpretieren dürfen und sollen, daß sie aber die zugrunde liegende Melodie nicht eigenmächtig verändern dürfen, sondern auf Werktreue zu achten haben, weil (und hier hinkt der Vergleich wie jeder Vergleich) im Vollzug des Kunstwerks der Künstler als Urheber mitwirkend wird. Auf natürlicher Ebene scheint es ein Duett, in Wirklichkeit (mit den Augen der Übernatur, als Sakrament) ist es aber ein Trio.

Da in diesem Bereich und gerade in bezug auf die sog. „Pille" – hervorgerufen u. a. durch die von der offiziellen Lehre der Kirche abweichende Stellungnahme vieler (Moral-)Theologen – eine außerordentliche Unsicherheit herrscht, wenn nicht schon die meisten (auch katholischen) Ehepaare in der Praxis zur Tagesordnung übergegangen sind[24]), ist es unbedingt nötig, daß die Bischöfe eine klare Position beziehen. Da die Frage der Grenzziehung eine *grundsätzliche* ist, kann sie nicht durch die Überantwortung in die Entscheidungskompetenz des Einzelgewissens gelöst werden – das wäre nur ein Stehlen aus der Verantwortung.

Mit dieser klaren Position ist nichts über die individuelle Schuld einzelner Ehepaare infolge ihrer Praxis ausgesagt. Die Schuld hängt bekanntlich auch vom Erkenntnisstand ab, und man hat zuweilen den Eindruck, daß die volle Lehre über den Reichtum und die Schönheit des katholischen Ehe*ideals* trotz aller Appelle der Päpste in der Kirche nur noch in „Reservaten“ gelehrt wird.

Notwendigkeit des Umdenkens

Gesetzt den Fall, daß unter dem *theoretischen* Gesichtspunkt verantwortlicher Elternschaft ein Ehepaar zu der Erkenntnis kommt, unter den gegebenen Umständen sollte oder dürfte es kein (weiteres) Kind bekommen, welche Handlungsmöglichkeiten bleiben ihm, um die Ehe auch im sakramentalen Zeichen der leib-seelischen Einswerdung zu verwirklichen, verantwortlicher Gattenschaft also mit verantwortlicher Elternschaft zu verbinden unter dem Ideal des Dreibundes?

Wir lassen hier die psychologisch sicher wichtige Tatsache beiseite, daß es außer der vollen Einswerdung vielfach abgestufte Grade und Zeichen gegenseitiger Liebesäußerungen ehelicher Einheit, Zärtlichkeit, Hingabe und Geborgenheit gibt, die sich auch leib-seelisch bis in den Alltag hinein dokumentieren und die symbolhaft die Einheit im Dreibund anzuzeigen vermögen. Dieser ganze Bereich kultureller Ausformungen im „Spiel“ der liebenden Eheleute ist natürlich stark von individuellen Anlagen und „Begabungen“, aber auch von Kultur-‚Mentalitäten abhängig. Jede Ehe ist einmalig und jedes Ehepaar soll seine individuelle Heilsgeschichte erfahren.[25]) Da das Handeln in Bezug auf Empfängnisbeschränkung am direkten, aktiven, bewußten und von den Eheleuten ursächlich gewollten und herbeigeführten Ausschluß des „Dritten“ seine Grenze findet, verbieten sich unter dieser Maxime alle künstlichen Methoden der Empfängnisverhütung, zumal darüberhinaus ihre Zuverlässigkeit, Unschädlichkeit und Verträglichkeit – jeweils von Methode zu Methode sehr unterschiedlich – in Frage steht[26]).

Fraglos jedenfall scheint zu sein, daß es neben der Umweltverschmutzung, für deren Problem der Mensch in den letzten Jahren ein besonderes Feingefühl entwickelt hat, auch so etwas wie eine „Inweltverschmutzung“ gibt, durch die der Mensch seine eigene Natur (Physis und Psyche) zerstört.

Es scheint in der Tat eine offene Frage zu sein, ob der Mensch wieder fähig wird, sein Leben den Gegebenheiten der Natur anzupassen, ihr

Maß wieder zu dem seinen zu machen. Oder wird er sie weiter wahllos ausbeuten und in dieser Maßlosigkeit sich selbst und die Natur zerstören? Viele Beispiele für dieses blinde Verhalten des Menschen seiner natürlichen Um- und Innenwelt gegenüber lassen sich aus den verschiedenen Lebensbereichen anführen – Umweltschutz, Wohnweise, Lebensführung –, in denen der Mensch sich von den Regeln und Reserven, die die Natur in sich selbst und in ihm selbst vorfindet, zu seinem Schaden und zur Gefahr für sein eigenes Überleben entfernt hat. Der Mensch wird in dieser Hinsicht von seinem Verstand und nicht von sicheren Instinkten geleitet, und so ist es eine Tat des freien Willens, aus Mißbrauch und Fehlentwicklung herauszufinden.

Da man aber neue Handlungsmöglichkeiten ungern aufgibt (zumal, wenn sie bisherige schwierige Probleme auf leichte Art zu lösen und einen Zuwachs an Beherrschung der Natur – und damit an Macht – zu bringen scheinen), fällt die richtige und damit sittliche Entscheidung schwer. Leider passen sich dem Trend zum Leichten und Mühelosen heute die staatlichen Gesetze an: Man braucht nur an den Problemkreis der Abtreibung zu denken, um ein anschauliches Beispiel für das Gemeinte zu haben. Der Prozeß der Selbstentfremdung ist schon so weit fortgeschritten, daß die Mehrzahl unserer Zeitgenossen die Abtreibung nicht nur hinnimmt, sondern trotz aller Informationsmöglichkeiten die Augen verschließt vor der Tatsache, daß hier wehrlose Kinder getötet werden.

Neue Forschungsergebnisse

Es soll nun im Folgenden von Forschungen und ihren Ergebnissen die Rede sein, die sich fast unbemerkt von der Öffentlichkeit inzwischen ergeben haben und anhand derer sich in den kommenden Jahren gerade für Katholiken zwingender die Frage stellen wird, ob sie bereit sind, die vom Schöpfer in unsere Natur gelegten Gesetze zu befolgen. Oder sind wir schon nicht mehr fähig, mechanisch ermöglichte Methoden der Empfängnisverhütung zurückzustellen zugunsten solcher, die in der Beobachtung unserer Natur gründen – aber zunächst vielleicht mühsamer erscheinen? Anders gefragt: Wird sich noch eine Mehrheit von Menschen – denken wir vor allem an unsere Söhne und Töchter – dahingehend formen lassen, daß sie aus dem vertieft erkannten ordo essendi den für sie verbindlichen ordo agendi herauslesen? Oder ist das technische, mechanistische Handhaben unserer menschlichen Belange nicht mehr rückgängig zu machen – auch nicht in diesem Bereich der personalen Intimität?

Da der Verzicht auf echten oder vermeintlichen Fortschritt, der immer eher ein technisches als natürliches Gesicht hat, wohl noch nie freiwillig erfolgt ist, dürfte es im Hinblick auf die menschliche Fruchtbarkeit schwer sein – nicht zuletzt wegen der vehementen wirtschaftlichen Interessen der Hersteller von diesbezüglichen technischen Produkten, die geschickt vertuschen, wie sie die Massen manipulieren –, von den technischen Mitteln wieder zu den natürlichen „zurückzuschreiten". Schränken wir darum die Frage ein: Werden die Katholiken unserer technisierten Länder wieder zur Übereinstimmung mit der klar vorgetragenen Lehre der Kirche zurückfinden – es überhaupt noch wollen –, wenn die Kirche Methoden der Geburtenregelung empfehlen kann, die an die Sicherheit der Pille heranreichen? Werden sie den Rhythmus der Natur wieder mitleben lernen oder die lebensfremde Rhythmuslosigkeit der phamazeutisch und technisch hergestellten Sterilität trotz aller Warnrufe vorziehen? Da alles auf alles wirkt, stellt dies nicht eine einzelne Frage dar, sondern darin wird die Einstellung zum Leben allgemein beleuchtet, wird gefragt, ob wir überhaupt noch „Leben" verkraften können, oder ob wir uns hier wie in vielen anderen Bereichen des Alltags sicherheits- und bequemlichkeitshalber auf Konserven und Retorten und Technik zurückziehen, sogar dann, wenn sie erwiesenermaßen schaden.

Die medizinische Wissenschaft beschäftigt sich seit Ogino-Knaus intensiv mit den hormonalen Vorgängen während des Menstruationszyklus. Ihre Forschungen, die die Wirkungen der Fruchtbarkeitshormone und ihr Zusammenspiel ins Bewußtsein der Menschen hoben, führten schließlich zur Entwicklung fruchtbarkeitsregulierender Medikamente. Ihr Funktionieren beweist die Richtigkeit der medizinischen Forschungsergebnisse. Das bekannteste Beispiel dafür ist die sog. „Pille", bei deren Einnahme die dauernde Zuführung von Hormonen eine weitere Eireifung verhindert und durch diesen künstlich herbeigeführten Zustand der Sterilität eine Empfängnis unmöglich macht.

Neben den aufsehenerregenden Erfolgen auf diesem Forschungsgebiet, die oft genug als Revolution bezeichnet wurden, liefen Forschungen, die aus der Sorge um die ethischen, moralischen und medizinisch-gesundheitlichen Folgen der Pillenrevolution und im Bestreben, dem Wunsch der Kirche mit naturgemäßen Methoden der Familienplanung Geltung zu verschaffen, nach Phänomenen suchten, Empfängnisregelung, auch ohne Eingriffe in den Hormonhaushalt und den naturgegebenen Ablauf der Vorgänge um Zeugung und Geburt zu ermöglichen. Die Geschichte dieser Forschungen ist spannend. Heute stehen hinter diesem Zweig der medizinischen Wissenschaft weltweite Zusammenschlüsse von Ärzten und Laien, die sich außer für naturgemäße Geburtenplanung vor allem auch für die Eindämmung der Abtreibung einsetzen.[27])

Die als Ergebnisse dieser Forschungen bisher erkannten, weit über die Erkenntnisse von Ogino und Knaus hinausgehenden natürlichen Methoden für die Regelung der Fruchtbarkeit (NFP = „natural family planning") sind primär gar nicht eine Methode der Empfängnisverhütung, sondern ein Vorgang des Selbst-Verstehens der Frau hinsichtlich der zyklischen Erscheinungen, denen sie von Natur aus unterworfen ist. Dieses Selbst-Verstehen führt zu Selbst-Verständnis und kann damit zweifellos ein Schritt zu einer richtig verstandenen Emanzipation sein, sofern die Frau dadurch ganz einfach begreift, wer sie ist, was mit ihr geschieht und wie sie sich darauf einzustellen vermag.

In der Einheit der Ehe hat dies alles Auswirkungen auf das *gemeinsame* Eheverständnis von Mann und Frau. Die durch NFP zu beobachtenden Symptome erlauben es dem Paar, die empfängnisgünstigen, bzw. ungünstigen oder -freien Tage *im Voraus* (darin liegt der Fortschritt gegenüber anderen natürlichen Methoden) festzustellen und damit beispielsweise im Falle eines Kinderwunsches eine Konzeption anzuzielen (positive Geburtenplanung) oder im Falle des gegenteiligen Wunsches eine Konzeption zu vermeiden (negative Geburtenplanung). In all diesen Fällen geht das ohne Arzneimittel, ohne Arzt, ohne Statistik, ohne chemische, technische und manipulative Hilfen, einzig durch die Beobachtung und Betrachtung natürlich ablaufender Zusammenhänge im eigenen Körper. Auch Streß-Situationen, Phänomene der einsetzenden Menopause, Probleme der Stillzeit u. a. sind mit diesem Wissen schadlos und besser in den Griff zu bekommen als mit chemischen oder mechanischen Mitteln.

In anderen Ländern, vor allem auch in Entwicklungsländern, in denen

Geburtenplanung ein Gebot ist um zu überleben, wo aber das gesunde Empfinden der Menschen sich gegen künstliche Methoden sträubt (und die oft als eine neue Form von Kolonialismus empfunden werden), wird mit großem Erfolg mit NFP gearbeitet.

In Deutschland wurde bisher kaum über NFP gesprochen. Die meisten Ärzte wissen zwar darum, bei Ehepaaren wird man fast vergeblich danach fragen.

Allen, die nach natürlichen Methoden der Familienplanung Ausschau halten, weil sie überzeugt sind, daß Gott als Schöpfer des Menschen ihm die Regeln seiner Fruchtbarkeit nicht vorenthält, sondern eigener Beobachtung und Regelung zugänglich gemacht hat, können nur dankbar sein für diese Forschungsergebnisse, denn sie bestätigen die von den Päpsten vorgetragene Lehre der Kirche und ermöglichen ihre Befolgung, weisen zugleich auch, in welche Richtung die Forschung zielstrebig weitergetrieben werden muß.

Bessere Kenntnis – größere Verantwortung

In anderen Ländern und Kontinenten sind diese Tatsachen auf dem Weg, Allgemeingut zu werden. Es ist unverständlich, warum es so lange dauert, bis die zugrundeliegenden hier skizzierten Zusammenhänge bei uns einigermaßen detailliert bekannt und begriffen werden und es über ein Fußnoten- und Fernerliefen-Dasein und offene Diskriminierung hinausbringen. Denn nicht nur beim Diskutieren über verantwortliche Elternschaft ist das Wissen um diese Zusammenhänge notwendig. Besonders auch, wenn von Sexualerziehung der Jugend die Rede ist, müßte man zuallererst fordern, daß von Lehrern und Kirchen vor aller Aufklärung über künstliche Methoden der Empfängnisverhütung diese biologischen Grundkenntnisse vermittelt werden. Sie sind das notwendige Rüstzeug, um in der Frage der verantwortlichen Elternschaft im Sinne der Kirche informieren und handeln zu können.[28]) Älteren Menschen könnte dieses Wissen, das in den Vollzug der Ehe mit eingebaut wird, als Verlust des Geheimnisvollen, Überraschenden des Ehevollzugs und der Empfängnis erscheinen, „modernen" Menschen hingegen bleibt vielleicht ein zu großer Rest an Unsicherheit, den sie meinen, technisch beseitigen zu können – uns erscheint es konsequent, daß gerade zum jetzigen geschichtlichen Zeitpunkt rationaler Durchdringung aller Lebensbereiche auch der

Bereich der eigenen Fruchtbarkeit innerhalb der sakramentalen Ehe erkannt und damit einer neuen Verantwortung ausgesetzt wird. Wer dieses Wissen in dem Licht betrachtet, was Ehe und Dreibund bedeutet, stellt fest: Die Aufforderung der Kirche, Kinderzahl und -aufeinanderfolge verantwortlich zu gestalten, ist uns nach den neuesten Erkenntnissen heute so weit möglich, daß wir weder den in uns liegenden Regeln weiterhin blind, d. h. ohne sie zu kennen, folgen, noch – unsere eigene Natur manipulierend – uns gegen diese Regeln verhalten müssen. Sondern diese Regeln sind so weit erkennbar, daß wir ihnen folgend *mit* Gott handeln können, wenn wir nur wollen. Damit aber wächst uns heute aus diesem wesentlichen Teilbereich ehelichen Lebens ein Wissen zu, das dazu verhelfen kann, sakramentale Ehe vertiefter und bewußter zu erkennen und zu leben als frühere Generationen. Größerer Erkenntnis entspricht allerdings auch eine größere Verantwortung.

Im Blick auf das, was über Ehe als Dreibund gesagt wurde, bedeutet das: Der Schöpfer, Erlöser und Kraftspender des Menschen, der in der sakramentalen Ehe mit den Eheleuten einen Dreibund eingeht, teilt heute in größerem Maße als früher seine Schöpferverantwortung mit den Menschen. Da sie nämlich die von ihm geschaffenen Grundlagen ihrer Fruchtbarkeit zu erkennen gelernt haben, können sie sie in ihre Verantwortung bei der Weckung neuen Lebens mit einbeziehen. Die Bereitschaft, „ungeplante" Kinder als von Gott geschenkt anzunehmen, erscheint uns kaum schwieriger, als diese neue Verantwortung: vor Gottes Angesicht *selbst* die Frage zu klären, ob ER weitere Kinder vorgesehen haben mag oder nicht. Wenn früher für Eheleute, die ihre Ehe sakramental verstanden, in dieser Hinsicht das Hauptgewicht auf einer Art „blindem" Gehorsam Gott gegenüber lag, so heute mehr auf einem mitdenkenden, mitplanenden und mithandelnden Gehorsam im Sinne einer mitverantwortlichen Entscheidung, einem ehrfürchtig horchenden und teilnehmenden Mitwirken mit Gott. Beides birgt je eigene Schwierigkeiten.

Rückbesinnung und Umkehr

Zum Schluß stellt sich nun die Frage, ob der für ein Leben *mit* der eigenen Natur und damit gleichgerichtet mit Gottes Schöpfer- und Erlöserabsichten notwendige Umdenkungsprozeß überhaupt noch in

Gang zu bringen ist und wenn ja, wie? Es gibt zahlreiche Sperren und Hindernisse, die uns eine „einfache“ Rückkehr zu solchem Wissen und insbesondere zu solcher Praxis erschweren.

Diese Sperren sind einmal in der eingerissenen Praxis der „Pille“ zu sehen, deren verbreitete Einnahme ja nur symptomatisch für eine meist unbewußte und nicht hinterfragte technizistische Grundhaltung des Menschen ist. Diese Grundhaltung wertet die dauernde Verfügbarkeit der Frau aufgrund einer thermostatähnlichen Regelung ihres Hormonhaushaltes höher als etwa die Aufforderung an den Menschen, sich der Schöpferordnung zu unterwerfen.[29]) Die „Machbarkeit der Sachen“ wurde auf den Menschen übertragen, und es ist ja auch faszinierend, wie mit einem Schlage durch die Pille viele Probleme des Menschen anscheinend gelöst sind. Mehr Glück ist sicher ein Aspekt der Natur*erhöhung* des Menschen, und dies schien plötzlich *ohne* Natur*opferung* möglich zu sein – daß das Junktim dennoch weiter besteht, dämmert jetzt erst allmählich auch den Fortschrittsoptimisten.

Es gibt immer mehr Frauen, die sich gegen das künstlich herbeigeführte spannungslose Immer-Verfügbar-Sein wehren – in der Mehrzahl der Fälle nicht einmal aus religiösen Motiven, sondern weil das frauliche Sein sich im Innersten dagegen sträubt. Die natürliche Rhythmik ist trotz aller Unpäßlichkeiten, die sie mit sich bringt, eben doch ein Paradebeispiel für „organisches Sein“, das man nicht ungestraft total umkrempeln kann, weil es u. a. auch tief im psychischen Bereich des Menschen ankert. Der rhythmische Wechsel ist „menschlich“: Wachen und Schlafen, Arbeit und Muße, Tag und Nacht, Sonne und Regen, Freude und Leid, die individuellen Biorhythmen, Genuß und Verzicht usw.

So scheint uns eine der wichtigsten Voraussetzungen für die Rückbesinnung auf die Lehre der Päpste im Bereich der Sexualmoral das zu sein, was man zusammenfassend das „organische Denken“ nennen kann. Es muß getragen sein vom Glauben an die Schöpfertätigkeit Gottes, die sich in der Geschichte – auch in meiner individuellen, bzw. in unserer gemeinsamen Ehe-Geschichte – als Heilsgeschichte offenbart.[30]) Im Bereich der Ehe und Familie sind viele Laien und auch Theologen einem verhängnisvollen, weil Gottes Realität übersehenden Naturalismus verfallen. Deshalb ist es notwendig, daß eine Volksbewegung für das Ideal der katholischen Ehe und Familie im Sinne der

Päpste und der kirchlichen Lehre entsteht. Darauf baut Papst Johannes Paul II. Da die Theologen in dieser Hinsicht zerstritten sind, ist es Sache der katholischen Eheleute selbst, vom Leben her eine Wende herbeizuführen.

Zweifellos besteht die Gefahr, daß das Rad nicht mehr zurückgedreht werden kann und sich der Kirche vor allem auch weite Teile der Jugend weiter entfremden. Dem kann man aber nicht durch Anpassung steuern, man kann es nicht durch Niveausenkung verhindern, sondern nur durch mutiges und überzeugtes Eintreten für die Wahrheit, durch Aufzeigen der Sinnzusammenhänge der sakramentalen Ehe. Hier sind insbesondere unsere Bischöfe gefordert, deren Aufgabe es ist, mutig und ohne Wenn und Aber den Papst zu unterstützen. Es ist besonders ihre Aufgabe zu verhindern, daß sich in der Kirche auf dem Gebiet der Ehemoral verschiedene „Moralen" breit machen:

– gemessen am statistischen Durchschnitt des Verhaltens – auch der Katholiken – eine Art „Hypermoral" einer (zumindest aus der Perspektive des „Durchschnitts") ethischen Elite, die sich am Ideal der sakramentalen Ehe, wie die Päpste es verkünden, orientiert.

– sodann eine Katholikengruppe, die es mit den „fortschrittlichen Theologen" hält (Ablehnung von „Humanae vitae", zumindest was die Methoden der Empfängnisregelung angeht)

– und schließlich die Gruppe derer, die hier „praktischen" Konformismus leben und eine Reihe von – bisher für den Christen geltenden – Normen als eine Form „repressiven Zwanges" ablehnen (man denke an Themen wie Keuschheit, Selbstbefriedigung, vorehelicher Geschlechtsverkehr, Methodenwahl rein unter dem Kriterium der Zuverlässigkeit, Probeehe, § 218, schließlich das Infragestellen der Unauflöslichkeit der Ehe – alles Fragen, in denen diese Gruppe von einer Minderheit radikaler aber von den Massenmedien getragener Theologen jeweils in einem oder mehreren Punkten gestützt wird). Dieser Gruppe gehören naturgemäß viele junge Leute an, die sich aber immer noch kirchlich gebunden fühlen, ja z. T. in kirchlichen Gruppen führend engagiert sind.

Bei allem Verständnis für Vielfalt im Bereich der grundlegenden Lehre über die sakramentale Ehe kann es sie legitimerweise nicht geben und die Bischöfe haben die *Pflicht*, hier der Gefahr einer „doppelten Moral" zu steuern. Sie können sich dabei auf gelebte Lösungen stützen, wie sie in den Bewegungen der Focolare, Schönstatts, der Equipes Notre Dame u. a. vorliegen. Wenn die Bischöfe den Mut aufbringen, es z. B. so zu machen, wie der jetzige Papst es seinerzeit nach Erscheinen der Enzyklika „Humanae vitae" als Erzbischof der Diözese Krakau machte[31]), dann kann man hoffen, daß die Kirche wieder zu *einer*, nämlich der katholischen Ehemoral zusammenfindet.

Anmerkungen

1) Das ist wohl kein zu starkes Wort für die Wirkung, vgl. dazu das Vorwort von Böckle/Holenstein, in: Dies. (Hrsg.): Die Enzyklika in der Diskussion. Eine orientierende Dokumentation zu Humanae vitae, Zürich 1968, S. 7 ff. und passim an vielen Stellen.
2) Die Deutsche Bischofskonferenz mit der sog. „Königsteiner Erklärung" vom 3. 9. 1968, in Böckle/Holenstein, a. a. O., S. 63–70.
3) Königsteiner Erklärung, Nr. 17.
4) Joseph Kentenich: Ehenot und Eheideal. Gestalt und Gestaltung der Ehe heute, in: Regnum Jg. 3 (1968), S. 168.
5) Ebd.
6) Ebd. S. 170.
7) Ebd. S. 173.
8) Joseph Kentenich: Marianische Ehepädagogik, Ms. o. O. u. J. (1933), S. 59 f.
9) Ebd. S. 71. Pater Kentenich macht auch besonders auf die „organische Einheit" des Gesamtzusammenhanges aufmerksam, den man nicht auseinanderreißen dürfe. S. 73. Vgl. dazu auch den Hinweis Papst Pauls VI. auf das „Ganzheitsprinzip" Pius XII., in Humanae vitae, a. a. O., Nr. 17.
10) Ebd. S. 86, vgl. auch S. 91: „Die Ehe ist eine Fortsetzung der Menschwerdung."
11) Ebd. S. 90.
12) Ebd. S. 104.
13) Ebd. S. 113 f. Daß diese Eingliederung ausdrücklich auch den ganzen Bereich der Sexualität und Geschlechtlichkeit umfaßt, geht aus seinen Ausführungen S. 115 deutlich hervor.
14) Ebd. S. 116.
15) In dem Kompendium der Konzilsbeschlüsse „Vatikanum II", Osnabrück 1968, von über 800 Seiten sind – wenn man die diversen Stellen zusammenzieht – nicht einmal 20 Seiten speziell der Ehe und Familie gewidmet. Wir sind überzeugt: Es wird ein Konzil geben, auf dem das Thema Ehe und Familie einen weitaus höheren Stellenwert haben wird – was die Aussagen von Vatikanum II über Ehe und Familie nicht herabsetzen soll.
16) V. Platz (Hrsg.): Ehe und Familienpastoral, Kevelaer 1977, S. 51.
17) Paul VI.: Ansprache an die Equipes Notre Dame vom 4. Mai 1970, zitiert nach Platz, a. a. O., S. 53.
18) Ebd. S. 54.

19) Ebd. S. 55.
20) Ebd. S. 59.
21) Ebd. S. 60.
22) Das Sakrament der Ehe. Eine Antwort der Kirche auf die Fragen der Familie. Hrsg. vom „Komitee für die Familie", Rom 1975, S. 7.
23) Deutsche Tagespost vom 14. 3. 1979, S. 6 (Hervorhebung N. u. R. M.). Von den katholischen Familien Deutschlands beten nur noch ca. 20% gemeinsam.
24) Vgl. dazu die Einleitung zur Synodenvorlage „Christlich gelebte Ehe und Familie", auf der die Auseinandersetzungen auf der Synode in Würzburg geschildert werden. Bis zuletzt hat man um einzelne Worte gerungen (in Bezug auf die Methodenfrage). „Aber es ist nun ebenso bezeichnend für die gegenwärtige Situation, daß sich *kein einziger Laie aus dem Kreis der Synodalen* (Hervorhebung N. u. R. M.) für eine ausschließliche Festlegung auf *diesen* (gemeint ist die Lehramtliche Entscheidung des Papstes in Humanae vitae, N. u. R. M.) Weg eingesetzt hat." Gemeinsame Synode der Bistümer in der Bundesrepublik Deutschland, Offizielle Gesamtausgabe I, 2. A. Freiburg 1976, S. 418.
25) Vgl. dazu Josef Venetz: In der Ehe Gott erfahren, Luzern-München 1977. Andrew Greeley: Sexualität. Phantasie und Festlichkeit, Graz 1978. Ders.: Erotische Kultur, Graz 1975. (Greeley ist amerikanischer Jesuit).
26) Vgl. dazu: Familienplanung heute. Empfängnisregelung ist besser als Abtreibung, i. A. des Bundesministers für Jugend, Familie und Gesundheit, hrsg. von der Bundeszentrale für gesundheitliche Aufklärung, Köln o. J. Speziell zur Pille vgl. Kevin Hume: Körperliche Krankheiten infolge der „Pille", in: Theologisches, Jg. 1978, Sp. 2999–3024 (mit Lit.), sowie: Barbara Seaman: Ärzte contra Pille. Argumente der Wissenschaft, Frankfurt 1970. Eberhard Sievers: Empfängnisregelung und andere Sexualprobleme, Würzburg 1972, S. 17–104.
27) Wer sich näher informieren will: Josef Rötzer: Natürliche Geburtenregelung, Freiburg ^{3}1980. G. Döhring: Die Temperaturmethode zur Empfängnisverhütung, 7. A. Stuttgart 1968. Ingrid Trobisch: Mit Freuden Frau sein, 11. A. Wuppertal 1977. Ingrid Trobisch und Elisabeth Rötzer: Mit Freuden Frau sein 2 (2. Band: Fragen und Antworten um das Geheimnis der Fruchtbarkeit), 2. A. Wuppertal 1978. Nach „Familienplanung heute" a. a. O. S. 30–36 (sicher ein völlig unverdächtiger „Gewährsmann") beträgt die Versagerquote bei der Temperaturmethode 1 pro 100 Anwendungsjahren. Sie ist damit sicherer als z. B. die sog. „Minipille" und übertrifft auch bis auf die Pille alle anderen künstlichen mechanischen oder chemischen Mittel und Techniken an Sicherheit. Zudem ist sie bei 95% der Frauen anwendbar (zum Vergleich: die Pille bei 96%).
28) In Australien gehört die Ovulationsmethode schon zum Lehrplan in High Schools, Schwesternausbildung und Erwachsenenbildung. Es gibt eine Anzahl internationaler Kongresse, die sich mit ihr befaßt haben, und auch die Welt-Gesundheitsorganisation(WHO) unterstützt sie, vgl. Capella, a. a. O., S. 66 ff.
29) Das soll nicht heißen, daß in jedem Fall der Pilleneinnahme eine Frau aus solcher Motivation handelt. Hier geht es weniger um individuelle Einstellungen als um gesamtgesellschaftliche Mentalitätsströmungen.
30) Zum gesamten Problemkreis: Causa secunda. Textbuch zur Zweitursachenlehre

bei Pater Josef Kentenich, hrsg. vom Josef-Kentenich-Institut, Freiburg 1979,

31) Vgl. M. Malinski: Johannes Paul II. Freiburg 1979, S. 255–262. Erzbischof Wojtyla organisierte mehrere wissenschaftliche Kongresse über Probleme der katholischen Ehemoral, auf denen er selbst Referate hielt (u. a. zu „Humanae vitae"), gründete ein Institut für Familienfragen und verstand es, durch Initiativgruppen von Laien, insbesondere Eheleuten, die Probleme und Lösungsmöglichkeiten pastoral bis in die letzte Gemeinde seiner Diözese zu vermitteln, er verband Lehre und Leben, Theorie und Praxis.

Namensverzeichnis

Die Ziffern, die die Seitenangaben von **Autoren-Beiträgen** dieses Buches betreffen, sind *hervorgehoben.*

Verfasser-Namen von Fachliteratur zur Natürl. Familien-Planung (NFP) sind i. a. *nicht* in dieses Namensverzeichnis aufgenommen. Der Leser findet diese Literatur zusammengestellt im Anschluß an den Beitrag von Dr. es med El. und Urs *Meier-Vismara (S. 335–37);* desgleichen am Ende des Beitrages von Dr. *E. Wojcik (S. 318–20).*